虚拟与现实社会中有形与无形财产间最新民商问题法律分析

王素娟　主编

中国人民公安大学出版社
·北　京·

图书在版编目（CIP）数据

虚拟与现实社会中有形与无形财产间最新民商问题法律分析/王素娟主编. —北京：中国人民公安大学出版社，2012.4

ISBN 978-7-5653-0764-5

Ⅰ.①虚… Ⅱ.①王… Ⅲ.①民法—研究—中国②商法—研究—中国 Ⅳ.①D923.04

中国版本图书馆 CIP 数据核字（2012）第 010478 号

虚拟与现实社会中有形与无形财产间最新民商问题法律分析

王素娟 主编

出版发行：中国人民公安大学出版社
地　　址：北京市西城区木樨地南里
邮政编码：100038
经　　销：新华书店
印　　刷：北京泰锐印刷有限责任公司

版　　次：2012 年 4 月第 1 版
印　　次：2012 年 4 月第 1 次
印　　张：22
开　　本：787 毫米×1092 毫米 1/16
字　　数：395 千字

书　　号：ISBN 978-7-5653-0764-5
定　　价：48.00 元

网　　址：www.cppsup.com.cn　www.porclub.com.cn
电子邮箱：zbs@cppsup.com　zbs@cppsu.edu.cn

营销中心电话：010-83903254
读者服务部电话（门市）：010-83903257
警官读者俱乐部电话（网购、邮购）：010-83903253
公安图书分社电话：010-83905672

序　言

生活在多元社会中的人们，无时无刻不处于多变的状态中：

——虚拟与现实。

随着网络经济的快速发展，社会中每个人都自觉或不自觉地生活在虚拟与现实的“双重社会”中，在工作、生活的很多方面，每天都在进行着现实与虚拟的“穿越”。网络虚拟空间在带给我们海量的信息、快捷交流的同时，也在法律方面引发出很多新问题：博客著作权侵权与保护、网络服务商的侵权责任认定、网络团购中的法律关系及消费者权益保护等一系列的问题，引起了人们的关注。同时，在现实世界里，具有悠久历史的民商法律制度也不断接受着新事物的挑战：如何认定物权法中车位、车库的权利归属；从“郭美美事件”中如何解读中国公益捐赠的制度困境；双汇“瘦肉精”事件会引出怎样的食品安全法律问题；国美电器控制权之争会带来哪些法律方面的思考，等等，这些问题既是当今社会的热点事件，也是本书探讨的重点。

——有形与无形。

当今社会中，人们谈到财产，已不仅仅局限于房屋、汽车等“有形的财产”，作为智力创作成果的“无形财产”——知识产权，在国家的经济发展以及人们的社会生活中也发挥着越来越重要的作用：“知识产权立国”、“加强知识产权保护，建设创新型国家”等观念不断深入人心。与此同时，在法律方面，传统民法在以固有的法律制度不断加强保护民事主体有形财产的同时，也接受着后来者“无形财产权保护”的挑战：以“美羊羊”被擅自使用于学习用品的侵权纠纷案件为例，如何实现对动漫角色的版权保护？在经济全球化的背景下，如何看待企业与知识产权的关系？对我国特有的资源——中药如何进行有效的知识产权保护？对这些具有鲜明时代特征的典型问题，在本书中都可以找到详尽的法律分析。

值得特别说明的是，编辑于本书的28篇优秀论文来自“一年一届”的北方工业大学民商研究生论坛，该论坛于2011年5月26日正式启动，历经5个多月的时间，其间经过了发放征文通知、收集征文的启动阶段；论坛参与人员对提交的学术论文进行互相评审的初评阶段；硕士指导教师组成专家评议组对通过初审的论文进行复审以及最后举行的颁奖仪式和研究成果的展示交流阶段。本书选编了这次论坛征文的部分作品，在选择的标准上，主要把握：1．选题角度新，主要集中于我国近三年新出现的网络与现实社会中的民商法律问题。2．强调理论性，以相关民商法理论为基础，对所涉及的法律问题作出具体分析。3．注重理论与实践的结合，强调结合具体立法、司法实践和法律规定提出可行的法律对策。

从本届民商法论坛的最初筹划，到本书的结集出版，历时半年多的时间。这中间，需要感谢的人太多：感谢文法学院郭涛院长对论坛长久以来的关心及给予的资金支持；感谢论文评审专家王瑞、胡平、相庆梅、王海桥等老师认真细致的工作……特别需要感谢的是本次论坛的承办方——民商2009级研究生，作为一个特别具有“青春活力”的集体，民商2009级的同学为本届论坛的成功举办自始至终付出了巨大的努力：作为组委会成员的马婧怡、杨帅、李丛辰同学为本次论坛的举办作出了大量细致并具有创造性的策划、组织工作；咸飞同学发挥自己的特长，为论坛作出了精彩感人的活动宣传片；雷亚鸽、朱海龙等同学积极参与了论坛的准备活动等。另外，需要提到的是，民商论坛的成功举办，也离不开“民商大家庭”中其他成员的支持：民商2011级的全体同学以认真负责的态度参与了论文的初评打分工作；在论坛后期2009级同学备战国家公务员考试的情况下，民商2010级的刘熠、贾博旭同学承担起了本书稿件的统稿工作……

“一年一度秋风劲”。在每年论坛结束时，参与者在经历了学术观点激烈交锋碰撞所带来“享受”的同时，也感觉到了些许的“意犹未尽”。特别是此次论坛之后，我们将面临法学硕士点一次大的调整，在民商硕士研究生大量减少的情况下，我们是否还会有下一届的学术聚会？

值得欣慰的是，在未来生活中，我们都选择了同样的研究方向——民商法；所以无论今后如何变化，我们都会永远怀揣着同样的“梦”，永远是民商路上的“同行者”……

王素娟

2011年11月于北京香山

目　录

第一编：虚拟与现实社会中：最新民商法律问题分析

第一章：网络虚拟社会中民商法律问题

第二章：现实社会中民商法律问题

第二编：有形与无形财产间：最新民商法律保护问题研究

第三章：有形财产：传统民商法律保护问题研究

第四章：无形财产：知识产权保护问题研究

第一编

虚拟与现实社会中：
最新民商法律问题分析

第一章：网络虚拟社会中民商法律问题

博客著作权侵权与保护问题研究

贾博旭*

案例：

案件一：内蒙古“的哥”诉著名跳水教练——搜狐博客博文抄袭案

内蒙古“的哥”，即原告李强著有《西方理念是科学，东方思想是宗教》一文，于2009年6月17日发表在其博客“西北风的空间——搜狐博客”和“搜狐网梦幻主场——体育大看台”上。2009年8月2日，被告著名跳水教练于芬在其搜狐博客上发表了文章《如何突破难度与稳定的瓶颈，继续领跑世界跳坛》，该文的第六段整段引用了李强的《西方理念是科学，东方思想是宗教》一文的第五段内容，却未注明作者和出处。原告李强据此将著名跳水教练告上法庭。

北京市海淀区人民法院经审理认为：被告于芬的博文已构成对李强博文核心内容的使用，于芬的行为违反了《著作权法》的有关规定，构成侵权。据此，法院判决：于芬立即停止使用《西方理念是科学，东方思想是宗教》的文章内容，并登载致歉声明，赔偿李强经济损失和诉讼合理支出共计1800元。

该案被北京市高级人民法院选为年度十大知识产权诉讼案件之一，也被称为网络博客知识产权第一判例。同时本案的主审法官认为，该案是我国首起形成判例的博客文章著作权纠纷。

案件二：秦涛诉北京搜狐互联网信息服务有限公司著作权侵权案

上海某家科技公司的副总裁秦涛在博客网、新浪网、和讯网三家网站分

---

* 北方工业大学民商法2010级硕士研究生

别开设了博客。其两篇文章《百度疯了，麦莎来了，阿里巴巴卖了的六种感觉》和《数博客风流人物还看女人》被国内知名门户网站搜狐网分别于2005年8月9日和2006年2月26日非法转载。秦涛为维护其著作权权益，于2006年3月15日以搜狐网擅自转载其博客文章侵害其著作权为由，将搜狐公司起诉到北京市海淀区人民法院，要求搜狐公司赔礼道歉，并赔偿经济损失10万元。

该案最终以调解结案。媒体将此案称为“中国博客著作权保护第一案”。

案件三：罗永浩诉世纪龙信息网络有限责任公司案

原著名新东方英语教师罗永浩从2006年1月5日开始在牛博网和新浪网中的两个博客上相继发表了《教会我们的孩子正确地读书（续完）》、《无穷动，无穷烂》等6篇文章共约23000余字。“21CN. com”网站转载了他的6篇文章。罗永浩认为21CN侵犯了他的发表权、信息网络传播权和保护作品完整权，故以每字2元为标准，于2006年9月将21CN（由世纪龙信息网络有限责任公司经营）告上法院，要求被告以在网站首页刊载道歉信（时长不低于一个月）的方式向原告赔礼道歉并赔偿稿酬损失人民币47544元，合理开支人民币5752元。

2006年11月9日，天河区人民法院公开开庭审理此案。法院认为：罗永浩已在其博客上发表了涉案文章，发表权并未受到侵犯。被告转载原告文章时内容无任何更改，没有侵犯作品的完整权。被告未经罗永浩授权，擅自转载6篇文章，侵犯了其信息网络传播权以及获得相应报酬的权利。鉴于罗永浩主张的每字2元的稿酬过高，法院判决被告赔偿罗永浩稿酬损失及合理支出费用人民币共7780元。

上述案例引发的问题：

1. 作为网络时代新的媒介交流载体，博客作品是否为著作权法所保护的作品，谁是其真正的权利归属？

2. 博客著作权侵权有何特点？

3. 司法实践中博客主在维权中会遇到哪些问题？

一、博客作品的法律性质

网络博客（blog）从2002年引入我国以来，因其操作简单、开放互动性、展示个性化等特点迅速成为流行的媒介被广泛运用。从博客的作品类型来看，几乎可以涵盖我国著作权法中所规定的作品类型。而且在同一个博客页面上，可以同时创作各种类型的作品，使得博客呈现立体化和丰富多彩的内容。那么，这些丰富多彩的博客作品是否是著作权法所保护的作品呢？

由博客主独立的思想构思而成、以电子数字文本形式形成的“博客”这一智力劳动成果，具备了著作权法要求的著作权客体原创性与可复制性的特征。[①] 是否具有独创性，是判断作品的首要依据。著作权法核心价值是要保护思想的独创性。人类思想必须借助于一定的外在形式予以传播，著作权法所要保护的就是这些附着有智力成果的外在形式，称之为作品。作品的形式会随着技术的进步呈现出多样的形态，尤其是在网络环境下，网络作品更是形式多样。博客作品一般以博客主原创为主，转载链接为辅。这些作品是博客主思想、情感经历的流露或是智慧的创作结晶，体现了作品独创性的特征。

另外，可复制性是判断作品的重要因素。按照著作权法的规定，复制是指以印刷、复印、临摹、拓印、录音、录像、翻录、翻扫等方式将作品制作一份或者多份的行为。在网络环境下，“copy”是极为便利的事情，只要是公开的博客作品，点开或者链接其网页就可以阅读、选定内容进行复制和粘贴。因此，博客作品符合作品能被复制的特征。

由此可见，博客作为一种智力成果与传统著作权的要求无异，只要是博客主自己独立创作完成的合法作品，原则上都可以予以保护。可以是直接以数字化形成的网上作品，亦可以是已经完成的网下作品上载于博客。也即在文学、艺术和科学领域等具有独创性并能以某种有形形式复制的智力创作成果。当然，对于网络无拘束的自由带来了各种精神糟粕的博客“作品”，法律当然不能予以保护，不能列入网络著作权保护行列。

目前我国的《著作权法》虽未明确将“博客”列入其保护范畴，但考察立法精神，著作权所保护的是作者之思想表达方式而非思想本身。承认博客原作者亦享有著作权，并不违背该意旨。

从国际立法来看，1996 年的《世界知识产权组织版权条约》（WTC）和《世界知识产权组织表演和录音条约》（WPPT）规定了信息网络传播权制度，确认了对网络著作权的保护，并为美、日等发达国家及部分发展中国家所仿效。各国立法虽没有明文将博客列入法条中，但是博客作为网络环境下的著作权保护的一种作品表现形式已成为不争事实。

从我国立法来看，《著作权法》第 3 条和 2000 年最高人民法院《关于审

---

① 曲三强：《知识产权法原理》，中国检察出版社 2004 年版，第 88 页。

理涉及计算机网络著作权纠纷案件适用法律若干问题的解释》第 2 条，对网络著作权表明了立场。其中最高人民法院《关于审理涉及计算机网络著作权纠纷案件适用法律若干问题的解释》第 2 条规定，受著作权法保护的作品，包括《著作权法》第 3 条规定的各类作品的数字化形式。在网络环境下无法归于《著作权法》第 3 条列举的作品范围，但在文学、艺术和科学领域内具有独创性并能以某种有形形式复制的其他智力创作成果，人民法院应当予以保护。这既是我国对上述两个国际性条约的回应，同时也是对我国网络著作权的确认。从上文列举的司法实践中的案例可以看出，法院已经明确了对网民合法的博客著作权依法予以保护。

从本文列举的案例来看，法院也认定了博客作品具有著作权的属性，应当受到我国著作权法的保护。从当前新浪、搜狐、网易、中国博客网等几家大型的网络公司的博客业务来看，在其网站注册成会员前必须签订相关的著作权协议，这个协议意味着对博客作品著作权的一种现实认可。

总之，在法律性质上，博客作为著作权的作品形式之一毋庸置疑，并且立法、司法实践都已经普遍认可。

针对博客著作权，需要注意的是：第一，区分公开作品和非公开作品。博客日记在完成之时，需要保存，这时候博客的服务商平台就会通过技术措施提示博客主选择“公开”还是“仅自己可见”，如果博客主选择的是“仅自己可见”就意味着完成的作品没有公开，只是储存于博客空间里，其他人无法阅读到这些内容。这就类似于自己写完的日记藏起来。这一部分完成的作品也可以作为网络著作权的作品予以保护，只是没有对外公开，侵犯著作权的概率也相对较小。而一般选择的“公开”模式，相当于博客主对外公开发表。笔者认为，博客主选择博客的公开就是博客主发表权的行使，按照权利穷竭原则，一旦公开此项权利就归于行使结束。在罗永浩案中，法院认为罗永浩已在其博客上发表了涉案文章，发表权并未受到侵犯。可以认为网络作品一旦以某种形式公开，不论是否被其他人点击或者阅读，都应当视为发表权的行使。第二，区分链接作品或分享作品。在博客中可以使用链接技术链接到其他博客或者其他网站的作品页面，只要点击链接或者分享的网址或者文章标题就可以直接进入。在新浪博客中，公开的博客日志被其他博客点击阅读时，会有一个“转载”的提示标志，点击后就会转载到阅读者的博客分类里面，正文标题前面显示“转载”字样以及被转载博客的相关内容。这类作品也是受著作权保护的。例如，著名法学家贺卫方的博客“博唠阁”里的文章经常被其他博客主转载到其个人博客主页，这些作品的著作权并不属于转载者而是属于被链接的博客主贺卫方。

二、博客著作权的权利归属

有关博客著作权的权利归属及其权利处置是当前颇具争议的问题。在学界有学者认为，作者在网站免费注册并写作与发表文章视为无偿提供，作为博客服务提供商免费提供的写作与发表平台，博客服务提供商有权处分作者的文章。[①] 这种观点主要是认为博客服务商享有原创作品的部分著作权，可以擅自使用博主的原创作品进行收益。也有学者认为，博客作为免费提供写作与发表平台，其实是博客服务提供商表面上的一种手段，借助博客人气，尤其是一些社会著名人士的开博带来的包括广告收益和点击收益却是巨大的，所以这种提供免费服务背后隐藏着“不免费”的经济利益，作者在网站上写作与发表并不能视为放弃著作权。[②] 换句话说，原创博客主拥有全部著作权。

博客作品凝结的是博客主创造性的智力成果，博客主对于博客原创内容享有著作权。而作为博客服务商，如新浪、网易等网站在作品形成过程中提供博客空间、博客管理、技术维护等服务，并没有参与智力性的创作过程，不享有博客的著作权。

但是，从整个网络行业本身的特点以及整个社会利益平衡来考虑，博客服务商通过网络技术对博客这种智力成果的社会有效传达，势必会对博客的著作权有一定的限制，如合理使用；基于管理、技术措施等对作品的使用，其他博客主对别人博客作品的转载，等等。但是，不能因此而认为博客服务商就具有博客的版权。由于博客的虚拟匿名性的特点和广大“草根博客”为增加点击率和扩大影响默示别人的侵权或放弃版权等原因，使得博客服务商更肆无忌惮地充当版权人行使着博客版权。从秦涛案来看，搜狐网在明知秦涛在其博客文章后注明了“非经作者同意不得转载”仍然非法转载，这是严重无视他人著作权的行为。

从现实情况来看，国内占据博客主导市场的博客服务商在博客版权问题上已经形成行业性规则，即与博客主之间通过签订注册协议使得博客主对未来产生的博客著作权以默示许可或明示授权方式供其使用，这其中当然也包含对著作权的合理使用。那么，博客服务商在哪些情况下可以行使博客作品的著作权呢？

从博客注册协议来看，一般在以下情况下博客服务商可以行使著作权：

---

① 薛虹：《网络时代的知识产权法》，中国人民大学出版社 2007 年版，第 62 页。

② 彭学龙：《网络时代的私人复制》，载《电子知识产权》2004 年第 8 期，第 12 页。

(1) 双方无相关协议，作者对博客作品拥有著作权，博客服务提供商只对博客文章有使用权。(2) 博客服务商与作者协议共同拥有著作权。如新浪博客的用户协议规定："对于用户通过新浪网络服务（包括但不限于论坛、BBS、新闻评论、个人家园）上传到新浪网站上可公开获取区域的任何内容，用户同意新浪在全世界范围内具有免费的、永久性的、不可撤销的、非独家的和完全再许可的权利和许可，以使用、复制、修改、改编、出版、翻译、据以创作衍生作品、传播、表演和展示此等内容（整体或部分），和/或将此等内容编入当前已知的或以后开发的其他任何形式的作品、媒体或技术中。"从此规定的主要内容来看，新浪网络公司要求在一定条件下具有与注册用户几乎同等的著作权。此外，搜狐、天涯博客、和讯博客等注册用户协议上都有相同或者类似规定。(3) 博客服务商在版权声明中承认作者著作权的同时，要求授予博客服务提供商一定的版权。如微软公司旗下的博客网站 MSN 空间的版权声明："发布或提供的资料；通信监控对于您发布或提供给微软的与网站相关的资料（以下简称'提交资料'），您授权微软：①使用、复制、传播、传送、公开展示、公开运行、再生产、编辑、翻译您的提交资料或对提交资料重新定义格式的权利。②在适用法律所允许的最大范围内，授予该等权利的权利。"

综上所述，博客著作权的归属是原创作者，博客服务商对博客的著作权只是在默许或者授权的情况下，才可以行使相应的著作权的相应权能，但其始终不是博客著作权的归属者。

三、博客著作权侵权的特点

（一）博客著作权易侵犯性

在网络世界里，侵权无处不在，无时不在。博客著作权亦不例外，其容易受到侵犯的主要原因表现在如下几个方面：

首先，数字化技术使得传统印刷、录音、录像等技术障碍发生了革命性变化，复制、编辑等行为在网络中非常容易，几乎零成本的侵权风险也就使得网络作品的侵犯变得隐蔽和便捷。

其次，从博客用户的结构上来看，更多的是所谓的"草根博客"，其版权意识薄弱，对其作品被随意地转载抱着无所谓的态度，这样就更加便利和助长了博客服务提供商和他人对博客著作权的随意使用。

再次，就博客本身的特点而言，一旦公开，几乎可以遍布网络世界的每个角落，使得著作权人很难控制作品的使用情况，很难知道什么人在什么时间以何方式转载自己的作品，这使博客作品被侵权的可能性增加，而且具有隐蔽性。

最后，从博客侵权的内容上来看，可分为身份性的权利和财产性的权利。博客主的发表权、署名权、修改权、保持作品完整权容易受到侵害，而对于博客著作权的财产权则更容易被忽视和侵害。从本文所选取的典型案例中原告的基本诉求来看，一般都集中于发表权、作品完整权、使用权的侵害赔偿等。具体体现在博客服务商或者其他主体未经允许擅自行使博主的著作财产权构成直接侵权；无视博客主的著作权声明，侵犯其网络传播权；利用服务合同限制博客主权利或者格式条款免除自己的责任等。在李强案中，被告直接在其博客中摘引李强文章的内容而未注明真实作者的必要信息；秦涛案中起因是秦涛在其文章上附带了版权特别声明，而搜狐在无视作者这一声明的情况下未经授权转载了其文章。

（二）博客著作权侵权的特殊性

作为特殊的作品形式，博客侵权的特殊性主要表现在如下方面：

（1）主体的特殊性。在网络环境中，侵权人在这个广域世界里难以确定，博客侵权也不例外，但具有两类特殊性：其一，其他博客主的侵权。因为博客与博客之间存在技术链接，博客作品的相互浏览、复制、下载、转帖等使用非常常见，除合理使用之外，使用者在没有得到博客授权或许可的情况下，复制、转帖、下载、修改他人博客作品都会侵犯到他人博客著作权，尤其是一些网站链接着他人的博客作为其主页面内容的一部分。其二，博客服务商侵权。博客服务商提供网络博客技术软件与硬件服务并且负责对个人博客的注册、运营与维护或者托管。博客服务商为了宣传和吸引更多用户，在其公司主页上转载、发布可读性强、能吸引人的博客作品，如将名人的博客列在醒目的主页，等等。还有的甚至将一些有价值的博客用于其他商业目的，如授权给报社杂志，自己利用托管的丰富博客资源进行编辑整理，形成新闻网页等，使得博客服务商变成了内容提供商。巨大的点击率招来的是利润丰厚的广告业务和其他商业利益。如果博客服务商在授权协议以外使用自己管理的博客作品，那博客服务商就是侵犯了博客主的著作权。当前这种侵权类型是博客著作权侵权的主要形式。

（2）侵权行为的特殊性。博客作品同其他网络作品一样也存在非法转载、非法下载、非法修改和编辑行为等。同时存在特殊的侵权行为，这是基于博客链接技术①的使用而导致。链接技术的侵权主要有：

---

① 链接是博客作品的必备设置，博客作者可以在自己的博客中给文章链接背景音乐、背景图案、游戏，甚至广告，等等。这使得博客网页具有内容丰富、图文并茂、立体感强等特点。

第一，一般链接。直观的感受就是当点击链接的内容时，会直接链接到其他网站主页版面或者直接到分页。其中链接到其他网站的分页，因为跨过了网站的主页索引分页内容，会侵害到被链接网站的整体性和其他利益（如该网站的广告收入）。因此，在博客中使用分页链接会侵犯被链接者的著作权益。

第二，深度链接，也常被称作不同网页的“无缝链接”。其功能就是把被链接内容通过链接技术直接“埋置”在自己的博客网页中，被链接内容与博客内容融为一体，这种情形把不同作品融为一体，导致根本看不出被链接者的基本信息，所以除非是在法定许可或者合理使用的范围内，否则这种链接很可能侵犯到被链接者的著作权权益。

第三，视框链接。视框链接在博客中会把一些被链接内容（如原被链接者的基本信息）或者原被链接者的网址遮挡掉，网页上显示的只是设链接者的网址。这种情况同样会侵犯到被链接内容整体性、汇编权等一些著作权权益。

这些链接技术给博客的侵权带来了便利，对博客著作权的侵权认定带来了相当的困难。

四、司法实践中博客著作权维权困境

网络虚拟化的特点带来了诸多的维权诉讼难题，具体到博客著作权的侵权诉讼而言，主要体现在以下几个方面：

（1）博客作品版权人的认定和侵权人的认定困难。博客用户多数注册使用的都是虚拟化的代名，一旦受到侵权，证明作品为其所作，版权归其所有往往比较困难。此外，侵权人如果也使用的是其中的某个虚拟的代名，那在诉讼中更是需要确定明确的被告。在李强案中，获胜的一个重要原因是李强在按照用户名和密码登录后，页面上显示的直接是其本人的照片，这样证实起来比较容易。

（2）被侵权网络作品的易变性。这是因为博客作品在网络环境下是可以随时地编辑和修改的。一般一篇博客日志写完后会自动生成完成时间，作者也可以随时编辑修改时间和其他任何的内容，而对于侵权人而言，复制或者粘贴，或者在网络环境下非法使用，也很容易篡改相关内容。博客作品在网络环境中造成了对侵权事实证明的困难。往往要求当事人在被侵权作品还可见之前，进行及时的公证，以获取保留证据。从本文所列案中，著作权人几乎都在作品可能发生实质性变化前进行了公证，从而保存了侵权事实的证据。

（3）侵权构成的复杂性。博客著作权侵权作为一种侵权行为也需要满足侵权的构成要件。博客的侵权行为因往往与链接技术和 RSS 聚合技术等有关，这就给侵权行为的认定带来很大的麻烦，需要足够的证据支持才能够作出认定。当前法律对此界定尚不明确，此外博客技术保护措施、管理技术等因素的融合使得博客侵权原因更加复杂化，这些技术性运用在法律框架的界定上使得哪些行为归于侵权还无法明确。这在很大程度上需要依据相应的证据和法官的自由裁量来判定。

（4）博客著作权侵权诉讼证据要求高。博客著作权侵权需要对具有证明作用的网上信息进行固定和保存，但由于网上信息瞬息万变，而且可以被极其容易地、不留痕迹地修改。要保证这些信息作为证据的合法性、客观性、关联性，博客主就必须采取公证取证的方式，即在诉讼前对涉及案件的事实进行全面的公证或者有效的保存，一般由中立的第三方即公证机关将网络上的有关信息逐一打印并将这些信息或内容的获得方式、过程、时间、地点等详细予以记录，形成一份客观完整的公证书。公证取证时，若遇到图形声音文件，还需采取录像的方式加以固定。有时需几种方式并用来固定证据，以保证证据的完整性、客观性。同时，对于自身权利的相关事实也需要证明，如首次发表文章的时间、发表文章时是否附有“禁用声明”及与其联系的途径和方式等。上述问题对认定被告侵权的主观过错及其程度至关重要，在很大程度上决定着诉讼的成败。然而，面对这些公证而形成证据链，其成本过高，致使多数博客主不得不放弃诉讼忍受着侵权，而且即使进行了必要的公证，稍有证据不全，就会成为对方抗辩的理由，从而无法得到法院支持。本文列举的胜诉案件中，原告对相关的证据均进行了全面的公证，这也是其取胜的原因，李强案中，被告于芬在其文章中仅仅复制了李强原博客日记内容的 10%，但是李强事前作好了公证和相应的证据保留，被告的辩解无法对抗。

（5）诉讼中侵权赔偿数额的计算难度性。网络作品的侵权赔偿数额一直是困扰广大法官和律师的一个难题。传统的赔偿额度计算方法显然无法直接适用于网络环境下的侵权。因为网络上的传播与传统的纸媒传播不同，对于著作权人受到损害的权益而言，以“点击量”和转载的情况来作为赔偿数额是不太妥当的。本文所列举的案例，一般都是法官依据原告的合理请求进行裁量。在罗永浩案中，其要求每字 2 元的损害赔偿是过高还是过低，也无法确定。

五、博客著作权的保护举措

（一）完善网络版权保护立法

博客著作权的保护是一个系统工程，法律保护是这个工程的重点。当前，我国有关网络版权的立法在逐渐完善，但是缺点是立法分散、重叠冲突的地方多。新近修改的著作权法虽然体现了对网络版权的保护问题，但是对网络著作权的侵权认定、责任形态等问题尚没有清晰的规定。2000 年最高人民法院《关于审理涉及计算机网络著作权纠纷案件适用法律若干问题的解释》、2006 年《信息网络传播权保护条例》对有关博客著作权问题也没有明确的规定，只能通过条款的推定来使用。同时，著作权法中对侵犯著作权的赔偿方式的规定较为滞后，灵活性不强。因此，有必要对有关网络版权方面的问题形成必要的统一立法。

（二）博客服务商与博客主之间著作权协议模式

在博客主、博客服务商、社会大众之间，博客主不担心自己的著作权会受到侵犯，服务商不担心自己的行为会侵犯他人著作权，社会大众能够获得更多的好的作品，那么各方都能在平衡中受益，才能实现博客著作权的更好保护。为充分平衡三方的利益，基于非商业性的默示许可使用、创作共用协议和商业性的授权要约模式以及集体管理制度①等可以很好地实现博客著作权的保护和利用。针对博客服务商，可选择模式有：

（1）默示许可使用。也称为默认许可或推定许可，是指即使版权人没有明示其作品的许可使用，但是从版权人的行为可以推定不会反对使用其作品。这种使用行为从性质上更接近于版权人授权许可的作品使用。包括博客在内的作者将其作品传输到互联网上，供社会公众浏览使用，类似于传统环境下的作品发表，体现了作者的主观意志，是作者自我选择的结果。因此，默示许可更多体现了作者的“自我权利限制”。②

（2）创作共用协议。“创作”是源自创作者的行为，并产生作品为结果，创作者有权利要求自己的作品所附加的各种权利；“共用”体现了人们愿意将作品给更多人使用的愿望，这种共同使用的前提是尊重创作者所选择的权利要求。创作共用（Creative Commons）是网络上的数字作品（文学、美术、音

---

① 刘志刚：《博客作品适用版权授权方式的可行性分析》，载《知识产权》2006 年第 4 期，第 23 页。

② 赵莉：《默示许可与版权的权利限制》，载《老行者之家》2011 年第 8 期，第 11 页。

乐等）许可授权机制，它致力于让任何创造性作品都有机会被更多人分享和再创造，共同促进人类知识作品在其生命周期内产生最大价值。这种制度具四种常见授权方式：①署名，即允许别人拷贝、分发、呈现和表演其版权作品，或者基于该作品的派生作品，但条件是必须提供原作者姓名；②非商业用途，即允许别人拷贝、分发、呈现和表演其版权作品或者基于该作品的派生作品，但是条件是只能用于非商业目的；③禁止派生作品，即允许别人拷贝、分发、呈现和表演其版权作品，但是只能原封不动，不能是派生改动过的作品；④保持一致，即允许别人分发基于其版权作品的派生作品，但是条件是必须提供和原作者作品许可协议相同的许可协议。网络环境下博客的任何作品都可以通过以上四种授权方式，选择性地组合声明自己的作品授权条件，给作品的创造者更加灵活便利的选择。博客可以通过许可文字和图标、法律文本、机器代码（RDF/XML）三个方面，自动地将其作品与已有正式法律基础相关联，从而有效保护博客作品在网络环境中的传播与共享。①

针对博客主基于商业目的的博客作品使用可以考虑适用授权要约模式与版权集体管理制度。授权要约模式是版权人通过某种方式，表达按特定条件和传播者、使用者订立合同的意愿。可以看成著作权的商业合同制度，解决著作权的商业使用以及利益问题。此外网络版权的集体管理对于博客主而言是一种很好的版权保护选择。所托组织在保护著作权管理方面具有专业性，在侵权保护时直接能代表著作权人主张相关权利，这对于博客主而言是极为重要的。当前我国网络版权集体管理制度正在逐步完善，将来一定会成为博客著作权保护和利用的有效途径。

（三）博客主的自我保护

博客作品诞生于博客主，从源头保护或预防是最有效的办法，这需要博客主不断提高版权意识，学会保护好自己的作品及权利。

（1）知悉我国法律规定。从具体法律规定来看，直接侵犯网络著作权行为按照《著作权法》、《侵权责任法》相应规定来处理，而对于网络传播权的保护，《信息网络传播权保护条例》第 10 条第 1 款规定，除本条例第 6 条第 1 ~6 项、第 7 条规定的情形外，不得提供作者事先声明不许提供的作品。同时，我国通过《著作权法》、最高人民法院《关于审理涉及计算机网络著作权纠纷案件适用法律若干问题的解释》也有具体规定。可见，博客侵权在认定上，目前我国法律是可以找到相应的依据，从而可以保护博客主的著

① 段维：《网络时代版权保护问题研究》，华中师范大学 2003 年博士学位论文。

作权。

（2）实名制选择。实名制包括适用真实姓名、使用自己本人的真实照片、能够很容易证明本人身份的其他信息等。实名制虽然限制了博客主的某些言论自由，但是对于重视著作权保护的博客主而言，实名制一方面突出其真诚的一面；另一方面可以扩大自己的知名度和影响力，尤其对一些知名作家、学者、网络写手而言。同时，在著作权保护方面也是大有裨益的，如对博客作品归属的明确、证明作者的真实、取证的便捷，等等。在李强案中，法院查明，李强通过输入用户名和密码可以登录“西北风的空间——搜狐博客”，且博客首页“西北风的空间——搜狐博客”旁边显示了李强本人的照片，在于芬未提交相反证据的情况下，法院确认李强系“西北风的空间——搜狐博客”的所有人，李强对《西方理念是科学，东方思想是宗教》一文享有著作权。这一证据无须公证即可证明。

（3）增强权利意识。版权作为一项合法的权利，不仅具有精神利益，而且具有一定的经济利益，对于博客主而言，不论是大腕明星、知名作家还是其他名人，也不论是“草根博客主”还是“菜鸟写手”，法律保护的是版权而不是头衔。因此，网络博客主应当树立法律对智力成果的平等保护观念。

（4）利用好版权保护技术措施。学会使用必要的技术保护，当前的许多反复制技术已经被网络服务提供商所关注，如数字水印技术、加密技术，等等。博客主应该利用好服务提供商提供的版权保护技术。同时，时间戳技术对于著作权而言也是一个很好的保护技术。广大博客著作权人在创作过程中或者创作完成后，通过版权保护系统为作品申请时间戳，获得第一时间作品存在及内容完整性证明，他们是维护版权的有效法律证据。当前我国时间戳服务中心版权保护系统为广大博客“作家”们提供了一种博客版权保护方式，使博客“作家”们能够有效地保护博客版权，进而获得收益，又达到独立、自由地创作和传播作品的目的。

参考文献：

［1］冯晓青：《知识产权法利益平衡理论》，中国政法大学出版社 2006 年版。

［2］邹忭、孙彦等：《案说信息网络传播保护条例》，知识产权出版社 2007 年版。

［3］段维：《网络时代版权保护问题研究》，华中师范大学 2003 年博士学位论文。

[4] 张忠利：《论博客著作权的侵权与保护》，兰州大学2009年硕士学位论文。

[5] 姚克：《博客侵权的若干法律问题研究》，华东政法大学2007年硕士学位论文。

[6] 郑海味：《论著作权法对网络中作品的版权保护》，载《编辑之友》2005年第2期。

[7] 郑磊、王海栗：《博客作品之著作权法定位》，载《柳州师专学报》2007年第22期。

网络环境中著作权合理使用制度研究

高 征*

案例:

国内个人起诉谷歌数字图书馆侵权第一案

据法制晚报报道，谷歌数字图书馆侵权事件又有了新进展，国内知名作家棉棉状告谷歌，北京市海淀区人民法院已经立案。这是“谷歌侵权门”事件发生以来，国内首例以个人名义起诉谷歌维权的案件。作家棉棉此次起诉谷歌在其中国网站的“图书搜索”栏目擅自收录了她的作品《盐酸情人》，且谷歌公司以作品扫描片段的方式展示，破坏了作品的完整性。棉棉要求对方从谷歌网上删除有关她的作品内容。公开赔礼道歉，并赔偿经济损失和精神损失共计6万余元人民币。

“谷歌侵权门”重要事件回顾

2005年9月，美国多家图书出版商和美国作家协会起诉谷歌，指控其图书扫描项目侵犯作家版权。

2008年10月，谷歌与美国作家协会和出版业协会达成的庭外协议，计划为图书版权登记者支付共计1.25亿美元。据此，作家和出版商在谷歌登记他们的出版物，每部作品将会收到60美元以及63%的收入。这个协议，就是令中国作家大为恼火的60美元和解协议。

2009年6月，中国文著协收到美国版权人协会等机构的通知，据统计，5年之内，中国至少有570位中国作家的17922种作品，在作者毫不知情的情况下被谷歌数字图书馆收录，这个数字还在不断扩大。

通过该案例引发如下思考：

1. 谷歌数字图书馆揭示了我国著作权法的盲点，那么具体而言，网络环境对传统著作权合理使用制度产生了何种冲击、带来了何种挑战？

---

* 北方工业大学民商法2009级硕士研究生

2. 谷歌声称自己的数字图书馆是免费的，那么作为网络环境中作品新型使用方式的其中一种，谷歌数字图书馆是否属于著作权合理使用的范畴，以及网络环境中其他新型使用方式（如微博）在著作权合理使用范畴上如何界定？

3. 我国立法界定网络环境中合理使用范围及标准的不足及立法措施。

一、著作权合理使用基本原理与网络环境中的著作权合理使用所面临的挑战

（一）著作权合理使用基本理论

合理使用制度是著作权法的核心和灵魂，是整个著作权法赖以生存和发展并进行良性运转的制度基础。关于合理使用的概念有诸多表述，美国称之为“fair use”，英国称之为“fair dealing”，日本称之为“光明正大的使用”，我国《著作权法》第二章第四节规定，使用作品，可以不经著作权人许可，不向其支付报酬，但应当指明作者姓名、作品名称，并且不得侵犯著作权人依照本法享有的其他权利。吴汉东先生对合理使用作出如下界定：“在法律规定的条件下，不必征得著作权人同意，又不必向其支付报酬，基于正当目的而使用他人著作权作品的合法行为。”①

关于合理使用的性质，存在三种学术观点：其一，权利限制说。即合理使用是对著作权的限制。《版权基本知识》中认为，“不经作者同意而使用有版权的作品，从这一点来看，这是对版权保护的限制或约束。”② 我国学者郑成思、沈仁干、杨崇森等也都持类似观点。其二，侵权阻却说。即合理使用是著作权侵害的违法阻却事由。我国台湾地区学者张静认为，“以著作权之本质言，乃独立排他权，理论上任何人未经同意不得利用，即是合理使用亦然，否则与排他权有所不合。唯国家基于公益，不得不予著作权以限制，但所能限制者，仅是从实质违法之观点予以阻却违法，并不能阻却其行为之侵害性。”其三，使用者权利说。即合理使用是使用者依法享有利用他人著作权作品的一项权益。

---

① 吴汉东：《著作权合理使用制度研究》，中国政法大学出版社 2005 年版，第 145 页。

② 联合国教科文组织：《版权基本知识》，中国对外翻译出版公司 1984 年版，第 29～30 页。

（二）网络环境中传统著作权合理使用制度所面临的挑战

1. 网络环境中作品的数字化

“网络环境下，大量作品被数字化，以0和1的方式保存到各类光、电、磁的存储介质中，从此作品在网络上的复制与传播变得前所未有的简单和廉价，而且作品可以按照原版的质量无限制地被复制、生产。无论是数字化的文字、音乐、数据、图书还是动画，其本质上具有相同的属性和数字化存在形态，以前不同作品需要的不同介质的差别消失了，它们可以通过压缩技术而便捷高速地通过网络传输。这一切变化都给网络传播中的著作权带来了前所未有的挑战。”① 更有学者断言，“数字技术是全面冲击版权法的最后技术。”② 在数字版权和网络版权的环境下，合理使用制度的作用被极大地限缩。而且获取作品的途径十分简洁和便利，只需在搜索引擎中输入几个字而已，如同探囊取物。作品的唾手可得使得网络成为社会公众的资源共享平台，而数字化使作品的传播更加迅速和高效，传统合理使用制度所提倡的使用的合理性在网络环境中受到极大地挑战，同时，网络作品的侵权行为难以被察觉，责任主体难以确认和追究都是合理使用制度所面临的难题。

2. 网络环境中著作权人权利的扩张和技术保护措施的出现缩小了合理使用的范围

网络传播权产生于网络环境中的著作权，并对网络环境产生了深远的影响，一方面，它对于保护作品的流通和鼓励创作具有积极的意义，是著作权人利益的保障；另一方面，网络传播权的出现缩小了合理使用的范围，使公众获取知识和信息的几率和途径减少，为公众确实基于正当目的的使用造成了不便，更有可能增加公众因获取作品所带来的成本。“著作权保护是作品创作和信息传播的函数，保护的力度与创作的数量和频度成正比，与信息传播的广度和速度成反比。”

网络环境下作品的数字化使得其极易被浏览和无限制地复制，侵害了著作权人专有权，对此，近年来用来保护作品的技术措施开始在网络空间盛行。所谓技术措施，是指用于防止、限制未经权利人许可浏览、欣赏作品、表演、录音录像制品的或者通过信息网络向公众提供作品、表演、录音录像制品的有效技术、装置或部件，如注册登记、加设电子水印、设置密码、软件加密

① Computer Science and TelecommunicationsBoard, The Digital Dilemma: Intellectual Property in the Information Age, 2000,19.

② 袁泳：《数字版权》，载《知识产权文丛（2）》，中国政法大学出版社1999年第9期，第25页。

等。技术措施的运用在很大程度上防止了用户未经许可的侵权行为，严密保护了著作权人的利益，对增强其权利保护意识和鼓励创作产生了积极的作用。但是，技术措施的出现可能迫使使用者为合理使用支付不合理的费用，即使公众为了正当目的而使用作品也要付费，这极大地限缩了合理使用的范围和公众合理使用的空间。可谓是“法律的控制将会被技术的控制所取代，因此法律的设计也会被技术的设计所取代。”① 对于技术措施的使用，多数国家持肯定态度，同时，对于规避技术措施的行为也被禁止。

3. 网络环境下新的使用方式对传统著作权合理使用制度的冲击

随着网络的迅速普及，各种新型的使用方式出现在网络环境中，为公众获取知识和信息带来了巨大的便利，同时，它也带来了各种亟待解决的法律难题。在科学技术的高速发展和进步下，法律的滞后性被体现得淋漓尽致，网络环境下出现的各种新事物也因此成为研究的热点。网络环境中新的使用方式主要包括网络链接、临时复制、数字图书馆和远程教学，且对于这些使用方式的合法性，理论界仍在探讨之中。但是，不容置疑的是，新型使用方式的出现无一不扩大了公众接触和获得作品的途径，对著作权人的权益造成了巨大威胁，使合理使用可能不再合理。

4. 网络环境对传统合理使用判断标准的影响

对于著作权合理使用的判断标准主要有三种立法模式，即对合理使用只作原则性规定的因素主义模式，采取列举方式规定合理使用类型的规则主义模式，将前二者相结合的综合主义模式。因素主义模式以美国为代表，具有很大的灵活性，赋予法官较大的自由裁量权，能够面对实践中层出不穷的新问题。规则主义模式具有稳定性和明确性，限制了法官的自由裁量权，有利于维护公正，但面对不断变化的现实社会，表现出较强的滞后性。我国属于规则主义模式，其合理使用的判断标准只是《著作权法》第22条所列举的12种合理使用行为，之后的《信息网络传播权保护条例》更是将合理使用的种类由《著作权法》中的12种缩小到了9种，缩小了合理使用的范围。规则主义模式本身就具有僵化保守的特征，在日新月异的网络环境中，面对频频出现的新型事物和使用方式，它表现出了极严重的滞后性。因素主义模式较规则主义模式更能适应环境的变化，典型的代表就是美国版权法的四要素判断标准，即：（1）使用的目的和性质；（2）有版权作品的性质；（3）同整个有

---

① 转引自龙井路：《论反规避技术措施条款对版权合理使用制度的限制》，载《西北大学学报（哲学社会科学版）》2006年第5期，第100页。

版权作品相比所使用的部分的数量和内容的实质性；（4）这种使用对有版权作品的潜在市场或价值所产生的影响。这四要素在判断合理使用时产生了巨大的作用，体现很强的灵活性和适应性。但在网络环境中，该四要素同样遭遇阻碍。第一要素在网络环境中难以作出有效判断，第四要素对于一些非商业性的内容和作品很难使用市场价值予以界定，而且网络使用凭借网络快递的快捷往往难以计算潜在的价值和影响。① 传统合理使用判断标准在网络环境下的适用遇到了诸多因素的阻挠，如何解决该问题成为合理使用制度研究的重点，而网络环境为理论的深化研究提供了绝佳的机会。

二、网络环境中作品的新型使用方式与著作权合理使用

（一）数字图书馆

数字图书馆（Digital Library）是用数字技术处理和存储各种图文并茂文献的图书馆，实质上是一种多媒体制作的分布式信息系统。它把各种不同载体、不同地理位置的信息资源用数字技术存贮，以便于跨越区域、面向对象的网络查询和传播。它涉及信息资源加工、存储、检索、传输和利用的全过程。通俗地说，数字图书馆就是虚拟的、没有围墙的图书馆，是基于网络环境下共建共享的可扩展的知识网络系统，是超大规模的、分布式的、便于使用的、没有时空限制的、可以实现跨库无缝链接与智能检索的知识中心。② 近年来，数字图书馆因其巨大的作品储存量、相比纸质作品不存在变质问题的优势以及检索的便利高效而得到广泛的应用，使公众更加容易获取作品，实现了信息资源的共享，但是数字图书的出现使公众无需再购买就能轻而易举地浏览数字化的作品，对著作权人的经济利益造成了损害，同时，对传统以纸质作品为规制对象的合理使用制度产生了影响。尽管如此，数字化图书馆的功能是不可否认的，它保障了公民受教育的权利，缩小了数字鸿沟，以最低的成本实现了知识的高效传播和流转，促进了文明的进步。其存在具有深远的社会价值。数字图书馆主要包括营利性质和公益性质的，对于前者显然需要得到作者的同意并支付报酬，而对于公益性质的图书馆则争议较大，尤其是其与合理使用的协调问题。对此，关于数字图书馆的合理使用主要有两种模式：第一种模式仅规定为保存版本，图书馆可制作数字复制本，以维护

① 吴汉东：《著作权合理使用制度研究》，中国政法大学出版社 2005 年版，第 252 页。

② 百度百科，http：//baike. baidu. com/view/8181. htm#6. 登录时间：2011 年 7 月 11 日。

权利人利益。第二种模式增加了有限的网络传播权。比较典型的就是澳大利亚2000年的版权法修正案。该修正案规定："图书馆和档案馆可以对版权作品进行数字化和传播，也可以进行复制。"第二种模式显然扩大了合理使用的范围，体现了对公共利益的重视。笔者认为，公益性图书馆适用合理使用制度的前提在于其保持公益性，只是这种公益性的范围和强度要适当，不应超过合理使用的界限，否则即为侵权行为。谷歌数字图书馆一直强调其免费性，但是免费不等于公益，就是现在免费，也不等于以后永远免费下去，而且免费本身就是一种商业模式。谷歌主打免费的旗号而让著作权人买单的行为违反了基本的商业伦理，其意图也无非是为了以最低的成本抢占数字图书出版领域，进而形成全球的数字图书垄断。因此，谷歌数字图书馆不具有公益性质，侵犯了著作权人的权利，不属于合理使用的范畴。

（二）微博

所谓微博，就是微型的博客，网络用户可以通过电脑、手机等客户端进行信息的分享和传播。与普通博客相比，微博一般限于140字，更新速度更快，传播方式更为便捷。2010年被称为中国微博发展的元年，《南方人物周刊》更是将"微博客"（微博使用者）评为2010年度人物。我国最早的网站微博注册用户已超过5000万，每天发布信息约2500万条。全国微博访问用户规模已超过1亿人。我国人气最高的微博用户的"粉丝"已超过400万，这就是微博的传播能力。然而，巨大的传播能力为微博侵犯著作权埋下隐患，微博的共享功能也给作者的著作权带来隐瞒，并且当前我国立法上在微博的著作权问题上还处于空白状态。因此，微博是否为作品，转发微博是否构成侵权，以及微博运营商的责任界定成为热点问题。尽管还未出现微博侵权的案件，但诉讼一旦发生，立法的滞后都会对司法的实践造成困扰。《中华人民共和国著作权法实施条例》第2条规定，著作权法所称的作品，是指文学、艺术和科学领域内具有独创性并能以某种有形形式复制的智力成果。因此，微博是否为作品应参照独创性标准来考量。对于转发微博是否构成侵权的问题也要具体分析，对点击微博帖子下的"转发"字样的行为，基于微博信息分享的功能，这种转发符合微博的游戏规则。对发微博时直接以自己的名义用别人文字的行为，属于侵犯著作权的行为。因此，微博的转发除非满足合理使用的12种情形，否则应注明来源、指明作者。对于微博运营商的责任，《侵权责任法》第36条规定，网络用户利用网络服务实施侵权行为的，被侵权人有权通知网络服务提供者采取删除、屏蔽、断开链接等必要措施。网络服务提供者接到通知后未及时采取必要措施的，对损害的扩大部分与该网络用户承担连带责任。此外，若网络服务提供者知道网络用户利用其网络服务侵害他人民事权益，未采取必要措施的，也要与该网络用户承担连带责任。所以，微博运营商的审查义务应当是被动的，而不是主动的。如果权利人发现他人微博上存在侵犯其著作权的内容，可以通知微博运营商采取删除、屏蔽等措施，只有在微博运营商未采取相关措施的情形时，才承担法律责任。在法律对微博没有专门规定的情况下，在处理微博的互动、共享特性与版权个人属性之间的矛盾与冲突时应合理使用，避免侵权。

（三）网络链接

网络链接，也称超级链接（HyPerlink），是用超文本标记语言（HTML）在两个以上不同文档或同一文档的不同部分建立联系，通过统一资源定位符（URL）的指向，使用户可以通过一个网址访问不同网址的文件，或通过一个特定栏目访问同一网址上的不同栏目。[①] 网络链接是一种非常普遍的网络技术，也是网络的核心技术，它使人们能够迅速链接到自己想获取的内容，因此链接技术的广泛应用也引起了是否侵权的激烈争议。持不侵权看法的一方认为，既然被链接者将信息公开在网络上，其本意就是向公众开放的，使用人有权访问，而链接只是一种便捷的链接方式而已。它仅指明了获取作品的途径，而非一种复制行为，不受著作权法保护。持侵权看法的一方认为，链接剥夺了被链接者许可他人进入网站和收取费用的权利。且链接直接跳过了被链接者网站的首页，使其广告收入减少，损害了被链接者的经济利益。笔者认为，链接是非常快捷便利的获取信息的方式，使网络更加高效和丰富，尽管有些链接行为可能造成侵权，但是不应否认链接技术存在的价值和意义，也不应为了保护被链接者而认定所有的链接都是侵权行为，事实上，被链接者往往对链接求之不得，因为这能够增加公众浏览网站的几率。网络链接便利了公众获取作品，但链接方式的复杂多样使合理使用的认定变得更加困难和烦琐，是理论界仍需探讨的问题。

（四）临时复制

临时复制，亦称暂时复制，是指一项作品从计算机外部首先进入该计算机随机储存器，并停留于此，最终因为计算机关机、重启、后续信息挤兑等原因消失于随机储存器的过程。对于临时复制，国际上对这个问题形成了三种观点：(1)“肯定说”，主张临时复制应被视为传统版权法意义上的复制，传统版权法意义上的复制权制度应当适用于临时复制。美国白皮书持此观点。(2)“否定说”，主张临时复制并不构成复制，其与传统版权法意义上的复制

---

① 段维：《网络时代的版权法保护》，湖北教育出版社2006年版，第85页。

有着本质的区别，因此，传统版权法中的复制权制度不应适用于临时复制。很多发展中国家持该观点。(3)“折中说”，认为临时复制符合复制的本质特征，但应对临时复制作出特别的限制和例外。① 欧盟的《版权指令》采用“折中说”，将临时复制纳入复制行为的范畴，同时又主张对某些临时复制行为进行豁免。我国目前还没有对临时复制作出规定，但笔者认为临时复制也属于一种复制行为，但是对于那些临时或偶然的，在某种技术过程中不可分割的临时复制，并非出于使用人有目的的行为，而是计算机自动产生的，则应可引用合理使用进行抗辩，将其排除在侵权行为之外。即“复制应当包括一切直接的或间接的、暂时的或永久的、在线的或离线的、物质的或非物质的形式。类似于互联网上的浏览存取，属于技术性的没有独立经济价值的复制应当排除在复制权之外。”②

（五）远程教学

远程教学，又称远程学习（distaneelearning），是指利用数字技术通过互联网开展的教学活动，它一般采用电子邮件、新闻组、聊天室、电子布告板系统（BBS）、可下载的录音、录像文件、网络之间的超文本链接以及交互式CD－ROM和DVD－ROM等方式进行教学。这种教学模式既保留了传统的面授式教学中的“教”与“学”互动的优点，又具有覆盖面广、信息量大、接受教育的时间、地点灵活、能够最大限度地因材施教等许多传统教学模式无可比拟的优势。③ 随着网络的发展，人们可以不再拘泥于特定场所享受学习的乐趣，而远程教学正是这一优势的具体产物。相比传统的教育模式来说，远程教育对作品的使用范围和数量更大，使用人也日益广泛，这种灵活的教育模式为人们带来了极大的便利，同时远程教育的这些特点也使其对著作权人利益产生影响，对合理使用制度提出挑战。远程教育不论营利或是非营利，都具有公益作用，推动了知识的传播和文化的发展，但是只有非营利性的远程教育才能适用合理使用制度，而营利性的远程教育仍需获得著作权人的许可并付费。同时，非营利性远程教育的使用必须要合理，要受到一定的限制，诸如应使用少量作品，应针对特定对象，在一定时间内销毁等。对于远程教

① 应明：《作品在计算机互联网络上向公众传播行为的法律调整》，载《著作权》1997年第1期。

② “Proposal for Directive harmonizing aspects of rules on copyright and related rights in the information society”, December 10, 1997. 转引自张海燕：《计算机网络数字传输的版权保护》一文。

③ 薛虹：《网络时代的知识产权法》，法律出版社2000年版，第170页。

育在著作权法中的规定，有两种立法例：一是用合理使用制度规制远程教学，美国即采用这种模式；二是将对远程教学中作品的使用确定为法定许可使用。我国《信息网络传播保护条例》采取了法定许可制度，其第 8 条规定，为通过信息网络实施九年制义务教育或者国家教育规划，可以不经著作权人许可，使用其已经发表作品的片断或者短小的文字作品、音乐作品或者单幅的美术作品、摄影作品制作课件，由制作课件或者依法取得课件的远程教育机构通过信息网络向注册学生提供，但应当向著作权人支付报酬。而在世界范围内，两种模式的选择仍是各国所争论不休的问题。

三、我国网络著作权合理使用制度的立法现状、问题及立法建议

（一）我国网络著作权合理使用制度的立法现状和问题

1. 规则主义立法模式的弊端

规则主义立法模式是指将合理使用的各种具体情形列举出来，形成明确的规则。规则主义的立法模式往往具体明确，易于适用，保证了判决结果的统一性，而且具有很强的稳定性，英国、日本、德国以及我国都采用了该种模式。但是，规则主义模式的优势在网络环境下反而成为致命的缺点，该模式虽然具体明确，但是无法涵盖社会生活中的各种变数，随着网络环境中各种新型使用方式的出现以及个案的独特性，使得稳定性沦为僵硬保守，使著作权法表现出极强的滞后性。我国关于网络环境中著作权合理使用制度的规定主要体现在《著作权法》和《信息网络传播权保护条例》中。《著作权法》第 22 条列举了 12 项合理使用行为，但是网络环境中所产生的使用无法也不能用 12 条具体规则来评价和涵盖，而且《信息网络传播权保护条例》将合理使用的种类缩小到了 9 种，这明显压缩了合理使用的空间。随着数字技术的更迭，规则主义模式只会随着外界的变化而不断缩水，法律虽有滞后性但也不应该因目光浅显而频繁修改，这种不确定性只会造成法律权威性的丧失和司法资源的浪费。因此，我国目前合理使用的规则主义立法模式暴露出诸多问题，急需改善。

2. 网络环境下新型使用方式缺乏法律认定和调整

随着网络技术的发展，各种新型的使用方式层出不穷，为公众获取和传播作品提供了极大的便利，同时，这些使用方式的合理性也遭到了质疑，面临网络环境中产生的巨大变化，我国规则主义立法模式显然无法跟上时代的步伐。合理使用方式规定在我国《著作权法》第 22 条和《信息网络传播条例》第 6 条，二者并无实质性区别，只是后者缩小了前者的范围，且后者亦是对前者的沿袭，并且未体现出网络环境中作品的新型使用方式该如何界定，

再加之规则主义立法模式的局限性使得其无法对使用行为作出标准性的判断，导致我国著作权法在该领域出现盲区。实践中出现的新型使用方式主要有微博、网络链接、临时复制、数字图书馆、远程教学、数据库、计算机软件、网上浏览与下载等。随着数字技术的发展，使用方式仍然处于更迭之中，单就我国目前网络环境中所出现的使用方式的法律界定问题以及与合理使用的关系问题，仍是难点，使实践中出现的问题难以判断和解决，有失著作权法在平衡公众与著作权方面的价值。

（二）完善我国网络著作权合理使用制度的立法建议

1. 采取规则主义与要素主义相结合的立法模式

我国可以借鉴美国对合理使用的规定来完善该模式的框架。美国著作权法确定某特定情形下利用作品是否构成合理使用，应考虑以下因素：第一，该使用的目的和性质，包括该使用是具有商业性质或为了非营利的教学目的；第二，该版权作品的性质；第三，该使用部分的数量与内容与版权作品在整体上的比较；第四，该使用对该版权作品的潜在市场或价值的影响。① 美国合理使用制度的立法精髓就在于运用因素主义判断标准将合理使用推向数字化时代。该种立法模式认为，每一案件必须根据该案件的具体事实来判断，根据版权的目标，考虑所有因素，一起衡量而得出结果。我国可以借鉴美国的因素主义模式，制定合理使用的判断标准，将规则性模式置于其后，实现因素主义模式与规则主义模式的结合。

2. 明确网络环境中合理使用的判断标准

笔者建议采用美国判断合理使用的四要素。

（1）使用的目的和性质。美国《著作权法》第 107 条认为，为诸如批评、评论、新闻报道、教学（包括为课堂使用的多份复制品）、学术或研究之目的，合理使用版权作品，包括复制品或录音制品的复制或其他该条具体规定的其他方式的使用，不构成版权侵权行为。列举的这些目的在初始阶段证明了使用行为的合理性，其核心无非在于善意使用。况且善意使用是私权领域中非常重要的制度，是诚实信用原则的体现，在使用目的中引入善意的概念，对于合理使用之合理性认定是很有价值的。同时也可以弥补评判标准中主观要件的缺憾。“对于作品的使用和使用的后果，并非所有的使用者都是抱着善意使用的心态，传统的合理性标准希望借助外在的形式判断合理性的正当要件，但往往是否莫辨，难以施展。问题的症结所在是对于行为合理性的主观

① 《美国法典》第 17 编，第 107 条。

要件未作要求，如系恶意使用，哪怕符合所有要件，显然也是不具有行为的合理性。”① 除了传统的四要素标准，美国法院审查是否属于合理使用的一个非常重要的标准是“改变性使用”，即新作品是否具有改变性以及改变性使用的程度，使用是否对原作品增加了新的价值，促进了社会的发展。可见，该评判标准反映了合理使用在实现著作权法目标上的作用。笔者认为，这种改变性使用可以用善意的要素加以判断，即简单地复制而不进行创新，是对作品的不当使用，非为善意。

对于使用的性质，应规定为不具有营利性质，间接营利也应被排除在合理使用之外。网络环境下的大多数网站经营者都具有营利的性质，虽然名义上他们提供了许多免费服务，但实际上仍是为了增加点击率以提高网络广告收益，其目的仍是商业性质的。因此，该种间接获益的使用行为也属于营利活动，而不受合理使用的保护。谷歌数字图书馆亦是如此，其使用缺乏善意的目的和非营利的性质，可使用该要素进行界定。

（2）版权作品的性质。对于版权作品的性质，美国著作权法主要关注点在于事实性作品和创造性作品，合理使用的范围随着作品创造性程度的变化而变化。如作品中的事实性内容较多则合理使用范围较大，如创造性内容较多，则合理使用范围缩小。因为相比以事实性为基础的作品而言，创造性作品的作者要投入更多的时间和精力，因此，基于著作权法鼓励创作和实现社会进步的目标，创造性作品应当获得较大回报，以鼓励该种性质的再创作行为。笔者认同此种判断标准。此外，不同类型作品的使用方式不同，因而合理与否的界限也应当有区别。例如，美国著作权将在教学活动中的合理使用根据作品的性质不同分为两类进行分别保护，即对于书籍和期刊，允许老师因个人学习研究和教学活动的需要而个别复制一本书中的一章，一份期刊报纸中的一篇文章，一篇短文或一首短诗，一本书或一份报刊中的一张图画、图标、卡通片等。对于音乐作品，允许因紧急演出需要而又无法购买所需作品临时进行复制；老师因音乐教学活动需要对作品进行非印刷方式的复制或摘录，学生为评论、排练作品的需要而对表演录音的个别复制……可见，该条要素反映了美国著作权立法所倡导的个案分析的思想，具有很强的针对性，能够对各类作品作出合理的界定，真正实现合理使用制度的平衡功能，并使该功能更加精确和公平。因此，我国著作权法可对不同性质的作品予以不同

---

① 吴汉东：《著作权合理使用制度研究》，中国政法大学出版社 2005 年版，第 253 页。

的保护，解决对作品不分类型泛化保护的现状。

（3）该使用部分的数量与内容与版权作品在整体上的比较。判断某种使用行为是否合理，度的标准显然是不可缺少的。因此，四要素中关于使用作品质和量的规定便是对使用度的考量。传统以纸质等有形物为载体的作品对于质与量的判断相对容易，而网络环境中作品的数字化使作品一经上传即失去控制，随意被人使用。在上传作品这种行为下，一次使用与多次使用已无太大差别。除此之外，对其他使用行为的判断仍需要量的标准，不仅包括使用次数的量的限制，还包括使用部分与整部作品的比例限制，必须以少量为限。谷歌数字图书馆将作者的作品上传收录并免费提供给公众的行为明显不符合少量的限制，符合该条关于使用度的界定。

（4）该使用对该版权作品的潜在市场或价值的影响。判断某种行为是否属于合理使用，除了需要善意的主观要件，同时也需要使用度和由此可能对作品价值产生的影响，该种可能的影响即是四要素中的最后一个要素。需要注意的是，该要素是一种可能性的状态，而未实际发生。如果将该要素理解并定义为“使用对作品的潜在市场或价值产生了影响”，则排除了使用行为不构成合理使用的可能性，而不合理地扩大了合理使用的范围，使著作权法在合理使用领域丧失对侵权行为的预防功能。有学者认为，第四要素在网络环境中无法适用，认为“对于一些非商业性的内容和作品就很难使用市场价值予以界定，而且网络使用凭借网络传递的快捷往往难以计算潜在的价值和影响。”① 对此，笔者认为该种理解是用完成时代替了可能状态，而且对于非商业性的内容和作品的使用可结合前三个要素综合进行判断，即是否针对各类作品进行善意、非营利、符合质和量标准的使用，而无需适用第四个要素。或者对该种无法用市场价值予以界定的使用行为单独规定第五要素，即使用对权利人造成损害，这种损害是物质利益的，也是精神利益的，以此来规范对非商业性内容和作品的使用。对于潜在市场或价值的影响，不应是无边际的，应与权利人可能开发的领域为限，而不是对此不加限制地猜测。谷歌数字图书馆未经作者同意而将作品免费提供给公众的行为对作品的潜在市场价值产生了很大影响，并可能促使使用作品的公众无需通过其他途径购买作品从而损害了作者的经济利益。

① 吴汉东：《著作权合理使用制度研究》，中国政法大学出版社 2005 年版，第 252 页。

3. 完善技术措施的立法

对于技术措施的立法体现在我国《著作权法》第47条第6项，《信息网络传播权保护条例》第4条和《计算机软件作品保护条例》第24条第3项。《信息网络传播权保护条例》第4条规定，为了保护信息网络传播权，权利人可以采取技术措施。任何组织或者个人不得故意避开或者破坏技术措施，不得故意制造、进口或者向公众提供主要用于避开或者破坏技术措施的装置或者部件，不得故意为他人避开或者破坏技术措施提供技术服务。但是，法律、行政法规规定可以避开的除外。可见，我国法律对于直接规避和间接规避都是加以禁止的。

美国《数字千年版权法》（DMCA）第1201条规定了规避技术措施的反限制条款，即禁止“规避”技术保护措施获取被保护作品的未经授权连接；禁止生产、销售或者进口设计的目的是规避技术保护措施的硬件和软件；对违反者进行民事和刑事处罚。可见，DMCA禁止直接规避和间接规避，并主要禁止规避访问控制措施，即1201条款中的禁止规避技术保护措施获取被保护作品的未经授权连接。我国对禁止规避访问控制措施未予以明确，但是对于“不得规避技术措施”的规定，笔者认为我国著作权法概括性的规定并没有排除禁止规避访问控制措施，因此可推定为包括访问控制措施和使用控制措施的禁止规避。在访问控制措施与使用控制措施并存的情况下，只有规避访问控制措施才可以进入使用控制措施阶段，因此禁止规避访问控制措施是对后者规避行为的预防，是对作品实质性利益的保护。而访问控制措施往往起到屏障的形式的作用，真正控制作品使用仍是使用控制措施。因此，笔者认为，如若对二者的规避行为都加以禁止，则明显限缩了使用人和社会公众的利益，如实践中的电子水印和控制使用期限的技术可以使公众接触作品只是限制其使用，但是起码赋予公众接触作品的权利和机会，而访问控制措施却将这种机会降低，为公众接触作品增加门槛，提高知识和信息传播的成本，从利益平衡角度来说是有失公允的。DMCA法案正好颠倒了过来，只禁止规避访问控制措施的行为而不禁止规避使用控制措施的行为，也就是说公众不可以通过规避访问控制措施而获得作品，却可以直接规避使用控制措施。美国版权局认为，此种规定的目的就是能够保证公众可以继续对他人有版权作品进行合理使用。这在一定程度上维护了使用人的利益，但是在访问控制措施与使用控制措施并存的情况下，使用人则无法获得作品，否则即是侵犯著作权人的合法权益，而应受到民事和刑事的处罚。同时，禁止和处罚条款都独立于版权法，即使他们的规避是依据合理使用特权或其他豁免完成的，使用者都要承担责任。同样，硬件和软件的提供者都要承担责任，即使他们的产品有实质的非侵权使用。[①] 可见，DMCA 法案排除了规避技术措施的合理使用抗辩，是在技术措施领域对合理使用的否定，因此，该法案也因以公众利益为代价，过分扩大版权所有人的保护而备受质疑。综合考量，该如何平衡我国著作权法网络环境中的技术措施与合理使用的关系，笔者认为，其一，在无禁止规避例外规定的情况下，禁止规避使用控制措施而不禁止规避访问控制措施。虽然该种做法可能侵害著作权人的权利，但是公众有权接触作品，访问控制措施使公众对基于正当目的的使用也应获得许可或付费，压缩了合理使用的范围。且著作权人应该也能够意识到其作品上传到网上时，被转载、复制、使用的可能性和广泛性，如果作者没有采取使用技术措施，可以推定作者自动放弃其部分著作权，默许网络使用者对其作品的自由浏览使用。此外，笔者认为公众有权接触作品。其二，在有禁止规避例外规定的情况下，可规避使用控制措施。

关于禁止规避技术措施的例外，美国 DMCA 法案非赢利性图书馆、档案馆和教育机构的例外；法律执行、情报机关和其他政府活动例外；反向工程的例外；加密研究的例外；父母阻止未成年人接触网上色情或其他有害内容的例外；出于保护隐私权而保护个人识别信息的例外以及安全测试的例外。我国对于禁止规避技术措施的例外体现在《信息网络传播权保护条例》第 12 条，属于下列情形的，可以避开技术措施，但不得向他人提供避开技术措施的技术、装置或者部件，不得侵犯权利人依法享有的其他权利：（1）为学校课堂教学或者科学研究，通过信息网络向少数教学、科研人员提供已经发表的作品、表演、录音录像制品，而该作品、表演、录音录像制品只能通过信息网络获取；（2）不以营利为目的，通过信息网络以盲人能够感知的独特方式向盲人提供已经发表的文字作品，而该作品只能通过信息网络获取；（3）国家机关依照行政、司法程序执行公务；（4）在信息网络上对计算机及其系统或者网络的安全性能进行测试。可见，我国禁止规避技术措施的例外限于 4 种，少于美国的 6 种情形，对于反向工程和加密研究的例外可能是出于对我国科学技术相比发达国家来说还较落后的现实的考虑，但是也因为如此，该两项例外有利于促进科技的进步，对于技术的发展起着良性循环的作用，而且基于法律应具有前瞻性的考虑，对二者的规定能够有效解决司法实践中存在的问题，起到预防功能。因此，笔者建议，将反向工程和加密研究

---

① Marshall Leaffer. The uncertain future of fair use in a global information marketplace, 62 ohiost. L . J. 849, (ohioState lawJournal2001).

规定为禁止规避技术措施的例外。对于非赢利性图书馆、档案馆，不宜再规定其有权在特定情形下规避技术措施，因为基于二者的公益性，社会公众可自由从中获取自己想要的信息资源，而二者一旦有权规避技术措施，则意味着社会公众的有权规避和无偿利用。所以，现行法律对非赢利性图书馆、档案馆没有规定为禁止规避技术措施的例外是合理的。

对于可以规避技术措施的主体，我国法律并没有明确制造、进口或者向公众提供装置者的是否可以适用禁止规避技术措施的例外。笔者认为，直接规避与间接规避具有牵连性，使用人的直接规避往往是在间接规避者的帮助下促成的，因此，法律既然允许直接规避人享有特定情形下规避技术的权利，那么间接规避人也应因此得到豁免，从正义的角度出发，间接规避人的行为是对直接规避人合理使用权利的支持和帮助，既然直接规避人的行为在禁止规避技术措施的例外中属于合理使用，那么间接规避人的行为也属于合理使用。因此，对于可规避技术措施的主体法律应明确规定为既包括直接规避技术措施的人，也包括制造、进口或者向公众提供主要用于避开或者破坏技术措施的装置或者部件的人，这样才是对各方主体的公平对待，才符合公平正义的价值观和利益平衡理论，也突出了网络环境下对这些价值的秉承和发扬。

参考文献：

[1] 郑成思：《版权法》，中国人民大学出版社 2009 年版。

[2] 郑成思：《郑成思版权文集》，中国人民大学出版社 2008 年版。

[3] 吴汉东：《著作权合理使用制度研究》，中国政法大学出版社 2005 年版。

[4] 徐珊珊：《论我国网络著作权合理使用制度》，中国政法大学 2009 年硕士学位论文。

[5] 李佳伦、贾晓舟：《网络环境下的著作权合理使用制度分析》，载《法制与社会》2009 年第 22 期。

[6] 赵伟涛：《网络环境下著作权合理使用制度浅析》，载《法制与社会》2008 年第 12 期。

[7] 杨述兴：《技术措施与著作权法中的权利限制制度》，载《知识产权》2003 年第 2 期。

“暴风”刮向哪里

——论网络服务商的侵权责任

杨　帅*

案例：

2011年6月20日，北京市石景山区人民法院对北京紫禁城影业有限责任公司（以下简称紫禁城公司）诉北京暴风网际科技有限公司（以下简称暴风公司）侵犯著作财产权纠纷一案作出判决。① 在这个案件中，网络服务商又一次坐上了被告席，同时也激起了人们对于网络服务商应当承担何种责任的再思考。

紫禁城公司于2009年4月发现暴风公司所有的网站（www. baofeng. com）未经合法授权，以营利为目的，通过暴风影音软件提供其享有著作权的影片《紫日》的在线播放，严重侵犯其信息网络传播权，因而诉至法院。紫禁城公司提交了一系列证据证明其是著作权人和暴风公司侵权。其中值得一提的是一份公证书，该公证书是2009年4月15日，由河南省社旗县公证处作出的（2009）社证经字第164号公证书，公证书内容包括：打开IE浏览器进入百度网页面，查询www. baofeng. com，查询到信息后点击www. baofeng. com进入到暴风影音的页面，下载、安装并运行暴风影音软件；在暴风影音软件中的搜索栏中输入“紫日”，使用暴风影音软件中的搜索功能搜索到23913个结果，在搜索结果中随机选择影视“紫日”的视频文件进行点播，开始播放影片“紫日”，在播放过程中，随机选取播放点进行播放，该影视均能播放；操作人员使用内录软件“webex”对整个过程进行了同步录像。

暴风公司则认为：第一，自己开发的暴风影音软件仅提供搜索链接服务，没有直接上传或存储涉案影片，通过播放界面可以显示出涉案影片来源于第三方网站。第二，由于涉案影片不处于自己经营网站的影视栏目中，亦未对影视作品设置影片排行、介绍和推荐，对于涉案影片播放不具有事先审查的

---

* 北方工业大学民商法2009级硕士研究生

① 案件内容来自北京市石景山区人民法院（2011）石民初字第2387号民事判决书。

义务。因此，自己没有实施侵权行为，且不具有任何主观过错。第三，涉案影片至今早已过公映期，紫禁城公司在知晓涉案影片播放的事实后，未在合理期限内行使权利，应自行承担损失扩大的后果。并且暴风公司在知晓起诉事实后，委托代理人至北京市方圆公证处，申请对暴风影音网站（网址 www. baofeng. com）中下载、安装暴风影音播放器，在暴风影音播放器中搜索播放视频等过程进行证据保全公证。2011 年 5 月，北京市方圆公证处作出（2011）京方圆内经证字第 12350 号公证书，其中载明：暴风公司委托代理人何志国在公证人员监督下，使用我处计算机，经登录互联网，进入暴风影音网站；安装并启动暴风影音软件，点击搜索进入暴风视频搜索页面；在搜索栏中搜索"紫日"，点击搜索并进入页面，网页截屏显示"没有找到与紫日相关的结果"。

法院认为，案件的争议焦点在于暴风公司是否实施了侵犯信息网络传播权的行为。暴风公司作为网络服务提供者，应当对涉案影片《紫日》的网络传播是基于暴风影音软件搜索链接功能，且从第三方网站获取作品的待证事实承担举证责任，否则将承担不利的法律后果。上述问题的判断需要结合紫禁城公司提供的公证文书及附带光盘加以分析：第一，在暴风影音软件播放涉案影片《紫日》的过程中，IP 地址栏中不能显示具体的网页地址，播放界面仍属于播放软件的组成部分，不能说明涉案影片来源于第三方网站。第二，尽管暴风影音软件具有影视作品的搜索链接功能，但是播放界面下部未载明作品来源的网页地址，无法凭上述显示内容认定涉案影片《紫日》必然来自于第三方网站。

对于暴风公司提供的公证书是否能够足以证实其抗辩主张，法院认为：根据暴风公司提供的公证文书截屏内容显示，在暴风影音软件环境下无法搜索到涉案影片，不能说明被诉侵权行为发生时的影片播放具体来源。因此，暴风公司提供的公证文书不足以证实其开发经营的暴风影音软件仅通过对第三方网站的搜索链接后播放涉案影片，亦不能得出涉案影片来自第三方网站的结论。

法院最终认定暴风公司系涉案影片的内容服务提供者并实施了直接侵犯著作权人信息网络传播权的行为，应当承担侵权损害赔偿责任。判决暴风公司赔偿紫禁城公司各项损失共计 2.6 万元，而不是原告紫禁城公司主张的 5 万元。

由这个案件可以引出以下法学问题：

1. 本案中的被告暴风公司属于哪种网络服务商？

2. 网络服务商应承担什么样的责任？

3. 网络服务商的责任应当进行何种限制？

4. 网络服务商承担什么责任最恰当？

在网络环境下，任何一位用户想要使用互联网都离不开服务商提供的服务，这种服务可以是接入，即帮助用户登录到互联网之中；也可以是服务器联系，使用户可以实现信息查询、网站访问；还可以是信息存储空间的提供，使用户可以建立博客、个人站点。总之，依靠网络服务商提供的各种服务，用户使用互联网的目标才得以实现。

一、网络服务商的类型——暴风公司性质

网络服务商提供不同类型的服务，对于用户使用互联网也起到了不同作用，据此可以对其进行分类，以便更好地确定其在网络使用过程中承担的责任。

（一）理论上的分类

网络服务商划分的标准是一个动态的过程。在互联网发展的早期，网上信息经营者和网上服务商都被称为 ISP（Internet Service Provider），即泛指的网络服务经营者。随着网络技术的发展和专业化，依据不同的服务类型，可以把网络服务商分为这样几类：第一，提供网络接入的服务商，他们通过电话、宽带等有线或者无线方式将用户终端设备连接入互联网，如最初的电信、网通的拨号上网或联通 ADSL 宽带等；第二，提供信息检索的服务商，各种搜索引擎网站，如百度、谷歌等；第三，提供信息通道或者存储空间的服务商，如网络硬盘等；第四，提供内容的服务商，他们主要是提供信息供用户使用，如新浪、搜狐等门户网站。

这种分类在著作权法上意义在于，如果发生网络侵权行为，服务商对于其所发布的内容的控制力越强，其要承担的责任就越大，如果服务商对于内容的控制力较弱，则可能承担的责任就越小。一般来讲，前两类服务商对于其发布的内容不进行编辑，只根据用户的指令完成技术操作；而后两类服务商提供的服务涉及内容，对信息能够进行编辑和控制。当然这种划分不是一成不变的，当今的趋势是网络服务商都开展综合性的服务，因此服务商究竟提供哪种服务，还要根据其在涉及侵权的案件中所从事的行为而判断。

（二）实践中的分类

司法实践中对网络服务商分类的目的在于确定特定情境中网络服务商的地位及其对网络上侵权作品应当承担的责任。根据这一目的，可以将网络服

务商划分为两类：一类是内容服务提供者，这类服务商直接提供内容服务，对其提供的信息内容具有一定的编辑控制能力；另一类是狭义的网络服务提供者，他们并没有参与对信息的编辑处理，而是对作品的网络应用提供了接入、传输、引导等技术性服务。这种服务不需要服务商进行控制，而是按照用户的指令就可自行完成。

现实中一些国家的立法实践即是按照这种标准对网络服务商采取了不同的态度。美国《千禧年数字著作权法》和《欧盟信息社会著作权指令》就是如此，对于内容服务提供商直接提供侵权作品，可以直接适用著作权法对于侵权责任的规定，因为这种侵权形式和传统的形式并没有很大的分别。而提供技术性服务的网络服务商才是调整网络环境中侵权行为法律的重点。美国《千禧年数字著作权法》规定："互联网服务商包括提供路由、系统缓存、接入、信息定位服务，但不含内容服务。《欧盟信息社会著作权指令》规定，如第三方利用中间服务商的服务进行侵权活动，版权持有者能够针对此中间服务商申请禁令，即区分了内容服务和网络技术服务。"① 我国《信息网络传播权保护条例》也采取了同样的划分标准，其中第 21～24 条分别规定了四类服务：接入服务、缓存服务、存储服务、搜索和链接服务。

上述案例之中，暴风公司毫无疑问是网络服务商，尽管其自我声称从事的是搜索引擎的服务，但是从其真正提供的操作来看，暴风公司对于自己网站上出现的内容具有一定的编辑控制能力，在一定程度上引导了用户对其网站上内容的观看，因此应当认定其提供了内容服务。也就是说，在具体案件中认定服务商性质的时候，不能只看表象，而是应该看到其提供服务的实质，进而确定其性质。

二、网络服务商责任的构成——暴风公司的共同侵权责任

网络服务商承担的责任主要来自两个方面：一是直接侵权责任，即自身实施了侵犯著作权的行为；二是共同侵权责任，用户通过服务商的设施或服务实施了侵权行为，服务商在主观上具有过错，此时就要承担共同侵权责任。

在互联网发展的早期，直接侵权是网络环境下侵权的主要形式，这种侵权责任比较容易认定，在确定责任时直接适用《民法通则》和《著作权法》

---

① 张今：《版权法中私人复制问题研究——从印刷机到互联网》，中国政法大学出版社 2009 年版，第 201 页。

的内容即可。而共同侵权的认定则较为复杂，需要考虑诸多因素。

（一）共同侵权行为

共同侵权是指“两个或者两个以上的人由于共同的过错造成他人损害的行为。”① 共同侵权行为可以分为两类：一类是简单的共同侵权行为，各个侵权人都是直接行为人，他们之间并没有进行分工；另一类是复杂的共同侵权，在复杂的共同侵权之中，侵权人可以分为帮助行为人、实行行为人和教唆行为人。帮助行为人是对行为人提供帮助，使得侵权行为得以实施的人，如提供工具、创造条件等。② 在这个侵权行为中，帮助侵权人并没有直接参与到具体的侵权过程之中，他也只是起到了辅助性的作用。但是，由于帮助行为人与实行行为人之间有共同的故意，依照他们所处的地位和环境，帮助行为人能够遇见可能发生的损害，因而和实行行为人构成一个整体，他们要么有共同的过失，要么是违反了共同的注意义务。因此，帮助行为也是一种共同侵权行为。

我国现行法律关于共同侵权的规定在《民法通则》及新颁布的《侵权责任法》之中。《民法通则》第130条规定了共同侵权行为的一般原则和责任形态，其内容是，二人以上共同侵权造成他人损害的，应当承担连带责任。最高人民法院《关于贯彻执行〈中华人民共和国民法通则〉若干问题的意见》第148条第1款作了比较具体的规定，教唆、帮助他人实施侵权行为的人，为共同侵权人，应当承担连带民事责任。《侵权责任法》第9条第1款规定，教唆、帮助他人实施侵权行为的，应当与行为人承担连带责任。对于互联网方面，我国《信息网络传播权保护条例》也有关于服务商责任的规定，其第23条规定，网络服务提供者为服务对象提供搜索或者链接服务，在接到权利人的通知书后，根据本条例规定断开与侵权的作品、表演、录音录像制品的链接的，不承担赔偿责任；但是，明知或者应知所链接的作品、表演、录音录像制品侵权的，应当承担共同侵权责任。

《侵权责任法》第36条规定，网络用户，网络服务提供者利用网络侵害他人民事权益的，应当承担侵权责任。网络用户利用网络服务实施侵权行为的，被侵权人有权通知网络服务提供者采取删除、屏蔽、断开链接等必要措施。网络服务提供者接到通知后未及时采取必要措施的，对损害的扩大部分与该网络用户承担连带责任。网络服务提供者知道网络服务侵害他人民事权

① 王利明：《侵权行为法》，中国政法大学出版社1993年版，第22页。

② 杨立新：《侵权法论》，人民法院出版社2004年版，第543页。

益、未采取必要措施的，与该网络用户承担连带责任。

在网络环境下，侵害著作权的行为主要是侵害了作者的信息网络传播权。信息网络传播权是指以有线或者无线方式向公众提供作品，使公众可以在其个人选定的时间和地点获得作品的权利，它是著作权人、表演者、录音录像制作者等侵权人的专业权利。从技术上看，作品经由互联网传播需要经过两个过程，首先，要有人将作品上传至网络服务器之中，从而使得公众能有内容进行选定。其次，是使用作品，也即“点播”，就是对网络上内容的浏览、收看、下载等。

对于网络服务商来说，其涉及侵权一般不是因为“点播”而是“上传”，而这种“上传”往往不是其亲自实施，而是对他人的行为提供了帮助。例如上述案例中，暴风公司只提供了对作品的搜索和链接，实质上这是一种信息定位服务，真正未经许可将作品上传的是被链接的服务器的所有人，也就是说，在这个共同侵权中，实行行为人是上传人，而暴风公司则是帮助行为人。从技术上讲，提供链接的行为与上传行为是有本质区别的，其性质并不相同。假定没有搜索并链接的服务，网络终端用户仍然可能通过自己的行为找到被上传的作品，但是假如没有上传行为，搜索链接服务也就变得毫无意义。但是，在侵犯权利人的信息网络传播权的过程中，暴风公司通过自己的搜索定位服务使用户更加容易地找到侵权作品，同时使用其播放器能够直接播放作品，在实质上使得侵害后果进一步扩大，因而与上传者构成共同侵权。

（二）共同侵权的认定

认定构成共同侵权，需要依据以下顺序：第一，要确定用户实施了侵权行为，这在现实中是比较容易确定的。一般情况下，电影、音乐、书籍等作品都有一定的制作成本，著作权人不会随意将其免费发布到互联网上，因此作品的发布者一般都侵犯了著作权人的信息网络传播权。第二，要判断网络服务商主观上是否具有过错，具体来说就是其是否“明知”或“应知”其所提供搜索、链接的作品为侵权作品。

如上所说，《信息网络传播权保护条例》第 23 条规定的网络服务商构成共同侵权行为的主观要件是明知或应知，从理论上讲，其对应的主观状态为“故意”和“过失”。对于“明知”的判断相对容易，一方面，这种直接证据相对易于取得，另一方面，还可以从权利人行为的角度判断，因为如果权利人已经“提醒”过服务商其链接的作品为侵权作品，而网络服务商仍然没有停止其服务时，则可以确定其为“明知”。除了《信息网络传播权保护条例》第 14 条、第 15 条的规定外，最高人民法院《关于审理涉及计算机网络著作权纠纷案件适用法律若干问题的解释》第 4 条也规定，网络服务提供者，明知网络用户通过网络实施侵犯他人著作权的行为，或者经著作权人提出确有证据的警告，但仍不采取移除侵权内容等措施以消除侵权后果的……追究其与该网络用户的共同侵权责任。也就是说，权利人一旦发现自己的作品被侵权，就可以向网络服务商发出通知，要求其删除侵权作品或者对作品的链接，如果网络服务商收到权利人的通知后仍然对作品提供信息定位等的服务，则其主观状态为“明知”。这与《侵权责任法》第36条第2、3款规定一致，即网络服务提供者与网络用户成立共同侵权承担连带责任的情形有两种：一是受害人告知网络服务商侵权事实并要求采取必要措施，但服务商未及时采取的，就扩大的损失部分，由服务商与网络用户承担连带责任；二是网络服务商明知网络用户利用其网络服务侵权而容忍的，也要承担连带责任，且此处可以受害人告知为前提。事实上这就是由网络服务商为第三人——用户的直接侵权行为承担责任。

对于“应知”的标准更难确定，本身这种主观状态就不易举证，在网络环境下，网络服务商都会主张自己尽到了注意义务，但是就每一个具体案件来说，注意到何种程度才算是恰当则需要由一些客观的标准来确定。根据网络服务商所在的经营环境、其所使用的技术及设施和提供的服务类型，将其可能遇到的侵权行为进行一定的类型化。当服务商遇到这些侵权行为时，就应当推定其主观方面为“应知”，而不论著作权人是否明确通知其侵权行为的存在。这个类型标准的设定，应当考虑服务商的经营情况、专业领域、技术能力等因素。实际上，网络服务者应达到何种程度的注意义务，被普遍采用的是“红旗标准”，即指如果有关他人实施侵权行为的事实和情况已经像一面鲜亮色的红旗在网络服务商面前公然地飘扬，以至于网络服务商能够明显发现他人侵权行为的存在，则可以认定网络服务商的“知晓”。①

三、网络服务商责任的限制——暴风公司不能进入“安全港”

（一）网络服务商责任的性质

分析网络服务商构成何种侵权行为是为了确定其责任的承担，网络服务商对其帮助行为是否应当承担连带责任。对于共同侵权来说，承担连带责任是无可非议的。连带责任是指受害者有权请求侵权人中的任何一个或数个承担全部的赔偿责任，而任何一个共同侵权人都有义务向受害者承担全部的赔

① 王迁：《论“信息定位服务”提供者“间接侵权”行为的认定——兼评“百度案”》，载《知识产权》2006年第1期。

偿责任。也就是说，对于共同侵权人而言，无论其在共同侵权之中起到了何种程度的作用，他都要承担全部的责任。这对于保护受害人来说是有利的，也具有一定的正当性。但是，对于网络服务商来说，这种责任过于严格，是值得考虑的。因为网络服务商承担的责任应当是在一定程度之内的，既不应无条件地完全免除其承担的责任，也不应当让其无限制地为用户的侵权行为承担全部责任。内容提供者提供作品的主要目的是获取经济利益，在服务商的帮助之下，作品被更广泛地传播，吸引了更多的使用者，同时还可以带来大量的广告收入。如果没有服务商的帮助，这些目的是不容易实现的，当然在这个过程中，服务商也能够受益。从这个角度讲，要求服务商承担责任是正当的。但是，从公众对网络的需要和网络经济的发展角度看，要求服务商承担全部责任是不公平的。在网络侵权行为中，实行行为人是内容提供者，可能是用户或者网站，服务商只是提供了链接服务或者空间存储服务，这些服务是非核心的、辅助性的。如果要求服务商承担连带责任就意味着他们要时刻担心自己服务的对象可能会对自己不利，可能会实施侵权行为然后“一走了之”，自己则要对权利人承担赔偿责任。这种担心会挫伤服务商的积极性，从而导致网络服务质量的下降，终将影响互联网产业的发展。因此，考虑到网络服务商对整个产业的积极作用，应该适当限制网络服务商应当承担的责任。

（二）“安全港”规则

责任的限制可以说是对服务商的一种保护，即为服务商设立一定条件，在符合条件的情况下，即使有侵权行为的发生，服务商也是可以免责的。这种条件的设立也经历了一个发展过程。最初，网络服务商承担的是严格责任，也就是说“认定构成版权侵权，无须有侵权之意图。主观上的故意或明知不是构成侵权的必要条件，而且即使是善意侵权人，也应对侵权行为承担法律责任。”① 这一规则是在1993年花花公子公司诉费里纳一案中确立的。接下来，在1996年的Netcom案件中，法庭对于网络服务商的直接侵权责任、帮助侵权责任和替代责任进行了论述，否定了严格责任，这启发了后来“安全港”规则的产生。

“安全港”规则可以说是为了保护网络服务商而设立的条件。设立“安全港”的目的在于降低网络服务商的责任，避免其因为承受了过于严厉的责任

① 张今:《版权法中私人复制问题研究——从印刷机到互联网》，中国政法大学出版社2009年版，第218页。

而影响其对于技术创新的积极性。在现有的著作权体系下，并非所有的网络服务商都能进入“安全港”之中，只有为他人的网络传播活动提供中间服务的人才可以，而对于提供内容服务的服务商则不行。我国《信息网络传播权保护条例》中规定了四种网络服务：接入传输服务、系统缓存、信息存储空间以及搜索或链接服务。在实践中，大多是信息存储空间服务和搜索引擎服务容易引发侵权责任。但是，究竟其能否适用“安全港”规则来免责还要看其在提供服务的过程中是否符合相应的条件。

《信息网络传播权保护条例》第 20 ~ 23 条内容就是对这些条件的设定，具体来说有以下几个：第一，不获利且无法控制，这是进入“安全港”的首要条件。就是说服务商不能从侵权行为中获益，不论是直接的还是间接的。同时，服务商对于服务对象的行为无法控制。这个条件使得接入传输服务商、系统缓存服务商进入了“安全港”之中。第二，得到通知后立即删除，这个条件在一定程度上可以说是为信息存储空间以及搜索或链接服务商设定的。当著作权人通知他们其所服务的对象正在侵权时，服务商如果及时采取措施，断开侵权链接或删除侵权内容，则完成了进入“安全港”的第一步。当然，著作权人的通知必须是有效的，即要证明自己是著作权人，同时向服务商提供侵权作品的名称及网址链接等内容，使得服务商能够进行操作。第三，主观上不存在“过错”，也即上文所说的不能“明知”或“应知”侵权行为的存在。

上述案件中暴风公司提供了形式上的搜索引擎服务，但是由于其对影片内容的可控制性，可以判断出其实质上是提供了一定的内容服务，因此不符合进入“安全港”的第一个要件，因而不能免责。但是，由于暴风公司在一段时间之后主动删除了侵权链接，并且是在著作权人没有通知的情况下实施的，这种行为应当得到肯定，因此法院并没有支持原告诉讼请求中的全部赔偿金额。

“安全港”规则的意义在于不仅使得著作权人能够及时地获得权利的救济（停止侵权行为就是其中重要的一项），同时能够降低服务商因诉讼而产生的成本，从而促进其进行技术创新，促进了互联网产业长远的健康发展。

四、网络服务商责任的转化

如前所述，直接侵权人或者共同侵权中的实行行为人都不是网络服务商，他们大多是终端用户，但是权利人却很少直接追究他们的责任，因为直接起诉终端用户，不仅调查、举证十分困难、成本高昂，还可能因为个人用户的经济能力有限而无法获得足够的赔偿。因此，当搜索、提供链接等服务威胁到著作权人的利益时，著作权人往往直接跳过追究直接侵权人——用户的责任，而是追究网络服务商的共同侵权责任。例如，目前比较热门的“五十作家”联名向百度文库维权案件，作家群体并没有追究每一位上传者和阅读、下载者的责任，而是将百度文库这个平台作为维权的对象，这样一方面操作简便，免去了查找网络用户的麻烦；另一方面，百度作为国内知名的服务平台，这种做法的影响力也更加明显，可以引起更广泛的关注，在一定程度上获得舆论的支持。这种选择的意义在于，一旦胜诉，著作权人就可以实现其诉讼的利益，获得一定的赔偿，因为服务商往往都是公司法人，具有较好的经济能力。除了对著作权人自身的利益影响外，采用这种方法也具有一定的社会意义。要求网络服务商承担赔偿责任，可以在一定程度上遏制侵权行为通过网络服务商提供的技术不断扩大的消极影响，虽然不是消除问题的根源，但是同样能够实现控制未经授权使用作品的目的。

然而从互联网健康发展的角度看，这种方法并非长久之计。从公平正义的基本理念来看，网络服务商并不是直接实施侵权行为的人，为了防止对他们克以过于严苛的责任，挫伤他们开发新技术的积极性而导致一般公众无法充分享受技术的发展带来的快捷和便利，司法裁判人员通常在网络服务商的责任成立上采取较为审慎的态度。这就形成了一种矛盾；一方面，网络服务商不是直接侵权人，其所承担的共同侵权责任要件是严格的，同时法律还设立了“安全港”规则，以保护技术的发展。另一方面，如果对网络服务商要求较低的注意义务，又会使得一些侵权行为得以借由网络的便捷、高速而横行，从而产生消极影响。这种矛盾使得追究网络服务商的责任在控制侵权信息网络传播权上起到的作用有限。

因此，笔者认为，我们不妨再走得更远一点，强化网络服务商对终端用户的监督能力，而不是代替他们承担赔偿责任。从技术上讲，网络服务商可以通过查询 IP 地址等技术手段确定直接侵权人的所在地，因此找到直接侵权人在理论上是可能的，只是成本过高而没有被采用。但是，对于终端用户的监督不一定要采用通过诉讼要求其承担责任的方式，因为司法手段往往是最后一道屏障。网络服务商可以设立一定的标准，当终端用户进行私人复制达到一定数量时，就向其发出通知，并对其进行重点监督，如果该用户无视这种通知继续大量从事复制行为，则可以通过如限制该 IP 地址接入互联网等手段来制止其行为。举例来说，一些高校为学生提供了校园网的服务，当学生使用网络时都要登录一个客户端来进入账户，同时也就进入了一个监控系统，在学校的 IP 范围内使用互联网都会通过校内的流量监控器。每一名学生定期有一定数量的流量可以使用，当定量全部用完时，该账户就被限制接入网络。

这样就可以保证终端用户不会过分地侵害著作权人的利益，因为即使用户在上网过程中使用了一些享有著作权的作品，但是由于数量有限，不会对权利人造成很大的影响，因而可以适用合理使用的规则。这样，可以从根源上制止侵权行为的发生，同时也不会造成网络服务商过重的负担，从而确保网络环境的健康发展。

综上所述，互联网为当今人们的生活提供了巨大的便利，但是也为盗版提供了土壤，在这个过程中，网络服务商起到了关键的作用。著作权人利益集团当然希望要求服务商尽可能多地承担责任，这样有利于保护他们的权利，但是，如果要求服务商无限制地承担全部责任，则是不利于互联网络高速发展的。因此，要对其责任进行适当地限制。“安全港”规则当然可以在一定程度上保护服务商，但是除此之外，还应当寻求其他的方法，尽量减少诉讼，从而降低服务商的运营成本，也保护其加快网络发展的积极性。

参考文献：

[1] 张今：《版权法中私人复制问题研究——从印刷机到互联网》，中国政法大学出版社 2009 年版。

[2] 王迁：《网络版权法》，中国人民大学出版社 2008 年版。

[3] 刘志刚：《电子版权的合理使用》，社会科学文献出版社 2008 年版。

[4] 邹忭、孙彦：《案说信息网络传播权保护条例》，知识产权出版社 2008 年版。

[5] 王迁：《论“信息定位服务”提供者“间接侵权”行为的认定——兼评“百度案”》，载《知识产权》2006 年第 1 期。

论网络时代下技术措施版权保护

谷 川*

案例：

原告北京指云时代科技有限公司（以下简称指云时代公司）是一家经营电信增值信息服务业务的企业，通过“彩信客户订购退订程序”为手机用户提供彩信服务，收取彩信服务费，平均每个客户包月15元。赵洪波曾在指云时代公司任职，2006年4月离职。2006年8月初为帮朋友调试彩信订购退订接口，在其电脑中复制、使用了指云时代公司的“彩信客户订购退订程序”；指云时代公司提出其“彩信客户订购退订程序”设置的退订接口是有密码的。赵洪波认可指云时代公司“彩信客户订购退订程序”设置的退订接口对于客户服务人员是设置了密码的，但由于其是参与程序设计的人员，因此无需通过密码路径就可以直接调用退订接口。原告要求被告承担因非法复制“彩信客户订购退订程序”、故意避开“彩信客户订购退订程序”设置的退订接口密码以及故意删除“彩信客户订购退订程序”管理信息造成的经济损失人民币8万余元。法院在审理中认为：指云时代公司享有涉案软件“彩信客户订购退订程序”的著作权。赵洪波未经指云时代公司许可，在其电脑中复制该软件，侵犯了指云时代公司对该软件享有的复制权。同时，指云时代公司为该软件设置了客户退订接口密码，该密码是指云时代公司为保护该软件而采取的技术措施。赵洪波在使用该软件进行客户退订时，利用其参与开发该软件的便利条件，绕开该密码对客户实施了退订指令，构成了故意避开技术措施的侵权行为。依据《中华人民共和国著作权法》（2001年修正）第47条第1项、第6项、第48条，《计算机软件保护条例》第8条第1款第4项、第24条第1款第3项，《信息网络传播权保护条例》第26条的规定，判决如下：一、赵洪波于本判决生效之日起10日内赔偿北京指云时代科技有限公司经济损失3.5万元；二、驳回北京指云时代科技有限公司的其他诉讼请求［《著作权法》（2001年修正）第47条第6项已经调整为

* 北方工业大学民商法学2010级硕士研究生

《著作权法》（2010年修正）的第48条第6项。该案件的法律分析详见本文第三部分]。

问题一：本案中指云时代公司为“彩信客户订购退订程序”设置了客户退订接口密码，该密码能否被认定为《著作权法》（2010年修正）第48条第6项规定的“保护著作权或者与著作权有关的权利的技术措施”？

问题二：赵洪波从指云时代公司离职后，未经指云时代公司授权，绕开“彩信客户订购退订程序”客户退订接口密码，直接访问“彩信客户订购退订程序”的行为，能否构成《著作权法》（2010年修正）第48条第6项故意避开技术措施的侵权行为？

问题三：《著作权法》（2010年修正）第48条第6项与《信息网络传播权保护条例》第26条第2款规定技术措施的范围和类别是否一致？

为了更好地回答上述问题，就要从技术措施的概念入手，深入分析其由来、属性以及其在现代信息社会中的立法保护状况。

一、技术措施版权保护的比较法考察

随着网络时代的到来，信息传播途径的形式逐步由传统的纸介化转向数字网络化发展。这就使得在信息传播中，对于数字化作品的保护，作者和信息传播人除了利用国家赋予的版权保护外，还通过设置一系列的技术手段达到作品不受非法接触、使用的目的。例如，版权人通过在以光盘为载体数字化作品中设置防止复制机制，使得用户只能播放、欣赏该作品，却不能将其复制。由此，技术措施（Technologic Measures）这种重要的技术保障手段便在版权产业（特别是信息出版产业）领域中活跃起来。技术措施是指版权人及相关权利人为了防止、限制他人未经许可使用版权作品或相关权利客体而采取的有效装置或技术。提及对技术措施的立法保护，就不得不提及世界知识产权组织两大公约。

（一）世界知识产权组织两大公约：技术措施保护的源泉

1996年12月，世界知识产权组织颁布了《版权公约》（WCT）和《表演和录音制品公约》（WPPT）。《版权公约》（WCT）第11条明确规定了“缔约各方应规定适当的法律保护和有效的法律补救办法，制止规避由作者为行使本条约所规定的权利而使用的、对就其作品进行未经该有关作者许可或未由法律准许的行为加以约束的有效技术措施”，《表演和录音制品公约》（WPPT）也进行了相应规定。两大公约对于技术措施的立法保护，掀起了世界各国关于规范技术措施保护的立法高潮。

从《版权公约》（WCT）第11条的规定可以看出，一个受法律保护的技术措施至少要具备以下要件：一是采取技术措施的主体为作者，即版权人。二是技术措施的保护对象是版权，即依据世界知识产权组织《版权公约》（WCT）赋予作者的专有权利。三是技术措施应当具备有效性。

遗憾的是，这两大公约并未对技术措施进行定义和分类，同时也未规定技术措施有效性的标准，这就使得各成员国就技术措施的立法保护程度上出现了多样性和复杂性的特点。

（二）美国《千禧年数字版权法》（DMCA）：技术措施的差别保护与“版权访问权”的提出

《千禧年数字版权法》在第1201条中规定了禁止规避技术措施的行为，并区分了技术措施的两种重要类别，即访问控制技术措施和版权保护技术措施。所谓访问控制技术措施，依据该法案第12章第1201条（a）款（3）项（B）的定义，是指“在版权人为防止其他人访问作品而由其设置的信息、程序等指令手段，以限制其他人获得作品的有效措施。”所谓版权保护措施，顾名思义，就是指为了保护版权专有权利（复制权、发行权等）不被他人非法使用而设置的技术措施。[①] 该法案第12章第1201条（b）款（1）项规定了版权保护技术措施。

《千禧年数字版权法》对访问控制技术措施与版权保护技术措施规定了不同的保护力度。对前者而言，一是禁止规避访问控制技术措施的行为。例如，该法案第12章第1201条（a）款（1）项（A）第一句规定：“禁止规避有效的具有控制访问受法律保护作品功能的技术措施。”二是包括禁止提供用于规避该类技术措施的技术、装置。

对于版权保护技术措施来说，该法案仅规定了禁止提供用于规避该类技术措施的技术、装置。但是，未对规避该类技术措施的行为予以禁止。究其原因，美国版权局的解释是：“该法（千禧年数字版权法）只禁止规避‘访问控制措施’的行为，而不禁止规避‘版权保护措施’，是为了‘保证公众能够继续对版权作品进行合理使用’，而‘合理使用则不能构成未经授权地获得作品这一行为的抗辩，因此规避技术措施以获得作品的行为应予禁止’。”[②]

两类技术措施的不同保护所导致的后果就是：如果一个提供电子作品的

---

① 依据美国版权法，版权人发行权包括通过信息网络向公众提供作品或其他客体的权利。

② 王迁：《网络版权法》，中国人民大学出版社2008年版，第329页。

网站，用户付费得到“通行证密码”进入该网站后，方可对所提供的电子作品浏览、欣赏，但如果要下载该作品，必须另行付费并得到密码后方可。如果用户破解了该网站“通行证密码”进入该网站浏览、欣赏作品时，则其行为构成规避访问控制技术措施的行为，违反了《千禧年数字版权法》第12章第1201条（a）款（1）项（A）第一句的规定，属于违法行为。但如果该用户合法进入该网站，破解了防止下载的技术措施密码，则其行为构成规避版权保护技术措施，但并不违反《千禧年数字版权法》的规定，不认为是违法行为。

对于技术措施的保护对象是版权专有权利，一般不存在异议。而《千禧年数字版权法》规定的控制访问作品的技术措施却引起了不小的争议。美国版权法学者 Jane C. Ginsburg 认为：“在数字化时代，公众对作品的利用发生了从‘获取作品有形复制件’到‘直接欣赏作品内容’的转变”[①]，“虽然版权法并未像规定复制权和发行权等传统专有权利那样明确规定接触权（访问权），但接触权（访问权）本身就是版权必要且内在的组成部分。”[②] 这一提法虽未得到美国国会及版权局的认可，但《千禧年数字版权法》对访问控制作品技术措施的保护，却反映出版权人实际上对访问作品权利的存在。法院对此种观点也提供了有力的支持。例如，MDY Industries v. Blizzard Entertainment 案中，上诉法院明确反对将规避访问控制的技术措施与版权侵权行为相关联，无论是否存有版权侵权行为，只要规避了访问控制技术措施，就是违法行为，[③] 但在美国司法界也有不同的看法。一些法院认为：单独规避访问控制技术措施或提供规避技术或装置的行为并不构成侵犯技术措施的行为，只有在规避行为足以影响版权保护时，方可构成违法行为。在 Chamberlain v. Skylink 案中，法院认为，规避《千禧年数字版权法》规定的“访问控制的技术措施”，只有在导致版权人专有权利受到侵犯时，版权人才能获得救济。[④] 在 Storeage Technology Corporation v. Custom Hardware Engineering 案中，法院也

---

① 转引自王迁：《版权法保护技术措施的正当性》，载《法学研究》2011年第4期，第92页。

② 转引自王迁：《版权法保护技术措施的正当性》，载《法学研究》2011年第4期，第92页。

③ 王迁：《版权法保护技术措施的正当性》，载《法学研究》2011年第4期，第99页。

④ 王迁：《网络版权法》，中国人民大学出版社2008年版，第376～377页。

强调了规避访问控制的技术措施须与版权侵权有一定的关联。[①] 由此可见，如果承认版权人的访问作品权利，则其便成为一种除复制权、发行权等新型的版权保护专有权——访问权或接触权，这样一来，访问控制的技术措施实际上也属于版权保护的技术措施的一种了。

(三) 欧洲联盟:《欧盟信息社会版权指令》(2001 年): 极其严格的保护规则

《欧盟信息社会版权指令》第 6 条第 3 款第 1 句将技术措施定义为:“任何正常运行时用于防止或限制未经任何法律规定的版权或版权相关权利或根据《第 96/9/EC 号指令》第三章规定的特殊权利的权利人的授权使用作品或其他客体的技术、装置或组件的行为。当受保护的作品或者其他客体由权利人通过使用的访问控制或保护程序，如对作品或其他客体加密、扰频或其他改变，或控制复制机制，实现保护目标时，技术措施应被视为有效。”

该规定从保护对象、范围和有效性等方面对技术措施进行了定义：一是从保护对象来看，该规定不仅保护《版权公约》（WCT）和《表演和录音录像制品公约》（WPPT）规定的作品、表演和录音录像制品，还扩及对数据库等其他客体的保护。二是就保护技术措施的范围来看，该规定并没有明确区分访问控制技术措施和版权保护技术措施。但是从该规定可看出，无论是访问控制作品的，还是保护版权专有权利的技术措施，均为法律保护的对象。另外，根据《欧盟信息社会版权指令》第 6 条第 2 项的规定，适用于一切于规避或提供用于规避的技术、装置。与美国《千禧年数字版权法》未禁止规避版权保护的技术措施行为的规定相比，《欧盟信息社会版权指令》进一步加大了保护技术措施的力度。三是要求技术措施的有效性要件，但未明确有效性的定义。明确有效性的目的就是“避免针对那些利用过似的技术措施，或太容易规避，或容易被偶然规避的技术措施保护。”[②] 如果一个技术措施不能达到保护版权作品的保护功能，则规避其将不视为违法行为。

《欧盟信息社会版权指令》第 6 条第 4 款规定了受益方（用户）规避技术措施的例外。这种“例外”情形一般应当满足的条件：一是版权人没有采取技术措施。二是版权人与用户就使用版权作品存有协议。三是用户依据国内

① 王迁:《版权法保护技术措施的正当性》，载《法学研究》2011 年第 4 期，第 99 页。

② 转引自王迁、[荷] Lucie Guibault:《中欧网络版权保护比较研究》，法律出版社 2008 年版，第 47 页。

法规定的例外情形，获得一定的利益。同时，这种“例外”情形不适用于已经存有协议的保护版权人信息网络传播的权利（见《欧盟信息社会版权指令》第6条第4款第4段规定）。当然，《欧盟信息社会版权指令》第6条第4款第2段也规定了成员国法律，也可以规定规避技术措施的例外，但是不得影响版权人对用户复制数量采取的一定限制。

尽管该指令要求对于技术措施的保护可以以“合理使用”作为例外情形，但该合理使用的适用却有着上述严格的限制。正如有学者所言，该指令“几乎完全剥夺了公众以‘合理理由’为由，规避‘访问控制’类技术措施的可能性”[①]。笔者认为，这种严格的措施不仅针对访问控制技术措施，当然还包括版权保护技术措施。

（四）澳大利亚：由宽松政策到严格保护

随着版权人对技术措施要求保护的呼吁，澳大利亚于1999年通过了《数字议程法案》（Digital Agenda Bill）。法案只是“禁止制造、出售、传播、展示、提供或通过网络提供用于规避技术措施的设施”，[②] 对规避行为本身并不禁止。可见其保护力度远不及美国、欧盟的立法。在技术措施的类别上，该法案规定了“通过访问密码或其他加密手段，保证只有经过作者和其他版权人准许的人才能访问作品……以防止或阻止对作品版权的侵害”，[③] 这表明该法案承认访问控制功能技术措施的有效性，但需在这样一个前提下：提供用于规避访问控制功能技术措施的装置、服务，必须与版权侵权行为具有关联。如果避开该类技术措施并不导致版权侵权行为，则不属于违法行为。

2000年通过了《版权法（数字议程）修正案》［Copyright Amendment（Digital Agenda）Act（Cth）］，该法案对技术保护措施的规定进行了变动。[④] 法案对于技术保护措施（Technological Protection Measure）进行了如下定义：“一种设备或产品，或某一方法中的组成部分，其被设计用于在通常运行过程中通过以下方法制止或抑制版权侵权行为：（1）使用接触密码或方法确保只

---

① 王迁：《网络版权法》，中国人民大学出版社2008年版，第332页。

② 王迁：《网络版权法》，中国人民大学出版社2008年版，第332页。

③ 王迁：《网络版权法》，中国人民大学出版社2008年版，第332页。

④ See: Mark J. Davison, Ann L. Monotti and Leanne Wiseman, Australian Intellectual property Law, Cambridge University, 1st, 2008, p. 228.

有版权人或其他被许可人的授权才能接触作品；（2）控制复制的机制。”[①] 可见，除访问控制功能的技术措施与1999年《数字议程法案》（Digital Agenda Bill）规定的要求一致外，同时还增加了对于版权保护功能（防止复制机制）技术措施的立法。

对于“提供用于规避访问控制功能技术措施的装置、服务，必须与版权侵权行为具有关联”这一论断的有力例证，应属澳大利亚Kabushiki Kaisha Sony Computer Entertainment and Others v. Stevens案。[②] Sony公司起诉后，双方争执的焦点在于Sony公司设置的“游戏机控制游戏运行软件的密码”是否构成受《版权法（数字议程）修正案》保护的技术措施。而经过事实调查，用户使用Stevens提供的芯片后，盗版游戏软件程序就会在游戏机的随机存储器中形成“临时复制”，从而实现游戏机对盗版软件的运行。而规避该密码访问“游戏机控制游戏运行软件”无非就是盗版软件在游戏机内形成的“临时复制”是否属于版权复制权。如果属于版权复制权，则Stevens提供用于规避访问控制技术措施“芯片”的行为构成违法行为。反之，则不属于违法行为。由于澳大利亚版权法并不认为“临时复制”属于版权复制权。因此，澳大利亚高等法院认为，Stevens的行为不构成技术措施侵权行为。[③]

随后，澳大利亚于2004年与美国签订了《自由贸易协定》（AUSFTA），并根据该协定之要求，澳大利亚进一步加强版权法关于技术措施的保护，于2006年又出台《版权法修正案》，该法案与2000年《版权法（数字议程）修

---

① 王迁：《版权法保护技术措施的正当性》，载《法学研究》2011年第4期，第96页。

② Kabushiki Kaisha Sony Computer Entertainment and Others v. Stevens，［2005］HCA 58. 该案案情是：Stevens向Sony公司制造的游戏机用户提供用于破解该公司游戏机控制游戏运行软件的密码的芯片。用户通过使用该芯片后，便可以直接将盗版游戏光盘放置在游戏机内运行。Sony公司起诉后，双方争执的焦点在于Sony公司设置的“游戏机控制游戏运行软件的密码”是否构成受《版权法（数字议程）修正案》保护的技术措施。而经过事实调查，用户使用Stevens提供的芯片后，盗版游戏软件程序就会在游戏机的随机存储器中形成“临时复制”，从而实现游戏机对盗版软件的运行。王迁：《版权法保护技术措施的正当性》，载《法学研究》2011年第4期，第96~97页。

③ 王迁：《版权法保护技术措施的正当性》，载《法学研究》2011年第4期，第97页。

正案》相比，首先，规定了用户“规避具有控制访问功能的技术措施”① 属于违法行为。其次，规定了对技术措施保护的限制，即基于合理使用等事项不负侵权责任。② 最后，详细规定了违反本法案技术措施保护规定的民事和刑事制裁。③

澳大利亚对于技术措施的保护从最初的宽松政策逐步过渡到严格的保护程度，其最终基本上达到与美国对于技术措施的保护水平。

综上所述，无论是美国的《千禧年数字版权法》，还是《欧盟信息社会版权指令》以及澳大利亚版权法律制度，均对技术措施进行了较为详细的保护规定。而对技术措施保护的立法模式又具有明显的不同：欧盟对于技术措施的保护极为严格，美国次之，澳大利亚的版权法律制度前期较前两者而言更为宽松，后期已经基本上达到美国保护的水平。上述不同立法保护模式影射出了对技术措施本体属性的争论，在法律上技术措施到底是什么？是版权权能，还是属于其他利益？能否认为访问（接触）作品权利为一项新的版权？

二、技术措施的本质：版权人的自我保护

（一）技术措施能否成为版权的一项权能

既然版权人可以采取技术措施保护作品，那么技术措施本身是否可以被看成版权人或是相关权人的一项版权权能呢？从世界知识产权组织《版权条约》以及世界知识产权组织《表演和录音制品条约》两大公约考察，均未将技术措施定位为版权权能。④ 而我国《信息网络传播权保护条例》第 4 条第 1 款规定了版权人及相关权利人为了保护信息网络传播权，可以采取技术措施，但该款也未明确技术措施的版权属性。由此可见，在我国加入的国际条约以及国内立法均未明确技术措施的版权属性。但在学界，对于技术措施的法律

① Mark J. Davison, Ann L. Monotti and Leanne Wiseman, Australian Intellectual property Law, Cambridge University, 1st , 2008, p. 229.

② See: Mark J. Davison, Ann L. Monotti and Leanne Wiseman, Australian Intellectual property Law, Cambridge University, 1st , 2008, p. 230,233,234.

③ See: Mark J. Davison, Ann L. Monotti and Leanne Wiseman, Australian Intellectual property Law, Cambridge University, 1st , 2008, p. 229.

④ 《世界知识产权组织版权条约》第 11 条以及《世界知识产权组织表演和录音制品条约》第 18 条仅规范各缔约国采取保护技术措施的义务，但并未涉及技术措施本身的定位。

性质存有不同的看法。

对于技术措施的法律性质探讨，学界主要存在以下几种观点：一是认为技术措施就是版权的一项权能，版权人当然有权采取“技术措施权”。例如，有学者认为：“技术措施权实际上是借用了保护有形财产权的方法来保护无形财产，因此应属于版权人享有的一项特别权利”。[①] 二是认为在具有访问控制功能的技术措施中，版权人应当享有对“访问作品进行控制的权利（the right to control access to works），或‘访问权’（access right）”。[②] 这就是说，当一项技术措施具备访问控制功能时，便成为版权的一项权能。三是认为技术措施本身并不是版权的权能，即“技术措施不是基于作品的创作或传播而产生，因而不属于著作权和邻接权的范畴，也没有技术措施权”。[③] 持此观点的学者更进一步强调：“技术措施是著作权保护下之利益，在性质上属于‘法益’”。[④]

（二）对技术措施法律性质的定位

对于上述技术措施法律性质的学说理论，笔者作如下分析：第一种观点强调了技术措施的有形性特征，它可以是产品、装置、零部件等有形物，并且将该有形物看成是保护版权作品的手段，在本质上与版权作品并无不同。但该观点忽视了技术措施的这一点，即有时技术措施也是无形的，例如，它本身也可以是一个计算机软件程序或是一项技术服务，但将技术措施只归结为有形物，实属有以偏概全之嫌。况且该观点以技术措施作为版权实现的一种手段，其本意已经将技术措施涵盖在版权权利中，自身失去了存在的必要性。同时，将技术措施看成版权权利并无相关法律依据，而一项民事权利的判断标准，以法律体系的规定为评判准则乃是一项重要因素（当然亦不能仅以法律规定为标准）。正如有学者所言：“权利既不是天赋的，也不是靠人恩赐的。法律规范就其实质来说，就是关于人们的权利和义务的规定”，[⑤] 由此可见，法律未规定为权利者，一般不应视为权利。

对于第二种观点，能否将具有访问控制功能的技术措施视为“访问控制权”或“访问权”等版权权能，也是一个值得探讨的问题。传统版权法并未

---

① 李扬：《网络知识产权法》，湖南大学出版社 2003 年版，第 235 页。

② 转引自王迁：《网络版权法》，中国人民大学出版社 2008 年版，第 330 页。

③ 李明德、许超：《著作权法》，法律出版社 2003 年版，第 235 页。

④ 吴汉东主编：《中国知识产权制度评价与立法建议》，知识产权出版社 2008 年版，第 104 页。

⑤ 王利明：《民法总则研究》，中国人民大学出版社 2003 年版，第 203 页。

赋予版权人具有“访问控制权”或“访问权”，这主要由于在互联网作为传播作品媒介以前，作品主要是固定于纸质媒介中，翻阅、查看等获得作品信息的行为与使用作品等行为很难加以区分。① 如果将获得作品的行为视为侵犯版权使用权的行为，那么势必将影响版权作品的传播以及版权贸易产业的发展。而进入网络时代后情况就发生了变化，通过设置作品访问技术措施的手段，使得访问人以有偿的方式使用版权人的作品，而这种方式使得版权人乃至版权贸易产业发生显著性的经济效应，并逐步被一些发达国家广泛吸收加以规范，其中以美国的《千禧年数字版权法》最具代表性。笔者认为，如果将访问控制作品的技术措施视为版权，实属缺乏法律依据，且不利于社会信息传播。故正如有学者所说的那样，“如果版权人有了访问权，则今后这种长期以来的习以为常的行为都要获得版权人的同意，这样的后果是十分可怕的”。②

对于第三种观点的表述，笔者赞同技术措施的本质乃是法益或是利益的结论，但仅将技术措施之法益性质归结于法律之规定，系推理依据不足。尽管持该种观点的学者又进一步阐述：我国著作权法并未将技术措施归类于著作权之权能，但只有对技术措施采取特定侵害行为时（如《信息网络传播权保护条例》第 18 条第 2 项规定的故意规避或是破坏技术措施的行为），方可请求侵害人承担民事责任，故与法律保护的著作权权能相比来说，法律保护技术措施的程度弱于著作权本身，二者具有明显的区别。③ 但是，对于同样的民事权利保护来说，法律对其的保护标准也不尽相同。例如，就人身权来说，因产品责任造成人身损害的与一般侵害他人行为（殴打行为等）造成人身损害的，在归责原则、免责事由等方面存在着很大不同，法律价值取向的差异，造成了上述侵权责任的不同。由此可见，单纯依据法律规定去评判而得出权利、利益者，仍存有疑问。

版权作为民事权利之一种，当然具有民事权利的一般属性。民事权利系民事主体为实现特定民事利益而法律上赋予其的特定之力。归结民事权利的判断标准有三项要素：一是确定的民事主体；二是特定利益的实现；三是基于法律的规定。就技术措施来说，设置其主体可以是版权人、相关权利人或

---

① 王迁：《网络版权法》，中国人民大学出版社 2008 年版，第 334 页。

② 王迁：《网络版权法》，中国人民大学出版社 2008 年版，第 330 页。概述这段论述摘自王迁：《技术措施立法保护比较研究》，载《知识产权》2003 年第 2 期。

③ 吴汉东主编：《中国知识产权制度评价与立法建议》，知识产权出版社 2008 年版，第 104 ~105 页。

是经授权的其他人；就实现特定利益来说，设置技术措施的目的是保护作品而非技术措施本身，故版权人及相关权利人所要实现的利益是确保作品不受侵犯，而不是单纯地保护技术措施。从这个角度来看，技术措施并不符合民事权利的构成要素。就技术措施的法益论者的观点看，由于我国并不严格区分民事权利与利益，以我国《侵权责任法》（2009 年）为例，该法第 2 条的规定就体现了侵权法保护客体是民事权益，而非将二者区别对待加以保护。故尽管将技术措施视为法益是正确的，但笔者认为还应进一步明确技术措施是何种法益。

总之，笔者认为，法律对技术措施的保护系基于对版权作品保护之需要，属于版权人的自我保护行为。所谓自我保护行为，是指“权利人自己采取各种合法手段来保护自己的权利不受侵犯”。[①] 民法将版权作为一项民事权利，必予以各种措施进行保障，从这个意义上说，版权的保护措施可分为版权人自我保护和国家强制力保护两种基本形式。而技术措施的性质恰恰就属于权利人的自我保护范畴。依据自我保护的内容不同，可分为事前预防保护和事后救济保护。事后救济保护就是传统民法上所称的正当防卫、紧急避险和自力救济等三种形态。而事前预防措施在传统民法理论中却提及较少，再加之法律上对私力保护的抑制，在一定程度上限制了私力保护在民事生活中的地位。应当说，技术措施正是版权人及相关权利人对作品进行的事前预防保护，这一点在技术措施具有防御性的特点上体现得淋漓尽致。也就是说，“既然技术保护措施是为了限制他人非法接触、使用作品，所以技术措施的合法性是其应有之意，它应该是防御性的，而不能具有进攻性，不能给他人的合法利益造成不应有的损害”。[②]

综上所述，技术措施实质上系版权人及相关权利人为了保护作品而采取的一项民事自我保护行为，是基于保护版权而延伸的利益。从这个意义上说，技术措施也是权利人的一项法益，但与前述提及的法益论者相比较，笔者认为技术措施中所体现的法益实质上是权利人采取的自我保护行为，是被动的、防御性的而非主动地、积极性的类似于版权（绝对权属性）那样具有强烈支配性功能的法益。

---

① 王利明：《民法总则研究》，中国人民大学出版社 2003 年版，第 245 页。

② 吴汉东主编：《中国知识产权制度评价与立法建议》，知识产权出版社 2008 年版，第 103 页。

三、我国技术措施保护的立法考察与完善建议

（一）现阶段我国对技术措施保护的立法考察

为了达到世界知识产权组织关于成员国对于技术措施的立法保护要求，我国积极进行了著作权法的修订和完善。到目前为止，《著作权法》（2010 年修正）、《信息网络传播权保护条例》（2006 年）、《计算机软件保护条例》（2001 年）、最高人民法院《关于审理涉及计算机网络著作权纠纷案件适用法律若干问题的解释》（2006 年修正）以及相关地方行政主管部门、司法部门的规范性文件，如北京市新闻出版局《信息网络传播权保护指导意见》（2011 年）、北京市高级人民法院《关于审理涉及网络环境下著作权纠纷案件若干问题的指导意见（一）（试行）》（2010 年）等规定，共同构成了我国现行技术措施保护的法律制度。其中，以《著作权法》（2010 年修正）、《信息网络传播权保护条例》（2006 年）最为重要。

《著作权法》（2010 年修正）第 48 条第 6 项规定“未经著作权人许可或著作权有关权利人许可，故意避开或破坏权利人为其作品、录音录像制品等采取的保护著作权或与著作权有关的权利的技术措施的，法律、行政法规另有规定的除外”，这表明：第一，明确了技术措施的保护对象，即仅限于版权和邻接权。由于技术措施的设置一般针对的是数字化作品或其他客体，故所涉及的版权和邻接权是指复制权、信息网络传播权以及录音录像制作者权。因此，该法仅确定了版权保护类技术措施，并未包括访问控制类技术措施。第二，规定直接规避或破坏技术措施的行为为侵权行为（以行为人的故意为要件），应当承担民事侵权责任（同时也规定了相应行政责任和刑事责任），但关于用于提供规避或破坏技术措施的装置或技术服务的行为，该法却未作规定。例外的是，最高人民法院《关于审理涉及计算机网络著作权纠纷案件适用法律若干问题的解释》（2006 年修正）第 6 条规定了网络服务提供者明知用于故意提供规避或破坏技术措施的装置或技术服务，而上传、传播或提供的，也认定为直接规避或破坏技术措施的侵权行为，并追究相应的民事侵权责任。第三，允许以合理使用等法律、行政法规规定的事由作为规避技术措施的例外。

与《著作权法》（2010 年修正）相比较，2006 年颁布的《信息网络传播权保护条例》对于技术措施的规定作出了以下变化（见下表）：

<table>
<tr><td colspan="2">技术措施（立法）</td><td>《著作权法》（2010 年修正）</td><td>《信息网络传播权保护条例》（2006）</td></tr>
<tr><td colspan="2">保护对象</td><td>版权、邻接权
（依据：第 47 条第 6 项）</td><td>对作品访问（接触）权利；版权（仅为信息网络传播权）；邻接权
（依据：第 26 条第 2 款）</td></tr>
<tr><td colspan="2">类　别</td><td>版权保护类技术措施
（依据：第 47 条第 6 项）</td><td>访问控制类技术措施；
版权保护类技术措施
（依据：第 26 条第 2 款）</td></tr>
<tr><td rowspan="2">直接规避、破坏技术措施行为的后果</td><td>版权保护类技术措施</td><td>构成民事侵权行为
（依据：第 47 条第 6 项）</td><td>构成民事侵权行为
（依据：第 18 条第 2 项；
第 26 条第 2 款）</td></tr>
<tr><td>访问控制类技术措施</td><td>未规定</td><td>构成民事侵权行为
（依据：第 18 条第 2 项；
第 26 条第 2 款）</td></tr>
<tr><td colspan="2">提供用于规避、破坏技术措施的装置或技术服务行为的后果</td><td>未规定</td><td>构成违法行为，承担行政责任或刑事责任；不构成民事侵权行为
（依据：第 19 条第 1 项；
第 26 条第 2 款）</td></tr>
</table>

（1）增加了技术措施的定义。该条例第 26 条第 2 款规定，技术措施是指“用于防止、限制未经权利人许可浏览、欣赏作品、表演、录音录像制品或通过信息网络向公众提供作品、表演、录音录像制品的有效技术、装置或者部件”，从该规定可以看出：《信息网络传播权保护条例》已经突破了《著作权法》（2010 年修正）规定的技术措施的保护对象，即除了版权保护类技术措施外，还增加了“防止、限制未经权利人许可浏览、欣赏作品、表演、录音录像制品”的访问控制类技术措施。同时，对于版权保护类技术措施的保护对象限缩至“通过信息网络向公众提供作品、表演、录音录像制品”的信息网络传播权，而不包括版权复制权，明显窄于《著作权法》（2010 年修正）

第48条第6项规定的保护范围。

（2）规定了提供用于规避、破坏技术措施的装置、技术服务的行政、刑事责任，但权利人不能追究提供者的民事责任。该条例第19条第1项规定，违反本条例规定，有下列行为之一的，由著作权行政管理部门予以警告，没收违法所得，没收主要用于避开、破坏技术措施的装置或者部件；情节严重的，可以没收主要用于提供网络服务的计算机等设备，并可处以10万元以下的罚款；构成犯罪的，依法追究刑事责任；故意制造、进口或者向他人提供主要用于避开、破坏技术措施的装置或者部件，或者故意为他人避开或者破坏技术措施提供技术服务的。这表明，该行为仅为违法行为，但并不构成民事侵权行为。值得注意的是，由于我国《著作权法》（2010年修正）没有规定帮助、教唆的版权侵权责任，故版权人及相关权利人很难直接追究提供规避装置、技术服务的行为人。《信息网络传播权保护条例》对于故意提供用于规避、破坏技术措施的装置、部件以及技术服务的行为人，也仅规定了行政责任以及刑事责任，版权人并不能追究行为人的民事责任。

综上所述，《著作权法》（2010年修正）与《信息网络传播权保护条例》最大的立法冲突就是《信息网络传播权保护条例》已经突破了作为其上位法《著作权法》（2010年修正）的规定，将技术措施的保护对象扩大为不属于版权专有权利的访问（接触）控制作品的权利，并将版权保护类技术措施的保护对象限缩为信息网络传播权。由此带来的不利后果就是模糊了技术措施保护对象，同时也容易造成适用法律的混乱。例如，本文案例中，“彩信客户订购退订程序”属于计算机软件，指云时代公司依法对其软件享有著作权。该公司为了防止他人未经授权而进入“彩信客户订购退订程序”，设置了客户退订接口密码。故依据《信息网络传播权保护条例》第26条第2款关于技术措施的定义，指云时代公司所设置的“客户退订接口密码”属于为防止、限制未经权利人许可而浏览、欣赏作品的技术措施，即访问控制类的技术措施。但是，如果认定赵洪波避开技术措施的侵权行为成立，就必须认定赵洪波的行为符合《著作权法》（2001年修正）第47条第6项之规定。[①] 而《著作权法》（2001年修正）第47条第6项保护的技术措施却不包括访问控制类的技术措施。由此，一审法院适用《著作权法》（2001年修正）第47条第6项认定赵洪波避开技术措施的侵权行为成立显然是适用法律错误。再如，版权人

① 《著作权法》（2001年修正）第47条第6项已经调整为《著作权法》（2010年修正）的第48条第6项。

对于以光盘为载体的数字化音乐作品设置了防止刻录密码管理系统（一种防止复制的技术措施），用户只能播放该作品，却不能将其复制。如果用户破解了该防止刻录密码（法定例外情形除外），依据《信息网络传播权保护条例》第26条第2款的规定，其并不属于法律保护的技术措施，原因是该防止刻录的管理措施并不属于《信息网络传播权保护条例》对技术措施的定义范围。但是，依据《著作权法》（2010年修正）第47条第6项的规定，该防止刻录密码功能在于保护复制权（版权专有权利），属于版权保护的技术措施，当然受到法律保护。这种冲突的立法规定，很难确定版权人对于技术措施的设置范围，对于版权人利益保护与社会信息传播发展来说，都是不利的。

（二）完善我国技术措施保护制度的解决对策

确认技术措施的保护对象应当是版权以及相关权利（邻接权），这是技术措施设置的根本，同时也是技术措施受到版权法保护的正当性，更是解决我国现行技术措施保护立法冲突的重要途径。因此，技术措施的类别当然只能是具有版权保护功能的技术措施。访问控制功能的技术措施目的在于防止他人未经许可接触作品或其他客体，而目前没有任何立法表明“接触”作品或其他客体的权利归属于版权人专有或是一项新的版权权能。不仅是世界版权组织两大公约未规定“接触权”，就连推崇访问控制功能技术措施立法的美国国会，也并未承认版权人及相关权利人享有所谓的“接触权”版权专有权利。我国《著作权法》（2010年修正）亦是如此。由此可见，版权人及相关权利人在信息网络传播中，并未被赋予接触或访问作品的版权专有权利，故访问控制功能的技术措施缺乏版权法保护的正当性。

综上所述，我国《著作权法》（2010年修正）第47条第6项与世界知识产权组织两大公约的表述基本一致，即体现了技术措施的根本目的在于保护作者的版权专有权利而非其他利益（如接触作品的利益等），理应予以坚持。对于《信息网络传播权保护条例》第26条第2款技术措施的定义，建议取消访问控制功能的技术措施类别，同时对于版权保护功能的技术措施的适用范围予以扩大，除规定信息网络传播权外，还应当包括复制权。

参考文献：

［1］王迁：《网络版权法》，中国人民大学出版社2008年版。

［2］李扬：《网络知识产权法》，湖南大学出版社2003年版。

［3］李明德、许超：《著作权法》，法律出版社2003年版。

［4］吴汉东主编：《中国知识产权制度评价与立法建议》，知识产权出版社2008年版。

［5］王利明：《民法总则研究》，中国人民大学出版社 2003 年版。

［6］程啸：《侵权行为法总论》，中国人民大学出版社 2008 年版。

［7］王迁：《版权法保护技术措施的正当性》，载《法学研究》2011 年第 4 期。

［8］王迁、［荷］Lucie Guibault：《中欧网络版权保护比较研究》，法律出版社 2008 年版。

［9］Mark J. Davison, Ann L. Monotti and Leanne Wiseman, *Australian Intellectual property Law*, Cambridge University, 1st, 2008.

网络团购中的法律关系及消费者权益保护应策

刘 熠*

案例：

网上团购月饼在2011年中秋节成为时尚，然而网上诱人的“月饼”却也成为一些骗子设的“陷阱”。日前，上百位网民在网上发帖：他们在一家名为拉拉网的团购网站上订购价值数十万元的月饼，钱交了，月饼却一直没等来。之后，网站电话打不通，公司地址找不到。这些受骗者建立了自己的QQ群，通过商议，决定联合维权，却处处碰壁。

网友“小小”于2011年8月29日在拉拉网上买了一盒冰皮月饼准备送给朋友。她之所以选择这个网站进行购物是因为用百度搜索月饼团购，这个拉拉网排在第一位，于是下意识就进去了。这个自称是“全国最大的月饼团购网站”的月饼价格确实很诱人：原价139元一盒的双黄白莲蓉月饼只要69元，但网站只提供预先付费方式，不提供第三方支付。自称是“网购达人”的“小小”虽然感觉有些怀疑，“但是因为是百度搜索排在第一的，也就没太放心上”。然而过了4天，月饼仍处于未发出状态。9月2日“小小”登录网站，发现该公司的客服人员再也无法联系，她才意识到自己被骗。在网站的留言上，她发现和自己有相同遭遇的还有上百人。网民“KEAN”也是其中之一。他是广州大学市政工程专业二年级硕士研究生。他在搜索月饼团购时，偶然发现在第一页醒目位置有一款价格很划算的月饼：138元即可买到原价298一盒的香港冰皮月饼，且是全国包邮，点开一看是拉拉网，于是“KEAN”8月28日晚通过网银支付购买了这款月饼。

截至9月2日，商务部主办的中国国际电子商务中心（BCP）信用投诉中心一共接到了38位消费者对拉拉网的投诉。根据消费者反映，拉拉网8月25日举行中秋月饼销售活动，该网站要求先付款，并声称由于订单过多，需要时间进行处理。但当消费者核实拉拉网提供的快递单号时发现，单号均不

* 北方工业大学民商法2010级硕士研究生

符合相关快递公司的基本格式，且所有团购者的单号都相同。

根据拉拉网页面提供的企业法人营业执照显示，其为深圳市科联盛科技有限公司在2010年7月创立，法人代表为龙威平，公司的注册资本为10万元，且为自然人独资公司。当记者根据网站上留下的公司工商、税务信息找到其所谓的公司地址，发现这个公司并不存在，原地址是一家珠宝公司，而拨打龙威平的电话也无法接通。

深圳市地税局有关负责人向记者证实该公司确有地税局的地税编号。深圳市市场监督管理局有关负责人查询发现，网站的注册人龙威平也确实在2011年7月注册了这家网站。记者登录该网站发现，仅仅是注册了两个多月的网站，却发布了相当多的虚假信息：并不存在的公司地址，并不具备的所谓由工信部等权威部门的3A级认证，并不靠谱的82分信用评级打分。目前，这些虚假宣传和团购信息虽已删除，但这个网站仍未被关闭。

目前，受骗者已建立三个“拉拉网索赔QQ群”，人员超过200人。由于该网站的注册公司在深圳，80多名受害者将自己被诈骗的交易记录交给深圳网友“周星星”，总计被骗的金额近10万元，其中单笔被骗数额最高的有6646元，超过1000元的有近20人。这些消费者通过各种方式维权，但收效甚微。一是在“12315”网上投诉，但一直没有回应；二是到所在地报警，但警方说数额不足4000元的暂时只能备案不能立案，让他们等；三是向中国国际电子商务中心（BCP）投诉，对方建议通过法律途径解决，但还没有具体的行动。“小小”说，她联络网银在线希望归还支付，但“只是看到有网站发了团购预警，也没有解决实质问题”。

目前，这些消费者仍在漫漫维权路中艰难前行。从本案中可以总结如下法律问题：

1. 网络团购的法律关系；
2. 网络团购的法律风险；
3. 网络团购中消费者的权益保护。

一、网络团购概述

（一）网络团购的定义

“团购”一词产生于20世纪80年代，通常是指某些团体通过大批量地向供应商订购，以低于市场价格获得产品或服务的采购行为。这种方式最早应用在一个单位以集体名义购买一些生活用品等方面。简单的理解是认识的或者不认识的消费者联合起来，通过某种方式直接或间接与商家谈判，从而最终达成商品或者服务合同，通过履行完成，实现双方利益和目的。然而互联网的普及在引领时代潮流的同时改变团购方式，以网络技术为依托的电子商务将传统的团购的模式结合网络的便利通道形成当前全球热潮高涨全新电子商务模式——网络团购。

网络团购一般是指不特定数量的消费者利用互联网渠道构成一个团体，达到必要的数量要求后以相同的折扣在网络上购买同一种商品或服务的电子商务活动。一般称这种电子商务为 C2B（Consumer to Business）。和传统的 B2C、C2C 电子商务模式有所不同，需要聚合一定数量的消费者并且通过即时通讯（instant messaging）和社交网络 SNS 作支持才能形成交易。从网络团购的类型上定义为通过互联网平台，由专业团购机构将具有相同购买意向的零散消费者集合起来，向厂商进行大批量购买的行为。[①]

笔者从网络团购过程中法律关系视角定义为：一定数量消费者通过网络电子商务或其他形式形成集合，与相关主体就消费合同进行协商和谈判、交易履行的行为。

（二）我国网络团购的发展概况

网络团购的开拓者是美国的 Groupon。这种崭新电子商务模式的始创者是美国的 Groupon 公司。2008 年在 www. Groupon. com 网站首推团购电子商务模式，其营运模式是每日推出一件商品（deal of the day），如果通过网上认购这件商品的用户达到指定数量，全部人就可以用特定的折扣价格购买这件商品，否则交易就告吹。若交易成功，Groupon 就向出售商品的商户收取佣金。[②] 此种模式因其超低实惠的折扣符合大众消费者的需求以及操作运营模式技术结构模仿复制的简单和便利而风靡全球。

尽管网络团购的出现只有短短两年多的时间，却已经成为我国当前流行的一种新消费方式。自 2010 年满座网作为中国首家团购网站成立以来，我国网络团购市场发展速度惊人，具体从以下几个方面概述我国网络团购的概况：

（1）从网络团购企业数量来看，2010 年年底至 2011 年 6 月底呈持续上升趋势，除了春节前后团购企业数量增长缓慢以外，二季度团购企业数量增长迅速。2010 年年底，中国网络团购企业的数量约为 2612 家，而截至 2011 年 6 月底，已经上升到 5300 家。根据中国电子商务研究中心监测数据显示，2011

---

① 陶俊杰：《网络团购中消费者权益保护的法律思考》，载《法制与社会》2011 年第 17 期，第 109～110 页。

② 百度百科《百科名片——网络团购》，http：//baike. baidu. com/view/651774. htm，登录时间：2011 年 8 月 2 日。

年1月团购企业数量为2630家，2月为2700家，3月为2940家，4月为3248家，5月为4500家，6月为5320家，4月以后，团购企业以平均每日10家的速度快速增长。[①] 总体情况如图1所示。

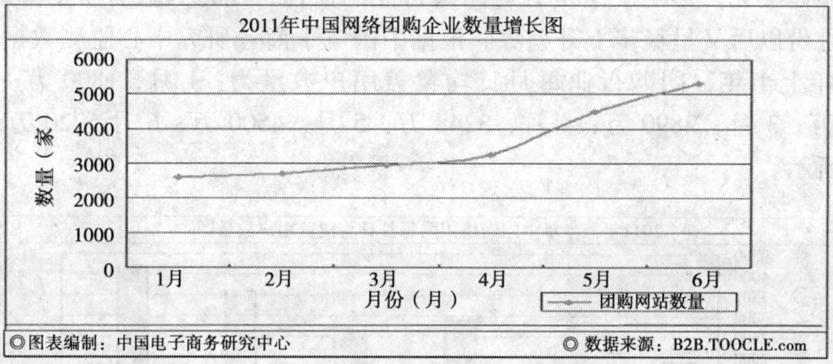

图1

（2）从团购销售额度情况来看，据CNZZ的统计数据，截至2010年12月底，国内网络团购销售额呈现爆发式增长，累计交易规模达88.6亿元，预计2011年将猛增至240亿元左右。而另一方面，网络团购的消费者数量增加速度同样超乎想象，截至2011年3月底，网络团购用户规模已达1.5亿人。将近30%的网民有过网络团购的经历。如图2所示[②]。

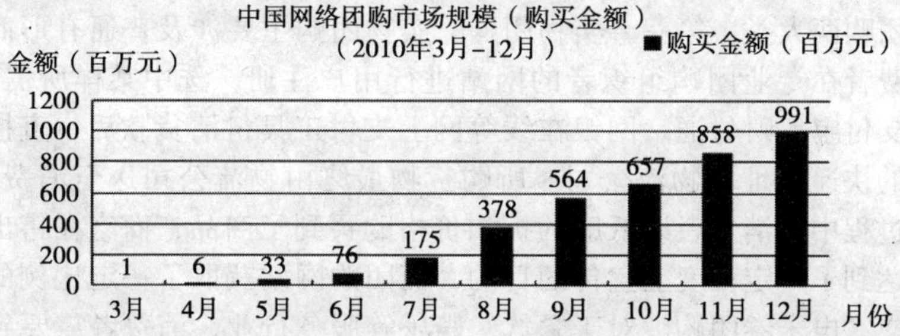

图2

① 《2011年（上）中国电子商务市场数据监测报告》，http：//b2b.toocle.com/zt/2010bgdz/，登录时间：2011年8月2日。

② 谭伟霞：《网络团购商业模式发展趋势分析》，载《岳阳职业技术学院学报》2011年第3期，第106～108页。

（3）从用户数量来看，根据中国电子商务研究中心监测数据显示，从2010年年底至2011年6月底，中国网络团购每日覆盖用户数量从1800多万增至4200万，总体呈上升趋势。但是，“3·15”期间团购行业存在的许多问题被媒体曝光，影响了消费者对团购行业的信任，用户人数有所下降，随后在4月份以后又呈稳步上升趋势。根据中国电子商务研究中心监测数据显示，2011年上半年，团购行业每月日均覆盖用户数量为：1月，1800万；2月，2320万；3月，2890万；4月，3248万；5月，4500万；6月5220万。[①] 如图3所示。

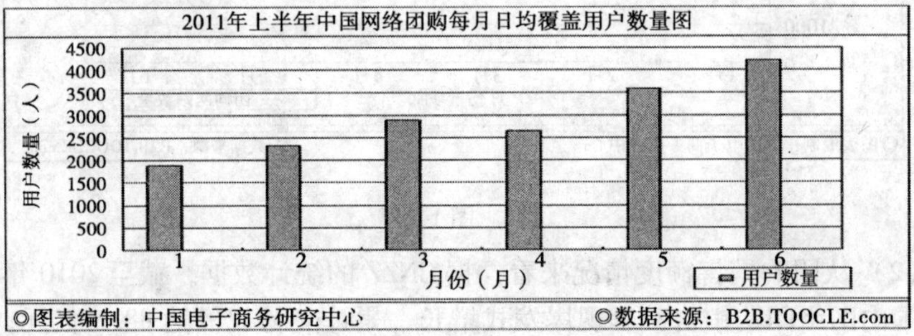

图3

（三）网络团购的特征

（1）网络团购的流程特征。网络团购从流程来看一般可分为实物团购和电子券团购两大类。第一，实物团购。实物团购主要涉及普通有形商品的交易。消费者在专业团购组织者的网站进行用户注册，选中某样所需的商品，在通过支付宝、财付通、网银在线等网上支付工具付清货款后，直接填写所购货物的快递地址和物流公司。所购货物最终由物流公司送至消费者手中。在这一过程中，消费者以低廉的折扣价格购买到了商品，商家在售出商品的同时也达到了一定程度上宣传的目的，而团购网站获取了一定比例的差价收入。第二，电子券团购。对于餐饮、娱乐等服务行业，消费者需要到服务地点进行消费，消费者在网上在线支付货款后，团购网站会将电子券券号或者数据包密码通过短信或者邮件等其他方式发送给消费者，消费者凭此即可在约定的特定时间段内去商家消费，对商家而言，相当于提前订单。

（2）网络团购的内容特征。团购涉及的商品一开始从图书、软件、家电、

① 《2011年（上）中国电子商务市场数据监测报告》，http：//b2b. toocle. com/zt/2010bgdz/，登录时间8月2日。

手机、电脑等小商品，逐渐扩大到家居、建材等价格不很透明的商品，甚至扩展到保险、旅游、教育培训等服务类领域。随着网络购物对人们消费习惯的影响以及网购各项信用制度的建立和完善，团购的内容特点呈现消费商品多样化趋势，从小到针线的家居生活用品到价值过万的各种奢侈品在团购网站中都屡见不鲜。2010 年 9 月 9 日，淘宝网竟把 205 辆价值十多万元的奔驰车上线团购，创造了团购网站中最高单价、最快成交的纪录，被媒体惊呼为“最牛团购”。从当前的趋势来看，网络团购随着时间的推移必将成为像传统主流的购物等量齐观的消费模式。

（3）团购的模式特征。网络团购的主体大体可以归为三类：购买者、销售者、组织者。三类主体结合方式的不同，也决定了网络团购具体形式的不同。目前存在的网络团购形式大体可分为三种：第一，消费者通过网络自发组织的团购。此种团购中，所有参与网络团购的都是消费者，组织者作为消费者之一通过网络将零散的消费者组织起来，以团体的优势去与销售者谈判，从而获得比单个消费者优越的购买条件。第二，销售者通过网络组织消费者团购。此种团购中，销售者通过网络发布团购信息，邀请消费者参与团体采购，而销售者自愿将价格降至比单个采购更低的水平。因为消费者采购数量大，从而也保证了销售者的更大利润。第三，专业团购组织通过网络组织团购。此种团购中，除了消费者和销售者以外，尚有专业的团购组织。专业团购组织并不是消费者，也不是销售者，而是为了帮助消费者购买而提供服务的组织。当前发展最为迅速的是第三种专业团购通过网络组织的团购，也是本文所要重点分析的网络团购类型。

二、网络团购中的法律关系

从网络团购的模式特征来看，涉及的主体是消费者、组织者、销售者。按照网络团购的形式，网络团购中的法律关系包括以下几个方面：

（1）消费者通过网络自发组织的团购。消费者在自身具有特定需求的基础上，通过互交形式的网络空间、论坛、博客等手段召集具有相同购买意愿的其他消费者，形成一定规模后，以团体的形式向商家购买某种商品的活动。其法律关系包括两个方面：其一，内部关系。如果是由参与的消费者联合起来形成一个法律允许成立的社团组织而从事团购，消费者作为社团成员参与到社团组织的团购活动那么就涉及社团与社团成员内部的协议的法律关系；如果仅仅是松散的消费者为了达到团购人员数量而共同参与，他们之间并没有特别的法律关系，可以看作是一个具有同向目的的法律行为。其二，外部关系，对于商家而言都是单纯的买卖合同关系，只是相对于前者是团体组织，后者是消费者个人。

（2）销售者通过网络组织消费者团购。因为直接有商家发起，发生在商家和消费者之间在法律关系上是单纯的买卖合同关系。

（3）专业团购组织通过网络组织的团购。依据当前的主要团购网站提供的服务来分析，主要可能涉及如下几种法律关系：

第一，居间合同关系。由有销售需求的商家设定团购商品和购买条件及折扣水平，再通过第三方专业团购组织（团购网站）发布团购信息，接下来再由消费者注册登记购买需求，当达到一定的人数要求之后，团购即形成。此种情况是当前团购网站最为普遍的一种形式，专业组织者仅利用自己的网站为广大消费者提供订立合同的机会，为商家提供中介服务，促成商家和消费者之间的团购交易。这种模式中专业团购组织的行为符合我国《合同法》第424条规定的居间合同的相关规定，是居间人向委托人报告订立合同的机会或者提供订立合同的媒介服务，委托人支付报酬的合同。专业团购组织法律关系中处于居间人地位。

第二，委托合同关系。在网络团购中另一种情形是委托购买，较为突出的形式是“代购”。专业的团购公司、网站、个人通过网络发布商业广告，联络消费者委托自己去为消费者购买商品。这些专业组织者按照与消费者之间的委托协议中约定的购买商品名称、种类、数量、价格等，以自己的名义去采购后交付消费者，从消费者处收取一定的报酬。此种委托形式的团购，符合《合同法》第396条规定，委托合同是委托人和受托人约定，由受托人处理委托人事务的合同。专业组织者在接受委托后，是以自己的名义进行商品买卖，原则上应当区分商家是否知晓此种委托关系的委托人是消费者。如果知晓，则专业组织者实施的行为直接约束其他两方；如果不知晓，则专业组织者实施的行为只在他与商家之间生效。而在委托方与受托方之间，应当按照他们之间的合同处理。

三、网络团购中的消费者权益的隐患和风险

2011年3月15日，新浪网“护航新消费”、“3·15”消费者网购维权调查显示，47.27%网友曾经在网络团购的过程中和商家发生过纠纷；遇到纠纷时，43.39%网友表示想维权，但是却不知道该找哪个部门。[①]

① 蔡雪婧：《“3·15”消费者网购维权调查》，载《北京晨报》2011年3月15日，第3版。

笔者结合问卷调查的情况，发现在现实生活中时常出现的消费者权益隐患和风险主要概括如下：

1. 缔结合同不平等，公平交易权受侵害

网络团购流程中，消费者首先要在团购网站上进行用户注册成为会员，专业团购组织在此时让消费者同意网站提供的格式合同。而在此合同中，含有大量的免责条款和限制性条款。另外，特约商家在商品或者服务的网页订单上，也大量使用免责格式条款，并且这些条款在网络交易时没有让消费者协商的余地，置消费者于不利的地位。一旦发生纠纷，团购网站或者特约商家就会援引格式条款的内容，以消费者事先同意为由抗辩，免除其自身的责任，使得消费者的公平交易权受到极大威胁。

2. 欺诈受骗、售后服务等问题突出

据中国互联网络信息中心联合国家互联网应急中心发布的《2009 年中国网民网络信息安全状况调查报告》显示，2009 年有超过九成网民遇到过“网络钓鱼”，有遭遇过网络钓鱼事件的 4500 万网民蒙受了经济损失，占网民总数的 11. 9%。网络钓鱼给网民造成的损失已达 76 亿元，其中消费者在团购过程中遭受“网络钓鱼”的比例较大。另一种情况是商家或团购网站对消费者实行的诈骗，网站或商家利用极低折扣，引诱大量的消费者下单团购，待其支付款项后就杳无音讯，将所有的联系方式关闭或者注销，提供服务的商店也已歇业或者关闭，致使消费者受到损失。此外，还有一些出售实体商品的商家以次充好，以假充真的现象也是比比皆是；而餐饮、娱乐等服务商家针对团购的消费者，采取众多变相的降低服务、减少服务种类、强迫附带消费等多种不诚信的手段以获取利益，甚至以各种理由搪塞或干脆取消其在团购网站上所承诺的服务。这些实际消费过程中的问题是网络团购背后的隐患，也是消费者权利受到威胁和侵害的重要原因。

3. 个人信息容易被泄露，隐私权受到威胁和侵害

团购流程中，消费者在注册时必须要填写个人真实的信息，甚至有些团购网站需要用身份证或者其他有效证件作为注册的必备条件，在餐饮、娱乐等服务类型的团购中电子券需要提供手机号码接收，实体商品网团购类则需要填写邮寄地址和手机号码。对于消费者提供的个人信息，很多网站并没有像事先承诺的那样采取保密措施，甚至为了扩大销售额，一些网站利用消费者的个人信息建立数据库，有的将这些信息卖给其他网站谋取经济利益。消

费者的隐私权、财产权在网络团购过程中容易被侵犯。[①] 这样造成的后果是我们的邮箱、手机不断地收到各个团购网站的团购提示信息。同时，网购中较为通行的支付方式是网银，当前我国网上银行安保措施不够健全，消费者的网银账户时常受到黑客的攻击，财产安全有时无法得到切实保障。

4. 证据问题复杂，消费者维权艰难

证据的收集和证明力在网络团购维权中成为法律维权的首要瓶颈。根据民事诉讼法规定的“谁主张，谁举证”的一般原则，消费者权益受到侵害通过法律来维权时，需要举证证明相关侵权事实。在网络团购中证据问题较为复杂，一是因为网络证据本身原因难以确认。网络虚拟化和团购交易无纸化是客观技术形态，同时网络数据极易被编辑和修改，这样消费者自己注册的账号、手机短信、截图等相关证明侵权事实的证据也并不必然合法有效，就会使得网络上的证据很难被采信。二是消费者举证成本太高。一般只有对网络交易侵权的相关事实证据进行公证或者鉴定，法院才有可能采纳，而一般公证费或者鉴定费用相对于消费者低价的折扣团购费用而言实属太高，机会成本太大，维权成本高。权衡利弊，消费者往往选择忍气吞声，以花钱买教训的心态和方式不了了之，放弃了追偿的权利。同时，团购的一般商家很少会开具发票或者其他相关凭证，一旦消费者要求进行退货、换货等售后服务时，不仅需要自己将产品寄回增加购物成本，有时甚至在途遗失，售后服务难以得到保证。其相关证据也无法得以保存，致使维权困难加大。

四、网络团购中消费者权益维护的对策

网络团购作为一种新生的电子商务，在给广大消费者带来实惠便利的同时，也被诸多的不法或者不守信的销售者作为牟利的手段。笔者认为，目前我国处于电子商务的发展期，网络团购是整个网络经济的一种表现方式，它的规范和各项制度的建立和完善需要国家法制的建立和完善，同时需要行业监管以及相应配套制度的完善，同时也需要借助网络技术的发展。只有在行业不断的发展和完善之后，消费者的利益才有长久的保障，然而短期内实现制度的全面完善尚不现实。切实维护消费者的权益关键还要靠消费者自我保护和理性消费。笔者认为消费者应当注意从以下几个方面来行维权之策：

---

① 任薇薇：《论网络购物消费者的权益保护》，载《法制与社会》2010 年第 2 期，第 73 ~ 75 页。

1. 分清团购类型，明确相关法律权责

上文中较为明确地分析了网络团购中的法律关系，按照我国当前的法律规定，消费者一般可以利用的法律是《民法通则》、《合同法》、《消费者权益保护法》、《产品质量法》、《侵权责任法》以及相关司法解释。具体而言，依据选择网络团购的类型不同，所依据的法律不同。上文所述中第一种、第二种网络团购类型基本关系比较简单，一般消费者就按照买卖合同的相关规定要求商家承担相应的合同责任或者侵权责任。在有第三方专业团购组织参与的团构中，要区分不同情况：

第一，专业组织作为居间人地位，只撮合消费者和商家之间的交易，如买卖中所发生诸如产品质量问题、消费者拖欠货款问题等，均与专业团购组织没有关系。因为无论其接受哪方委托，从哪方收取报酬，都不应对买卖关系承担责任。当然，如果组织者与某一方合谋，对另一方实施欺诈，则应与欺诈者承担侵权的连带责任。

第二，专业团购组织处于委托关系或者代理关系时，消费者可以按照具体情况选择不同的法律依据。如果网络团购的专业组织明确指出其为消费者的委托人，商家亦知道或者应当知道，那么消费者可以依据我国《合同法》第406条的规定，有偿的委托合同因受托人的过错给委托人造成损失的，委托人可以要求赔偿损失；无偿的委托合同，因受托人的故意或者重大过失给委托人造成损失的，委托人可以要求赔偿损失。委托人超越权限给委托人造成损失的，应当赔偿损失。

《合同法》第407条规定，受托人处理委托事务时，因不可归责于自己的事由收到损失的，可以向委托人要求赔偿损失。如果团购网站与商家的关系尚不明了，那么，对于消费者而言，他是和团购的专业组织订立了合同，而且按照合同的要求支付其价款，完全可以认为是一个买卖合同关系，消费者可以直接要求团购专业组织承担相应的合同责任。另外，如果团购组织推卸责任，也可以依据《民法通则》第63条关于代理权的规定，团购的专业组织者是否承担责任取决于职业团购组织是否超越代理权限，若其在权限范围内以代理人的名义参与买卖，则产生的责任由被代理人承担；若其超越代理权限或者代理权终止后，只有经被代理人的追认，被代理人才对专业团购组织所实施的买卖行为承担责任，否则对被代理人造成的损失由代理人承担。团购组织不履行职责给被代理人造成损害应当承担民事责任。

第三，网络团购中专业的团购组织通过互联网向不特定的买卖双方发出邀请，组织交易谈判。按照《消费者权益保护法》第38条的规定，消费者在展销会、租赁柜台购买商品或者接受服务，其合法权益受到损害的，可以向销售者或者服务者要求赔偿。若网络组织者通过互联网组织展销会发布产品信息或者向商家出租柜台销售商品，组织者要承担相应的责任。

上述法律依据是消费者权益保护的有力武器，消费者可以依据不同情况作出不同的判断，也可以结合其他相关法律，同时运用。

2. 注意证据保留，正确理性维权

消费者要注意对电子券和消费短信等证据的留存，以备纠纷时作为证据使用。网络团购前一定要详细阅读相关协议，了解协议中各项条款，若有不明之处，应及时向特约商家问明，并将电话记录保存好，以便出现问题维权时有理有据。一般网络团购的数量和资金都不会很大，不能因为维权过程过于繁琐而放弃。消费者应及时和特约商家取得联系，协调过程中，要有理有据、据理力争，但不能蛮不讲理而失去达成调解的希望。如果不能达成调解，应该将保存好的相关证据向工商部门投诉或者进行诉讼。而在我国司法体制改革不断深入的情况下，在不久的将来小额诉讼和集团诉讼也将会成为消费者维护自己权益的一种方式。随着国家电子商务方面的法律法规的不断健全，团购网站和特约商家也会越来越受到行业规范制约，消费者必定能更好地享受网络团购带来的便利。

3. 提高网络消费意识，增强理性消费观念

第一，在团购或者网购时，消费者应该选择知名度高的团购网站。截至2011年3月，网络团购的团购网站已超过3400家，有些团购网站根本无法保证质量和服务，极易侵犯消费者的合法权益。因此，消费者在进行网络团购时宜选择知名度比较高的团购网站，比如拉手网、糯米网、大众点评网等。同时，这些大网站在个人信息保密方面有比较好的内控机制，有助于保护消费者的个人隐私。3·15消费电子投诉网首席执行官王福山支招，网络团购时要“一看二查三问四付”。“一看”即看清内容，不要被网站美丽的外表所蒙蔽，尤其是交易条款，看看有无“霸王条款”。“二查”即查相关的网友评价和口碑，查团购网站有没有ICP备案号及是否有有效链接，凡是正规的团购网站，其联系方式一般都有邮箱、电话、联系人、地址等信息，而不正规的团购网一般只会有一个QQ号码或电子邮箱，甚至只有一个“在线提交”。“三问”即问明相关情况。团友在问询过程中可发现欺诈迹象，若网站急着要求汇款，且对团友的要求一律不假思索地答应，就要警惕了。“四付”即留心付款方式。网站直接发支付链接或让消费者直接向其汇款，是目前钓鱼类诈骗常用的招数，建议消费者谨慎参与。消费者在网购过程中一定要留存消费凭证，如发票、小票等，最好能到实体店考察，看是否与网络宣传一致。

第二，在支付方式上，消费者应尽可能地选择像支付宝信誉度较好、安

全性较高的第三方支付方式，这样更有利于消费者防止上当受骗。万一发生欺诈，在退款等问题上也更有保障。

五、关于月饼团购案的消费者权益保护应策

根据上文的分析，本案中众网友的买卖行为属于团购行为，并且属于专业团购组织通过网络组织的团购。需要指出的是，在本案中拉拉网所处的并不是一个简单的“居间人”的法律地位，而是与众多团购消费者构成了一种委托法律关系。拉拉网作为专业的团购网站通过网络发布商业广告，联络消费者委托自己去为消费者购买商品。这些专业组织者按照与消费者之间的委托协议中约定的购买商品名称、种类、数量、价格等，以自己的名义去采购后交付消费者，从消费者处收取一定的报酬。此种委托形式的团购，符合《合同法》第396条规定，委托合同是委托人和受托人的约定，由受托人处理委托人事务的合同。基于此，团购网站应承担相应的法律责任，比如全额退款、支付违约赔偿金，等等。

作为本案中的消费者，首先要做的就是应当保存好相关证据，如购买时显示相关产品、价格、支付方式的介绍页面，确认订单时的网页，在团购网站上的注册的用户信息，电子支付的记录等，这些是在网购中非常重要但是又经常被广大消费者所忽视的电子证据。并且在维权方式上可以采取多元化的解决渠道，如调解，向有关行政部门、社会团体进行申诉反映，或者进行法律诉讼。在进行诉讼中，笔者建议这些团购的受害者们尽量集中，首先这样的争议标的额比较大比较容易受到社会各方的重视；其次可节约法院和当事人双方的诉讼成本，尤其是对网购消费者来说，由于网购的金额相对较小而相关的诉讼成本较高从而使大量受害的消费者放弃了团购维权之路，如果多数消费者能够集中起来委托其中几名维权消费者或相关专业律师，相关的诉讼成本由众人共同分担，这样就减少了诉讼的开支并且有利于诉讼的进行速度，从而使大家的损失降到最低。

团购是新电子商务时代衍生出的新兴的双赢的产物，如果这个行业想要发展地更好，除了消费者的理性选择，还需要我们相关的法律制度，监管更加完备，并且最重要的是作为一个成熟的市场还需要网络团购的网站经营者和加盟商能够自觉、自律，只有这样网络团购才能更好地发展下去。

参考文献：

[1] 陶俊杰：《网络团购中消费者权益保护的法律思考》，载《法制与社会》2011年第17期。

[2]《2011 年（上）中国电子商务市场数据监测报告》，http://b2b. toocle. com/zt/2010bgdz/.

[3] 谭伟霞：《网络团购商业模式发展趋势分析》，载《岳阳职业技术学院学报》2011 年第 3 期。

[4] 任薇薇：《论网络购物消费者的权益保护》，载《法制与社会》2010 年第 2 期。

[5] 何崇滨：《我国网络团购行业乱象规制研究》，载《河南商业高等专科学校学报》2011 年第 24 期。

第二章：现实社会中民商法律问题

国美电器控制权之争的法律分析

刘　阳*

案例：

国美电器（英语：GOME）是中国的一家连锁型家电销售企业，也是中国内地最大的家电零售连锁企业，2009年，国美电器入选中国世界纪录协会中国最大的家电零售连锁企业。黄光裕是国美电器的创办人，他在1987年创办国美电器，曾两度登上胡润富豪榜首位。但在2008年黄光裕以操纵股价罪被调查，最终法院认定黄光裕犯非法经营罪、内幕交易罪、单位行贿罪，三罪并罚，决定执行有期徒刑14年，罚金6亿元，没收财产2亿元。与此同时，国美电器也跟他的创办人黄光裕一样经历着一场空前的控制权争夺战。

2009年1月18日，国美电器发布公告称黄光裕辞去执行董事职务，同时自动终止董事局主席身份。陈晓于2009年1月16日正式出任集团主席。陈晓为了解决国美的资金问题，引入了贝恩投资并于2009年6月22日下午公告，称贝恩投资有条件认购18亿港元转债；董事局建议以每股0.672港元公开发售。两项融资不少于32亿港元。贝恩投资成为国美电器的第二大股东。国美也于23日正式复牌。

然而，就在贝恩投资入股国美电器几个月后，黄光裕作为拥有31.6%股权的国美电器大股东在2010年5月11日的年度股东大会上突然发难，反对贝恩投资提出的三位非执行董事。最终，由于黄光裕的反对票使得贝恩投资提交的董事人选被否决。

贝恩投资在入股前曾与国美电器达成协议，协议约定贝恩投资在入股后有权提名3位非执行董事进入国美电器的董事会，如果贝恩投资的股权减少，

---

* 北方工业大学民商法2009级硕士研究生

其委任的董事人数也相应减少；但如果发生特定事件（如其提名的董事未获通过）或违约事件发生，贝恩投资有权提前赎回2016年可转股权债并要求国美支付相当于债券本金1.5倍的惩罚性赎回价，这笔罚金高达24亿元。

因为黄光裕的反对票可能让国美电器承担高达24亿元的罚金。为此，公司立即于当晚召开紧急董事会，商讨解决方案。其结果是董事会一致同意推翻股东大会的结果，重新委任贝恩投资的3名前任董事加入国美电器董事会。因为根据公司章程，为了维护公司利益，董事会有权在不经股东大会同意的情况下任命公司的非执行董事。

2010年8月4日，大股东黄光裕的代表向国美电器发函要求召开临时股东大会，并提出五项议案：撤销本公司于2010年5月11日召开的股东年度大会上通过的配发、发行及买卖本公司股份之一般授权；撤销陈晓执行董事兼董事会主席之职务；撤销孙一丁执行董事职务；委任邹晓春为执行董事；委任黄燕虹为执行董事。而陈晓方面也提出三项议案，即分别任命贝恩投资提名的3名前任董事加入国美电器董事会。

8月5日，国美电器公布，经过数月的内部调查，公司董事局决议，对公司的间接持股股东及前任执行董事黄光裕进行法律起诉。黄光裕与其妻杜鹃策划国美电器在2008年1月22日至2月5日在市场购回1.298亿国美股份，总值约22亿港元。目的是以国美电器的公司资金购买本来由黄光裕持有的国美电器股份，使黄光裕得以将售股所得款项向一家财务机构偿还一笔24亿元的私人贷款。其间涉嫌证券欺诈或欺骗。这一系列交易使国美电器及其股东损失约16亿港元。黄光裕被指在回购公司股份中违反公司董事的信托责任。

9月28日，国美电器在香港召开股东特别大会，最终结果显示大股东黄光裕提出的5项议案，除了撤销股东年度大会上通过的配发、发行及买卖本公司股份之一般授权获得通过外，另外四项均未通过。至此，闹得沸沸扬扬的国美控制权之争暂时告一段落。

对于国美的控制权争夺案，可以从多个视角进行阐述和分析：

1. 公司的董事会是否有权在不经股东大会同意的情况下任命公司的非执行董事？

2. 黄光裕回购公司股份中是否违反公司董事的信托责任及信任？

3. 黄光裕因犯罪入狱退出了国美的直接管理层，但是作为国美电器的最大股东，黄光裕仍然对国美电器享有控制权，那么对于退居幕后的控股股东黄光裕，我们应当如何有效地限制其滥用控制权再次侵害公司和其他中小股东的利益呢？

一、公司的董事会是否有权在不经股东大会同意的情况下任命公司的非执行董事

从我们目前掌握的资料和信息来看，黄光裕在国美电器的股东大会上行使否决权致使贝恩投资提名的3名非执行董事未能走马上任，属于正当行使自己的表决权没有不当。作为公司的第一大股东，黄光裕持有国美电器31.6%的股权，在公司的股东大会上，股东可以按照自己的持股比例来行使表决权。按照国美电器的公司章程，董事续任需经股东大会半数以上的赞成通过。黄光裕31.6%的股权虽然不能直接导致3名非执行董事的任职失败，但是却在公司的投票中起着左右整个局势的重要作用。我们这里暂且不论黄光裕投反对票还是赞成票，也不考虑黄光裕是否故意阻止贝恩的3名非执行董事任职。仅就学理上对黄光裕的投票行为进行评说，那么黄光裕的投票行为是没有任何学理上的瑕疵的。作为公司的股东，不论是大股东还是中小股东，都有表决权。股东的表决权实际上是股东基于股东地位而享有的、就股东会决议的某一事项表示意见的权利。表决权是公司股东权利的中心内容，是股东基于其拥有的股份而产生的一种固有的权利，除非依据法律规定，股东表决权不得以公司章程或者股东会决议等其他方式予以剥夺、限制。① 黄光裕作为大股东完全有理由按照自己的意愿进行投票，选出自己中意的董事。

当股东大会决定否决了贝恩投资提名的3位非执行董事的时候。国美电器又召开紧急董事会，讨论因为否定贝恩投资提名的董事可能带来的巨额罚金的解决方案。其结果是董事会一致同意推翻股东大会的结果，重新任命了这3位非执行董事。其依据是公司章程规定：为了维护公司利益，董事会有权在不经股东大会同意的情况下任命公司的非执行董事。对此，董事会有权推翻股东会的这项决议吗？根据《公司法》第38条规定，选举和更换非由职工代表担任的董事、监事，决定有关董事、监事的报酬事项属于股东大会的职权。公司的董事会无权决定和任命公司董事。更无权推翻股东大会关于公司董事的决定。因此，国美电器的公司章程中的这一条款属于违反强制性法律规定，应属于无效条款。因此，国美电器的董事会基于该条公司章程作出的“重新委任贝恩投资的3名前任董事加入国美电器董事会”的决议应当是无效的。这里还有一点需要说明，即《公司法》第47条也规定公司董事会的职权还包括公司章程规定的其他职权。但是，“公司章程规定的其他职权”应

① 刘乃忠、戴瑛：《新公司法学》，中国法制出版社2007年版，第259页。

当仅限于公司法当中未规定的职权。例如,《公司法》强制性规定董事的任免职权属于股东大会,公司章程就不能在违反法律规定将该职权规定到董事会的职权范围内。

因此,从法律层面来说,在国美电器股东大会上贝恩投资提出的 3 位非执行董事未获通过,但是董事会根据公司章程任命贝恩投资提议的 3 位非执行董事其行为本身就是无效的。

二、黄光裕回购公司股份中是否违反公司董事的信托责任及信任

在我国的《公司法》中,对于公司的股份回购有着明确的规定,在股份有限公司中,公司回购股份仅限于四种情形:减少公司注册资本;与持有本公司股份的其他公司合并;将股份奖励给本公司职工;股东因对股东大会作出的公司合并、分立决议持异议,要求公司收购其股份的。而黄光裕回购公司股份的目的却是偿还一笔 24 亿港元的私人贷款。从法律上来说,黄光裕的这种回购行为是不允许的。我国《公司法》还在第 148 条规定了董事的信托责任,即董事、监事、高级管理人员应当遵守法律、行政法规和公司章程,对公司负有忠实义务和勤勉义务。董事、监事、高级管理人员不得利用职权收受贿赂或者其他非法收入,不得侵占公司的财产。黄光裕在股份回购过程中存在证券欺诈,实属违反董事的信托责任的行为,应当承担由此带来的法律后果。

目前学术界就董事、监事以及高级管理人员义务的种类已经基本达成共识,即包括忠实义务和注意义务。

忠实义务,简而言之,是公司的权力行使者作为诚信义务人必须在行使其职权的时候,善意地从事行为,并出于对公司利益的考虑,而不是仅仅促进自己或者其他人的利益。① 法律之所以要对董事和高管人员科以忠实义务,是因为他们在经营管理公司中实际上掌握着公司的经营权,而且在信息的获得以及了解真实财务状况等方面有着其他人员不可比拟的优势。所以,为了限制他们的权利滥用而规定了该项义务。黄光裕作为国美电器的董事,为了偿还个人贷款用国美电器的财产来购买自己的股票,帮助自己套取现金。这不仅是一种回购行为,实际上更是一种对国美电器的减资行为,这种减资有可能造成公司的资本发生变动从而危及公司债权人的利益。因此,公司法对这种回购行为有着严格的限制,而且还规定了董事、监事、高级管理人员的

① 邓峰:《普通公司法》,中国人民大学出版社 2009 年版,第 460 页。

忠实义务以规范他们的回购行为。

另外，对于董事、监事、高级管理人员公司法还规定了注意义务。对于注意义务，美国公司法理论曾经这样定义：普通谨慎之人位于同等职位在相类似的情况下可合理预期的注意。德国公司法将注意义务描述成董事、高管等人在对其下属公司下达指示时，应尽到正常与忠实管理人的义务。虽然这两种观点的表述并不一致，但是究其本质，注意义务实际上是要求董事、监事、高管对公司事务尽职、尽力。从对注意义务的定义上看，它似乎就是不好判断的事项。不仅注意义务没有一个标准的定义，而且从不同版本的定义来看，普通谨慎的人、同等职位、类似情况、合理预期这些考量标准基本上都是很模糊的概念，留给裁判者很大的自由裁判权，所以注意义务的解释和发展离不开法官的个人素养和判例制度。

目前有学者主张将善意作为判断注意义务的一个标准。甚至在美国的法院有人主张将善意提升至董事、监事、高管义务的高度给予阐述。对于这种说法，笔者并没有异议，只是觉得这样会使对注意义务的判断又增加一个不确定因素，因为善意本身内容就是模糊的。而且以目前我国对判例的态度以及法官自由裁量权的行使情况来看，我认为将善意作为一个考量标准还是有待时间的检验的。

另外，关于注意义务的最新理论研究主张采用英美法中的经营判断规则（business judgment rule）作为我们判定注意义务需要考虑的新要素。所谓的经营判断规则，是指如果董事、监事、高管从公司的整体利益出发，作出某项经营行为时，根据自身在当时条件下的知识水平和经验，应认为是对公司最有利的行为，即使事后该行为导致公司受损，也不应追究该控制股东的责任。[①] 通过经营判断规则我们可以看出，它实际上是为注意义务提供了一条免责条款，即只要尽心尽力为了公司事务，即使发生亏损也不追究其责任。

笔者认为，引入这种经营判断规则作为判断是否履行注意义务的考虑因素还是有一定的积极意义的。毕竟控制股东的注意义务是一种积极义务，即使控制股东在行使控制权的过程中尽到了注意义务，那么因为受到外在的客观环境的影响也可能对公司或者其他股东的利益产生负面影响。

---

① 王保树、杨继：《论股份公司控制股东的义务与责任》，载《法学》2002 年第 2 期。

三、控制股东侵害中小股东利益的原因以及如何有效地限制控制股东的权利滥用

（一）控制股东侵害中小股东利益的原因

黄光裕之所以能够神不知鬼不觉地进行内幕交易行为，就是因为其利用控制股东的优势，率先获得了交易信息，从而与在信息获得处于劣势的中小股东打了一个时间差的游戏从中获利。其实这种控制股东侵害中小股东利益的情况非常普遍。公司治理和运作的不规范直接给控制股东们提供了方便，也是造成控制股东与中小股东利益冲突的重要原因之一。

第一，信息披露不到位。在公司中，控制股东、董事、高管们与中小股东之间存在着严重的不对等现象。其中信息获取不对等是导致侵害中小股东利益的一个重要原因。控制股东享有对公司的控制权，所以他们可以很容易插手董事会的事务，甚至包括对董事、高管以及其他重要人员的人事任免。众所周知，董事以及高管人员直接负责执行公司的各项事务，因此他们对公司的信息无论是在获取时间上还是在了解程度上都具有别人不可比拟的优势。控制股东完全可以通过对董事、高管的控制从而在第一时间获取有效信息，以满足自己或者他人的不正当利益。而很多中小股东对很多事情并不知情，因此他们很可能因为没有及时获取信息或者获取了虚假信息而使自己的利益遭受损失。这种信息获取的不对等导致了控制股东、董事、高管的获利和中小股东的损失。黄光裕因为内幕交易被判处刑罚实际上就是因为其在知悉三联商社、中关村两上市公司重组、资产置换等事项的内幕信息，提前进行了相关股票的买卖从而形成了内幕交易，自己在获取大量利益的同时也使很多中小股民遭受损失。

第二，股权结构不合理。据相关资料统计，在我国的上市公司中，股权分布极小平衡。我们仅以国美电器的股权结构为例，黄光裕家族的股权比例在国美电器的股权结构中一直保持着1/3以上的比例，而且从2010年8月25日起，一直在增持股份，目前已经达到了34.78%。这34.78%的股份虽然没有达到50%的绝对控制权，但是与其他股东拥有的股份相比，还是有相当大的控制优势。任何一个单个的持股人或者投资者都没有办法与其进行对抗。其实不仅是在国美电器中，在其他的上市公司中，一股独大的局面也广泛地存在，而且出现了进一步增强的趋势。对于这些掌握着公司控制权的控制股东，他们的控制地位依然强劲难以动摇。这也更难使控制股东能够把中小股东的利益放在眼里，这种一股独大的股权结构严重威胁着公司的发展，对公

司中小股东的利益也构成威胁。

第三、公司内部缺乏有效制衡。从我国公司法规定的公司内部治理结构来看，一直是坚持“三会二元”模式。即股东大会为公司的权力机构，负责选举董事会和监事会决议公司重大事项。董事会负责执行股东大会决议。监事会是公司的监督机构负责监督公司财务以及董事、经理们的行为。董事会和监事会相互独立，对股东大会负责。按照这种设计理论，在理想的状态下，董事会和监事会分别作为执行机关和监督机关相互制约。但是，股东大会作为公司最高权力机构，却没有任何机构对其权利的行使进行监督和限制。这使可以操控股东大会的控制股东们更加肆无忌惮地侵害中小股东的利益。也就是说在国美公司中，黄光裕作为公司的控制股东可以通过控制股东大会来决定公司的一些重大事项，甚至可以将公司法规定交由股东大会决定的事项简化到由他一个人决定的地步。因此，十分有必要对控制股东的这种滥用控制权的行为进行限制。

（二）约束控制股东权利滥用的具体措施

1. 股东表决权限制制度

为了限制诸如黄光裕这样的控制股东滥用控制权，最直接的办法就是限制其在股东大会上发言或者表决的权利即限制控制股东的表决权。股东的表决权是指股东基于股东地位而享有的、就股东会决议的某一事项表示意见的权利。目前，在学理上，我们可以将对表决权的限制分为绝对限制和相对限制两种情况。绝对限制是通过法律明确规定，强制性地限制大股东的表决权，当持有股份超过一定的比例时，超出部分的表决权受到限制（韩国商法、比利时公司法、意大利公司法以及我国台湾地区“公司法”等采用这种方式）。这种对表决权绝对限制的条款实际上是降低了控制股东在股东大会上的地位。但是，这种制度在我国还不能真正地建立起来，其主要原因就是在我国的上市公司中，国有股长期、大量存在的现状。因此，对股东表决权的相对限制就成为我国对控制股东权利滥用限制的主要方式。

股东表决权的相对限制又称为表决权排除或者表决权回避制度，是指股东在表决事项上与公司存在利益冲突时，应当予以回避不参与表决，以免表决结果损害公司利益。目前，我国关于股东表决权回避制度的规定体现在《公司法》第16条的规定当中：公司如果为公司股东或者实际控制人提供担保，须经股东会或者股东大会决议。且该股东或者实际控制人支配的股东，不得参加该事项的表决。该项表决由出席会议的其他股东所持表决权的过半数通过。该条的规定对于我国的股东表决权回避制度来说过于单薄。其他关于表决权回避的规定大多限于《上市公司章程指引》、《上市公司股东大会规范意见》等规范性法律文件，层级效力低且仅限于上市公司。这种情况与我国大量存在的关联交易和控制股东滥用表决权的实际并不相称。

2006年5月10日，黄光裕对国美电器“公司章程”进行了最为重大的一次修改。当天，持有国美电器约70%股权的黄光裕授予了国美电器董事会如下权力：国美电器董事会可以随时任命董事，而不必受制于股东大会设置的董事人数限制；国美电器董事会可以各种方式增发、回购股份，包括供股、发行可转债、实施对管理层的股权激励，以及回购已发行股份。事实上，此等授权，使“国美的董事会”成为“黄光裕的董事会”。黄光裕一人可以绕过股东大会操作这个公司运营。这样一来，剩下的30%的小股东的意愿就没有办法得到有效的体现，其股东权也得不到有效的保障。如果对黄光裕的股权进行一定的限制，规定一个最高的持股限额，超过的股份不享有对公司事务的表决权，就可以在很大程度上限制这种一个人的董事会的出现，也可以有效地保护中小股东的利益。

2. 股东表决权代理制度

代理投票制度也是有效限制控制股东滥用表决权的方式之一，如果说限制股东表决权是给控制股东们戴上了一个口罩，那么这种表决权代理制度就相当于给中小股东们一个扩音器。中小股东可以通过收集投票权来扩大自己在股东会上的发言权和话语权从而可以与控制股东进行对抗和限制。表决权代理制度是指第三人受股东的委托而代其在股东大会上行使表决权的行为。股东表决权的代理制度有很多优点，它可以给股东行使表决权提供便利，而且可以使在股权较为分散的公司出席股东大会的股份能顺利达到法定要件。最重要的一点是，表决权代理可以使中小股东通过累积的投票权参与公司的管理，甚至有机会通过征求委托书来淘汰不负责的经营管理者。然而，在表决权征集的过程中，可能因为委托书的大量使用使表决权征集活动成为一场公司控制权的争夺战。对于散落在股东之间的表决权，如果被控制股东大量征集，不仅不会对其控制权的行使形成任何限制，反而会强化其对公司的控制状态。如果大量表决权被怀有主观恶意的部分股东多征集，那么对公司的正常运行也会造成重大影响。

在国美电器中除黄光裕家族以外的股份还有65%左右。虽说这些股份被多个持股人持有，但是如果这些散落的股东委托一个主体代理行使投票权或者联合起来一致反对黄光裕的提案，哪怕有一半的表决权能够联合起来都可以对黄光裕滥用控制权的行为进行有效的控制。

可以说，代理投票制度本身是一个中性的制度，如果对其放任不加管理，无疑会鼓励经营者或者公司的控制者滥用权利；如加以适当管理，则可能成为挽救公司的利器。目前，我国关于股东表决权代理制度的规定仅体现在《公司法》第107条：股东可以委托代理人出席股东大会，代理人应当向公司提交股东授权委托书，并在授权范围内行使表决权。[①] 该条文的规定对于复杂的表决权代理制度来说显得过于粗糙和原则化。虽说股东表决权代理制度本质上是一种民法上的代理制度，很多内容都可以比照民法中关于代理制度的规定。但是，股东表决权代理制度还是有其一定的特殊性，应当予以关注。

3. 累积投票制度

股东的累积投票权是指股东大会选举两名以上的董事、监事时，股东享有一种特殊表决权，股东所持的每一股份都拥有与当选的董事、监事总人数相等的投票权，股东既可以把所有的投票权集中选举一人，亦可分散选举人数，最后按得票多少决定当选董事、监事。[②] 此种制度实际上是将一股一票的制度变成了一股多票。通过这种改变，中小股东就有机会参加董事会或者选举出能够代表中小股东利益的董事参与公司的经营发展，决定公司的重大事项。

我国《公司法》第106条第1款规定，股东大会选举董事、监事，可以依照公司章程的规定或者股东大会的决议，实行累积投票制。通过该条款我们可以看出，我国规定的累积投票权采用的是选择性条款，公司可以采用，也可以不采用。如果公司采用累积表决权制度则需要在公司章程中予以规定或者由股东大会作出决议。但是，许可主义也使得累积投票制度在保护中小股东利益方面所发挥的作用大打折扣。公司可以通过多种途径来排除和抵消累积表决权的效果。例如，公司可以通过修改公司章程排除累积表决权制度在公司的适用；董事会也可以将公司事务委托给专门委员会进行处理，而少数股东所选举的董事可能因为种种原因不能入选专门委员会从而失去处理公司事务的权利。

我们之所以引入累积投票制度是因为看中了该制度可以在一定程度上防范股东的权利滥用，有利于保护中小股东利益。所以，笔者认为，在目前这种存在一股独大局面的公司中，应当强制推行累积投票制度，至少在选举公司的监事时应当采取强制主义，以保护中小股东的利益。

4. 少数股东权制度

少数股东权制度在很多国家的公司法中都有明确的规定，我国在新公司

---

① 《股份有限公司规范意见》第41条第1款、《股票发行与交易管理暂行条例》第65条的规定因为《公司法》、《证券法》的颁布而失去效力。

② 赵万一：《公司治理法律问题研究》，法律出版社2004年版，第181页。

法中也规定了少数股东权制度。少数股东权制度顾名思义是指只有少数股东行使的权力为少数股东权。它主要包括请求召开股东大会或规定临时大会的权利；股东提案权；解散公司请求权等。

众所周知，股东大会一般由董事会负责召开，而董事会则由控制股东掌握，如果任由董事会决定股东大会的召开及其决议事项，无异于让控制股东可以随意侵害少数股东利益。为了维护少数股东利益，我国《公司法》第40条规定，代表1/10以上表决权的股东，提议召开临时会议的，应当召开临时会议。这就赋予少数股东召开股东临时会议的权利。《公司法》第41条、第102条分别规定了有限责任公司和股份有限公司召集权行使的具体程序。可以说，对少数股东召开股东大会的请求权给予了较好的规范。另外，新公司法还在第103条中明确规定少数股东的提案权。该制度确立可以使股东得以将其关心的问题提交股东大会讨论，实现其对公司决策和经营的参与、监督，从而提高股东对股东大会的参与积极性。① 这不仅丰富了股东权利的内容，还有利于公司中小股东的利益保护。国美电器的大股东黄光裕因为持有超过10%以上的表决权，因此当黄光裕在8月4日向国美电器发函要求召开临时股东大会，所以国美电器根据公司法的要求应当召开股东临时大会，这也就有了9月28日在香港召开的股东大会上黄光裕与陈晓的最终对决。

（三）控制股东滥用权利的法律救济

1. 直接诉讼

直接诉讼是指权利受到侵害的股东，针对加害人径行提起的诉讼，诉讼的利益直接归属于诉讼原告。我国公司法中规定的股东可以直接提起诉讼有五种情形：（1）股东大会、董事会决议的撤销和无效之诉（《公司法》第22条）。（2）侵害赔偿之诉（《公司法》第153条）。（3）查阅权行使不能之诉（《公司法》第34条）。（4）异议股东股份购买请求权之诉（《公司法》第75条）。（5）解散公司之诉（《公司法》第183条）。其中，第一种和第二种诉讼对于中小股东利益受到侵害后能够得到及时的救济具有重要意义。

直接诉讼之一——股东大会、董事会决议的撤销和无效之诉。股东大会作为公司的最高权力机构，由其作出的各项决议应当得到公司的坚决执行。然而，根据资本多数决原则，控制股东完全有能力操控股东大会的决议。当股东大会最终通过一项侵害中小股东利益的决议或者不利于公司发展的决议时，该决议还应当得到执行吗？对此，公司法赋予股东对股东大会决议可以

① 赵旭东：《新公司法讲义》，人民法院出版社2005年版，第158页。

提出无效、撤销的权利。同理，董事会作为公司的执行机构和常设机构，其对公司的发展所发挥的作用不亚于股东会。对于董事会的不当决议，股东也有权利提出无效或者撤销。例如，在国美电器股东大会上，黄光裕利用其大股东的优势地位通过的否决3位非执行董事的决议可能给公司造成高达24亿元的损失，这就属于不利于公司发展的决议，对此，股东可以通过诉讼的途径来撤销该决议。

虽说我国公司法规定了股东大会、董事会决议的撤销和无效之诉。但是，以目前的情况来看仍有改进的必要。《公司法》第22条第1款确立了决议的无效，但并没有明确赋予股东提起决议无效之诉的权利，从严格意义上来说，还不能说我国法律确立了决议无效之诉。根据新公司法的规定，股东可以提起董事会决议无效之诉，但是对于因为执行该决议给股东造成的损失是否应当得到赔偿，股东是否有权就该决议给自己造成的损失提起诉讼却没有相关规定。从整个的对于股东大会、董事会的决议状态来看，公司法仅规定了无效和撤销制度。对于股东大会、董事会的决议是否存在不成立的情况，以及因为执行这些有瑕疵的决议造成的损失，如何进行赔偿诉讼，都没有规定，这部分内容还有待于进一步完善。

另外，如果从多方利益保护的角度来看，我们也可以对提起股东大会、董事会决议瑕疵的主体进行扩充。现行法律规定了股东可以提起该诉讼。对于公司的董事、监事、甚至是利害关系人也应当列入提起相关决议瑕疵的诉讼主体中来，以使得他们的利益能够得到有效的保护。

直接诉讼之二——侵害赔偿之诉。侵害赔偿之诉是股东直接诉讼的一种，根据公司法第153条规定是指董事、高级管理人员违反法律、行政法规或者公司章程的规定，损害股东利益的，股东可以向人民法院提起诉讼。对于该条规定，赋予了股东对公司经营者的索赔权。

据报道，因为黄光裕进行内幕交易而遭受损失的中小股民——李岩已经向法院提出诉讼要求黄光裕承担民事赔偿责任。该案已经由北京市第二中级人民法院受理。目前，李岩撤回了诉讼，并联合其他6位股民准备再次向法院起诉。据悉，黄光裕在“坐庄”中关村股票期间，用于内幕交易的账户买卖中关村股票的账面收益近4亿元，涉及的股民高达13万人。从法律理论上来说这13万人都有权向黄光裕提出侵害赔偿诉讼。但是，最终的结果还有待法院的判决。

在这里值得思考的是该股东的索赔权根据法律规定仅仅适用于对董事和高级管理人员。虽说董事和高管们有可能因为自己的不适当行为承担赔偿责任，但是有时候，其行为也不能说是出于其自身意愿，在某种程度上，他们是公司实际掌控者的提线木偶。仅仅规定他们的责任，对于公司的控制股东或者“垂帘听政”的实际控制人们来说，无异于隔靴搔痒，不会起到什么真正的作用。所以，该条款对于控制股东和实际控制人来说没有什么威慑力。即使在实际的判案中法官将控制股东以及实际控制人等列为赔偿主体，也只能说是利用了类推制度进行推理判案。这就给该判决的可靠性和合法性提出不小的挑战。因此，建议应当扩大对股东造成损害的赔偿主体范围，这样才可以对那些控制股东、实际控制人们产生威慑力，更有利于保护中小股东利益。

从整个的股东直接诉讼制度的发展来说，现在的公司法相比旧公司法在股东直接诉讼的规定方面有了很大的改进和提高，但是仍存在一定程度的不足和问题。最典型的缺陷就是直接诉讼的范围过于狭窄。通过上面的列举，我国仅规定了五种直接诉讼的情形，而在一些发达国家对股东直接诉讼的可诉情形规定较为多样化。① 实际上，股东直接诉讼的范围应该是相当广泛的，凡是基于股东身份合法权利受到了不法侵害，股东都可以向法院提起诉讼，这样更有利于保护股东利益，特别是中小股东的利益。② 因此，笔者建议在下次修改公司法时予以适当地扩充股东直接诉讼的范围。

2. 间接诉讼

股东间接诉讼又称股东代表诉讼或股东派生诉讼，是指当公司合法利益受到侵犯并造成公司损失时，公司有关机关或人员无视股东的请求怠于或者拒绝提起诉讼，具备法定资格的股东为了公司的利益可以自己的名义直接向人民法院提起诉讼。③ 我国《公司法》在第 152 条中规定了股东代表诉讼制度。该制度的引入使中小股东监控公司高管和控制股东的积极性与创造性空前高涨，绝大多数控制股东、实际控制人和公司经营者将更加诚实守信、勤勉尽职、好自为之。④

四、小结

国美电器的这场公司控制权争夺战暂时告一段落，但是这场战争带给我

---

① 美国公司法规定了 11 种直接诉讼情形，包括公司设立前的违反之诉、股东协议违反之诉等。

② 赵旭东：《新公司法条文解释》，人民法院出版社 2005 年版，第 302 页。

③ 周友苏：《新公司法论》，法律出版社 2006 年版，第 242 页。

④ 刘俊海：《新公司法的制度创新：立法争点与解释难点》，法律出版社 2006 年版，第 250 页。

们的公司法上的思考却刚刚开始。作为公司的董事、监事和高级管理人员如何让他们在处理公司事务时真正为公司的利益着想？如何在公司内部实现股东大会、董事会、监事会的“三权分立”，更好地实现三者之间的权力制衡和监督？黄光裕作为公司的董事，可以受到公司法的限制。但是，作为公司控股股东的黄光裕是不是可以因为公司法中缺少对控制股东的法律规制而可以为所欲为，退出公司的管理层是不是为黄光裕继续侵蚀公司利益开启了另一扇窗？

虽然新公司法刚刚颁布施行不久，但是从实践的角度看还是有很多地方需要修改和补充。例如，公司中大量存在的公司章程照搬公司法条文，千篇一律以及公司章程有些条款的内容明显不符合公司法的精神，甚至有剥夺或者变相剥夺股东固有权的情形。另外，在立法上我们已经确立了对董事、监事、高管的约束条文，然而对于控制股东滥用权利的主张虽然在理论上已经取得了学者的一致认可，但是却没有转化成法律条文，这就使对控制股东的约束出现法律的真空。

这场国美电器控制权的争夺战有人说因为9月28日国美电器的股东大会中陈晓的胜利而告一段落。也有人说因为2011年3月9日陈晓辞去国美董事局主席一职，并且不再担任执行董事；孙一丁不再出任执行董事的结果落幕，这意味着黄光裕在狱中所提的五项提案已全部达成，成为最终赢家。其实在笔者看来，无论最终是谁胜谁败都已经变得不重要了。国美电器的这场公司控制权之争注定要成为我国公司制度发展史上的标杆性事件。我们可以通过这场战争看到这场控制权争夺能够在基于对法律和规则的尊重的基础上就利益分配进行博弈，这其实就是中国公司制度建设和中国公司民主的胜利。

参考文献：

［1］赵万一：《公司治理法律问题研究》，法律出版社2004年版。

［2］施天涛：《公司法论》，法律出版社2006年版。

［3］邓峰：《普通公司法》，中国人民大学出版社2009年版。

［4］甘培忠：《论公司控制股东的法律地位及权力制衡》，载《公司法与证券法论丛》2006年3月。

［5］赵旭东：《境外公司法主题概览》，人民法院出版社2005年版。

［6］范建、王建文：《公司法》，法律出版社2006年版 。

有限责任公司股权转让法律问题研究

马　丹*

案例：

股东向股东以外的人转让股权应该履行通知义务但并非必须采取书面的形式。

原告陈丽芳诉称：陈丽芳是北京华亘安邦科技有限公司（以下简称安邦公司）的设立股东之一，持股比例为15%。2006年5月，安邦公司另一股东龚爱华在未召开股东会，未征求陈丽芳同意的情况下擅自向第三人于科技转让股份，严重侵害了陈丽芳的股东优先购买权。此后，经过多次的协商，龚爱华同意将转让的股权转让给陈丽芳。故请求：（1）确认于科技与龚爱华的股权转让行为无效；（2）于科技和龚爱华承担诉讼费用。

被告于科技辩称：2006年5月24日，龚爱华和安邦公司另一股东王斌以及陈丽芳、于科技在场签订股权转让协议，由龚爱华将其所持有的安邦公司25%的股份转让给我，王斌将其持有的安邦公司5%的股权转让给我。当时四人在场，并且签署了安邦公司章程。随后委托陈丽芳进行变更，工商局未能办理。因此，对于龚爱华与于科技之间的股权转让，陈丽芳应该是知道的。陈丽芳与龚爱华是夫妻关系，王斌是陈丽芳、龚爱华之姐的儿子，安邦公司实际是家族企业。他们之间是亲属关系，应该认定为对股权转让是明知的。因此，于科技与龚爱华的股权转让是有效的。被告龚爱华辩称：龚爱华与于科技确实有《股权转让协议》，但是股东会议决议已经撤销了《股权转让协议》，并送达了于科技。

该案件的一审法院认为，龚爱华作为安邦公司的股东，依法应该享有股东权，并有权依法有偿转让或者无偿转让股权。按照公司法的规定：股东向股东以外的人转让股权，应当经过其他股东过半数同意，股东应该就其股东转让事项书面通知其他股东征求同意，其他股东自接到书面通知之日起30日未答复的，视为同意转让；其他股东半数以上不同意转让的，不同意转让的

* 北方工业大学民商法2009级硕士研究生

股东应当购买该转让的股权，不购买的，视为同意转让。虽然龚爱华在转让股权之前征求过陈丽芳的意见，但龚爱华作为安邦公司的股东，应当知道公司法关于股权转让的有关程序性的规定，其在转让股权时未按照法律规定书面通知陈丽芳征求同意。同时，目前也没有证据证明安邦公司曾经召开过股东会讨论通过龚爱华转让其出资。作为受让人的于科技也应该知道公司法以及安邦公司章程有关股权转让的程序规定。因此，龚爱华与于科技转让股权的协议，违反了公司法的强制性规定以及安邦公司章程的规定，应该认定为无效。

而二审法院审理认为，龚爱华作为安邦公司的股东，依法享有股权。龚爱华和于科技之间签订的《股权转让协议》，是双方真实意思的表示，股权转让合同因此成立。《公司法》第 72 条第 2 款规定，股东向股东以外的人转让股权的，应当经其他股东过半数同意，股东应就其股权转让事项书面通知其他股东征求同意，其他股东自接到书面通知之日起满 30 日未答复的，视为同意转让，其他股东半数以上不同意转让的，不同意转让的股东应当购买该转让的股权；不购买的，视为同意转让。该条第 3 款规定，经股东同意转让的股权，在同等条件下，其他股东有优先购买权。两个以上股东主张行使优先购买权的，协商确定各自的购买比例，协商不成的，按照转让时的出资比例行使优先购买权。本案中，龚爱华的股权转让行为为完成法律规定的程序性条件，股权转让行为生效。陈丽芳以龚爱华未征求其同意即侵害了其股东优先购买权为由请求确认于科技与龚爱华的股权转让行为无效，没有法律依据，二审法院不予支持。通过对本案的分析和研究，我们认为主要存在着以下几个方面的问题，值得讨论和商榷。

1. 股权转让的效力问题。对没有经过股东同意的股权转让，该转让行为的效力问题如何认定？是应该认定该转让行为无效，还是认为该转让行为是效力待定的行为，赋予其他股权撤销权来维护自己的股权利益；或者认定为只要该转让行为是双方真实意思的表示，不管是否书面通知其他股东，经过其他股东的同意，该转让行为都是有效的？对于形式要件欠缺的转让行为的效力如何认定是本案的一个争议所在。

2. 对于书面通知的理解问题。按照《公司法》的规定，股权的转让必须是以书面的形式通知其他股东，其他股东在接到书面通知以后决定是否同意转让。可是本案中转让股权的股东并没有通过书面形式通知，而其他股东也只是通过其他途径可能知道股权转让的事项，在这种情况下的股权行为是否会产生法律规定的股权转让效力。也即形式要件的欠缺是否会对股权行为本身产生影响？其他形式的通知方式是否在法律所允许的范围之内值得探讨。

3. 同意权的行使问题。在其他股东接到股权转让通知以后，应该怎样行使同意权，即同意权的表决方式和表决形式。对于表决方式而言，是采取资本多数决还是人数多数决？对于表决形式，是采取书面形式，还是可以采取其他的表决形式？《公司法》对于此问题并没有具体的规定，造成了实践中的很多问题难以认定，因此也需要对此问题进行进一步的研究。

4. 优先购买权的行使问题。《公司法》赋予剩余股东以优先购买权，在同等条件下可以优先受让该股权。一方面，转让股东可以完全地行使其股权，部分或者是全部转让该股权；另一方面，也维护有限责任公司的人合性特点。法律的基本精神并没有充分地体现在具体规定上，通过对优先购买权的分析研究发现，该规定存在很多的漏洞和问题。对于形式优先购买权的主体，是指剩余的全部股东，还是除同意股权转让的股东之外的其他股东。同意转让股东的优先购买权，在这种情况下的存在并没有太大意义。其次是优先购买权的性质问题，该权利是一种请求权，还是形成权呢？如果是请求权，只有经过转让股东的同意才可以行使该权利。而形成权，依照受让股东的单方意思就可以行使该权利。最后涉及在行使优先购买权的过程中，应该如何认定同等条件的问题？同等条件的认定会进一步影响到该股权转让是在股东之间进行，还是在股权与非股东之间进行，这对于有限责任公司来说意义是不相同的。

因此，股权的转让问题并不只是停留在法律规定的条文上，它必须能够切实地解决实际中出现的股权转让问题，为公司实务的操作提供可行的依据和途径。从这一层面上讲，对案例本身的讨论可以发现法律规定的不足和空白，为进一步弥补股权转让法律制度的规定提供足够的理论支撑显得必不可少。接下来我们将通过结合理论、实践，以及法律的具体规定来进一步分析上述问题，从而进一步完善我国的股权转让法律制度。

一、关于股权转让的效力问题

（一）关于股权转让效力认定的不同观点

有限责任公司的股东未经其他股东过半数同意或者未向其他股东通知转让价格等主要条件，或者价格等主要条件低于向其他股东告知的价格，而与非股东订立股权转让合同，该股权转让合同的效力如何认定？目前主要有三种观点：第一种观点认为，股东在转让股权时，股权只要未经其他股东过半数同意，与非股东签订的股权转让合同，直接违反了我国《公司法》关于股权转让的强制性规定，应该认定为无效。第二种观点认为，股东在转让股权时，其转让股权的权利受到其他股东权利的限制，即其他股东不同意转让或者要求行使优先购买权，此时转让股东与非股东的股权转让合同就处于效力待定的状态，属于效力待定的行为。[①] 如其他股东不行使优先购买权或者同意转让，那转让合同就生效；如果其他股东不同意或者同意行使优先购买权，此时合同就不生效。在法院判决前仍然没有经过其他股东过半数同意或者其他股东放弃优先购买权的，其他股东可以请求该合同无效，而不是撤销该合同。第三种观点认为，股东不同意转让或者行使优先购买权，是为了保证有限责任公司的人合性而赋予股东的权利，该权利的行使并不能对转让股东的权利行使构成障碍，事实上即使其他股东不同意转让，股权的转让也会顺利进行。因此，只要该合同的签订是双方真实意思的表示，不违反相关的法律规定，就应该认定为有效。

（二）对股权转让效力不同观点的分析

《公司法》要求股东向非股东转让股权时经过其他股东过半数同意，并且赋予其他股东在同等条件下对股权的转让有优先购买权，对股权的转让设置了程序性的规定。从立法本意来说，就是为了保障转让股东的利益，保证转让股东能够自由顺利地按照自己的意愿转让自己的股权，而公司也通过股权转让行为充实了资本，保证公司的活力和竞争力，这集中体现在不同意转让的股东的强制购买义务以及不购买便视为同意转让的认定上。既然在其他股东不同意转让的情况下，反对者如不购买就视为同意转让，股权转让违背了反对者的意愿，此时的股权转让依然可以进行；那么就不能仅仅因没有经过其他股东同意就认定该转让行为无效。如果被征求同意的这些股东根本就不反对股权的转让，也不准备行使优先购买权时，股权转让程序上的欠缺并不影响其实体权利的行使，因此不能否定该股权转让的效力。事实上，如果因程序的缺陷而认定股权转让行为无效，也违背了经济与效率的原则。无效行为的认定与立法的本意和法律规定的精神是不一致的。

从另一方面来讲，没有经过其他股东同意的股权转让行为可能损害反对者股东的利益，损害其他股东的优先购买权，因此也应该考虑这些股东的利益。通过设置优先权，可以充分保护这些股东的优先购买权。如果在没有通知其他股东的情况下，这些股东可以通过行使撤销权来维护自己的利益，从而确保优先权的地位。一旦股东不行使撤销权，那么转让股东和非转让股东

① 甘培忠、吴韬：《有限责任公司股权转让探析》，载《南京大学学报》2005 年第 1 期，第 34 页。

达成的股权转让合同就是有效的。所以，我们认为将没有经过剩余股东同意的股权转让行为认定为可以撤销的行为，对不同利益主体来说都是公平的，这才符合法律规定的基本精神和实质内涵。

二、关于股权转让合同是否需要经过书面通知其他剩余股东

按照股权转让的法律规定，转让股权必须以书面形式来通知其他股东关于股权转让的具体事项，包括股权转让的价格，以及股权转让的数量等具体问题。可是在实践中，转让方因为各种原因没有书面形式通知剩余股东，在转让双方达成股权转让合意之后，其他股东往往以此作为抗辩的理由来主张该股权转让行为是无效的，或者是可以撤销的。此时，法律的具体规定面临着适用的尴尬。一方面，如果完全按照法律的表面规定，那么该转让行为就有可能不会产生有效转让的法律效果，这对于已经通过其他方式来履行了通知义务的转让方来说是不公平的；而另一方面，如果认定其他方式的通知行为可以产生有效转让的法律后果，那么一旦剩余股东不能提供相应的证据来证明转让方没有履行通知的义务，那么该转让行为就是有效的。而剩余股东提供证据通常来说是有困难和障碍的，这就有可能损害转让股东的权利。因此，如何在转让通知的形式上，平衡转让方股东，非股东受让人以及剩余股东的利益关系，应该是法律规定的难点所在。我们认为，针对实践中出现的不同通知形式，应该综合来判断，而不能严格地完全按照法律条文本身的规定来判定股权转让的效力，这样会大大降低经济主体活动的积极性，同时也会损害市场经济运作的高效性。这与商事法律关系的基本原则是背道而驰的。因此，转让双方均认可股权转让事实并以口头通知的方式履行过的，那么就无需再履行书面通知的程序了。而且《公司法》本身也规定，公司章程可以对股权转让作出规定，因此可以把公司的章程作为股权转让的适用依据。

三、有限责任公司股权的内部转让问题

我国的新《公司法》在股权的对内转让限制问题上采取了约定限制的模式，一般由股东之间自由地转让，除非公司的章程对股权的转让限制作出了具体的规定。我国有限责任公司的股权对内转让限制在自由主义、约定限制主义和法定限制主义中选择了约定限制主义，这一立法选择应该说是比较理性的，虽然也存在着一些问题和弊端，但是较之完全地自由主义和法定限制主义来说更加合理。

在采用自由主义立法的日本，认为股权的对内转让是完全自由和不受限制的，股东可以完全自由地转让自己的股权给其他的股东。这里赋予了转让

股东最大的自治权，体现了对股东权利的最大尊重和认可，从立法上是对股东的理性思维和法律素养的深刻信任。[①] 自由主义的立法前提是股东是高度理性的经济人，他能够通过该转让行为实现自己的利益并且能够使公司的发展不会受到影响。如果自由主义达到这样的立法目的，那么毫无疑问是最好的选择，但事实上自由主义还有探讨的余地。因为股东是否理性很难判断，股东间的股权转让是否会引起公司内部权利的变动？所以，对自由主义不能全盘吸收。法定限制主义的立法模式主要是我国台湾地区在采用，对内的股权转让也需要经过股东的同意，股权的对内转让和对外转让适用同样的规则。这在我国台湾地区的“立法”看来能够确保有限责任公司的人合性，使股东之间的相互信任维持原有的状态。正如有我国台湾地区学者提出“股东转让出资于其他股东，也可能使公司既有之权力结构产生变动，致使原有之信赖和谐关系发生改变，因此，自维持公司内部信赖和谐观点出发，无须区分受让人是否为股东而异其同意要件”。[②] 法定限制主义虽然从某种程度上可能缓和因股权的变动带来的股东之间出现的矛盾，但是不能否认的是这对于转让股东未免有些苛刻，毕竟转让股权是股东的权利，任何情况下都不能为股权的转让设置太过于严格的障碍，妨碍股权的转让。除此之外，法定限制主义的规定过于刻板，它可能使公司丧失了自治的权利，归根到底公司和公司的股东对于如何维系有限责任公司的权利平衡是最具有发言权的。因此，我国的《公司法》在比较了上述立法模式之后，选择了约定限制主义作为股权转让限制的原则。约定限制主义以尊重股东的意思为先，公司章程成为股东意思的主要表现形式。在股权的内部转让中，公司的章程成为股权转让的法律依据。约定限制主义较法定限制主义和自由主义更加能够体现股东的意愿和公司的利益，应该说是公司治理的一大进步。但是，现实的情况却不容乐观，从历史来看我国的商人缺乏自治的传统，商人自治的规则多是政府的政策或者是法律的简单移植，商人们明显地缺乏自治的能力。在股权转让的问题上，作为体现股东自治能力的公司章程也只是流于形式，实际上并没有发挥太大的作用。《公司法》对股权转让约定限制主义的期望可以通过提供更多任意性的股权转让的条款来修正和提高，股东可以自行决定是否适用。

---

① 黄月华：《有限责任公司股权转让制度之重构》，载《西南政法大学学报》2005年第1期，第48页。

② 刘俊海：《论股权平等原则》，载《法学杂志》2008年第3期，第32页。

四、有限责任公司股权的外部转让问题

我国有限责任公司的股权对外转让在吸收了各国的经验之后形成了独特的股权转让限制制度。对于股权的对外转让，我国的新《公司法》充分地考虑了有限责任公司人合性兼资合性的特点，这一立法思想深刻地体现在新公司法的具体条款中：有限责任公司的股东之间可以相互转让其全部或者部分股权。股东向股东以外的人转让股权，应当经其他股东过半数同意。股东应就其股权转让事项书面通知其他股东征求同意，其他股东自接到书面通知之日起满30日未答复的，视为同意转让。其他股东半数以上不同意转让的，不同意的股东应当购买该转让的股权；不购买的，视为同意转让。经股东同意转让的股权，在同等条件下，其他股东有优先购买权。两个以上股东主张行使优先购买权的，协商确定各自的购买比例；协商不成的，按照转让时各自的出资比例行使优先购买权。公司章程对股权转让另有规定的，从其规定。从新《公司法》的规定来看，股权的对外转让在一定程度上实现了转让股东和公司的利益，但是这一规定仍然存在很多问题，因此还需要进一步完善。具体表现在：

（一）同意权的问题

新《公司法》规定股权的对外转让必须经过其他股东过半数同意。这一规定与旧《公司法》相比有很大的进步。此规定将转让股东的表决权排除在外，表决权只能由剩余股东来行使。剩余的股东在股权转让之后深受影响，而转让股东在收回其投资以后并不参与公司的经营管理，因此由剩余股东来决定股权的转让对于维持股东间的信赖关系是十分合理的。但是，新《公司法》在规定同意权的时候，却没有表明同意权的表决方式和表决形式。这其中涉及两个问题：同意权是采取资本多数决还是人数多数决？同意权是否可以采取书面决？

在同意权的表决方式上，《公司法》只是规定其他股东过半数同意，可是并没有规定是资本多数决还是人数多数决。资本决，是指将资本划分成等额的股份，按照出资比例来行使表决权，实行一股一权。人数决，是指按照股东的人数来行使表决权，实行一人一权。《公司法》规定的模糊性并不能妨碍对股权转让限制制度的法理进行探究。以人合性为基础成立和运营的有限责任公司在股权转让问题上也是以此为主导思想的。股权转让中的同意权表决方式必然是以人数多数决进行的，因为股权转让事项关系到股东之间的信任感是否被打破，股东的期待利益是否受到损害，所以由剩余的股东来表决才更为合理，毕竟转让股东最终都会退出股权收回投资，而剩余股东却要面对

未来的风险。

在同意权的表决形式上，《公司法》也没有就是否可以采用书面形式作出规定。有的认为股权转让问题属于股东会的决议事项，因此必须要由股东会作出决议。而有的认为股东表决权既可以采取股东会表决的方式，也可以采取转让股东分别找其他股东签署的方式认可，即采取书面决的方式而无须召开股东会。①《公司法》规定的不明确性，为讨论留下了余地。事实上，有限责任公司与股份公司相比，它的规模本身就小，而且现在各国都在纷纷放低有限公司设立的门槛，目的在于鼓励中小型企业的建立和发展。既然如此，有限公司的议事方式也应该得到简化，而不是所有属于股东会决议的事项都需要召集和召开股东会。现代通信手段的发达，股东会的决议采取书面决的方式更加快捷方便，股权对外转让的表决也是如此。书面表决的方式与通过股东大会决议的方式并没有什么区别，尤其是在全体股东都同意股权对外转让的情况下。即使有个别股东不同意股权的对外转让，再提出召开股东大会也仍然可行。因此，我们认为书面决也可以作为股权对外转让的表决形式。

（二）优先购买权的问题

优先购买权是股权对外转让的又一大问题。新《公司法》规定，当股权的外部转让遭到拒绝时，其他的股东在同等的条件下有优先购买的权利。优先购买权的规定不但使转让股东可以顺利地转让其股权，退出公司收回投资，而且对剩余股东来说也是一次维持股权平衡的绝好机会。从这个角度出发，股权的优先购买权可以激发所有利益相关者的积极性和主动性，在平衡各方的利益时最大限度地满足各方的需求。因此，如果优先购买权的含义明确，那么在解决股权的对外转让问题上必将发挥很大的作用，但是我国的《公司法》在优先购买权的规定上仍然存在很多的疑问。

首先，优先购买权的主体并不明确。《公司法》只是规定如果股东同意对外转让股权，那么在同等条件下，其他股东有优先购买权。其他股东是指剩余股东，还是仅指反对的股东而不包括同意的股东。对于这个问题一直存在着争议，两种观点各执一词。认为其他股东是反对股东的学者坚持股东只能在同意转让和反对转让中选择一种权利，不能在同意转让后又购买。这种常理判断看似是没有问题的，但是归结到有限责任公司的股权转让上，却事与愿违。这种做法很可能会破坏公司的人合性，因为同意股权转让的股东作为

① 吴越：《“个性化”的有限责任公司——评〈中国公司法修改草案建议稿〉相关问题》，载《现代法学》2005 年第 1 期，第 73 页。

剩余股东的组成部分，在未来对于股权转让带来的变动同样需要承担相同的风险。对于维持公司股东之间的相互信赖，剩余的股东都肩负着同样的责任，同意股权转让的股东也毫不例外。只有剩余股东都享有优先购买的权利，才能搭建起有限责任公司权利制衡的平台。

其次是优先购买权的性质问题。学界对于优先购买权的性质一直有不同的认识，有的认为优先购买权是请求权，有的认为是形成权。前者认为优先购买权的生效需要经过转让股东的同意，否则该股权不能转让。后者认为只要主张优先购买权的股东主张该权利并且是在同等的条件下，该股权就可以转让。优先购买权行使的目的是为了保证公司股东之间的利益关系不会因为股权的转让受到损害，所以同等的条件下，在众多的受让方之中赋予剩余股东该权利。一旦剩余股东主张该权利，转让股东就要转让其股权。这与形成权的内涵是一致的。形成权是指以因一方的意思表示就发生一定的法律效果，而不以对方当事人的合意为条件。优先购买权实际上就是只要剩余股东主张该权利，并且满足了同等条件和购买的意愿，无论转让股东同意与否该股权就必须转让给主张优先购买权的一方。事实上，转让股东也没有拒绝和反对的必要，因为不管受让方是谁，转让股东都可以完全地收回投资。而不论是从维护股东间的和睦关系，还是从促进公司未来的发展来说，公司的剩余股东此时是最好的受让方。股权的对外转让限制在一定程度上牺牲了转让股东的自治权来换取新的权利制衡局面，而为了营造这一局面，我们认为优先购买权只能是形成权。

最后是优先购买权中同等条件的含义需要进一步明确。《公司法》设定同等条件的目的在于一方面维护有限公司的人合性基础，另一方面在于保障转让股东的利益。同等条件的提出意味着优先购买权的行使是有条件的，该权利的行使不能以损害转让股东的利益和第三人的利益为前提条件，在确保转让股东实现自己利益的同时，也能够使第三人平等地享有购买的机会。立法的初衷全面地衡量了各种利益关系，这对于剩余股东完全地行使优先购买权具有积极的指导作用。但是，立法却也只停留在了表面上，对于同等条件的含义没有明确的规定。这造成了优先购买行使的一些难度，所以尽量明确同等条件的含义显得很重要。对于同等条件，有的认为是价款的绝对平等；也有的认为是相对的平等，应该综合考虑各种同等的因素。我们认为后一种说法更加合理和实际。实践中，同等的条件通常包括股权转让的价款、转让价款的支付方式、股权转让的数量以及其他交易条件。股权转让的价款，是指第三人购买股权时提出的价款。如果剩余股东以此价款来表示购买，该股东就可以享有优先购买权。转让股权的价款支付方式是指第三人在决定购买股权时提出的价款支付方式，剩余股东以此为基础就可以主张优先购买权。股权的转让数量是否也是行使优先购买权的条件长期以来备受争议。我们认为在股权转让时，对股权的全部购买是优于对股权的部分购买的。因此，当剩余股东主张部分购买股权，而第三人主张全部购买股权时，剩余股东就不再享有优先购买权了。原因在于股东的优先购买权本身就是对转让股东的一种限制，如果再允许剩余股东在部分购买股权的情况下仍然能够享有优先购买权，这对于转让股东来说是非常不公平的。此外，转让股权是一个合同行为，剩余股东主张部分购买实际上是发出了新的要约，在转让股东不同意的情况下认为剩余股东可以直接行使优先购买权受让该部分股权，这不符合《合同法》中的要约和承诺规则。所以股权转让的数量也应该作为同等条件的考虑因素。虽然立法很难列举出所有的同等条件，但是列举一些具体的同等条件对于增强优先购买权制度行使的实际操作性和培养商人的自治意识是十分有帮助的。

在股权转让的问题上，由于《公司法》对于股权转让的规定存在着很多的漏洞和空白，诸如上述在未经其他股东同意的情况下，股权转让的效力问题，通知转让事项的形式问题，同意权的行使方式和表决方式，以及如何认定优先购买权等，这都是在股权转让的过程中出现的一些问题，这些问题的出现对于我们如何进一步完善法律的规定，增加法律规范的现实可操作性都是很有启发和借鉴意义的。

参考文献：

[1] 范健：《商法》，高等教育出版社 2002 年版。

[2] 周友苏：《新公司法论》，法律出版社 2006 年版。

[3] 吴建斌：《现代日本商法研究》，人民出版社 2003 年版。

[4] 蔡立东：《公司自治论》，北京大学出版社 2006 年版。

[5] 梁上上：《股份公司发起人责任》，载《法学研究》1997 年第 6 期。

[6] 刘连煜：《公司法理论与判决研究》，法律出版社 2002 年版。

[7] 柯芳枝：《公司法论》，中国政法大学出版社 2004 年版。

[8] 刘俊海：《股份有限公司股东权的保护》，法律出版社 2005 年版。

[9] 史尚宽：《民法总论》，中国政法大学出版社 2000 年版。

[10] 田士永：《物权行为理论研究》，中国政法大学出版社 2002 年版。

论股东代表诉讼制度的适用问题

——以智能卡公司案例为线索

刘丽苹*

案例:

原告林某和被告某科技公司均为北京一家智能卡公司的股东,分别占有公司15%和35%的股份。2002年年底,智能卡公司被工商行政管理机关吊销营业执照。2003年,林某提起清算之诉。2004年10月14日,经北京市第一中级人民法院作出终审判决,林某与某科技公司及其他两位智能卡公司的股东共同对智能卡公司进行清算。

后该案进入执行程序,其间,执行法院委托具有资质的会计师事务所对智能卡公司2001年3月26日的资产负债表及成立以来的收支情况进行审计。会计师事务所作出审计报告,认为某科技公司占用智能卡公司资金170万元,且智能卡公司因违规事宜已支付的不合规定支出19.44万余元应从责任人某科技公司处收回。得知此情况后,林某遂以自己的名义向某科技公司提起诉讼,要求某科技公司返还智能卡公司前述款项。

2002年10月,智能卡公司另一股东也曾委托会计师事务所对公司的资产负债表及成立以来的收支情况进行了清查核实,发现在1999年10月8日公司成立之初,即有智能卡公司的入资款转付科技公司170万元,形成其他应收款。林某于2002年11月6日曾向某科技公司发函,要求妥善解决智能卡公司注册资金170万元被抽逃等事宜,某科技公司未做处理。诉讼过程中,某科技公司以此辩称,在2002年11月6日林某即已发现了某科技公司收回借款170万元的问题,本案诉讼时效应从2002年11月6日起算,现已过2年的诉讼时效,请求法院驳回林某的诉讼请求。

法院经审理认为,本案类型为股东代表诉讼,针对的是侵犯公司利益的行为,而这种侵犯利益行为的主体除董事、监事、高级管理人员外,公司股东应属此列。由于智能卡公司已被工商行政管理机关吊销营业执照,并经人

* 北方工业大学文法学院2010级硕士研究生

民法院判决由几位股东对其进行清算，故智能卡公司的董事会或监事会已不能代表公司行使诉权。该公司的股东在发现公司利益受到他人损害发生损失的情况下，通过书面请求监事会或董事会提起诉讼寻求救济已无实际意义和可能，又因智能卡公司清算组也未成立，足以说明通过智能卡公司内部救济途径无法实现该公司的权益救济。在此情况下，公司的股东林某以自己的名义直接提起诉讼，为智能卡公司请求利益保护，符合法律规定。同时，《公司法》在2005年10月27日修订之前，尚无股东代表诉讼之制度的明确规定，林某尚无法定之诉权，因而不受诉讼时效制度的约束。修订后的《公司法》明确规定了股东代表诉讼制度，赋予股东起诉权。林某起诉之日，在修订后的《公司法》实施日之后，并未超过法定诉讼时效。某科技公司非法占用智能卡公司注册资金170万元及违规支出19.44万元的行为给智能卡公司造成了财产损失，依法应承担相应的赔偿责任。法院判决被告某科技公司向第三人智能卡公司给付189.44万元并赔偿相应的利息损失。

本案是新《公司法》实施以来股东代表诉讼的典型案件，主要涉及以下几个方面的问题：

1. 股东代表诉讼的范围。
2. 原告主体资格的限制。
3. 前置程序的规定。
4. 案件费用及诉讼费的承担。

一、股东代表诉讼制度概述

股东代表诉讼是一个“舶来品”，不是中国土生土长的制度。它起源于英国，成熟于美国，但目前为大多数国家商事立法所确认。随着股东权益保护越来越受到人们的关注，股东代表诉讼也引起了人们的研究热忱，我国修订后的《公司法》在第152条明确规定了股东代表诉讼制度，为股东利益的保护开辟了新途径，有很大的进步意义。

(一) 股东代表诉讼的概念

股东代表诉讼，又称派生诉讼，股东代表诉讼，是指当公司的合法权益受到不法侵害而公司却怠于起诉时，公司的股东即以自己的名义起诉，而所获赔偿归于公司的一种诉讼形态。它是广大股东监督公司经营及预防经营权滥用的最重要的救济和预防手段。复习司考过程中，老师们曾总结过一句口诀，即“董高害公司，请求监事告；监事害公司，请求董事告；被拒三十急，原告是自己”。这句口诀很形象地概括了股东代表诉讼。

（二）股东代表诉讼的特点

在现代公司法中，股东诉讼一般主要包括两种，即代表诉讼和直接诉讼，通过对两者的比较，总结出代表诉讼的特点：

第一，代表诉讼既源于股东作为出资人的地位，又源于其作为公司代表人的地位，因而只有满足法定条件（例如，持股数额不低于一定比例，持股期间不短于一定期限）的股东才有权提起股东代表诉讼。

第二，代表诉讼是出于公司利益受到公司机关成员或第三人侵害且在公司怠于救济的情况下提起的诉讼。

第三，股东直接诉讼中，股东行使的是一种自益权，股东基于个人利益受到损害提起诉讼，因此不论原告胜诉或败诉，诉讼后果仅及于原告股东个人；股东代表诉讼中，股东行使的是一种共益权，股东基于公司的团体性利益受到侵害而且公司拒绝或怠于行使诉权而代位公司提起诉讼，因此原告胜诉的利益归于公司，而股东只是在间接的维护自己的利益；如果原告败诉，则原告不但要承担诉讼费用，而且诉讼结果对其他相同处境的股东有拘束力，其他未起诉的股东不得就同一事由再度起诉。

第四，股东代表诉讼中的被告可以为公司外的第三人，或为公司股东、董事、监事或职员，而直接诉讼一般为公司股东、董事、监事或职员，但不得为公司外的第三人。

二、股东代表诉讼制度在我国的发展

（一）我国《公司法》产生的历史

提到股东代表诉讼制度的背景，不得不提到我国《公司法》的历史，公司制度本不是传统中国社会内生的产物。公司制度因其具有筹集资本、组织经营等方面的优势，被认为是西方国家经济得以发展的原因之一，从而被引进中国。1904 年，中国历史上第一部公司法《公司律》颁布并实施。《公司法》的产生和发展无疑为当时中国工商业的发展起了促进作用。但是，公司制度并没有达到预期的效果。因为从外国移植过来，虽然在移植过程中立法者尽最大的努力考虑到中国传统文化和国情的差异，但和所有的新生事物一样，有其不足和缺点。当然公司法也不例外。其中问题之一就是对股东权利的严重不均衡。

无论是有限公司还是股份有限公司都采取了股东（大）会中心主义。例如，股东（大）会是公司最高权力机构；股东（大）会在公司治理中有广泛的权力；董事会要对股东（大）会负责。这是由于 1993 年《公司法》是以促进国有企业改革为主要目的的。但是，若对股东权力缺少约束，这种治理模式也会带来大股东滥用权力的后果。①

（二）股东代表诉讼的先例

1843 年，在英国发生的福斯诉哈伯特（Foss V Harbottle）一案揭开了股东代表诉讼的序幕。其原因就是一小股东认为公司的大股东以董事身份进行了损害公司的行为，因此向法院提出诉讼请求法院颁令宣布大股东的行为无效并命令大股东将其所收超过市值的部分交回到公司。而公司大部分股东作出不起诉董事的决定，法院最终支持被告，驳回了原告股东的起诉。此处涉及一个“正当原告”原则，即所谓的当公司受到侵害时，通常应当由公司本身就该不当行为提起诉讼，诉讼所得损害赔偿也应当归于公司，这即所谓的正当原告原则（the proper plaintiff principle）。其他主体，也就是前述案例的股东个人或债权人均不能就该不当行为提起诉讼和寻求救济，即使他们的利益也会因此间接受到损害。还有就是一个公司的“内部管理”原则，依据这一原则，凡是公司能力内的事项，由公司按章程的规定予以解决，而法院一般不依股东的请求进行干预。这两个规则虽然具有一定的合理性，却剥夺了少数股东寻求救济的权利，不利于对中小股东及公司利益的维护。

（三）股东代表诉讼的正当性

股东代表诉讼的出现是由于在某些情况下受到侵害的公司不能自行寻求救济。因此，为公司损害提供救济成为股东代表诉讼得以存在的最根本的理由。当受侵害公司的董事会错误地拒绝以公司名义提起诉讼时，股东代表诉讼可以使该公司得到赔偿，从而保护了公司及其股东的利益。另外，股东代表诉讼还具有威慑和教育功能。② 通过对不当行为人的制裁，股东代表诉讼不仅对该不当行为人有所威慑，而且对其他人也具有一般威慑作用。

（四）股东代表诉讼制度在我国的确立

股东代表诉讼正式被引进《公司法》是 2005 年，在《公司法》诞生之前，股东代表诉讼在法律上没有明确的依据。③ 1993 年《公司法》第 111 条是该法中唯一的赋予股东对公司不当行为提起诉讼的条款，因此在保护股东利益上具有重大的意义。该条规定，股东大会，董事会的决议违反法律、行政法规，侵犯股东合法权益的，股东有权向人民法院提起要求停止该违法行为和侵害行为的诉讼。尽管 1993 年《公司法》没有明文规定股东可以提起代表诉讼，司法实践中，法院受理此类案件的依据一般为《民事诉讼法》第

① 李小宁：《公司法视角下的股东代表诉讼》，法律出版社 2008 年版，第 244 页。

② ALI（Ⅱ），Part Ⅶ，Chapter 1，Reporter’s Note，p. 12.

③ 李小宁：《公司法视角下的股东代表诉讼》，法律出版社 2008 年版，第 259 页。

108 条第 1 款的规定，即原告是与本案有直接利害关系的公民、法人和其他组织。因此，当公司受到侵害时，根据该法，只有公司才是合格的原告。因此，此类案件不在法院的受理之列。然而，如果争议事项涉及公司控制股东，董事或法定代表人，他们往往阻止公司提起诉讼。此时，赋予股东提起代表诉讼的权利就非常必要。

由于司法实践中股东代表诉讼的案件越来越多，法院意识到明确承认股东代表诉讼，制定使用股东代表诉讼的具体规则的重要性。2005 年修改的《公司法》首次明确确立了股东代表诉讼制度，分别就股东代表诉讼的诉讼条件、原被告、前置程序等内容做了规定，该法第 152 条被认为是在保护公司和小股东利益上的重大进步。此外，最高人民法院《关于适用〈中华人民共和国公司法〉若干问题的规定（二）》第 23 条规定了公司清算时股东可以依据第 152 条的规定对清算组成员提起代表诉讼。尽管立法构造了股东代表诉讼制度的基本框架，但没有对代表诉讼的其他必要程序和条件作出更加细致的规定。

三、我国股东代表诉讼制度的现状

（一）我国股东代表诉讼制度的立法现状

2005 年 10 月 27 日修订通过的《中华人民共和国公司法》（以下简称新《公司法》），于 2006 年 1 月 1 日起施行。此次修正案最引人关注的一个方面就是明确引入了股东代表诉讼制度，给予了公司中小股东通过司法途径保护自己利益的机会。新《公司法》关于股东代表诉讼的法律规定主要有以下体现：

1. 股东代表诉讼的范围

（1）被告范围的规定。我国新《公司法》第 20、21、113、150 条对股东代表诉讼的被告范围做了规定，被告包括：滥用股权的股东（特别是控股股东），公司董事、监事和高管人员，公司实际控制人。可见，我国新《公司法》对股东代表诉讼的规定并不是仅限于董事责任，还包括监事和高级管理人员对公司的损害赔偿责任。

另外，新《公司法》第 152 条规定，他人侵犯公司合法权益，给公司造成损失的，本条第 1 款规定的股东可以依照前两款的规定向人民法院提起诉讼。此处增加了“他人”，而“他人”的范围在法律上没有设定限制，凡是实施侵权行为或者违约给公司造成损失的任何人在公司怠于提起诉讼追究责任的情况下，都可以成为股东代表诉讼的被告。

在“智能卡公司案”中，北京市海淀区人民法院认为，现行公司法第

152 条第 3 款中的"'他人'可以理解为公司的股东、公司董事、监事、高级管理人员外的其他人员、公司外的自然人、法人或其他组织。"从而认可了某科技公司的被告身份。

（2）可诉行为的范围。新《公司法》第 149 条等规定了被告侵害公司利益的各种行为。公司董事等高级管理人员的下列行为均为违法：挪用公司资金；将公司资金以其个人名义或者以其他个人名义开立账户存储；违反公司章程的规定，未经股东会、股东大会或者董事会同意，将公司资金借贷给他人或者以公司财产为他人提供担保；违反公司章程的规定或者未经股东会、股东大会同意，与本公司订立合同或者进行交易；未经股东会或者股东大会同意，利用职务便利或者他人谋取属于公司的商业机会，自营或者为他人经营与所任职公司同类的业务；接受他人与公司交易的佣金归为己有；擅自披露公司秘密，以及违反对公司忠实义务的其他行为。

2. 原告主体资格的限制

在上述"智能卡公司案"中，哪些人可以代公司提出赔偿诉讼，涉及原告的资格问题，原告资格是股东代表诉讼的首要问题，它对诉讼的提起起着决定性作用。

股东代表诉讼制度的价值在于阻止董事等高级管理人员的违法行为，从而恢复公司受损利益，如果基于此目的，每一位公司股东都应当享有股东代表诉讼的原告资格，但如果所有公司股东都可以任意提起股东代表诉讼，那就势必有滥诉行为的发生。因而，又必须对原告资格进行一定程度的限制，尽可能地在保证股东诉权的基础上又有效抑制滥诉的发生。

根据新《公司法》第 152 条关于原告资格的规定，可以提起股东代表诉讼的适格原告因公司类型而有所差异：对有限责任公司而言，实行单独股东权，持一股及以上股份的股东，即可以成为此特殊诉讼的适格原告；对于股份有限公司而言，实行少数股东权，只有持有公司 1% 以上股份的股东，才有权提起股东代表诉讼。

新《公司法》第 152 条对股份有限公司的股东持股时间规定了连续 180 天的持股时间要求；而有限公司股东的股权持有关系比较稳定，法律不作时间要求并无影响，因此新《公司法》对有限责任公司股东持股期间没有作出规定。

上文"智能卡公司案"中的智能卡公司于 1999 年成立，其中原告林某占 15% 的股份，因此林某符合原告资格，这一点是无可厚非的。但对于大多数上市公司的小股东来说，1% 的持股数将会成为一个极大的障碍。目前我国上市公司股东较为分散，中小股东持股期间又普遍较短，加之第一控股股东一股独大的现象又比较严重，因此除了第一控股股东之外能同时符合法律规定的持股期间与持股数条件的其他股东少之又少，结果导致了上市公司股东代表诉讼的提诉难现象。

3. 前置程序的规定

我国现行《公司法》规定，股东代表诉讼有一定的前置程序，只有在这些程序没有得到救济的时候才能提起股东代表诉讼。这些前置程序分别是：(1) 如董事、高级管理人员执行公司职务时违反法律、行政法规或公司章程的规定，给公司造成损失，应当承担赔偿责任的情形下，股东需要首先书面请求监事会或监事（有限责任公司不设监事会时）向人民法院提起诉讼；如果是监事有上述情形的，则股东应向董事会或执行董事（有限责任公司不设董事会时）提出书面请求。(2) 监事会、监事、董事会、执行董事收到前述书面请求后拒绝提起诉讼，或者自收到请求之日起30日内未提起诉讼。

但是，法律为了避免僵化的前置程序可能带来的消极影响，法律又规定了前置程序的免除条件，即当“情况紧急，不利已提起诉讼将会使公司利益受到难以弥补的损害”时，股东可以不受前置条件的限制，直接提起代表诉讼。

在“智能卡公司案”中，由于公司自身已在清算过程中，董事会和监事会已无法行使职能，故林某可以直接提起股东诉讼。另外，法官还首次在判决中认定股东代表诉讼的诉讼时效期间自修订后的公司法施行之日起算，而不是通常情况下的从权利人知晓利益受侵害之时起算，从而保护了公司和其他股东的利益，这也是本案非常值得关注的一点。

4. 案件费用及诉讼费用承担

我国现行法律中并没有关于股东代表诉讼案件性质的专门性规定，依照我国最高人民法院《人民法院诉讼收费办法》的相关规定，财产性诉讼的案件受理费根据诉讼请求金额的不同：不超过1万元的，每件交纳50元；超过1万~10万元的部分，按照2.5%交纳；超过10万~20万元的部分，按照2%交纳；超过20万~50万元的部分，按照1.5%交纳；超过50万~100万元的部分，按照1%交纳；超过100万~200万元的部分，按照0.9%交纳；超过200万~500万元的部分，按照0.8%交纳；超过500万~1000万元的部分，按照0.7%交纳；超过1000万~2000万元的部分，按照0.6%交纳；超过2000万元的部分，按照0.5%交纳。

此外，对于诉讼费用的承担，依照我国《民事诉讼法》的相关规定，原告除预先缴纳的诉讼受理费及其他法定诉讼费用之外，无权向公司请求支付其为股东代表诉讼而支出的律师费及其他合理费用。

由于按照我国法律的有关规定，案件受理费是由原告垫付的，而股东代表诉讼案件的诉讼请求额又普遍比较巨大，因此按照现有的计算方法，将有可能导致巨额诉讼费用，增加诉讼风险，迫使小股东因无力承担巨额诉讼费而放弃提起股东代表诉讼，合法利益无法得到维护。如果说“智能卡公司案”的案件受理费尚能让人接受的话，以2005年中国中期期货经纪有限公司股东代表诉讼案为例，该案号称“中国涉案金额最大的股东代表诉讼案”，诉讼请求额为1.64亿元，按照这个请求额，原告股东需为公司预付高达83万元的案件受理费用。如此巨额的案件受理费，无疑是为小股东们提起股东代表诉讼设置了一道天堑。此外律师费也无疑是加重了原告股东的诉讼负担，不利于激励股东代表诉讼的提起。恐怕这也是目前我国股东代表诉讼提诉率较低的最主要原因之一。

四、我国股东代表诉讼制度的缺陷及完善建议

（一）我国股东代表诉讼制度的缺陷

1. 不当干预公司正常经营的风险

小股东提起代表诉讼可能会造成对公司正常经营的干预。当恶意的股东为了干预公司经营或者为了和解利益而提起诉讼时，这种干预会发生。当善意股东提起代表诉讼时，这种干预也可能发生。小股东由于对公司经营状况了解不多，可能会提起没有价值的诉讼。

2. 原告股东的动机问题

股东代表诉讼的另一个难题就是原告股东通常缺乏足够的动机为了公司利益而提起代表诉讼。一方面，如果原告股东胜诉，由于股东代表诉讼的赔偿归于公司，原告股东只能基于所拥有的股份间接受益。这种间接利益通常是很小的，特别是当原告股东持有的股份比例很小时。① 另一方面，如果原告败诉，大多数国家允许公司在特定情况下对原告所支付的诉讼费用予以补偿，因此，原告由于败诉而承担费用的风险也大大降低。

原告股东的动机分成两种：第一种是股东不愿意提起代表诉讼，特别是持有股份比例较小的股东，因为股东不能从代表诉讼中受益，或者只能获得

---

① 原告持有较少比例股份的情况在股东代表诉讼中很常见，特别是在公众公司的情况下。这是因为，一方面，由于对原告往往没有最低持有股份比例的法定要求，或即使有要求，该比例也往往很低，因此，满足条件的股东（很多仅仅拥有微不足道的股份）就可以提起代表诉讼；另一方面，大股东往往不愿意提起代表诉讼，而是通过其他的方法（如更换董事）来解决问题。

很小的间接利益。因此，很多股东都是借着“搭便车”的心理，等着其他股东提起代表诉讼并进而从中不劳而获；第二种后果是代表诉讼可能被个别股东或其代理人所利用，进而成为其追求个人利益而非公司和其他股东利益的工具。

3. 公司受偿引起的弊端

通过前面的介绍，我们知道，股东代表诉讼虽然是股东提起的，但最终获得的赔偿归于公司，然后所有股东从中间接受益，此时存在的一个问题就是，如果不当行为人在诉讼结束以后仍然以一定方式控制着公司，那么归于公司的胜诉赔偿仍然处于其控制之下，因此代表诉讼失去其原有的价值和意义。其次，如果不当行为人是公司股东，他和其他股东一样都会从公司得到的赔偿中按持股比例间接获益。此时违背了赔偿不应使不当行为人受益的基本原则。

（二）我国股东代表诉讼制度的完善

通过上述对我国股东代表诉讼制度的介绍，可见，我国股东代表诉讼制度还是存在着一定的缺陷的，很多具体细节规定还需要进一步完善，主要有以下几个方面：

首先，我国新《公司法》第 152 条并没有规定在股东代表诉讼制度中公司处于什么样的诉讼地位，看起来公司的处境很尴尬，根据我国《民事诉讼法》相关制度的规定，我认为公司可以作为无独立请求的第三人而参加诉讼，毕竟诉讼最后得到的赔偿是归于公司的。

其次，对股东原告资格的限制过于严格，特别是持股比例和持股期限的限制，如只规定股份公司股东持股期限达到 180 日，但却没有说明此期限是如何计算，从何开始计算，对持股比例的要求也比较严格，如上市公司中小股东持股比例极低，虽然表面上看比例相当低，但还是限制了很多中小股东的权利。

最后，应该进一步完善诉讼费用制度。我国新《公司法》对于股东原告资格只有形式上的要件规定，而无主观要件规定，但股东却极有可能出于恶意而提起股东代表诉讼。虽然按照新《公司法》第 22 条第 3 款的规定：股东依照前款规定提起诉讼的，人民法院可以应公司的请求，要求股东提供相应担保，但该条规定只能适用于股东对股东会或者股东大会、董事会的决议的撤销之诉，而不适用于股东代表诉讼。

综上所述，股东代表诉讼制度自诞生以来，致力于保护中小股东权益，但同时又有可能被中小股东滥用。因此，应该在保护中小股东利益的同时，找到利益的平衡点，实现法治的最佳公平。

参考文献：

[1] 刘俊海：《新公司法的制度创新：立法争点与解释难点》，法律出版社2007年版。

[2] 刘凯湘：《股东代表诉讼的司法适用与立法完善》，载《中国法学》2008年第4期。

[3] 张璜：《对欧洲大陆法系国家股东代表诉讼的比较与借鉴》，载《传承》2009年第14期。

[4] 顾微微：《论中小股东权利保护的股东代表诉讼》，载《商业时代》2010年第7期。

上市公司信息披露制度的思考

王　旭*

案例：

广夏（银川）实业股份有限公司（股票代码000557）注册地址：宁夏回族自治区银川市，公司前身为1992年成立的广夏（银川）磁技术有限公司，1993年5月开始进行股份制改组，以原公司及其他8家发起人的净资产与投资折为4400万股发起人股，于1993年12月21~26日发行职工股300万股，社会公众股2700万股，总量3000万的普通股，发行价3.98元。1994年1月28日“广夏（银川）实业股份有限公司”宣告成立，同年6月17日“银广夏A”在深圳证券交易所上市交易。公司经营范围：高新技术产品的开发、生产、销售；天然物产的开发、加工、销售；动植物的养殖、种植、加工、销售；食品、日用化工产品、酒的开发、生产、销售；房地产的开发、餐饮、客房服务、经济信息以及咨询服务。因银广夏全资子公司天津广夏（集团）有限公司造假，中国证监会于2000年8月3日，对广夏（银川）实业股份有限公司正式立案调查。

一、银广夏与天津广夏

表1-1　银广夏控股子公司一览表（截至2000年12月31日）（26个子公司）

公司名称	实际投资额（万元）	持股比例（%）	主要业务
天津广夏（集团）有限公司	9519.15	100	生物萃取、化工产品
武汉世界贸易大厦有限公司	2958	51	房地产
深圳广夏微型软盘有限公司	3376.12	100	微型软盘
广夏（固原）实业集团有限公司	3000	90	石灰化工产品
广夏万得活性炭有限公司	1020	51	活性炭加工

* 北方工业大学民商法2010级硕士研究生

（续表）

公司名称	实际投资额（万元）	持股比例（%）	主要业务
武汉广夏枸杞开发有限公司	510	51	枸杞开发
广夏（银川）葡萄酿酒有限公司	620	95	葡萄种植及加工
银川广夏春之醇保健品有限公司	830	83	保健酒
宁夏广夏房地产开发有限公司	800	100	房地产
广夏罗马尼亚国际实业有限公司	745.18	100	实业投资
深圳广夏软盘配件有限公司	960	100	软盘配件
广夏（银川）磁技术有限公司	568.48	100	微型软盘
深圳广夏录像器材有限公司	355.40	90	录像器材
北京广夏尼阿迈食品有限公司	166.60	50	方便食品
广夏湖北商贸有限公司	240	80	贸易
四川广夏实业有限公司	140	90	实业投资
北京广夏尼阿迈食品有限责任公司	180	90	方便食品
广夏（银川）天然物产有限公司	80	80	麻黄种植
广夏海韵文化发展公司	1000	100	广告文化
宁夏广夏制药厂	2815	100	制药剂生产销售
华东广夏实业有限公司	2880	93.51	实业投资贸易
华南广夏实业有限公司	200	58.82	实业投资
广夏（银川）广告有限公司	200	77.42	广告
北京广夏经贸发展有限公司	100	100	贸易
广夏（银川）超临界萃取有限公司	1096	100	二氧化碳萃取
芜湖广夏生物技术股份有限公司	1590.41	49	玻璃制品生产

银广夏1994年在天津成立控股子公司——天津宝洁制品有限公司，1997年12月31日更名为天津广夏（集团）有限公司。由上可见，天津广夏是广夏（银川）实业股份有限公司投资额最大的全资子公司，主要经营业务为生物萃取化工产品，截至2000年6月底财务报表显示，天津广夏（集团）有限公司提供的财务报表中，资产总额119662.18万元，负债总额55808.95万元，

其中银行借款14307万元，股东权益63853.23万元。

表1-2 银广夏近几年主要财务指标

	每股收益（元）	净资产收益率（%）	主营收入（万元）	主营利润（万元）	净利润（万元）
2001年中期	-0.039	—3.77	7251	1916	—1953.36
2000年度	0.827	34.56	90899	57826	41764.64
1999年度	0.510	13.56	52604	20858	12778.66
1998年度	0.405	15.35	60938	22769	8915.45
1997年度	0.225	10.10	32432	5086	4663.60
1996年度	0.323	14.71	42951	4573	4722.65
1995年度	0.224	10.03	22556	1924	2747.30
1994年度	0.295	15.52	10635	957	2181.30
1993年度	0.270	27.87	4123	1011	

表1-3 银广夏近几年资产负债表

名称 \ 年度	2001年中期	2000年末期	2000年中期	1999年末期
总资产（万元）	220960.88	315129.53	269227.78	242989.64
流动资产（万元）	118023.37	204576.47	159721.06	145286.25
应收账款（万元）	53510.58	89639.60	55440.19	58079.85
存货净额（万元）	42183.10	39482.56	46191.20	40311.06
长期投资（万元）	16485.13	13075.83	10471.52	7582.12
固定资产（万元）	79866.24	89489.93	92363.32	83679.85
无形资产（万元）	6586.14	7987.31	6671.89	6441.43
流动负债（万元）	115132.92	146110.54	96596.83	78285.21
长期负债（万元）	48990.60	33888.81	44517.69	52229.93
股东权益（万元）	51846.90	120852.81	110295.86	94246.00
资本公积金（万元）	21469.86	21469.86	21469.86	46732.93
盈余公积金（万元）	15948.42	15948.42	7595.49	7595.49
每股净资产（元）	1.0300	2.3900	2.1800	3.7300
调整每股净资产（元）	0.9400	2.1500	2.0200	3.4200
股东权益比率（%）	23.464	38.350	40.967	38.786
资产负债率（%）	74.277	57.119	52.415	53.712
每股公积金（元）	0.4249	0.4249	0.4249	1.8499

从以上银广夏披露信息我们看到，该公司1999年、2000年业绩连续翻番，提升较快，并因而引起有关人士的关注，媒体2001年8月2日率先揭开银广夏造假内幕。经查发现银广夏利润主要来自天津子公司。天津子公司则是通过伪造购销合同、伪造出口报关单、虚开增值税发票等手段，虚构主营业务收入，虚构巨额利润7.45亿元，其中1999年1.78亿元，2000年5.67亿元。同时查明，深圳中天勤会计师事务所及其签字的注册会计师违反有关法律法规，为银广夏公司出具了严重失实的审计报告。

银广夏的骗局被《财经》杂志揭露后，中国证监会于8月3日正式立案调查，于2001年9月6日公布了调查结果：银广夏公司通过伪造购销合同、伪造出口报关单、虚开增值税专用发票、伪造免税文件和伪造金融票据等手段，虚构主营业务收入，虚构巨额利润7.45亿元，其中，1999年1.78亿元；2000年5.67亿元。同时，深圳中天勤会计师事务所及其签字注册会计师违反有关法律法规，为银广夏出具了严重失实的审计报告。对上述涉嫌犯罪的有关责任人员，中国证监会已依法移送公安机关追究其刑事责任。

经过更为深入的调查，证监会于2002年4月23日公布了《关于广夏（银川）实业股份有限公司违反证券法规行为的处罚决定》（证监罚字［2002］10号），内容如下：

一、违规事实

经查，银广夏自1998~2001年期间累计虚构销售收入104962.60万元，少计费用4845.34万元，导致虚增利润77156.70万元。其中：1998年虚增利润1776.10万元，由于银广夏主要控股子公司天津广夏1998年及以前年度的财务资料丢失，银广夏1998年度利润的真实性无法确定；1999年虚增利润17781.86万元，实际亏损5003.20万元；2000年虚增利润56704.4万元，实际亏损14940.10万元；2001年1~6月虚增利润894万元，实际亏损2557.10万元。

（一）银广夏1998年度财务报告披露虚假利润1776.10万元

1. 银广夏控股子公司武汉世贸在1999年3月3日与购买方武汉商业发展股份有限公司（集团）签订解除1998年所售世贸大厦23~25层房产协议后，没有根据企业会计准则调减1998年销售收入，导致虚增销售收入5664万元，虚增利润2690.40万元。按银广夏与武汉世贸权益比例计算，银广夏虚增利润1372.10万元。

2. 银广夏将1995年、1997年配股资金3000万元投入广夏银川天然物产有限公司，以收取配股资金利息并冲减财务费用等手段，致使虚增利润404万元。

（二）银广夏 1999 年度财务报告披露虚假利润 17781.86 万元

1. 天津广夏 1999 年度采取伪造销售、采购合同和发票，伪造银行票据、海关出口报关单，伪造所得税免税文件等手段使银广夏虚增利润 15981.88 万元。

2. 芜湖广夏 1999 年度少转玻璃制品销售成本 268.23 万元，少计利息 33.44 万元，多提固定资产折旧 130 万元，多计书报费 56.04 万元，多计营销费 31.98 万元，上述合计净虚增利润 83.65 万元，致使银广夏虚增利润 35.98 万元。

3. 银广夏用配股资金投入广夏银川天然物产有限公司和贺兰山葡萄酒公司，分别以收取配股资金利息并以此冲减财务费用等手段虚增利润 1764 万元。

（三）银广夏 2000 年度财务报告披露虚假利润 6704 万元

1. 天津广夏 2000 年度采取伪造销售、采购合同和发票，伪造银行票据、海关出口报关单等手段，致使银广夏虚增利润 52287.38 万元。

2. 芜湖广夏 2000 年度采用少计销售成本、少计管理费用、少计经营费用等手段，致使银广夏虚增利润 277.36 万元。

3. 银广夏下属海韵文化公司在不具有电视片《中国博物馆》产权的情况下，虚构该片广告收入 3000 万元，致使银广夏虚增利润 2670 万元。

4. 银广夏将 1999 年配股资金 10455 万元以增资扩股方式投入贺兰山葡萄酒公司，以收取配股资金利息冲减财务费用等手段虚增利润 1470 万元。

（四）银广夏 2001 年 1～6 月份财务报告披露虚假利润 894 万

银广夏将 1999 年配股资金 10455 万元以增资扩股方式投入贺兰山葡萄酒公司，收取配股资金利息 894 万元并以此冲减财务费用，银广夏虚增利润 894 万元。

银广夏上述行为，违反了 1993 年修订的《会计法》第 10 条及 1999 年修订的《会计法》第 13 条的规定，构成《证券法》第 177 条、《股票发行与交易管理暂行条例》（以下简称《股票条例》）第 74 条所规定的虚假陈述行为。

（五）隐瞒重大事项，披露虚假信息

1. 隐瞒下属公司的设立、关停情况。

(1) 1997 年 3 月 17 日，银广夏董事局作出对深圳广夏软盘配件有限公司、深圳广夏微型软盘有限公司、深圳广夏录像器材有限公司报停和注销的决定，但公司未按有关规定进行披露，并在 1999～2001 年中报中继续虚假披露。

(2) 1997 年 3 月 18 日，银广夏在未履行资产收购相关程序的情况下，非法收购大股东深圳广夏文化实业有限公司资产——已关停的深圳广夏软盘配件公司。此重大事项公司未按有关规定进行披露。

2. 银广夏1999年、2000年年报均披露1999年配股资金30388.96万元已全部投入承诺的配股资金项目。经查，配股承诺投资项目的投入为17816.88万元，其余配股资金被银广夏董事局及其控股子公司占用及借款，其中支付董事局经费1200万元。

3. 银广夏在2000年年报中披露，以价值4351万元的超临界萃取设备作为投资，对芜湖广夏华东玻璃制品股份公司进行增资扩股，并在此基础上设立了芜湖广夏生物技术股份公司，公司注册资本7535万元，其中：银广夏出资3337.59万元，持股44.29%；天津广夏出资2637.25万元，持股35%。经查，芜湖广夏华东玻璃制品股份公司2001年3月6日才更名为芜湖广夏生物技术股份公司，注册资本仍为3184万元，股东构成及其持股比例也未发生变化，银广夏持股比例为30%，天津广夏并无出资。

银广夏上述隐瞒重大事实，虚假披露信息的行为，构成《证券法》第177条、《股票条例》第74条所规定的虚假陈述行为。

二、处罚决定

1. 根据《证券法》第177条的规定，对银广夏处以罚款60万元，并责令其改正。

2. 鉴于银广夏的部分责任人员已移送司法机关追究其刑事责任，待司法机关查清此案后，再对银广夏的有关责任人员予以行政处罚。

在银广夏案中，深圳中天勤会计师事务所及其签字注册会计师违反法律法规和职业道德，为银广夏公司出具了严重失实的无保留意见的审计报告，严重损害了广大合法投资者的合法权益和证券市场公开、公平、公正原则。经过调查研究，财政部于2002年2月26日正式向深圳注册会计师协会下达有关中天勤事务所的行政处罚决定：中天勤事务所未能发现银广夏的严重财务问题，存在重大审计过失，严重损害了广大投资者的合法权益和证券市场“三公”原则，违反了《中国注册会计师法》、《独立审计准则》等注册会计师质量控制基本准则，依据《中华人民共和国注册会计师法》等有关条款，决定依法吊销签字注册会计师刘加荣、徐林文的注册会计师资格；吊销中天勤会计师事务所的执业资格，并会同证监会吊销其证券、期货相关业务许可证。

案例思考：

1. 上市公司虚假信息与证券市场的股价有何密切关系？如何加强监管？

2. 投资者的权益怎样才能得到保护？

信息披露制度从定义的角度，是指上市公司（证券发行人）按照一定法律和规章制度，向投资者、社会公众、证券监管机构等通过一定方式将其经营状况、重大财务变动情况、盈利状况等在规定时间准确、充分、及时地进行公开或公告，以便投资者进行投资决策、维护股东和债权人合法权益的法律制度。而上市公司的信息披露则是证券市场发展到一定阶段，相互联系作用的市场特性与上市公司特性在证券法律制度上的映射。对于上市公司来说，信息披露是衡量其是否符合证券法“公开、公平、公正”三原则的重要标准。

我国的信息披露制度规定，证券发行人在公司上市初始和上市经营过程中要持续进行信息的披露。初始披露包括招股说明书和上市公告两部分，而持续披露则有定期披露和临时披露两种形式，我国上市公司的定期披露制度主要有上市公司发布的年度报告和中期报告两种形式，临时披露则以重大事件报告、收购报告书和公司合并报告为主。

一、我国上市公司信息披露制度的主要内容

（一）我国上市公司信息披露制度的立法现状

我国在1993年制定了《公开发行股票公司信息披露实施细则（试行）》，在中国首创信息披露制度。1993年国务院颁布的《股票发行与交易管理暂行条例》中明确规定，公开发行股票必须制作招股说明书，并必须记载16项重要事项。此后，中国证监会依据该条例的规定，发布了一系列关于信息披露的规章，如《公开发行股票公司信息披露实施细则（试行）》，并制定了信息披露的内容与格式准则，建立了较完整的信息披露制度。1998年12月29日通过的《中华人民共和国证券法》，规定上市公司必须公开披露的文件包括但不限于招股说明书；上市公告书；定期报告，包括年度报告、中期报告和季报；临时报告，包括重大事件公告、收购与合并公告等。《证券法》将信息披露制度渗透至证券的发行、上市、交易和管理等各个环节，具体而明确地规定了发行人、大股东信息及有关业务机构和监管机构的信息公开义务，并要求这些信息必须真实、准确、完整，不得有虚假、误导性陈述和存在重大遗漏。特别是在证券交易的环节，证券法作出了一系列必须保持信息公开的规定，同时还规定了证券管理机构的某些管理信息的公开化，以促进有效监管。对于信息披露制度，在《证券法》、《公司法》等法律规范中都予以规定，为信息披露制度的运行提供了明确的法律依据。

由此可以得出结论，我国目前已经初步形成了自己的信息披露体系。即

以《证券法》为主体相关的行政法规、部门规章等规范性文件为补充的全方位、多层次的上市公司信息披露制度，包括四个层面：一是基本法律层面，包括《证券法》、《公司法》、《刑法》等法律；二是行政法规层面，包括《股票发行与交易管理暂行条例》、《股份有限公司境内上市外资股的规定》等国务院制定的行政法规；三是部门规章及规范性文件，主要有《上市公司信息披露管理办法》、《公开发行股票公司信息披露的内容与格式准则》等证监会制定的部门规章和自律规则；四是自律规范，包括沪深证券交易所制定的《股票上市规则》等。①

从以上法律规定可以看出我国证券市场信息披露制度的基本框架设计：首先，我国采用强制披露形式。按照披露主体行为意愿的不同，信息披露制度可分为强制性披露和自愿性披露。中国证监会通过其他先进的经验，结合中国证券市场的发展情况，初步建立了强制性信息披露监管体系。在此体系下，上市公司按照相关监管法律法规和披露条例，强制定期公开公司基本信息。其次，上市公司披露的信息应当符合"重大性"标准，即不仅要保证向投资者准确、充分、及时地公开可能会影响到投资者决策和证券市场价格的信息，还要防止证券市场充斥过多的"噪音"，从而妨碍股东、债权人和潜在投资者进行投资决策。最后，预测性信息披露。上市公司披露的信息不仅包括那些描述公司过去经营中的已经发生的财务状况信息，还包括对于公司未来财务状况、盈利状况的评估性、预测性的信息。但由于预测性信息的主观性和不稳定性，极易造成中小股东的信息不对称、利益受损状况的发生，因此，对预测性信息的强化性规范亟须完善。

（二）我国上市公司信息披露制度存在的问题

我国目前虽然初步形成了信息披露制度体系，但是仍然存在不少不完善之处。以下是对我国现行的信息披露制度的分析与探究：

1. 上市公司信息披露缺乏有效性

信息披露的内涵要求信息要真实、充分、及时、准确，只有这样才能被认为披露的信息是有效的。

真实性是信息有用的基础，不真实的信息不仅对使用者有害，而且对企业自身的管理活动产生误导，使人们的规划失灵、决策失误。证券信息具有很强的实践性、敏感度，以及容易被知道内幕信息的人利用等特点，这便要求上市公司必须依照有关规则在规定的期限内以法定方式披露有关信息。但

① 傅劲草：《论我国上市公司信息披露制度》，载《现代商贸工业》2010 年第 18 期。

是，很长时间以来，我国上市公司信息披露中信息失真仍然存在。缺乏真实性和准确性，操纵财务、经营业绩，使用会计手段弄虚作假的现象层出不穷。上市公司可能会为最大限度地筹集资金，不惜违反相关法律法规，蓄意夸大公司的经济实力、盈利潜力、资产规模等信息，或者故意掩盖公司经营亏损和负债；证券承销商和会计师事务所等中介机构可能会被上市公司收买，为其虚假信息披露加以粉饰，无法发挥自律监督的作用，从而导致市场中虚假信息泛滥，影响社会公众预期，导致投资者决策出现错误或偏差，继而影响整个证券市场的稳定性和流动性。

另外，信息披露缺乏及时性。我国信息披露制度相关监管法规和会计准则中存在漏洞，无法保证信息披露的及时性，进而导致准确性标准无法得到严格遵守。我国现行证券法规定，中期报告应于每一会计年度的上半年结束之日起2个月内编制并公告；年度报告应于每个会计年度结束之后4个月内编制并披露。然而在这些2个月或4个月的时间间隔里，许多相关信息可能会通过小道消息传出去，一些内部关联人员可能已经利用内幕消息和时间差完成了内幕交易，实际上使这些信息失去了披露的意义。在有效市场当中，信息的及时披露直接影响投资者的利益，信息披露越及时，投资者的收益和公平越能够得到保障。然而在我国目前的法律状况下，很难维护投资者的权益。

2. 对内部控制信息的披露缺乏硬性规定

对于一般上市公司，证监会虽然规定上市公司监事会应就公司内部控制制度是否完善发表独立意见，但是该披露的要求仅仅限于“是否建立完善的内部控制制度”，而并未要求披露公司建立的内部控制的详细信息以及监事会的评价；而且甚至允许在公司建立完善的内部控制机制下可以免予披露年报摘要，这是严重不合理的。

对于内部控制信息的披露，也缺少对责任主体责任承担的明确法律规定。根据现行法律规定，上市公司内部控制信息披露中涉及的主体包括董事会、监事会及注册会计师，但是一旦涉及责任主体的具体明确，以及如何承担责任问题上，法律的规定却是模糊的、形式化的，实践中，往往难以确定具体的责任承担者，内部控制信息披露仅仅成为一种形式。

3. 上市公司信息披露不对称

从我国的《证券法》现有规定来看，很难发现对中小股东权利的细致具体的规定，大股东的利益保护远远多于中小股东。而在市场交易中，大股东在投资决策、分析相关的披露信息时往往比中小股东更具有专业性，因此获得的信息也更加准确，这样，更加拉大了这种股东之间信息的差距性，二者的信息更加不对称，难以体现公平原则。而上市公司信息披露中格式、术语的不规范性得不到有效改善，上市公司为掩盖自身财务问题，可能会含糊其辞或者使用容易出现歧义的术语来披露公司信息，导致信息不易被理解或容易被误解，进一步恶化了信息披露的不对称性。这些种种导致中小股东在由于不对称披露的信息中遭受的损失难以得到合理、有效的救济，而违约者往往也得不到应有的处罚。

4. 证券监管机构监管力度不够，监管体制存在缺陷

现阶段我国虽然形成了信息披露制度的法律体系，但上市公司披露制度的制定有许多机构，如全国人大证券委、证监会、财政部等，各个机构之间在制定披露制度时缺乏协调，甚至相互交叉、冲突，使制定出来的信息披露制度对上市公司缺乏有效的监督和制约，造成了执行上的混乱，使虚假信息披露有漏洞可钻，极其不利于该制度的成熟与完善。

证监会等监督管理部门对违规事件的处罚缺乏强有效的力度，监管不力。我国证券监管机构包括证券监督管理委员会、证券交易所、证券业协会等自律性监管机构。证监会作为行业的管理者，其监管的重点在于政策的制定、实施，实践中不涉及具体个案问题；交易所虽处于一线监管的地位，但因没有调查权而使其监管流于形式，加之其处罚权力小也无法实现有效监控；证券业协会作为自律性组织，其实现监控的方式多是一些行业内部的批评等手段，也无法切实起到真实监控的作用。[①] 在多数违规案例中，监管部门都以批评、罚款等措施予以惩罚，而仅有少数案件的当事人被追究刑事责任。

二、国外上市公司信息披露制度的相关规定

（一）英国信息披露制度

会计信息披露制度起源于英国。英国的“南海泡沫事件”导致了 1720 年《诈欺防止法案》的出台；1844 年出台的英国《合资公司法》规定了公司董事、审计人员、股东对公司的账簿拥有查阅权，且其中关于“招股说明书”的规定首次确立了强制性信息披露原则，提出要求公司募股筹集资金必须提交公开说明书，公开公司的生产、经营活动、财务状况，经理人员履历等有关资料。这是现代企业制度中信息披露制度的雏形。

英国现行《公司法》制定于 1948 年，这是英国信息披露制度的又一个里

① 李印：《我国证券信息披露制度问题刍议》，载《生产力研究》2010 年第 10 期。

程碑。其后，英国于1989年又对1985年的《公司法》进行了修订，进一步完善了公开说明书的内容，废除契约公开的办法，规定公司所有董事都必须在公开说明书上签名，并且须公开董事的最低认股额、发起人的报酬、承销人的佣金等。

（二）美国信息披露制度

当今世界信息披露制度最完善、最成熟的立法在美国。早在1933年的《证券法》中，美国首次规定了实行财务公开制度，这被认为是世界上最早的信息披露制度。

美国证监会无权在实质问题上批准或不批准某个公司证券的发行，它的主要权限仅仅限于决定注册陈述和将要传给潜在投资者的招股说明书所包含的信息是否充分和准确。因此，初次发行的披露主要是公开发行公司的发行注册书和其他有关的附件。

美国的定期报告包括季度报告和年度报告，对于定期披露制度，注册公司在证券发行后，每年仍需定期向证券管理委员会或其他的主管机关提供有关本公司营业及财务状况的报告和报表资料，公司若有重大情况必须及时上报有关部门。这些报告应分送证券交易所或证券商公会等处做投资的参考。

临时披露制度弥补定期披露的不足，是以能提供给投资者投资判断的资料为前期。美国法规定，如果公司证券价格或交易量发生异常变动时，或者市场上出现不利于公司的流言，或者任何公共传播媒介中出现的信息可能对上市公司证券的市场价格产生误导性影响时，公司有义务予以调查并立即对该信息作出公开澄清，而且应将事件的全部情况立即通知证券主管机关和其股票挂牌交易的证券交易所。

2002年7月30日，美国出台了《萨班斯——奥克斯利法案》，该法案直接以投资者利益保护和提高公司透明度为根本立法思想。《萨班斯——奥克斯利法案》对信息披露的改进要求体现在：（1）公众公司应进行实时披露；（2）由SEC（美国证券交易委员会）负责对特殊目的实体等交易的披露进行研究，提出建议并向国会报告；（3）主要股东或高级管理者披露股权变更或证券转换协议的强制期间由原来的10个工作日减少为2个工作日；（4）由SEC强制要求公众公司年度报告中应包括内部控制报告及其评价；（5）由SEC强制要求公司审计委员会至少应有一名财务专家。

（三）日本上市公司信息披露制度的相关规定

日本的证券交易法对发行有价证券公司的信息披露做了详细的规定，主要包括以下内容：

第一，规定了有价证券募集或销售的申报书。根据日本《主权交易法》第5条规定，发行价额或销售价额超过1亿日元的有价证券的募集或销售，发行需向大藏省提出申报，并提请3份申报书。该申报书的内容包括该公司的目的、商号以及资本和与资本有关的事项、该公司的营业及经营管理状况和其他有关的重要事项、其他由大藏省令规定的保护公益和投资者利益所必需的、适当的事项。

第二，规定了有价证券报告书制度。日本《证券交易法》第24条规定，在大藏省令规定范围内的有价证券发行公司，每一事业年度必须于该事业年度结束后3个月内向大藏大臣提出3份有价证券报告书，内容包括该公司的目的、商号以及资本和与出资有关的事项、该公司的营业及经营管理状况和其他有关事业内容的重要事项、关于该公司高级职员的事项、关于发行的有价证券的事项及其他为保护公益和投资者利益所必要且适当的、由大藏省规定的事项，此外，提出有价证券报告书的公司，其事业年度为一年，还需向大藏大臣提出中期报告书，报告书内容与有价证券报告基本相同，当其向国外进行募集或销售时，还需向大藏大臣提出载有内容的临时报告书。

三、完善我国上市公司信息披露制度的建议

（一）完善上市公司的内部治理结构

内部控制由上市公司内部各相关部门组成，通过公司内部的职能活动来完成。

首先，必须合理、有效地设置会计机构。目前必须将上市公司的会计部门和财务管理部门分立，分属不同领导，分担不同职能。让会计人员真正成为会计信息供给的主体，使会计人员有责任也有能力拒绝管理人员的不合理要求，避免管理人员舞弊；同时，采取措施大力加强会计基础工作，提高会计人员各方面素质，包括职业道德水准。通过上述手段，即可保证信息的发布源头的真实性和独立性，防止披露信息在公司内部已出现的变质和篡改。

其次，加强公司内部权力机构、决策机构和监督机构之间的制衡，使监督机构独立于股东大会和董事会，真正发挥监督作用。与此同时，还要注重监事人员的专业水平和业务能力，确保其能够独立对公司高层职务人员进行监督。

（二）完善信息披露法律责任制度

1. 建立针对违法披露行为的民事责任制度

上市公司及其高管人员违法甚至是诱导性的信息披露行为，不可避免地

会侵犯到广大中小投资者的权益，对此应该补充设立民事责任制度，即把上市公司高管人员非法披露信息的行为界定为侵权行为，并要求其承担相应的民事责任。

2. 建立对中小股东的救济制度

在证监会调查清楚违法信息披露行为后，建立对中小股东的救济制度非常必要，即由证监会受理中小股东的申请，结合调查事实作出处理，这一制度既可以节省司法资源，也有利于保护我国证券市场的稳定性。

（三）完善相关监管法律、法规和制度建设

现行法律制度最大的缺陷就是信息披露制度存在与法律规范相冲突的地方，那么，就需要一个权威的立法机关对这些法律法规的法律效力予以明确，从而使相关规定的可操作性加强，减少法律漏洞。另外，在完善具体的法律制度层面，应当对信息披露的内容、格式、编报规则以及披露时间，做更具体细致的规定，参照其他国家的先进立法例，结合我国的国情，完善诉讼机制，同时对违规行为的惩罚方面，应作出细化规定，加大惩罚力度，提高违规成本。

信息披露制度的首要目标是维护投资者权利，保障证券市场的公正、公平和公开，从而维护整个市场和经济的健康发展。针对我国现行信息披露制度中存在的问题，应当及时予以补正，达到证券市场的国际化标准，提高我国上市公司的竞争力，对于我国整个国民经济的发展意义重大。

四、案例分析

本文开篇提出的银广夏事件中，由于未能及时披露企业经营活动中的相关信息，同时也由于我国在当时情况下，信息披露机制的不健全，造成了经济金融市场的巨大动荡，使投资者的权益蒙受重大损失，无法得到法律及时有效的救济，这一教训是惨痛的。证券市场的监管力度要加强，信息披露机制要完善，投资者利益要合理保护，这些都是构建合理有效的金融市场必须解决的问题。

参考文献：

[1] 巩玉娟、薛华：《英美会计信息披露制度发展对完善我国会计信息披露制度启示》，载《内江科技》2007 年第 10 期。

[2] 于文：《我国上市公司内部控制存在的问题与对策》，载《中国乡镇企业会计》2009 年第 12 期。

[3] 万国华：《证券法前沿问题研究》，天津人民出版社 2002 年版。

[4] 郭峰：《证券市场虚假陈述及其民事赔偿责任——兼评最高法院关于虚假陈述民事赔偿的司法解释》，载《法学家》2003 年第 2 期。

[5] 黄崇利：《我国证券市场及其信息披露制度》，载《哈尔滨商业大学学报》2003 年第 4 期。

[6] 刘肃：《对我国上市公司内部控制信息技露问题的研究》，载《商业经济》2009 年第 10 期。

我国上市公司章程中“毒丸”计划的适用浅析

李建立*

案例：

深国商面对“茂业系”敌意收购紧急启动的“毒丸”计划，因违反《上市公司收购管理办法》规定而“流产”。深国商将召开临时股东大会审议修改公司章程的议案，修改的核心是设定反收购条款，但深国商董事会却突然宣布取消审议该项议案。深国商在2008年11月14日公布的修改章程议案中增加了如下条款：如任何投资者获得公司的股份达到或可能超过10%时，经公司股东大会通过决议，公司可向除该投资者之外的所有在册股东，按该投资者实际持有的股份数增发新股或配送股份。深国商试图如此修改章程，意在阻击“茂业系”从二级市场举牌的“敌意收购”。所谓“毒丸”计划，就是在出现未经认可的敌意收购方欲收购10%～20%股份时，被收购对象通过发行证券等方法使公司其他股东有机会低价买入公司新股，从而大大稀释收购方的股权。尽管“毒丸”计划在海外资本市场上经常被采用，但不被我国的《上市公司收购管理办法》所允许。通过此案，了解我国公司治理上一系列深层问题：

1. 什么是“毒丸”计划？

2. 目前，我国是否具备实施“毒丸”计划的法律环境？

3. 中国特色的“毒丸”计划是否可行？“毒丸”计划是一种旨在防止恶意收购的最重要的策略，成为全流通环境下一个亟待解决的问题。

公司章程规定公司组织及活动的根本规则，居于公司宪法的地位，对于公司本身及股东、董事、经理及其他高管的行为均具有直接约束效力。对于上市公司而言，公司治理和公司控制权变更等对证券市场产生重大影响的事宜往往都透过公司章程加以安排，因此章程的意义尤为重大。随着股权分置

* 北方工业大学民商法2010级硕士研究生

改革的圆满完成和全流通时代的到来，公司章程不可避免地成为原股东、潜在收购者、管理层等各方收购与反收购角力的工具。在上市公司反收购过程中，公司章程反收购条款起着至关重要的作用。本文探讨在反收购中，我国现行法律框架下公司章程中的“毒丸”计划的效力和作用。

一、“毒丸”计划通过“毒丸”证券实施

“毒丸”计划的发源地在美国，是美国反收购的一个重要手段，“毒丸”计划（poison pills）亦称毒丸术，正式名称为“股权摊薄反收购措施”，指的是目标公司授予股东特定的优先权利，如以优惠价格购买目标公司股票或按优惠条件将手中的优先股转换为普通股，并以出现特定情形（典型的是恶意收购方获取目标公司股份达到一定比例）为该权利的行使条件，一经触发，剧增的股份数额将大大增加收购成本。①

“毒丸”计划是美国著名的并购律师马丁·利普顿（Martin Lipton）于1982年发明的，于1985年在美国特拉华法院 Moran v. Household International, Inc 一案中被判决合法化。“毒丸”计划是一项虽有争议但很流行的抵制敌意要约收购的机制，最早起源于股东认股权证计划，其主要手段是分配给目标公司股东具有购买期权或者给目标公司的债权人具有优先偿付权的有价证券以稀释收购人持有的股权，或者弱化公司财务，使得收购方难以达到对目标公司的控制权，加大了并购成本，或者使收购方在收购后因“毒药”计划产生的后果而遭受经济上严重的不利益后果。目标公司一般通过发行“毒丸”证券来实施，所谓“毒丸”证券是作为红利分配给普通股股东的每一单位股份的一种特别权利，权利持有人拥有在该证券的有效期内依约定条件购买一定数量股份的权利，有效期一般为10年。②“毒丸”防御按照其具体内容不同可以分为三种形式：(1)“内翻式毒丸”（flip - in poison pill）防御；(2)“死手毒丸”（dead hand poison pill）和“无手毒丸”（no hand poison pill）防御；③(3)“外翻式毒丸”（flip - over poison pill）防御。在触发事件发生之后，其董事会启动“股东权利计划”，向普通股股东发行优先股，一旦公司被收购，股

---

① 胡海峰、史文璟：《试论毒丸计划对我国海外上市公司的影响》，载《未来与发展》2005年第3期。

② 谢建宏、王苏生：《毒丸计划的防御机制分析》，载《长沙电力学报》2003年第2期。

③ See, Brian J. Mc Tear, Has the Evolution of the Poison Pill Come to an End Carmody v. Toll Brothers, Inc. Mentor Graphics, Inc. v. Quicturn Design Systems, Inc. 24Del. J. Corp. L. 886(1999).

东持有的优先股就可以转换为一定数额的收购方股票。通过股本结构重组，降低收购方的持股比例或表决权比例，或增加收购成本以减低公司对收购人的吸引力，它有助于抑制敌意收购，是公司内部多种防御策略中最为有效的方法之一。“毒丸”计划与反并购紧密相关，这些规定迫使收购者与目标公司董事会进行直接协商，而且授权目标公司董事会有选择性地准许一些收购要约通过。“毒丸”计划一般事先在公司章程中设置，在收购事件发生时采取。“毒丸”计划在平时不会发生效力，只有当公司面临被并购的威胁时候，“毒丸”计划才启动。

随着并购与反并购的不断升级，“毒丸”计划发展到包括负债“毒丸”计划、股东权利计划和人员“毒丸”计划，等等。具体有：

1. 负债“毒丸”

负债“毒丸”，又称“债权人权益计划”。它是指目标公司在发行债券或借贷时与债权人订立附加“毒药条款”，当公司遭遇恶意收购时，债权人有权提前要求赎回债券、清偿贷款或者将债券转换成公司的股票。①

2. 股东权利计划

优先股权“毒丸”计划是一种购股权计划，这种购股权通常发行给老股东，并且只有在某种事件发生时才能行使。该计划表现为公司赋予其股东某种权利，多半以权证的形式体现，当公司被收购且被合并时，权证持有人有权以权证购买新公司的股票。

3. 人员“毒丸”计划

人员“毒丸”计划，也称“管理层权益计划”，人员“毒丸”计划是指目标公司的高层管理人员在公司被恶意收购时个人利益不受侵害或可以获得一定补偿的权利。或者指目标公司全部或绝大部分高级管理人员共同签署协议，在目标公司可能被收购，并且高管人员在收购后将被降职或革职时，全部管理人员将集体辞职。这一策略会使收购方慎重考虑收购后更换管理层对公司带来的巨大影响。

二、“毒丸”计划的法律分析

“毒丸”是由董事会设置的。在反收购活动中，董事会设置“毒丸”计划是有其逻辑上的道理的，这主要体现在三个方面：首先，随着“股东会中心主义”向“董事会中心主义”的转变，很多过去必须由公司股东会决策的

① 张丛义：《反收购策略与“毒丸计划”》，载《金属世界》2006年第3期。

部分事务已经转而由董事会来行使。因此，作为经营专家组合的公司董事会负有提高股份的价值的义务。其次，目标公司的管理层拥有专业的经营知识和充足的相关信息，并且可以花费时间和精力来收集分析有关公司的信息。最后，从管理层的谈判能力来看，董事会是一个专家组合，只有赋予管理层“毒丸”设置权，才能取得比单一的股东更高的收购价格。但一般而言，人人都会有利己的心理，董事会不可避免地会优先考虑董事会成员自身的利益。由于客观效果上，“毒丸”在目标公司极难被要约收购成功，所以董事会成员为了谋求在收购公司中的位置或更加优厚的报酬，会利用“毒丸”作为谈判的手段。因此，“毒丸”可能会助长管理层懈怠、侵蚀私人利益、帝国缔造，以及其他对管理者有益或方便而耗费股东钱财的行为。

三、我国法律没有“毒丸”计划的生存空间

我国当前的法律法规禁止“毒丸”计划作为反收购措施。《公司法》第127条规定，股份的发行，实行公平、公正的原则，同种类的每一股份应当具有同等权利。同次发行的同种类股票，每股的发行条件和价格应当相同；任何单位或者个人所认购的股份，每股应当支付相同价额。新修订的《上市公司收购管理办法》第33条规定，收购人作出提示性公告后至要约收购完成前，被收购公司除继续从事正常的经营活动或者执行股东大会已经作出的决议外，未经股东大会批准，被收购公司董事会不得通过处置公司资产、对外投资、调整公司主要业务、担保、贷款等方式，对公司的资产、负债、权益或者经营成果造成重大影响。但其第8条又规定，被收购公司的董事、监事、高级管理人员对公司负有忠实义务和勤勉义务，应当公平对待收购本公司的所有收购人。被收购公司董事会针对收购所作出的决策及采取的措施，应当有利于维护公司及其股东的利益，不得滥用职权对收购设置不适当的障碍，不得利用公司资源向收购人提供任何形式的财务资助，不得损害公司及其股东的合法权益。我国法律法规对反收购可以采取的措施没有作出明确规定。

（一）我国禁止发行“毒丸”证券

放松管制、强化公司自治是公司法现代化的世界潮流，公司章程是实现公司自治的最为重要的制度安排。公司章程体现着公司在多大程度上可以自治，公司法则体现法律对公司自由的限制。公司法将公司章程分为强制性规范、任意性规范和赋权性规范。除法律给予例外情形规定，公司法中的强制性规范，其适用不以当事人的意志为转移，不可以通过当事人通过约定予以

排除和变更。[①] 我国现行公司法对公司治理结构的规定采用混合式的立法方式，公司明确规定公司的治理结构及其职权，同时又赋予公司章程一定自治权。“毒丸”计划在美国盛行的原因与美国的法律环境有关。根据美国普通公司法的规定，美国公司只要在其公司章程中有明确授权，即享有各种类别股份的发行权而无须其他审批。因此，“毒丸”术在美国很有市场。而在英国公司法中明确指出采用“毒丸”术作为反并购手段不合法。

“毒丸”计划是目标公司授予股东特定的优先权利，如以优惠价格购买目标公司股票或按优惠条件将手中的优先股转换为普通股，并以出现特定情形（典型的是恶意收购方获取目标公司股份达到一定比例）为该权利的行使条件。“毒丸”计划一般通过“毒丸”证券降低收购方所占的股份比例，达到反收购的目的。“毒丸”证券是作为红利分配给普通股股东的每一单位股份的一种特别权利，权利持有人拥有在该证券的有效期内依约定条件购买一定数量股份的权利，有效期一般为10年。显然，该权利实现是不能通过公开市场行为来完成，只能由公司发行新股。我国公司法对股份的发行程序和种类采取强制性规范。首先，我国公司法规定公司发行的股票种类，可以为记名股票，也可以为无记名股票，并授权国务院可以对公司发行本法规定以外的其他种类的股份，另行作出规定。股份的发行，实行公平、公正的原则，同种类的每一股份应当具有同等权利。我国股票种类中不包括优先股和其他优先权利，公司章程也不能创设股票的种类。“毒丸”计划的关键在于差别对待收购公司和目标公司的股份，这必将导致“毒丸”计划违反股东平等原则。其次，“毒丸”计划的法律前提是公司章程中有明确授权，一般授权由董事会决定各种类别股份的发行权而无须其他审批。如果股东行使了优先权，则相当于公司的增资。我国《公司法》严格规定了通过发行新股增资程序。《公司法》规定增资的决定权专属于股东大会，且必须经出席会议的股东所持表决权的2/3以上通过，不能授权董事会行使决定权。董事会在公司发行新股时对：新股种类及数额；新股发行价格；新股发行的起止日期；向原有股东发行新股的种类及数额等事项作出决议。

（二）我国无法确定“触发事件”

“毒丸”证券只有在某种触发事件发生一定时间后才能行使，触发事件一般指，夺取了目标公司控制权的要约收购或者购进了目标公司一定比例的份额。在触发事件发生之后，“毒丸”计划可实施之前的任何时间，董事会有权

① 董慧凝：《公司章程自由及其法律限制》，法律出版社2007年版，第1～4页。

迅速改变“毒丸”计划，赋予“毒丸”证券持有人的权利内容，或者决定由公司将其赎回。可见，“毒丸”计划是在收购人持股达到一定比例时才触发。

我国《证券法》规定，投资者可以采取要约收购、协议收购及其他合法方式收购上市公司。收购人持有一个上市公司的股份达到该公司已发行股份的30%时，继续增持股份的，应当采取要约方式进行，发出全面要约或者部分要约。收购人作出提示性公告后至要约收购完成前，被收购公司除继续从事正常的经营活动或者执行股东大会已经作出的决议外，未经股东大会批准，被收购公司董事会不得通过处置公司资产、对外投资、调整公司主要业务、担保、贷款等方式，对公司的资产、负债、权益或者经营成果造成重大影响。如果收购人要约收购方式进行收购，在收购提示后董事会则不能擅自启动“毒丸”计划。我国现行《公司法》、《证券法》不具备顺利实施美国式“毒丸”计划的制度前提。

（三）董事会无权设置“毒丸”

我国《公司法》和《上市公司收购管理办法》对反收购的决定权和董事义务都作出了规定。一般情况下，董事会有权采取反收购措施，但我国的法律没有赋予董事会相应的权力。

《公司法》规定，公司股东依法享有资产收益、参与重大决策和选择管理者等权利，该条为我国股东大会权利模式提供了法律依据。我国《公司法》规定，股东大会是公司的权力机构，对公司合并、分立、解散、清算或者变更公司形式作出决议；董事会对股东会负责，有权制定公司合并、分立、解散或者变更公司形式的方案。可以认为我国对待公司反收购的问题，是董事会制定反收购方案，股东会决定是否实施。《上市公司收购管理办法》第8条并未完全禁止董事会采取反收购措施，只是对具体措施没有规定，其前提是反收购的措施应当有利于维护公司及其股东的利益，不得滥用职权对收购设置不适当的障碍，不得利用公司资源向收购人提供任何形式的财务资助，不得损害公司及其股东的合法权益。

《公司法》第148条和第149条分别规定了董事的注意和忠实义务。《公司法》第148条概括规定，董事、监事、高级管理人员应当遵守法律、行政法规和公司章程，对公司负有忠实义务和勤勉义务。董事、监事、高级管理人员不得利用职权收受贿赂或者其他非法收入，不得侵占公司的财产。《公司法》第149条则具体规定了董事、高级管理人员应当履行的忠实义务和禁止性行为。《上市公司收购管理办法》第8条也规定了被收购公司的董事、监事、高级管理人员对公司负有忠实义务和勤勉义务。可见，我国董事会的职权被严格限制，不仅无权决定反收购，更不能制定“毒丸”计划。

四、中国特色“毒丸”计划设计

目前，我国新《公司法》虽然还不能提供实施“毒丸”计划的法律依据，但其为将来“毒丸”计划的实施也作了一定的准备。我国新《公司法》已经赋予公司更多的自治权。

（一）“毒丸”计划是反收购的重要手段

随着上市公司股本结构的变化、证券市场法律法规的完善以及经济的全球化发展，上市公司收购现象越来越普遍，敌意要约收购在中资、外资争夺优良上市公司资源中更将扮演重要角色。《上市公司收购管理办法》（2008 年修订）规定，董事会应当对收购人的主体资格、资信情况及收购意图进行调查。管理办法赋予董事会对敌意收购有合理的调查义务，却没有规定董事会可采取的反敌意收购措施。这不仅严重阻碍了我国公司收购的进程，而且也给市场经济的健康发展带来了隐患。

“毒丸”计划是反敌意收购的重要手段之一。一项研究表明了“毒丸”计划作为反收购措施的有效性，在设置“毒丸”计划的公司中，31% 的在收到敌意报价后仍然保持独立，而在没有设置“毒丸”计划的样本公司仅为 15.7%，在 51.8% 的敌意报价中目标公司设置的毒丸使报价有所提高。这一研究表明了“毒丸”计划对目标公司股东有利。[①] 虽然，“毒丸”计划对公司股价有负面影响，这一影响的程度不是很严重，而且仅仅局限在公司宣布设置“毒丸”计划后的较短期间内。实际上，有“毒丸”计划的公司股东在公司收购中会获得更高的溢价。

（二）我国的“毒丸”计划设计

虽然我国不具备实施美国式“毒丸”计划的立法和司法环境，但在中国目前的现行法律下仍可以采用类似的“毒丸”计划。

1. 股东会决定“毒丸”证券发行

1992 年 5 月 15 日，国家体改委发布的《股份有限公司规范意见》第 23 条规定，公司设置普通股并可设置优先股。我国现行《公司法》规定，股份有限公司的资本划分为金额相等的股份；股份的发行，实行公平、公正的原则，同种类的每一股份应当具有同等权利。2005 年 9 月 7 日，国务院批准了下属 10 个部委联合发布的《创业投资企业管理暂行办法》，该办法第 15 条规

---

① Michael Ryngaert,“The Effects of Pois on Pill Securities on Stockholder wealth”, Journal of Financial Economics vol . 20 (Journal /March88).

定，经与被投资企业签订投资协议，创业投资企业可以以股权、优先股和可转换优先股等准股权方式对未上市企业进行投资，其使用范围仅限于未上市公司。虽然新《公司法》第167条规定，公司弥补亏损和提取公积金后所余税后利润，股份有限公司按照股东持有的股份比例分配，但股份有限公司章程规定不按持股比例分配的除外。依据此条并不能认为上市公司股东表决权比例可以由章程约定。因此，我国目前还不能发行表决权优先股，上市公司发行的“毒丸”股票只能是普通股。

上市公司发行普通股新股属于增资。我国《公司法》严格规定了通过发行新股增资程序。《公司法》规定增资的决定权专属于股东大会，且必须经出席会议的股东所持表决权的2/3以上通过。我国上市公司发行新股的决定权在股东大会，不能授权董事会行使决定权。因此，我国上市公司章程中不能明确授权董事会决定发行新股，即不能在章程中明确规定美国式“毒丸”计划。“毒丸”计划的关键在于稀释收购者的股份比例，而不在于由谁决定稀释。我国上市公司可以在章程中规定，由股东大会通过发行新股的决议形式来达到稀释股份的目的。

2. 董事会执行“毒丸”计划

《上市公司收购管理办法》（2008年修订）第33条规定，收购人作出提示性公告后至要约收购完成前，被收购公司除继续从事正常的经营活动或者执行股东大会已经作出的决议外，未经股东大会批准，被收购公司董事会不得通过处置公司资产、对外投资、调整公司主要业务、担保、贷款等方式，对公司的资产、负债、权益或者经营成果造成重大影响。此条规定严格限制了董事会在要约收购中的反收购行为。

收购人作出提示性公告后至要约收购完成前，董事会的行为被严格限制在从事正常的经营活动、执行股东大会已经作出的决议和其他经股东大会批准的行为。因此，董事会不能擅自进行收购行为，但是这不影响董事会执行股东会作出反收购决定。新《公司法》对此也明确予以规定。新《公司法》第134条规定，公司发行新股，依照公司章程的规定由股东大会或者董事会对下列事项作出决议：（1）新股种类及数额；（2）新股发行价格；（3）新股发行的起止日期；（4）向原有股东发行新股的种类及数额。可见，董事会虽然不能决定“毒丸”计划，但只要有章程授权可以作为股东大会“毒丸”计划的具体事项的决定者，来操作执行“股权摊薄反收购措施”。

3. “触发事件”的界定

从立法意图来看，《上市公司收购管理办法》（2008年修订）旨在保护善意收购。该办法第1条规定，为了规范上市公司的收购及相关股份权益变动活动，保护上市公司和投资者的合法权益，维护证券市场秩序和社会公共利益，促进证券市场资源的优化配置，根据《证券法》、《公司法》及其他相关法律、行政法规，证监会制定了《上市公司收购管理办法》。该办法第33条规定收购人不得人为地设置收购障碍。在要约收购期间，被收购公司除继续从事正常的经营活动或者执行股东大会已经作出的决议外，未经股东大会批准，被收购公司董事会不得通过处置公司资产、对外投资、调整公司主要业务、担保、贷款等方式，对公司的资产、负债、权益或者经营成果造成重大影响。同时，其第32条又规定董事会的调查义务。被收购公司董事会应当对收购人的主体资格、资信情况及收购意图进行调查，对要约条件进行分析，对股东是否接受要约提出建议。

我国法律法规并没有明确界定善意收购和敌意收购的范围和内容，也没有明确规定公司章程可以对善意、敌意收购是否可以作出规定。从美国判例与成文法的发展趋势来看，他们认为“毒丸”计划本身只是一个商业规则的判断问题，不存在合法与非法的判断，但是“毒丸”计划需要符合两个标准：一是董事有责任举证证明收购对公司的经营政策和有效存在构成威胁，二是董事采取的反收购措施与收购对公司形成的威胁有适当关系。[①] 商业判断规则与公司章程保护股东和公司的利益制定的目的是一致的，且我国法律没有禁止性规定。因此，我认为可以在章程中规定善意收购和敌意收购的范围和内容，即规定“触发事件”。

五、中国式“毒丸”计划的不足

在我国目前的法律规定下，不能通过公司章程有效设置“毒丸”计划满足上市公司反收购的需要。我国“毒丸”计划的决策权授予了目标公司股东大会。我国新股发行需要发行人董事会就本次股票发行的具体方案、本次募集资金使用的可行性及其他必须明确的事项作出决议，并提请股东大会批准；自中国证监会核准发行之日起，发行人应在6个月内发行股票。客观上，我国的法律规定是有利于收购者，收购要约通常会使目标公司股票价格上涨，股东为了追求利益，可能支持收购而反对采取“毒丸”措施。一项研究表明，采用“毒丸”计划的公司管理层持股比例极低（平均为3%），大大低于那些

① 张新：《中国并购重组全新理论和操作》（上册），上海三联出版社2004年版，第1150页。

没有采用"毒丸"计划的公司。[①] 在股东分布极其分散的上市公司，股东大会的召集程序和时间，也为收购者赢得了时间和机会。

六、结语

"毒丸"计划在美国获得了普遍的认可，是与美国成熟的公司市场分不开的。要让"毒丸"计划在公司实践中真正服务于股东，则必须有与"毒丸"计划相适应的制度环境。而通常认为，在美国，独立董事、法院、股东及市场就是保障"毒丸"计划发挥其积极作用的制度因素。"毒丸"计划使得反对收购的管理层有时间解释此种形势，与敌意要约收购者进行谈判，或者创设一项替代的方案，或者寻找另外的收购者。独立董事、法院以及资本市场这三个关键的公司治理机构相结合使"毒丸"计划主要作为一个谈判工具运作，而不是一种维持公司独立的工具，这些条件是我国所不具备的。

针对我国设置的"毒丸"计划措施，我国立法还可以借鉴2004年欧盟通过的"收购指令"中的相关条款，"股东大会的事后审查"和"反收购措施的冻结和失效"机制。[②] 根据欧盟"收购指令"第9条第3款的规定，目标公司在真实的收购活动开始之前已经策划部分或全部尚未执行的防御性措施，如果是正常业务以外并可能会使要约受到阻挠的决定，应当经过股东大会的批准或者确认。如能引入此项条款，将使公司股东可以在现实的收购背景下，重新审视公司董事会已经采取的"毒丸"防御机制，进而从公司及股东的最大利益出发，作出取舍的最终决定。[③]

参考文献：

[1] 王建文：《我国公司章程反收购条款：制度空间与适用方法》，载《法学评论》2007年第2期。

[2] 刘凯、孙克强：《反收购规制中的利益平衡——以毒丸计划为视角》，载《法学杂志》2009年第4期。

[3] 钟洪明：《上市公司反收购中的章程应用及法律规制》，载《证券市

---

① ［美］弗兰克·伊斯特布鲁克、丹尼尔·费希尔：《公司法的经济结构》，张建伟、罗培新译，北京大学出版社2005年版，第221页。

② 汤欣、朱芸阳：《欧盟收购立法统一化及其初步评价——以2004年5月20日生效的第2004/25/EC号收购要约指令为中心》，载沈四宝等主编：《公司法与证券法论丛》（第2卷），对外经济贸易大学出版社2006年版，第250～274页。

③ 汤欣、徐志展：《反收购措施的合法性检验》，载《清华法学》2008年第6期。

场导报》2007 年 5 期。

[4] 李贤武、张茂荣:《目标公司反收购中的“毒丸”防御机制分析》,载《长春工业大学学报》2007 年第 9 期。

[5] 彭雪峰:《上市公司反收购措施决定权的归属》,载《金融法苑》2008 年第 75 期。

[6] 李丽宏、高原:《试论我国对目标公司反收购的法律规制》,载《当代经理人》2006 年第 4 期。

[7] 楼大鹏、潘萍萍:《上市公司章程反收购条款的合法性探析》,载《黑龙江省政法管理干部学院学报》2010 年第 5 期。

[8] A. Gilchrist Sparks, III and Helen Bowers, After Twenty - Two Years, Section 203 of the Delaware General Corporation Law Continues to Give Hostile Bidders a Meaningful Opportunity for Succes, The Business Lawyer, Vol. 65, May 2010.

[9]《2007 年中国证券期货市场简介》(2007 年 09 月 26 日),中国证券监督管理委员会,http://www.csrc.gov.cn/pub/newsite/gjb/cbwxz/qt/200709/P020090225586526565527.pdf,2011 年 5 月 10 日登录。

突发事件背景下企业社会责任研究

马婧怡*

案例：

2011年3月11日，日本本州东海岸附近海域发生9级地震并引发海啸，海啸又导致福岛核电站发生严重核泄漏事故，国际原子能机构将事故等级定位在最高等级——7级，并有将其提升至8级的准备，此排放量已远超切尔诺贝利核泄漏事故的排放量。在如此灾难面前，日本国民却没有半点慌乱，一切救灾援助工作都在第一时间内启动，这应该说得益于日本企业内部的应急救灾机制。在地震发生后的第二天，日本饮料公司三得利就宣布，地震期间，其旗下所有的自动售货机只要按键就可以免费获得罐装饮料；便利连锁企业7-11和全家也宣布免费提供食品和饮用水。震后5分钟内，日本街头公用电话自动转为免费模式，并为互联网用户免除网络通信费，不仅方便民众向家人报平安，而且有利于民众及时获取政府发布的相关信息，避免恐慌。对于疏散受灾群众、维护社会稳定、遏制谣言都有着不可忽视的作用。震后的日本并未出现物价飞涨、群众哄抢食物的情况，一切都是那样的井然有序。

震后的日本企业并没有等着政府的援助计划出台，这些企业灵活的“救灾”措施，给很多中国人留下了深刻的印象。中国纺织工业协会社会责任办公室首席研究员梁晓晖说：“企业运用自己的资源，在地震后的第一时间、第一现场发挥效果，这是抗震救灾最好的方式。”

问题：企业在发生突发事件后是否要承担责任，要承担什么样的责任？

一、突发事件的基本理论分析

（一）突发事件的基本内涵

地震、泥石流、干旱、洪水，一轮又一轮的灾难不断考验着各国应对突发事件的能力，有的学者甚至预言，人类已经进入到灾难多发的时代，怎样

* 北方工业大学民商法2009级硕士研究生

应对各种突发事件，怎样在突发事件发生后调动起全社会的力量，是各国立法必须考虑的问题。突发事件，在国际上通常被翻译成“Public Emergency”，对其较为权威的定义是欧洲人权法院审理 lawless 案件时作出的：突发事件是一种特别的、迫在眉睫的危机或危险局势，影响全体公民，并对整个社会的正常生活构成威胁。①

2003 年 SARS 席卷全国后，我国加快了突发事件应急法的制定进程，于 2007 年通过了《中华人民共和国突发事件应对法》，其中第 3 条明确规定，本法所称突发事件，是指突然发生，造成或者可能造成严重社会危害，需要采取应急措施予以应对的自然灾害、事故灾害、公共卫生事件和社会安全事件。这个定义既从宏观上概括了突发事件的总体特征，又从微观上列举了突发事件的基本类型，翔实地描述了突发事件的内涵和外延，为实践研究和理论创新打下了坚实的基础。

（二）突发事件类型化研究

突发事件的本质特征就在于其突发的不可预见性。传统的条块立法模式是针对不同的事件制定不同的法律，如《传染病防治法》、《食品安全法》等。这些法律分别针对现实中的不同类型的突发事件制定了相应的法律，具有一定的专业性和高效性。但是，有的突发事件可能是社会发展的产物，以前从来没有发生过；也有的突发事件一时间查不清事件发生的原因，不知该适用哪一部法律，如 2003 年的 SARS。所以，必须有一部在总体上提纲挈领的突发事件应对法作为各个具体法律应用的指导，这样也可以避免在突发事件原因不明的情况下各部门之间的互相推诿。

针对突发事件类型化研究。有的学者以突发事件的危险度和诱因作为主要的考量标准，对突发事件进行了以下几个层次的划分：第一，区分战时状态的突发事件和非战时状态的突发事件。第二，根据突发事件的诱因或性质不同，将非战时状态的突发事件分为自然灾害引起的突发事件和社会性突发事件。第三，根据突发事件的危险程度，将社会性突发事件划分为重大恐怖性事件、重大政治暴乱、重大社会骚乱、重大事故性突发事件。

也有的学者从事件的发生原因入手，将突发事件分为由于自然灾害等原因造成的突发事件，由于技术运用不当或疏于管理所导致的突发事件，由于政治、经济、文化、社会等原因所引起的治安类事件。

这两种划分方法都有其一定的理论意义和现实意义，但是回归到最根本

① 韩大元、莫大川：《应急法治论》，法律出版社 2005 年版，第 41 ~ 45 页。

的问题上，有的事件在最初发生时并不知晓其原因是什么，如SARS病毒刚爆发时，由于查不清病原体和传播方式，没有人能够确定其是恐怖事件，还是突发性事故，或者是其他原因导致的公共危机。这种情况下就很难根据具体情况对其进行分类并制定有效的应急紧急措施。所以，在制定《中华人民共和国突发事件应对法》的时候，并没有采取这两种划分方法，而是综合了突发事件的产生原因、性质、应对方式和社会结果，对突发事件的类型进行了明确的分类。具体包括四类：自然灾害、事故灾难、公共卫生事件和社会安全事件。

二、突发事件背景下企业社会责任基本理论分析

（一）突发事件背景下企业社会责任的定义

传统公司法理论认为，公司存在的目的就是追求利益的最大化，以求满足股东投资的根本目的，公司完全是私法主体，根据意思自治原则制定公司章程、实行经营行为，公法无权要求公司承担任何社会义务。经济学之父亚当·斯密在《国富论》中提出，企业只要尽可能高效地利用资源生产社会所需要的产品，并且以消费者能够承担价格对其进行销售，就是尽到了自己的社会责任。

但是，伴随着资本的迅速扩张和经济全球化进程的加快，这种完全自由的思想导致了一系列的社会问题：侵犯消费者权益、环境污染、欺诈交易和贫富分化。这个问题在20世纪20年代的欧美发达资本主义国家中慢慢凸显，并逐步引起全社会的关注。学者们在不断的反思：企业存在的目的在于盈利，但是企业存在的目的是否仅限于盈利。企业的盈利行为大多会造成对社会有限资源的掠夺与侵占，那么此时的企业是否也应当通过适当的行为回馈社会，以弥补其占有的社会利益。从社会学的角度看，企业的发展壮大需要良好的社会环境作为支撑，那么企业就不应当仅仅向社会索取，而应当积极地创造良好的外部环境，新公司法理论由此应运而生。新公司法理论对企业的社会主体地位进行了重新定位，引导企业以“社会公民”的身份积极、自觉地履行社会责任。企业的目的在于盈利，但是以自身行为回馈社会、维护社会稳定也是企业义不容辞的责任，企业应当为营造良好的社会环境有所作为，即企业的社会责任。

在现有理论框架下，企业社会责任主要包括对雇员的责任、对消费者的

责任、对社区的责任、环境保护责任和参与社会福利与社会公益事业的责任。① 突发事件背景下企业的社会责任正是企业参与社会公益事业的社会责任的一种。但是，2006 年 1 月 1 日起施行的新《公司法》第 5 条仅规定，公司从事经营活动，必须遵守法律、行政法规，遵守社会公德、商业道德，诚实守信，接受政府和社会公众的监督，履行社会责任。通过这一规定我们能够看出两点：第一，党的十六大报告提出“以人为本、协调发展”的科学发展观在立法领域已经得到实践与发展；第二，关于企业社会责任的研究和深入依然任重而道远。新规定仅将企业社会责任纳入立法领域，却没有明确到底何谓企业社会责任，并且这种类似倡导性的法律条款是没有任何约束力的，所以笔者将突发事件背景下企业的社会责任定义为：在全社会面临突发事件时，企业主动承担的非强制责任以及根据宪法、法律、行政法规规定应当承担的强制性责任的总称。

（二）突发事件背景下企业社会责任的定性

由于突发事件背景下企业的社会责任最初源于道德与利益平衡，那么人们就一直在探讨，突发事件背景下企业的社会责任到底是一种道德责任还是一种法律责任。如果是道德责任，那么完全依靠企业的自觉承担，当全社会面临突发事件时，是否承担责任全凭企业对自身利益的考量。但是，如果是法律责任，那么在发生突发事件后，企业没有选择，必须按照法律的规定协助国家实施救援工作，无论这种行为是否会影响到企业以后的生存与发展。

虽然欧美发达国家很早就提出了企业社会责任的概念，但是对于其性质却始终没有定论，主要有“经济责任论”、“道德责任论”、“法律责任论”和“超越法律责任论”。

在中国现有的法律框架内研究，中国企业的社会责任更倾向于法律责任和道德责任的一种结合，如环保责任就是由《中华人民共和国环境保护法》确定下来的一种法律责任，而慈善责任只是法律所倡导的一种道德责任，没有强制执行力。也就是说，普通企业的社会责任只具备一种性质，要么是法律责任，要么是道德责任，上升为法律的就是法律责任，以倡导性条文存在的就是道德责任。但是，突发事件背景下企业的社会责任由于其自身的特殊性，是一种综合了法律责任和道德责任的综合责任。

辨析突发事件背景下企业的社会责任的性质有助于制定相关法规和政策

① 沈洪涛、沈艺峰：《公司社会责任思想起源与演变》，上海人民出版社 2007 年版，第 156 ~ 157 页。

对企业进行正确的引导，敦促企业履行社会责任。对于突发事件背景下企业应当承担的法律责任，就应当由法律进行明确规定，从立法、执法、司法、守法等各个方面建立、健全社会主义法治体系，做到有法可依、有法必依、执法必严、违法必究。对于突发事件背景下社会希望企业承担的道德责任，就要有相关的制度和政策加以引导和督促，为建立全社会的多元化应急救灾体制打下良好的基础。

（三）突发事件背景下企业社会责任的特殊性

由于突发事件具有突发性、破坏性、紧迫性和复杂性，所以突发事件背景下企业的社会责任必然不同于普通的企业的社会责任。[①] 突发事件最大的特点就在于其“突发性”，事件突然发生，没有任何预兆，或者有预兆却不给人们足够的反应时间。这种突发性导致一般的手段无法对其进行有效的应对，由于没有合理有效的应对手段，很容易导致灾难严重化、深层化，社会秩序的恢复被无限拖延，突发事件导致的社会危害性进一步加深。

企业在这种特殊情况下承担社会责任的义务不容置疑，一切都应以让社会回到正常的发展轨道上为目的。企业在应对突发事件时承担社会责任不仅为自身树立了良好的品牌形象，而且也为自身的发展营造了良好的外部环境，是一举两得的行为。突发事件背景下企业的社会责任主要有以下几个特点：

第一，法定性。根据心理学家的调查研究，人们越是在特殊情况下越是强调法治及公平，所以将突发事件背景下企业的社会责任法制化刻不容缓。

第二，倡导性与强制性并存。突发事件背景下企业的社会责任既有法律责任又有道德责任，所以它是一种倡导性与强制性并存的社会责任。

第三，应急性。依法治国的一个重要理念就是要在法律的框架下治理国家，但是法律的滞后性使得在某些紧急、必要的情况下，为了国家利益以及社会的公共利益，政府必须运用行政紧急权以求力挽狂澜，将全社会的损失降到最低。

三、突发事件背景下企业社会责任法制化

（一）突发事件背景下企业社会责任法制化的必要性分析

1. 公共应急管理机制发展趋势分析

公共应急管理机制的发展经历了一个从一元说到有重点的二元说，到平

① 李占荣：《突发事件中的企业的社会责任》，载《经济法学家》2007年第12期，第158～164页。

行二元说，再到现在的多元说的过程。这个发展的核心内容在于：在面对突发事件所导致的公共危机时，应当由谁来负责解决问题，将社会拉回到正常的发展轨道上来。政府是单纯扮演起“消防员”的角色，还是要统领全局，扮演一个“指挥者”的角色，由政府负责调动全社会的各种力量，运筹于帷幄之中，决胜于千里之外。

根据新的公共危机理论，政府应当在发生突发事件后积极地寻求解决问题的方法，统筹、调动、协调全社会各种力量，使全社会都投入到应对突发事件的状态中。这就要求有一部法律能够使政府的行为“师出有名”，这样也能够有效地防止政府权力滥用。

2. 突发事件背景下企业社会责任法制化的价值分析

日本政府倡导的是“政策引导下的以人为本的感恩理论”。在此理论下，法律、政策以及全社会的各种力量相互配合，在发生突发事件后为全体国民筑起一道守护生命的堤坝。

突发事件背景下企业的社会责任是一种法律责任与道德责任胶合的双重责任，将其法制化，就是对其进行划分，哪一部分责任属于法律责任，哪一部分责任属于道德责任，并在二者之间取得交集的过程。法制化的价值主要在于：

第一，引导和约束企业在突发事件背景下承担社会责任的行为。某些企业在发生突发事件后会主动捐款捐物，这是企业承担社会责任的一种方式，但却不是全部。[①] 政府应对企业进行引导：企业可以怎样建立自己的应急救灾相应机制，政府以什么样的财政、税收等优惠政策促使企业承担社会责任。法制化过程中也有对企业的约束，遏制企业的不当行为。

第二，明晰在应对突发事件时各方所扮演的角色。在应对突发事件时，企业可能会被强制要求承担一定的社会责任，那么究竟谁有权力要求企业承担社会责任？如果是政府，政府要通过什么样的正当程序要求企业承担社会责任。又由谁来监督政府的行为，行政紧急权的运用给企业造成损失后，企业要怎样维护自己的权利。这都是在立法中应当予以明确的问题。所以突发事件背景下企业社会责任法制化不仅是将部分企业社会责任上升到法律的高度，也包括对政府行为的规制，以求更好地促进企业承担社会责任。

第三，法制化是企业全面、持续承担突发事件背景下企业社会责任的重

① 沈皓彬：《试论我国政府如何促进企业的社会责任》，复旦大学国际关系与公共事务学院2009年硕士学位论文。

要保障。法律的权威性在于："法律对于权利来讲是一种稳定器，而对于失控的权力来讲则是一种抑制器"。① 在企业缺乏承担社会责任的内部动力时，可以由法律赋予其相应的外部动力，促使其承担社会责任；在政府权力失控，企业被无理要求承担过重的社会责任时，企业可以通过法律途径寻求救济。只有当各方的利益被很好地在天平上予以平衡时，企业才能持续地在突发事件背景下承担起社会责任，真正建立起全社会的多元化应急救灾体制。

（二）突发事件背景下企业社会责任法制化的可行性分析

关于突发事件背景下企业的社会责任是否可以法制化、怎样法制化，学者们一直有不同的讨论声音。其实问题的根源就在于突发事件背景下企业社会责任的性质，将责任的性质准确定位后就不难讨论法制化的问题了。

第一，突发事件背景下企业的社会责任是道德责任与法律责任的结合，它并不与民法中的意思自治原则冲突。

突发事件背景下企业的社会责任主要包括两部分：法律责任与道德责任。法律责任主要包括：配合政府的征收、征用行为；服从政府在特殊情况下采取的临时管制、封锁等行为。道德责任则主要包括：捐款捐物、帮助政府疏散受灾群众、帮助政府实施救灾行为。

突发事件背景下企业的社会责任还是完全尊重企业的意思自治，政府公权力没有强加给企业任何法律之外的强制性责任，所以建立完善突发事件背景下企业的社会责任并不与民法的意思自治原则冲突，是在现行法的框架内构建企业的社会责任。

第二，突发事件背景下企业承担社会责任的法理根据就在于民法的公平原则与公序良俗原则。

公平原则，是指在民事活动中应以利益均衡作为价值判断标准，当民事主体之间发生利益关系摩擦时，则以权利和义务是否均衡来平衡双方的利益。企业经营行为的核心在于企业占有了社会的稀缺资源并以此盈利，那么当突发事件发生致使全社会面临共同的危机时，企业就理所应当地要承担起回报社会的责任。

公序良俗原则，是指民事主体的行为应当遵守公共秩序，符合善良风俗，不得违反国家的公共秩序和社会的一般道德。所谓"道德"，更多的是人们在内心上对道德的一种判断，没有具体规定企业在突发事件发生时应当做什么，

---

① ［美］E. 博登海默著：《法理学——法律哲学与法律方法》，邓正来译，中国政法大学出版社 2004 年版，第 93 页。

但企业做了什么自有人们内心对其进行衡量，企业的品牌形象、企业文化、企业对社会的贡献都在这时候凸显出来。

突发事件背景下企业的社会责任正是民法公平原则与公序良俗原则的体现。它在法理上深入人心及社会生活的各个方面。但是，只有理论分析是不够的，必须将其法制化。

第三，现有各部门法中关于突发事件背景下企业社会责任的规定为其法制化提供了法律基础。

《公司法》第5条规定，公司从事经营活动，必须遵守法律、行政法规，遵守社会公德、商业道德，诚实守信，接受政府和社会的公众监督，承担社会责任。公司的合法权益受法律保护，不受侵犯。在新颁布实行的《中华人民共和国突发事件应对法》第6条明确规定，国家建立有效的动员机制，增强全民的公共安全和风险防范意识，提高全社会的避险救助能力。这些都表明了我国在立法层面上对于突发事件背景下企业承担社会责任所持的积极态度，通过法制的完善逐步推进多元化应急救灾体制的建立。

第四，突发事件背景下企业承担社会责任是企业利益与社会利益相一致的体现。

企业的发展依赖社会环境的繁荣与稳定，社会为企业的发展创造了良好的外部环境，那么当全社会陷入突发事件所带来的公共危机时，企业就应当回馈社会。这是突发事件背景下企业承担社会责任的基础。这份责任不是政府以其公权力强加给企业的，而是企业作为“社会公民”所应当承担的。

四、突发事件背景下企业社会责任制度设计

（一）国内立法中存在的问题

在应对突发事件时，政府要完成从“运动员”到“教练员”的转变就必然要建立并完善多元化应急救灾体制，可是现存的法律法规很显然难以当此重任。

第一，立法分散难成体系。据统计，我国有200多个法律法规的内容涉及企业的社会责任，其中涉及突发事件背景下企业社会责任的也不在少数，但是庞大的立法规模却并未形成完备的法律体系。法律适用不清楚、部门权责不明确的事情更是常有发生。这种法律规定庞杂的现状很大程度上制约了企业社会责任的承担。

第二，立法原则性强，可操作性差。法律制定出台后必须有现实中的可操作性才有意义，但是就突发事件背景下企业的社会责任的规定却缺乏可操作性。相关法律中对突发事件背景下企业的社会责任规定的过于笼统，如

《中华人民共和国突发事件应对法》第6条的规定，没有详细描述突发事件背景下企业的社会责任是什么，没有对承担责任者予以政策上的鼓励或嘉奖，也没有对不承担责任者规定法律上的不利后果，这种条款只能在形式上代表一种法制的进步，却不能在现实中起到实质的作用。

第三，承担企业社会责任的法律主体不明确。只有《公司法》第5条明确了公司承担社会责任的主体地位，那么其他形式的企业是不是不需要承担社会责任，还是其他企业承担社会责任都是非法的。

（二）突发事件背景下企业承担社会责任的内容

突发事件背景下企业承担的社会责任既包括法律责任也包括道德责任，他们所对应的分别是不同的法律制度和政策引导。对于法律责任，就应当由法律明确责任的内容，并建立规范化、系统化、可操作化的办事流程、有效的申诉体制、强力的监督主体等一系列配套的法律制度。对于道德责任，应当将其内容以各种方式向企业宣传，辅以法律及政策上的引导，尽可能地使企业能够主动在内部建立有效的应急响应机制，以其配合政府建立多元化的应急救灾体制。

汶川地震发生之后，伊利集团上下紧急动员，启动了伊利集团社会责任应急预案，在地震发生后不到24小时之内，当地通信、路况都没有任何保障的情况下，紧急安排当地销售机构，将玉树地区仅存的近万盒伊利牛奶送到相关部门负责人的手中，成为当地救灾机构接收到的第一批，也是最快的一批企业救灾物资。伊利集团在地震发生后之所以能够如此快速地作出应急反应，得益于其内部的应急响应机制，其主要包括应急沟通反应预案、赈灾物资调配预案、抢险救援队人员配给预案、媒体联动机制和集团内部动员机制五部分。该机制在必要时可完成从企业外部的救援机构、媒体、一线销售渠道和经销商，到企业自身的四方联动。这种模式是值得借鉴和推广的。

（三）政府如何促进企业承担突发事件背景下企业的社会责任

突发事件背景下企业的社会责任是一个双重责任，法律责任的部分由法律规定，企业必须承担，但是道德责任的部分就需要政府给予正确引导，不能完全靠企业自觉建立，否则，突发事件背景下企业社会责任的建立将是一个非常漫长的道路，建立之日遥遥无期。道德责任的自觉承担需要人们对道德有一个认知和认可的过程，并且自觉承担责任企业要综合考量的因素太多，政府必须给企业一个承担突发事件背景下企业社会责任的“更强理由”，这个理由能够压倒企业对付出成本及收取回报的考量，能够让企业在此时抛开私主体的独立地位以全社会的利益为重。

第一，通过行业协会等非政府组织推动企业社会责任建设。行业协会自身的种种特点使得他们能够很好地成为一个促进企业社会责任的助推器。突发事件背景下企业的社会责任不仅仅体现在突发事件发生后，还体现在企业内部应急响应机制的建立、企业文化的建立与宣传、企业应急机制的实施程度等方方面面。所以行业协会有足够的依据对企业进行评价，不受突发事件是否发生的限制。与此同时，行业协会还可以作为政府的宣传员，加强对突发事件背景下企业社会责任的宣传，让企业真正对这种责任产生认同感，真正自觉地去承担起这种责任。

第二，设立民政账户鼓励慈善捐助。在突发事件发生后，许多企业和个人都会想到在第一时间内为灾区提供慈善捐助，但是通过什么方式捐赠成为最大的问题。此次日本地震后，日本政府在 3 天内开通了慈善捐助通道，并在电视、网络下方滚动播出，为的就是方便人们实施慈善行为，也防止某些不法之人借此行骗。

政府可否将这种慈善账户长效化？中国地域广袤，每年都有许多自然灾害发生，如果政府将这种慈善账户固定下来，平时就注意宣传，那么在发生突发事件时，不需要政府再临时组建，公民与企业自然就会知道向谁提供慈善捐助。

第三，法律建立突发事件背景下企业社会责任激励机制。从此次地震可以看出，日本政府的法律引导机制无疑是效果显著的。通过捐赠免税等制度使日本企业自觉建立起突发事件的应急响应机制，在这次地震、海啸、核辐射等多重灾难一起爆发的时候显现出良好的社会作用。其实捐赠免税制度最早起源于 20 世纪 30 年代的美国，推广开后迅速取得了良好的社会效果。但是，我国的《公益事业捐赠法》对捐赠免税的规定过于严格，打击了企业实施慈善行为的积极性，难以取得更大的收益。

以法律制度引导的突发事件背景下企业的社会责任自然也应当由法律制度来保障它的有效运行。对于企业以欺瞒方式骗取的政府的各种优惠政策，不仅应当责令企业补足或返还，而且应当追究其直接负责的主管人员和其他直接责任人员行政责任。对于情节特别严重的，可以由刑法苛以刑事责任。这是法律赋予当事人选择权的保障。

第四，建立并拓展我国的 SA8000 制度。SA8000 是根据《国际劳工组织公约》、《世界人权宣言》和《联合国儿童权利公约》制定的全球首个企业社会责任国际标准，1997 年 10 月公布。其宗旨是确保供应商所提供的产品，皆符合社会责任标准的要求。SA8000 标准适用于世界各地、任何行业、不同规范的企业。这个标准主要包括以下几个方面：禁止使用童工；禁止强迫性劳动；应尊重所有员工结社自由和集体谈判权；反歧视原则；不得从事或支持体罚、精神或肉体胁迫以及言语侮辱；工作时间要严格遵守当地法律要求；企业支付给员工的工资不应低于法律或行业的最低标准；应具备避免各种工业与特定危害的知识；各个层面都能了解并实施符合社会责任与劳工条件的公司政策；员工辞工需要提前一个月写出书面申请。

这个责任标准并没有明确对突发事件背景下企业的社会责任作出规定，但是首先，它是第一个关于企业社会责任的国际标准；其次，它的运行和推广模式有许多值得我们借鉴和考量的地方，所以以其为蓝本建立我国突发事件背景下企业的社会责任是具有可行性的。

我们国家现在要推广突发事件背景下企业的社会责任就要做两件事：第一，建立我们自己的企业社会责任标准，并将突发事件背景下企业的社会责任明确写入其中。例如，企业应当依其自身能力建立企业内部的应急响应机制，设立专门的突发事件应对部门，并配合政府的多元化应急救灾体制，充分发挥企业在应对突发事件时的能动作用；企业应当设立专项的救灾应对资金，以此应对企业突发事件及社会突发事件；定期发布企业社会责任报告，等等。第二，通过政府引导将这种责任标准推广开。以现行的 SA8000 标准来看，对我国劳动密集型产业是一个不小的挑战，它提高了企业的用工成本，降低了企业的国际竞争力。但是，推行企业的社会责任，尤其是突发事件背景下企业的社会责任是社会发展的必然趋势，改革一定会带来一定的阵痛，但从企业长远发展以及与国际接轨的趋势看，这是势在必行的。社会责任标准建立后，政府可以参照可口可乐公司的做法，通过政府的采购招标行为将其推广。

（四）突发事件背景下企业承担社会责任的正当程序

行政紧急权的行使，首先应当符合行政法的一般原则：法治原则、比例原则、效率原则、公开原则和非歧视性原则。其次还要具体明确行政紧急权的启动条件、行使方式、程序特点等一系列问题。

1. 突发事件背景下行政紧急权的启动条件

行政紧急权的启动必须以发生了突发事件、全社会陷入共同的紧迫危险为前提条件。

2. 突发事件背景下行政紧急权行使的方式

行政紧急权的行使主要包括两个阶段：一是突发事件未发生时的前期准备工作，即未雨绸缪阶段。各国一般的做法都是在平时设计好，一旦发生了突发事件，政府要怎样与社会共同协作应对灾难，将损失降到最低。即建立机制化、长效化的多元化应急救灾体制。这一点，我国新颁布的《突发事件应对法》就有很好的体现。在 2008 年南方雪灾中，江西省由于事前与多个外省的电力器材企业签订了生产协议，因此本省的电力设施损坏后可以根据约定得到优先供货，22 天修复全省电网，远远快于南方其他各省。① 二是在突发事件发生后的应急处置与救援制度。突发事件的发生对国家安全、社会稳定、经济的繁荣发展都会造成影响，所以无论这个突发事件是“天灾”还是“人祸”，政府都应当承担起保卫人民生命财产安全、维护社会繁荣稳定的责任。由于事件的特殊性，行政权的行使自然不可能按照普通行政行为的标准来严格要求，如果此时还要求政府发布征求意见稿、组织相关人员听证无异于拿人民的生命开玩笑，不但行政行为的目的达不到，还会使灾难扩大化，给社会造成更严重的损失。广义的行政紧急权的行使还包括监测预警制度和灾后重建制度，但是笔者认为，此部分行政权的行使没有现实上的紧迫性和时间上的短暂性，政府应当按照正常的行政权行使方式履行职责，以保证行政紧急权不被无限制的扩大，损害公民的合法权益。

3. 突发事件中行政紧急权行使的程序

权力的行使必须受到制约，否则必然导致权力滥用。但是，突发事件背景下行政紧急权的运用却在此产生了矛盾。首先，行政紧急权的行使是为了应对突发事件，所以要尽量简化其程序，使权力能够迅速行使；其次，行政紧急权的行使又必须尽量程序化，防止因权力滥用给公民造成突发事件以外的二次损害。怎样在这二者之间进行平衡是立法者必须要考虑的问题，纵观各国立法，主要体现出以下两个方面的特点：第一，在程序立法的价值取向上更倾向于对公共利益的保护。所谓程序立法的价值取向，是指程序立法时所遵从的价值准则。② 通常状态下的行政程序立法更多地倾向于对公民权利的保护，因为相对于国家公权力机关，公民永远处于弱势的地位。但是，突发事件背景下行政紧急权的立法就要区别于通常状态，要将全社会的公共利益放在首位，要从整体上把握社会的价值取向。第二，在具体实施时要尽量保证行政相对人的合法权益。行政紧急权是一个近乎独裁般的强制性权力，行政相对人的地位在它面前显得如此的弱小，所以为了尽量保护行政相对人的权利，说明理由制度在此时就显得尤为重要。

（五）突发事件背景下企业承担社会责任的救济

2008 年的南方雪灾给我国南方大部分地区造成了巨大损失，承担抢修受损电网重任的是电网企业而不是我国政府或军队，这是企业以其专业性承担

① 林鸿潮：《公共应急管理机制的法治化》，华中科技大学出版社 2009 年版，第 47 ~ 56 页。

② 王万华：《行政程序法研究》，中国法制出版社 2000 年版，第 87 页。

突发事件背景下企业社会责任的体现，但是许多受损的电力设施处于人迹罕至的深山里，电网企业在开辟道路时不可避免地破坏了部分农田、耕地、林地，招致了大量的民事诉讼。这部分损失是由企业负责赔偿还是由政府买单。2003年在SARS危机的处置过程中，医疗机构按照政府的要求免费救治SARS病人，但最终的费用由谁负担，财政、社会保险、还是医疗机构自己。这个问题至今也没有得到解决。①

政府为了抢险救灾的需要从企业调配大量的人力、物力，给企业造成的损失要怎样赔偿。我国的征用补偿机制不完善给企业承担社会责任造成很大的困扰。《中华人民共和国突发事件应对法》规定，政府以其所属部门在应对突发事件时可以暂时征用单位或个人的财产，但是在紧急情况消除或使用完毕后应当及时返还。被征用财产有损毁、灭失等情况的，应当给予补偿。这种规定太过原则性，缺乏可操作性，不利于公民财产的保护。同时，我国的行政补偿立法相当分散，大部分都散见于各种单行法中，各个部门法之间没有形成补偿体系，在实践中往往暴露出很多问题。所以当务之急是尽快建立我国政府的征用补偿机制，明确补偿主体、补偿的计算方式等问题。这样不但能够促进企业积极承担突发事件背景下企业的社会责任，而且能够尽量使企业正常的生产经营活动不受影响。

五、结语

人类社会虽然发展到高度文明的今天，但是在许多突发事件中却依旧显示出人类的渺小，人类的力量再大也无法对抗自然界的活动规律，政府的一己之力更是无法实现，只有集所有人的力量才能将损失降到最低。多元化应急救灾体制是社会发展的必然趋势，政府只充当“舵手”的角色，将更多的具体操作交给企业、非政府组织、公众来完成。其实，危机治理的本身内涵就已经将社会公众包含在内，突发事件的不确定性与重大危害性要求在应对的全过程中植入社会参与的因素。②

在这种社会的大趋势下，企业必然要承担突发事件背景下的社会责任，建立内部应急响应机制，响应政府救援号召，共同为社会恢复繁荣稳定而努力。

---

① 林鸿潮：《公共应急管理机制的法治化》，华中科技大学出版社2009年版，第18~25页。

② 蔡志强：《社会参与：危机治理范式的一种解读》，载《中共中央党校学报》2006年第6期，第75~78页。

参考文献：

[1] 冯文林：《突发事件概念探析》，载《河北公安警察职业学院学报》2004年第4期。

[2] 袁辛奋、胡子林：《浅析突发事件的特征、分类和意义》，载《科技与管理》2005年第2期。

[3] 朱远昆：《突发公共事件分析》，载《楚州师范学院学报》2010年第21期。

[4] 陆勇：《企业社会责任边界的重新界定》，载《财会月刊：理论版》2009年第5期。

[5] 蒋建湘：《企业社会责任的性质》，载《政法论坛》2010年第28期。

[6] 李占荣：《突发事件中的企业的社会责任》，载《经济法学家》2007年第12期。

[7] 沈皓彬：《试论我国政府如何促进企业的社会责任》，复旦大学国际关系与公共事务学院2009年硕士学位论文。

[8] 黄鑫：《突发公共事件应急管理体制研究》，上海交通大学国际与公共事务学院2009年硕士学位论文。

[9] 韩大元、莫大川：《应急法治论》，法律出版社2005年版。

[10] 黄俊杰：《行政法》，台湾三民书局2005年版。

跨国并购的反垄断规制问题研究

韩佩佩*

案例：

投资界2011年1月17日消息，海报网由现任清科创投投资总监的叶滨于2006年创立。此前，CBSi的女性时尚群组网站主要由OnlyLady和我爱打折（55bbs.com）组成，而在新收购的三家网站加入之后，我爱打折将从重新组建的女性时尚群组中剥离。未来我爱打折计划与宽带山（kdslife.com）组成CBSi在中国的第四个群组，主要面向区域消费。正如CBSi（中国）总裁王路所说，在IT、汽车、女性三个垂直媒体行业中，CBSi在IT领域的布局已经比较完善，但在汽车和女性两个方面还有一定不足。其中汽车领域的竞争比较激烈，热钱太多造成收购价格不合理，于是CBSi此次选择收购女性网站。

我们再看一下国内另一个网络传媒——盛大文学六年的并购发展史，与CBSi具有相同之处：

*2004年10月，起点中文网正式宣布被盛大网络收购。

*2008年7月，盛大网络收购红袖添香。

*2008年7月，盛大网络收购晋江原创网。

*2009年12月，盛大文学控股榕树下。

*2010年2月，盛大文学宣布出资控股文学网站小说阅读网。

*2010年3月，盛大文学宣布收购潇湘书院。

在《2010年影响中国中小企业的十大并购事件》中，有关人士曾对盛大文学收购潇湘书院进行过点评："对于像盛大文学这样的内容服务商，通过收购有特点的内容服务商，既可使公司提供的内容更丰富，又可保持各网点的特点，满足网民的个性需求和使用习惯，是一个快速扩张的好方法。"这个点评，仍然适合于CBSi。

由此案例引发了笔者以下几点思考：

1. 跨国并购的定义以及它的发展特点和趋势。

---

* 北方工业大学民商法2010级硕士研究生

2. 跨国并购对于世界及各个国家的影响如何?

3. 欧美国家的反垄断立法状况。

4. 我国对跨国并购的反垄断规制状况及建议。

一、跨国并购的基本理论研究

(一) 跨国并购概述

1. 跨国并购的概念

“并购”一词包括兼并和收购（或购买）两层含义。兼并是指公司的吸收合并，即一公司将其他一个或数个公司并入本公司，使其失去法人资格的行为。在西方公司中，企业兼并可分为两类，即吸收兼并和创立兼并。我国公司法对此有相同的分类，但是稍有不同的是使用了“合并”一词。现行《公司法》第173条规定，公司合并可以采取吸收合并或者新设合并。一个公司吸收其他公司为吸收合并，被吸收的公司解散。两个以上公司合并设立一个新的公司为新设合并，合并各方解散。收购意为获取，即一个企业通过购买其他企业的资产或股权，从而实现对该公司企业的实际控制的行为。按照其内容的不同，收购可以分作资产收购和股份收购两类：资产收购指买方企业收购卖方企业的全部或部分资产，使之成为买方的一部分；股份收购则指买方企业直接或间接购买卖方企业的部分或全部股份的行为。

兼并和收购的主要区别在于：兼并的最终结果是两个或两个以上的法人合并为一个法人，而收购的最终结果不是改变法人的数量，而是改变被收购企业的产权归属和经营管理权归属。但两者本质上的目的都是为增强企业竞争能力、扩大规模经营效益、提高企业经营效率。

跨国并购，即跨国兼并与收购的简称，是指一国的某个企业为了实现某种特定的目的，通过购买另一国某企业股份或资产的途径，以取代后者或取得对后者的控制权的行为；或者说是市场经济条件下企业通过跨国产权交易获得其他国家企业的产权，并以控制其他国家企业为目的的经济行为。① 我们可以从两个方面理解跨国并购：一方面，注册地在不同国家的两个企业可以进行并购，分为三种情形：第一种情形是直接的并购；第二种情形是并购方企业先设立一个“空壳公司”，然后用这个“空壳公司”去并购目标公司，

① 韩世坤：《二十世纪九十年代全球企业并购研究》，人民出版社2002年版，第29页。

以此达到获得目标公司所在国对并购活动的税务优惠或减免对目标公司承担的债务责任或者为了绕开东道国管制方面的限制等目的；第三种情形是并购方企业并购目标公司的子公司。另一方面，在同一国家注册的两个跨国巨型企业也属于跨国并购，它的经济控制力已经不局限于其母国。

2. 跨国并购的类型

按并购企业双方所处的行业来划分，企业并购通常可以分为横向并购、纵向并购和混合并购三种形式。

横向跨国并购，是指两个以上国家生产或销售相同或相似产品的企业之间的并购，如制造商与制造商之间、销售商与销售商之间的集中。并购双方能够很容易达到整合，使世界市场份额扩大，形成规模经济。但同时这也为垄断的形成提供了一个契机，阻碍市场竞争，这种类型是为大多数国家所规制的重点。横向并购之间导致了发达国家寡头垄断市场结构的形成并推动其进一步发展，1895～1904 年出现的第一次企业并购浪潮即是以横向并购为主要特征，结果大大提高了产业的市场集中度，特别是重化工业的市场集中度。

纵向跨国并购，是指两个以上国家处于生产过程或经营环节相互衔接、密切联系的企业之间，或者具有纵向协作关系的专业化企业之间的并购。纵向并购又分前向并购和后向并购两种形式。这种并购是基于产品在原材料或购买中两个企业相互融合，以达到缩短生产时间、节省原材料、扩大生产规模的目的。所以，在并购完成后，双方就可能在新的交易情形下损害了其中的一方或与双方交易的第三方的竞争。

混合跨国并购，是指两个以上国家不同行业的企业之间的并购，如汽车制造商与食品加工企业之间的并购。由于此种并购是发生在不同行业之间的，它实现了经营双方的多元化，所以它并不受各国所限制。它的主要目的是通过分散投资、多样化经营降低企业风险，达到资源互补、优化组合、扩大市场活动范围和增强企业的应变能力。一般将混合并购划分为三种形式：产品扩张型并购、市场扩张型并购和纯混合型并购。一是产品扩张型并购，即一家企业经常需要另一家企业生产其不能生产而又与其生产和销售有关的产品而进行的并购。二是市场扩张型并购，即一个企业为扩张竞争地盘而对其尚未进入的地区的生产同类产品的企业进行的并购。三是纯混合型并购，即将那些生产和经营彼此毫不相干的产品或者服务的若干企业联合起来。[1] 混合并

① 吴振国：《〈中华人民共和国反垄断法〉解读》，人民法院出版社 2007 年版，第 405 页。

购一般对竞争秩序没有不利影响，因为多元化经营可以降低企业的风险，有利于企业内部资源的合理流动和企业的长期发展。但在一定条件下，混合并购也可能造成限制竞争的效果，主要是指混合集中使参与集中的经营者交叉互补，获取一定的经济实力，从而可能通过“恐吓”实施掠夺性定价等滥用行为。① 上述三种并购类型中，反垄断法最为关注的是横向并购，并购后的企业会形成更大的市场份额和支配力量，给市场竞争带来威胁，因此成为反垄断的关注重点。而纵向并购是生产者和销售者之间的并购，它会因提高效率而增加其竞争力，反垄断法只是对其略加限制。②

3. 跨国并购的特点和发展趋势

第一，强强联手盛行，超大型企业不断产生。巨型并购活动（指的是10亿美元以上的交易）从1987年的14起上升到2000年的175起。比如1998年德国的戴姆勒-奔驰公司和美国的克莱斯勒公司合并，成立戴姆勒-克莱斯勒汽车公司，新公司的市场资本额在世界汽车业中名列第二。而且，近年来巨型并购的双方基本上都是两厢情愿的，敌对性的并购、恶意并购比例仅占并购总额的不足5%，大大低于以往并购浪潮中恶意并购的比例。③

第二，跨国并购集中在北美和欧盟等发达国家。根据联合国贸发会发布的2002年《世界投资报告》对10亿美元以上的大宗跨国并购案的统计，世界跨国并购活动以英国、法国、美国、德国、瑞士、荷兰和加拿大七个国家为主。从吸收外资的行业构成看，发达国家以服务业为主，发展中国家则集中在制造业部门。

第三，战略性并购占有绝对优势，恶意并购减少。相对于20世纪80年代出现的大量恶意并购，20世纪90年代跨国并购表现出更多的理性因素，它避免了恶意并购带来的双方经济实力的威胁，更大程度上使得双方的经济利益得到了增强。

第四，水平并购为主。无论在传统产业领域还是新兴产业领域，水平并购都占主导地位。传统产业领域的水平并购主要是为了减少过剩的生产能力，提高技术创新的能力，而新兴产业的水平并购是为了增强实体规模，提高科技研发能力，确立技术上的领先地位。垂直收购虽然有所增加，但是所占比例一直低于10%，所涉及的行业集中在电子和汽车工业，其目的在于降低生

① 史际春：《反垄断法理解与适用》，中国法制出版社2007年版，第202页。

② 孔祥俊：《反垄断法原理》，中国法制出版社2001年版，第607～608页。

③ 杨丹辉：《跨国并购、战略联盟与网络型寡占市场结构的形成》，载《中国工业经济》2001年第12期，第67～72页。

产链前向和后向关联的不确定性和交易成本，以及获取经济效益。

（二）跨国并购对世界经济的影响

1. 积极影响

第一，提高生产资料的利用率。跨国公司在全球范围的大规模并购，推动企业生产经营要素（包括资金、技术、设备、劳动力等）在全球范围内的大调配，极大地提高了全球的资源利用效率，同时也大幅度降低了全球平均生产成本和能源消耗，从而刺激全球经济的增长。

第二，实现资源的优势互补。跨国并购使人才、信息、技术在双方并购国之间交换，扩大了市场份额，东道国的产品技术和经营管理模式能够有效地渗入到输入国，缩小了双方在文化和经济上的差异，促进了双方经济的融合，形成了全球经济一体化的发展模式。同时，这也有利于双方思想文化的交流，世界上先进的管理经验、发达的研发技术和新颖的观念会逐步向发展中国家和地区渗透，这对于推动世界文化、思想的融合起着无形的但不可忽视的巨大作用。

第三，促进竞争环境的形成。跨国并购使企业的发展必须结合世界发展的大步伐，经济竞争的战场逐步从一国国内市场转向全球市场，各国企业之间的竞争将是在一个更大规模的平台上，面临的对手更多、更强，难度也更大。

2. 消极影响

第一，影响世界经济发展格局。跨国并购不可避免地使得融资过程变得更加迅捷，金融环境更加动荡不安，特别是一些跨国企业集团利用国际金融上的不完善，在跨国并购所涉及的资金转移、资金筹措和资金运作中只从利益最大化绩效目标出发，全然不顾东道国经济发展的需要和金融市场的状况，从而使本来不稳定的国际金融市场更加不稳定。

第二，加剧发达国家及发展中国家的不平衡。对于以美国为首的西方经济大国来说，跨国并购无疑是大肆扩张其经济势力范围的一种手段，但对于发展中国家来说，跨国并购的冲击和挑战是巨大的，导致发达国家与发展中国家的世界经济政治格局更加不平衡，世界各地区间的资源分配不均，世界多极化格局更加突出。马来西亚前总理马哈蒂尔在2000年2月举行的联合国贸发会议第十次大会上演讲指出：“……合并和并购……正在使大公司变得更大。现在许多这样的公司，其金融实力比一些中等规模的国家都大。尽管我们欢迎它们与我们的当地企业进行合作，但我们还是担心，如果允许这些公司无条件地进入我们的国家，他们将会吞没我们所有的企业。”①

第三，加剧市场支配地位的滥用。巨型并购在形成市场占有率之后，会对其他竞争者产生极强的竞争力，占据着市场的支配地位，并购后的公司会滥用这种支配地位，使东道国的市场经济竞争秩序遭到破坏。

二、欧美国家对跨国并购的反垄断立法

（一）美国对跨国并购的反垄断立法

1. 美国跨国并购的概述

美国是世界上企业从事国内并购和跨国并购活动最为活跃的国家，也是并购法律体系最为复杂的国家。有关控制企业并购的主要法律有三部：1890年的《谢尔曼法》、1914年的《克莱顿法》和《联邦贸易委员会法》。

《谢尔曼法》是美国反托拉斯法的基础，其目的是保护正常的商业活动不受非法手段和垄断措施的限制，它最主要的条款是该法的第1条和第2条。第1条属于典型的反托拉斯条款，规定任何限制洲际、国际商业活动的协议、合谋和托拉斯都得宣布为非法。该法第2条是反垄断条款，规定任何垄断或企图垄断或与他人合谋垄断任何行业、洲际、国际商业活动的行为都得宣布为重罪。

现代竞争法的一个重要目标就是要在合理的集中和过分集中之间确立界限。1914年在总结了《谢尔曼法》实施经验的基础上，美国国会通过了《克莱顿法》和《联邦贸易委员会法》。《克莱顿法》中关于企业并购规制的主要是第7条和第7A条。其第7条规定，就全国任何地方、任何行业来说，那些能实质减少竞争或导致垄断的并购都是应当禁止的。该条款最初的目的是用来限制控股公司的扩张的，因为股票收购是当时控股公司扩张的主要方式。至此，美国反垄断法对企业并购的核心法律框架基本形成。

同时，由于美国是一个判例法国家，有关企业并购反垄断的大量判例也是美国规制企业并购的重要法律渊源。美国企业并购反垄断规制的另一重要的法律渊源就是司法部和联邦贸易委员会制定的有关企业并购的指南和研究报告及建议等。要说明的是，无论是司法部和联邦贸易委员会单独抑或联合推出的各个版本的《并购指南》从其性质上来说只是行政规定，并没有法律约束力，法院在审理具体案件时可以不按照这些指南的规定。但从实际情况

① 联合国贸发会议：《2000年世界投资报告》，中国财政经济出版社2001年版，第5页。

来看，美国的并购政策大多体现在合并指南中。如果执行机关提出根据指南规定某项并购是不允许的，有关企业通常会放弃并购。

2. 美国反垄断法对跨国并购的实质审查

第一，相关市场的界定。反垄断机构的首要任务就是界定相关市场的范围，包括两个方面：一是这些相互竞争的产品范围，即相关的产品市场；二是销售这些竞争性产品的地域范围，即相关的地域市场。相关的产品市场也就是必须考虑产品的可替代性；地域市场是指相同的或者同类产品相互竞争的场所。有两个因素对界定地域市场的范围至关重要：一是产品的运费和其价值的关系，二是产品的易腐性。《克莱顿法》第7条也可能将相关的地域市场说成是整个美国。为克服产品功能界定法所固有的这种主观任意性，美国司法部1982年发布的企业并购指南，对市场界定方法做了重大改革，提出了SSNIP界定法，这样就使相关市场得以确定。

第二，市场份额。在美国，特别是在审查垂直并购是否给予并购的生产商有竞争关系的企业带来不利影响时，并购对生产商的竞争者所关闭的市场份额被看作最重要的因素。1968年美国司法部并购指南第12条指出，如果生产商在其产品市场上已经占到10%的市场份额，销售商按销售额在销售市场已占到6%的市场份额，这个生产商和销售商的并购就被视为对生产商的竞争者具有严重不利影响。

第三，相关市场的集中度。相关市场的集中度是指在一个特定的市场或行业中，生产集中在少数几家大型企业手中的程度。美国在市场集中度的计量方面已经经历了市场份额、企业集中度（CR4）、赫芬达尔—赫希曼指数分别作为衡量市场集中的主要方法。包括美国在内的一些国家的反垄断法都是采取这种计算企业市场份额和市场集中度的方法，来判断对相关并购案与否禁止的。

第四，市场进入障碍。它的主要任务是审查该项并购所涉及的市场是否是容易进入的市场，能否影响潜在的竞争者进入市场，在潜在竞争存在的条件下，并购不可能产生或者加强市场势力，取得了市场势力的企业也不可能随意滥用这个势力。1982年的并购指南对此做了规定，司法部在审查并购案件时，要考虑进入市场的前提条件，特别是相关产品的同质性、市场的成熟性以及为进入市场而必要的财力和技术条件等。它还应考虑潜在的市场进入能否及时地、可能地和充分地阻止或者抵消并购的反竞争效果，如果进入市场的企业可以达到此效果，这个市场就是容易进入的市场，在市场上所进行的并购，就不可能产生或加强或行使市场势力。

第五，豁免事由。在考虑了以上各方面的审查后，同时也规定了几项可以得到豁免的事由。

并购可以提高竞争力，提高经济效益，美国司法部承认经济效益是跨国并购的豁免事由。1984年并购指南则明确指出，在并购本来应当被禁止的情况下，如果参与并购的企业能够提供明确的且有说服力的证据，证明并购将会显著地提高企业的经济效益，该并购也可以不受司法部的干预。

根据美国法院的判例和司法部1968年的并购指南，“破产公司原则”是可以使大企业的并购得到豁免的主要辩护理由。如果并购企业能够证明，参与并购的一方企业即将破产，并购可不受干预。① 但是，由于破产现象司空见惯，司法部规定了它的前提条件：第一，该企业在可预见的时期内资不抵债；第二，该企业没有能力根据破产法的规定成功地进行企业重组；第三，该企业虽不成功但是真诚地作过努力寻找对其破产财产更合理的取得者，以使其资产继续留在相关市场上，使竞争受到较现在的并购更小的不利影响；第四，如果没有这个并购，该企业的资产将从相关市场上流失。

并购能够使企业与国家大环境融合，加强其国际竞争力。在审查并购时，必须同等看待本国企业和国际企业，把其作为产品同等的竞争者，在此基础之上考虑外国企业的市场占有和限制竞争的情况。

（二）欧共体对跨国并购的反垄断立法

1. 欧共体对企业并购的规制制度概述

《欧共体条约》第81条、第82条规定了反垄断法律制度，分别对限制性竞争行为和滥用市场优势地位这两类限制市场竞争的行为作出了规范。② 法院认为，如果一项交易使居于支配地位的企业所达到的支配程度实质性地限制了竞争，从而加强了这种支配地位，即只有居于支配地位的企业还留在市场上，而市场的行为取决于居于支配地位的企业，那么在第82条的含义上，滥用是存在的。③

另外，欧盟委员会关于企业并购规制的各类通告也是欧盟企业并购规制

---

① 王晓晔：《企业合并中的反垄断问题》，法律出版社1996年版，第43页。

② 该条约第81条第1款规定，凡企业间的协议、企业集团的决议以及行为的相互协调（以下简称卡特尔）是以阻碍、限制或者妨碍竞争为目的，或者实际上能够起到这种作用，从而损害成员国间贸易活动，则得予以禁止。该条约第82条规定，禁止一个或者几个企业在共同体市场或者其重大领域通过滥用市场支配地位限制或者妨碍成员国间的贸易活动。

③ Europemballage Corporation and Continental Can Co. Inc. v. Commission, Case 6/72, [1973] E. C. R. 215; [1973] Common Market Law Report, p. 199.

制度的重要法律渊源。通告在欧盟的法律效力类似于美国司法部和联邦贸易委员会颁布的《并购指南》在美国的法律效力，它们都不具有法律拘束力和直接适用的效力，但在其所规定的领域是具有重要影响力的法律文件。欧洲法院和欧洲初审法院关于企业并购规制方面的判例也是欧盟企业并购规制法律制度的法律渊源。

当前欧盟的机构主要有：欧盟理事会、欧盟委员会、欧洲议会和欧洲法院。根据欧盟企业并购控制条例，对具有欧盟层面影响的并购，原则上得由欧盟委员会行使专属管辖权。同时，欧盟确立了“一站审查”的程序制度。根据条例规定，参与并购的企业至少得在欧盟 3 个成员国的市场销售额共同达到 1 亿欧元，而且参与并购的企业中至少有两个企业在这 3 个成员国的市场销售额各自达到2500 万欧元，这样一个规模较大且涉及 3 个或者 3 个以上成员国的并购一般只需经过欧盟委员会的审查和批准，以避免或者减少一个涉及多国的并购得接受多个成员国审查和批准的情况。

2. 欧共体对跨国并购的具体法律制度

第一，共同体规模。根据《欧共体并购条例》第 1 条的规定，该条例的适用必须满足以下条件：参与并购的企业必须符合规定的营业额基准，即只有达到共同体规模的程度，才能被视为对欧共体的竞争产生影响，具有共同体范围的利益，并且适用并购条例。

根据“基本标准”，如果参与并购企业在全球范围内的年度总营业额超过 50 亿欧元，并且在至少两个有关企业中，每一个企业在共同体范围内的年度总营业额超过 2. 5 亿欧元的，则该并购具有共同体规模。但必须符合 2/3 规则，即如果每一个有关企业在共同体范围内的年度总营业额的 2/3 以上均来自同一成员国，其目的是使那些虽然具有大量的共同体营业额，但却是从同一成员国取得的并购，应仍由该成员国竞争主管机关管辖。

补充标准，即所有参与并购的企业在世界范围内的营业额之和超过了 25 亿欧元；参与并购企业中至少两个企业其各自在共同体范围内的营业额均超过 1 亿欧元；在至少三个成员国中的每一个成员国，所有参与企业的营业额总和超过 1 亿欧元，且至少两个参与企业各自在三个成员国的营业额之和超过 0. 25 亿欧元的。这与基本标准相比显然降低了营业额的限制。

第二，管辖权移送。欧共体创造了管辖权移送制度。1989 年的《欧共体并购条例》（No. 4064/89）第 9 条规定了从委员会向成员国移送管辖制度，第 22 条规定了从成员国向委员会移送管辖制度。

《欧共体并购条例》第 9 条规定，如果具有共同体规模的并购将对任何成员国域内的“特定市场”的竞争产生影响，则该成员国可以请求对该并购行使管辖权。一旦委员会收到该请求申请，则审查是否存在该“特定市场”，如果存在，则进一步审查并购是否将在该市场产生或加强支配性地位。委员会对案件是否管辖具有自由裁量权。该条款又被称为“德国条款”，即使一项并购符合共同体规模所确定的营业额标准，如果成员国请求且符合法定条件，仍可以由成员国管辖。

根据《欧共体并购条例》（No. 4064/89）第 22 条第 3 款，对于属于成员国管辖的并购案件，如果成员国认为该并购将产生或加强市场支配地位，从而会严重损害竞争，可以向委员会提出请求，要求委员会对该不具有共同体规模的并购案件进行审核。这种情况最早出现在荷兰，因此又称为“荷兰条款”。

从该条款可发现，欧共体将成员国的“合法国家利益”分为两类。如果以公共安全、新闻自由及金融机构的审慎原则为由，成员国采取保护或恢复有关市场竞争所必要的措施的权利是法定的，无需获得委员会的同意。而如果基于其他公共利益，则必须向委员会阐明理由，欧共体委员会将根据共同体法基本原则和其他条款进行审查，来决定是否交由成员国管辖，如未履行该程序，将直接导致成员国所采取的措施无效。

三、我国对跨国并购反垄断规制的立法和建议

（一）我国反垄断法概述

由于反垄断是关于市场竞争的基本规则，而市场竞争对于建立和完善社会主义市场经济体制起着决定性的作用，是配置社会资源和推动国民经济发展的根本手段，因此，在我国社会主义市场经济下的各种法律制度中，反垄断法占有极其重要的地位，是我国经济法的核心。

1. 反垄断法的适用范围

第一，禁止行政垄断。行政垄断是指政府及其部门滥用行政权力限制竞争的行为。行政垄断表现多样，主要包括地方贸易壁垒、部门贸易壁垒、政府限定交易和设立行政公司四种形式。从根本上说，行政垄断是经济体制改革和政治体制改革所要解决的问题，不是一部反垄断法所能解决的了的。它的最终解决还有赖于改革的深入，在加快经济体制转变的同时，必须加快政治体制的改革，使两种改革同步进行，并加强对政府及政府部门行使行政权力的监督。

第二，禁止垄断协议。垄断协议削弱了市场主体间的竞争和市场经济的活力，在各种垄断行为中危害性较大，且实际发生的数量和执法机关查处的数量都远远高于其他垄断行为的数量，因此禁止垄断协议成为世界各国反垄

断法的核心内容之一。

我国反垄断立法中关于禁止垄断协议应对下列行为进行规制：确定、维持或者变更商品的价格、串通投标、限制商品的生产或销售数量、分割销售市场或者原材料采购市场、限制购买新技术或者新设备、联合抵制市场交易等违法原则，而对于那些虽限制竞争但有利于整体经济发展与社会公共利益协议给予豁免，如经营者为了改进技术、提高产品质量、提高效率、降低成本、统一商品规格或者型号、共同研究开发商品或者市场的共同行为，中小企业为提高经营效率、增强竞争能力而进行的共同行为等要具体加以审查。

第三，控制企业合并。在市场经济的条件下，企业为了摆脱竞争的压力，本身就有着追求垄断的愿望和限制竞争的自发倾向。如果法律上对企业合并不加限制，合并就会成为企业谋取垄断地位和限制竞争的一种手段。

第四，禁止滥用市场支配地位。滥用市场优势行为是指在市场竞争中占有优势地位的企业限制市场竞争，应受反垄断法规制的不当行为。作为对滥用市场优势的禁止性规定，反垄断法应当列举滥用的主要表现，包括：索取不合理的垄断高价、强迫交易或者搭售、歧视、抵制等。

2. 反垄断法的适用除外

所谓反垄断法适用除外，亦称适用豁免，系指在某些领域对某些事项不适用反垄断法。德国联邦卡特尔局指出："竞争虽然是配置资源的最佳方式，但有些市场其特殊的条件，优化资源的配置只有在限制竞争的条件下才能实现。在这种情况下，通过合作实现合理化就比自由竞争更可取。"我国反垄断法适用除外领域包括自然垄断、知识产权领域、银行业与保险业、农、林、渔业市场和特殊卡特尔领域。

（二）对跨国并购反垄断规制的建议

1. 在垄断状态的确定上，应采用市场份额与其他因素相结合的判断标准

应该借鉴欧美的实践经验，在判断一项合并是否构成垄断时，对市场进行实质性分析，关键注重合并行为是否损害了有效的市场竞争，是否损害了本国利益。不仅要针对市场结构而且要注意市场行为。随着经济的发展，全球资本的流动性越来越强，跨国并购的形式和手段也更加多样化，仅仅依靠事前申报制度对并购行为进行规制并不能完全避免垄断的发生，因此有必要对通过了事前审查但未能避免的垄断状态加以控制。这就使得对市场结构和市场行为的规制变得同等重要。

2. 确定我国反垄断法的域外效力原则

我国加入了WTO，应该遵循WTO相关制度中的国民待遇原则。在对并购的反垄断规制上，对国内企业和跨国企业实行同样的制度。同时，对于我国

领域外的行为，如果对我国市场竞争发生影响，应该受我国法律调整。最早主张并适用域外效力的是美国的反托拉斯法，它依据效果原则来行使管辖权。由于外资企业（主要指国外跨国公司）对我国企业的并购不仅仅发生在国内，它还可以在境外通过购买股权、可转换债券等方式进行。在目前国际反垄断合作尚不完善、各国放松对本国企业并购的监管的情况下，我国应该规定反垄断法的域外效力，以保证在我国的经济利益受到损害时，有相应的法律予以保护。

3. 建立相对独立的反垄断监管部门

反垄断监管部门的职责是通过大量的调查研究和分析公正、客观地执行反垄断法，因此，需要相对独立的机构来承担这一任务。

4. 建立一套完整的企业并购程序制度

应当包括事前申报和阶段性审查。程序公正是实体公正的保障。通过申报、审查等程序可以对跨国公司的垄断性并购行为预先予以规制。

四、结束语

总的来看，跨国公司跨国并购活动是一个全球性的经济行为，由此而带来的垄断控制仅仅靠某一个国家的法律进行规制肯定难以取得很好的效果，加强国际间的反垄断合作将是完善国际性并购管制制度的最终方向，因此我国在制定自己的反垄断法的同时，还应该不断地与其他国家开展多方面的信息交流和协作，积极推进在世界贸易组织框架下进行的竞争政策领域多边谈判。

参考文献：

[1] 卫新江：《欧盟、美国企业合并反垄断规制比较研究》，北京大学出版社2005年版。

[2] 孔祥俊：《反垄断法原理》，中国法制出版社2001年版。

[3] 王晓晔：《欧共体竞争法》，中国法制出版社2001年版。

[4] 尹力、崔岩：《对外资跨国并购我国企业的法律规制研究》，载《政法论丛》2006年第2期。

[5] 刘和平、郑文兵、刘元高：《欧盟最新并购控制立法改革述评》，载《国际经济法学刊》2005年第2期。

[6] 胡平：《外资并购的反垄断规制》，载《国际经济合作》2004年第11期。

[7] 聂名华：《美国对跨国并购投资的法制管理》，载《国外社会科学》

2003 年第 4 期。

[8] 齐春雷：《试析反垄断法域外适用及对我国反垄断立法的启示》，载《黑龙江省社会主义学院学报》2005 年第 9 期。

[9] 郭湫君：《反垄断法域外管辖发展及其冲突解决——以美国相关发展为引导》，中国政法大学 2006 年硕士学位论文。

[10] 刘郡萌：《反垄断法域外适用问题研究——兼论我国〈反垄断法（草案）〉域外适用制度的构建》，外交学院 2006 年硕士学位论文。

第二编

有形与无形财产间：最新民商法律保护问题研究

第三章：有形财产：传统民商法律保护问题研究

试论物权法中车位、车库权利归属制度

李 雯*

案例：

案情发生在2009年3月，起因是开发商和业主因车位归属而发生的纠纷。中泰国际广场是刚刚开发不久的办公和公寓楼，开发商是江苏圆泰置业有限公司，地下有1000多个停车位。到目前为止，中泰国际大部分的业主都已经入住。在房屋出售和出租的时候，合同中并没有明确约定车位的归属。2009年3月1日以前，业主每车每月要交150元的管理费，2009年3月1日以后，开发商规定车位必须购买，否则就无处停车。开发商车位的售价开始时8万，后来涨到13万，这对大多数公司来说都是无力承担的，更不用说那些短期租房的业主。这意味着如果不购买车位，就无处停车。于是，开发商和业主的冲突自然就愈演愈烈。业主在大楼上打出了横幅“黑心开发商，还我车位”，保安把地下车库的门锁上，甚至连消防通道也被堵得严严实实。业主跟保安打起来，甚至和新闻媒体到区政府大闹，大有围攻区政府之势。之后几天，冲突依然在加剧。新闻媒体连续几天跟踪报道，但是开发商始终拒绝接受采访，也拿不出出售车位的合法证据。

此事件在南京引起轩然大波，显然是《物权法》立法时的缺陷所导致的，无疑是对建筑物区分所有权的立法的严峻挑战。

在此案中存在如下问题：

1. 开发商和业主在签订商品房购买合同时并没有明确约定车位车库的权利归属。

2. 在不能“首先满足业主需要”的情况下如何救济。

---

* 北方工业大学民商法2010级硕士研究生。

3. 不动产登记制度的不完善对车位、车库纠纷解决的影响。

根据我国《物权法》第74条规定，建筑区划内，规划用于停放汽车的车位、车库应当首先满足业主的需要。建筑区划内，规划用于停放汽车的车位、车库的归属，由当事人通过出售、附赠或者出租等方式约定。占用业主共有的道路或者其他场地用于停放汽车的车位，属于业主共有。对于该条文可以作如下解释：

第一，关于如何理解《物权法》第74条第1款的“首先满足”。首先满足业主的需要，不是说业主享有优先购买权。而是说只要业主有需要，开发商就不能将车位车库卖给非业主。如果业主只是享有优先购买权的话，业主的利益就难以得到保障。另外业主和开发商应该合理商议车位的价格，如果就车位的价格无法达成一致的话，应该由资深的专业评估机构给出合理的价格评估。但是在实践中，由于业主一直处于弱势地位，开发商往往以高于市场价的价格迫使业主在购房时不得不放弃首先购买或者出租车位的权利，开发商得以将车位车库转卖或者转租给业主以外的其他人。这就严重侵害了业主的权益，政府应该建立严格的价格干预机制，保证交易的公正性。此事件就是钻了此项立法的空子，错误理解“首先满足”。

第二，关于如何理解“业主的需要”。业主的需要是指业主合理的需要。现实需要，即指开发商在对房地产现售或者预售之后，如全部销售完毕，则必须征求业主的意见，方可出租；尚未出售完毕时，则必须考虑潜在的业主的需要，方可出租。但是我国此项规定太过含糊。

第三，关于《物权法》第74条第2款的“当事人”。初看此法条，很容易将“当事人”理解为开发商和业主。但是，实践中当事人并不是只限定于开发商和业主，也经常会出现新业主和前业主作为当事人双方的情况。另外，《物权法》第74条第1款中关于规划用于停放汽车的车位、车库，应该首先满足业主的需要。这里涉及一个逻辑前提，即车位、车库必须首先归属于开发商。

第四，关于约定的时间。一般来说，涉及车位、车库的权利归属，可以在签订商品房买卖合同时约定，也可以在签订商品房买卖合同后约定。开发商和业主应该就此问题约定一个期限，如约定一年的期限，即在一年之内开发商不得将车位出售或者租赁给非业主。一年之后业主并没有购买意愿时开发商方可转卖或者转租他人。否则，如果业主一直不购买，车位得不到出售，也会损害开发商的权益。《物权法》此项并没有涉及约定的时间问题，往往在实践中会产生种种问题。

在理解《物权法》第74条规定的基础上，我们可以看出此案合同签订有很多漏洞。开发商和业主在签订商品房购买合同时并没有明确约定车位车库的权利归属。开发商还钻法律的空子，错误理解法律。随意抬高价格使得业主难以承受。根据《民法通则》诚实信用的原则，以及"谁主张谁举证"，开发商只要能够证明车位车库的成本并没有纳入房屋的售价，才可以出售。否则，车位无偿归业主所有。根据《合同法》对格式合同的规定，如果没有明确约定的事项应该遵循保护消费者利益的解释。此案中，双方并没有在签订合同时明确约定车位车库的权利归属，车位车库就应该无偿归业主所有。但是，在现实中，开发商早已将车位车库的成本计入购房的售价中，以很高的价格卖出后，又主张自己对车位车库的所有权。然后将车位车库卖给非业主，使得业主委员会和物业管理起来更加混乱。归属权的混乱不清晰带来了很多麻烦。

关于本案的处理，还有学者认为车位的归属权应该是法定的而不是约定的。开发商在开发房地产时，必须同时开发足够的车位，车位的成本计入房价的，业主购买房屋的时候，车位附属于房屋；当业主不愿意购买车位时，开发商应该在出售房屋时扣除车位的成本价。当车位的成本没计入房屋时，当业主不愿意购买或租赁车位的情况下，开发商才可以另行处理。这也要求物价部门对开发商出售车位的定价进行监督，防止开发商凭借垄断地位任意提高车位价格。同时，房产监管部门也要对车库的成本是否计入房屋进行认证和监督。

《物权法》中对建筑物区分所有权虽然给予了高度的关注，并用专章给予规定，但其在许多方面仍存在着不完善的地方。可见，理论和实践中的争议都表明，明确车位、车库的权属问题十分重要，涉及开发商、业主和物业管理企业等的利益，必须有清晰、明确的具体规则，才能更好地解决由此引发的纠纷。因此，应当首先从小区车位、车库的界定及其性质入手，寻求更好的解决途径。

一、车库车位范围的界定

住宅小区停车位有两种说法：一种是只要是在住宅小区物业管理公司允许范围内能够停车的地点，就是住宅小区停车位；另一种观点认为，它是指达到一定规模、基础设施配套比较齐全的住宅小区用于停车的车位、车库。同时，必须符合住宅小区法定规划、设计，或者依法能够用于停车。

本文所指车位，是指住宅小区内设置在地上或地下的以停放机动车辆为目的的属于开放式空间的场所；本文所指车库，是指在住宅小区内设置的以停放机动车辆为目的的具有封闭空间的场所。目前，我国住宅小区的车位、车库主要有以下几种形态：

第一，地下停车位。地下停车位四周有明确的界限，与其上的房间有墙壁相隔，是与住房相区别的、独立的特定物，可以成为单独所有权的客体。

第二，地面车位，是指占有小区共有的道路或其他场地修建的车位。对此，我国《物权法》第74条第3款规定，占用业主共有的道路或者其他场地用于停放汽车的车位，属于业主共有。

第三，独立车库。独立车库不同于车位，一般具有相对的封闭空间，分设于室内或室外，具有建筑物的一般特点。由于其有一定的独立性，因而可以作为独立的财产。

第四，建筑物首层架空层车位和屋顶平台车位。其权属依附于计算容积率的住宅单元，此部分车位应由全体业主共有。

值得注意的是车库与地面停车场的区别主要是：（1）车库是具有四周封闭的空间，具有建筑物的特征，地面停车位不具备建筑物的特征。（2）车库的开发成本相对较高，而且其建造成本不一定分摊到整个小区的建造成本中；地面停车场的开发几乎不需要成本，其占用的土地的使用费已经分摊在小区的建造成本中，而且其占用的道路或其他公共场地属于全体业主共有财产。①

二、车位车库的法律性质

讨论车位、车库的权利归属首先应当回答车位、车库的性质，即车位、车库是否可以独立作为所有权的客体。目前在法律界，小区车位车库的法律性质存在较大争议，部分人认为其是小区的配套设施；部分人则认为其是建筑物或建设用地使用权的添附物；也有人认为其是建筑物的从物。

有学者认为，既然车库是配套设施，那么就应当属于小区业主共同所有。笔者不赞同此观点。配套设施是为全体或者部分业主的利益增加住宅功能和提供生活便利，其所有权状态存在两种可能：一是该配套设施只能为全体业主共有并且公用；二是该附属设施也可以单独为特定人所有。但是，建筑物的专有部分应限于独立物。所谓独立物，是按照一般社会观念，在建筑物区分所有的财产关系中，建筑物按其设计在构造上各自独立使用的单元。它必须具备三项构成要件：一是构造上的独立性，即各个部分在建筑物的构造上

---

① 王利明：《物权法中车库的归属及相关法律问题》，载《现代法学》2006年第5期。

可以被区分开，可与建筑物其他部分完全隔离，在实务上一般以有无固定墙壁间隔作为判断依据。如果仅以屏风、拉窗、隔扇或桌椅间隔而没有遮蔽性的隔离设施，则不具备构造上的独立性，不能构成独立物。二是使用上的独立性，主要是指根据建筑物的用途是否构成为某种目的而独立利用的单位，其判断依据主要是有无直接的出入口和内部专用设备。如果本身没有独立的可进出的门户，而必须借助相邻的出入单位的门户与外界相通，则不具备使用上的独立性。三是法律上的独立性，通常是指可以通过登记而公示。按此判断，与建筑物相通的车位、车库不属于建筑物的专有部分，因为其不具有构造上的独立性和法律上的独立性。①

因此，认定车位、车库是配套设施，并不必然导出车位、车库属于业主共有的结论，车位、车库因其形态结构不同，导致权利归属上出现差异，既可以是共有部分，也可以是专有部分。对于专有部分与共有部分的区分，导致车位车库的不同归属，决定其各种类型的使用方式。我们可以做如下分析：

第一，独立车库，是在小区内独立建造的四周以墙壁和库门与外界空间隔离的具有专用性的停车位，四周范围明确，已成为与住房相区别的、独立的特定物，能够满足构造上的独立性和使用上的独立性要求。同时，独立车库依法可以办理小区车位、车库的权属相关登记手续，记载于不动产登记簿，符合法律上的独立性要求。因此，独立车库，可以作为专有部分。

第二，地下车库，本身四周是封闭的，形成一定的空间，符合构造上的独立性要求，且具有独立的出入口和出入车道，具有使用上的独立性。但是，我国现行立法上并没有对地下车库的登记作出相关规定，地下车库不能作为特定业主所有权的客体。同理，架空层停车位虽然具有构造上的独立性和使用上的独立性，但不符合法律规定，无法进行不动产登记。所以，地下车库与建筑物架空层停车位不能成为专有部分，只能是全体业主的共有部分。

第三，地面车位，直接设置于地面、以画线分割的方式标明，不具有构造上的独立性，显然无法成为专有部分。

由此可见，在小区车位、车库的诸多形态中，只有独立车库可以作为建筑物区分所有权的专有部分。而地下车库、建筑物架空层停车位及地面车位，只能是共有部分。而本文前述案例中的车库形式正是地下车库，在理论上，其所有权归全体业主共同所有，开发商不得违背全体业主的意愿而自主处分

① 高圣平：《〈住宅小区车位、车库的性质及其权利归属研究〉——兼评〈物权法〉第74条》，载中国民商法律网，http://www.civillaw.com.cn/article/default.asp? id = 43228#m7。

该地下车库。

三、分析我国现行《物权法》中关于车位车库权利归属的制度

《物权法》第74条规定，建筑区划内，规划用于停放汽车的车位、车库应当首先满足业主的需要。建筑区划内，规划用于停放汽车的车位、车库的归属，由当事人通过出售、出租或者附赠等方式约定。占用业主共有的道路或者其他场地用于停放汽车的车位，属于业主共有。

最高人民法院《关于审理建筑物区分所有权纠纷案件具体应用法律若干问题的解释》（以下简称《解释》）第5条规定，建设单位按照配置比例将车位、车库，以出售、附赠或者出租等方式处分给业主的，应当认定其行为符合《物权法》第74条第1款有关“应当首先满足业主的需要”的规定。前款所称配置比例是指规划确定的建筑区划内规划用于停放汽车的车位、车库与房屋套数的比例。

《中华人民共和国人民防空法》第5条规定，国家对人民防空设施建设按照有关规定给予优惠。国家鼓励、支持企业事业组织、社会团体和个人，通过多种途径，投资进行人民防空工程建设；人防工程平时由投资者使用管理，收益归投资者所有。

（一）车位车库权利归属制度

第一，《物权法》第74条区分了小区内车库与地面停车场，并采纳了不同的产权归属原则。既然车库与地面停车场两者之间有明显的差别，在其产权归属问题上法律自然应当区别对待。物权法起草过程中关于小区停车位、车库归属问题之所以难以达成一致，其中很大一部分原因就在于将两者的归属混为一谈。《物权法》区别对待露天停车位和车库，体现了立法者试图平衡业主和开发商两者利益的努力，也是立法技术精细与进步的表现。

第二，《物权法》将小区内车库归属交由当事人约定并列举了约定方式：出售、出租或者附赠等方式。从长远来看这种规定也是有利于业主的，《物权法》规定间接承认了小区车库车位可以作为独立的交易客体，为以后业主再次出让或转租车位提供了法律依据。这样的灵活规定既激发了开发商建造车库的热情又最大限度地保障了业主的利益。

第三，对小区内停车位、车库的出售或出租施加了必要的限制，即应当首先满足业主的需要。《解释》第5条对《物权法》第74条第1款规定的“应当首先满足业主需要”作出较为明确的规定。业主的停车利益与开发商收益利益之间存在利益博弈，所以要是兼顾其利益平衡，目前为止较为可行的方法就是采取配置比例。依据《解释》第5条第1款规定配置比例是由规划

行政主管部门确定的，既然开发商已经通过出售、附赠或者出租方式分给业主了，那么他就已经优先满足了业主需要了。在一部分业主不能获得车位状况下，如果要求开发商承担责任，由于此时开发商已没有了提供车位的义务，无义务则无责任，所以此种要求是无道理的。

第四，根据《人民防空法》的规定，城市新建民用建筑必须按照国家的规定修建战时可以用于防空的地下室。同时，为了有效利用稀缺的土地资源，避免浪费，我国确定了人防建设的“平战结合”原则，就是在不影响防空效能的前提下，在非战争时期赋予人防工程民用用途，使之在平时也能被有效地利用。住宅小区的人防工程是国家备战设施，管理人和使用人都没有产权。根据我国《人民防空法》“谁投资、谁使用、谁受益”的原则。投资改进建设的单位或个人再向政府主管部门交纳一定的人防工程使用费和相关费用之后，可以进行商业经营。

开发商投资人防工程改建的地下车位、车库，只能出租不能出卖，这是因为我国相关法律、法规都没有确定人防工程的所有权。开发商无法对人防工程的所有权进行登记，根据我国《城市房地产管理法》第 37 条的规定，权属有争议以及未依法登记领取权属证书的房地产不得转让，所以开发商不能出售以人防工程改建的地下车位、车库的所有权。

对于属于业主共有的车位、车库如果个别业主建立了使用权，则须交付费用，而不是由业主随意使用。否则，没有购买车位的业主就会吃亏，被购买车位的业主占了便宜。通过这些车位所取得的收益，除去必要的管理费之外，应当归属于全体业主，由业主大会或者业主委员会决定，归于公共维修基金，或者按照面积分给全体业主。

（二）车位车库权利归属制度的不足

目前《物权法》的该条规定仅是一种框架性的规定，对于实践中解决车位、车库纠纷存在一些问题。具体而言，有如下几个方面：

第一，在没有约定或约定不明的情况下，车位或车库应当归谁所有。没有约定，是指开发商与业主在纠纷发生前并未对车位、车库的归属进行协商并达成协议。所谓约定不明，是指开发商与业主就车位、车库的权利归属问题并未达成明确的合意。

第二，没有“首先满足业主的需要”的救济。“首先满足业主需要”如何定量需要法律明确规定。在一般情况下，开发商在出售商品房时都会同时将车库出售或者附赠、出租，而业主在购买商品房的同时并非一定具有购买车库的经济能力和现实需要。在多数业主不能同时买房又买车位、车库的情况下，开发商必然会将车位、车库出让，甚至会卖给非业主。在这种现实情况下，“首先满足业主需要”是与现实相脱节的，需要必要的救济措施。

第三，我国不动产登记制度尚不完善，对于小区车库的容积率是否记入公摊面积不予记载。不动产登记簿和权属证书作为公示的基本载体，在小区车库权利归属上并未发挥其作用，而这种回避态度使纠纷变得复杂化。目前，在房地产初始登记的实务中，房地产产权登记机关除办理《土地使用权证》，《房屋所有权证》或《房地产证》外，对于共有、他项的房地产权证，房地产登记机关并不办理，停车位的法律权利归属亦不记载于房地产权证。登记机关现行发放的《房地产证》，对建筑物共用部位、他项权利不予记载的登记方式，无意中给政府房地产行政管理部门、房地产开发商拟定的可能有违法律规定的格式合同条款大开方便之门。房地产财产权利人无法借助所持有的《房地产证》，直接对抗该类违法的合同条款，保护自身的合法权益。在登记制度不完善的情况下，对小区车位、车库的归属由当事人约定也势必对业主的利益造成损害。

在本文案例中，开发商正是利用了这些法律漏洞，由于法律没有确定车库、车位的归属权，而且与相关法律配套的救济措施和保障措施匮乏，才使得开发商有机会谋取不正当利益，并损害业主应有的权益。因此，我国应当完善关于车位、车库权利归属制度，从而给予业主应有的保障。

四、车位、车库权利归属制度的完善

（一）车库或车位没有约定或约定不明的应归业主共有

有观点认为，判断车位、车库的权利归属的主要依据是车位、车库的建筑面积是否作为小区商品房的公摊面积。即如果房屋在销售时，开发商将停车位、车库成本或面积分摊到建筑成本或房屋面积中，停车位、车库产权就应当归业主，如果没有分摊就归开发商．但是，现实中由于开发商较之业主而言，具有天然的优势，格式合同由其拟定，必然对其比较有利。另外，事实上城市商品房住宅小区的所有开发成本，最终均由买房的业主承担，开发商在建设期间只是垫付了部分资金。[1] 由此可见，实践中，车位、车库的相关成本均已摊入业主的购房款中，以成本是否摊入住宅开发成本来判断车位、车库的权利归属没有意义。因此，不能简单地根据车位、车库的建造成本是否进入住房销售价格来确定车位、车库的归属，车位、车库的归属问题是一

① 王嘉吾：《住宅小区物业共有部分所有权界定的成本分析》，载北京市海淀和谐社区发展中心《〈物权法〉建筑物区分所有权研讨会资料汇编（2006）》。

基本的物权问题，要遵循物权取得的一般法理，跟建造成本是否进入住房销售价格无关。所以如果由于权属未约定而产生争议，按照合同解释规则，应采用不利于制定方即开发商的解释。因为如果在销售时开发商没有将停车位、车库成本或面积分摊到建筑成本或房屋面积中，那么开发商一定会明确对于小区车位的所有权进行保留，而不会不计成本将车位（车库）置于权属不明的状态。一般来说，在没有相关约定的情况下，开发商都会将成本分摊到建筑成本或房屋面积中从而转嫁给了购房者，所以在约定不明的情况下应当规定小区车位（车库）的所有权归业主。

（二）增加“首先满足业主的需要”的救济

1. 业主的撤销权

《物权法》第74条第1款规定，需要没有得到满足的业主可援引该规范请求法院撤销影响自身利益的交易行为，或确认该交易行为相对无效。

第一，需要没有得到满足的业主有权申请撤销开发商与业主以外的人之间的买卖、赠与车位、车库的交易行为。在限制销售期内，开发商不得将车位、车库出售、赠与给业主以外的人。否则，就可以认定为没有“首先满足业主的需要”。

第二，需要没有得到满足的业主有权请求开发商与业主以外的人所签订的出租车位、车库合同终止履行。在限制出租期，开发商不得将车位、车库出租给业主以外的人。否则，开发商与业主以外的人之间租赁车位、车库的行为就损害了需要没有得到满足的业主的特定第三人的权利。

第三，需要没有得到满足的业主有权请求宣告开发商与其他业主所签订的买卖、附赠车位、车库合同部分无效。在限制销售期，开发商在将车位、车库出售、附赠给本建筑规划内的业主时，必须遵守相应的处分规则，否则，该买卖、赠与车位、车库的合同就侵害了需要没有得到满足的业主的特定第三人权利。需要没有得到满足的业主，可以请求宣告开发商与业主买卖、附赠车位、车库的合同部分无效，即超出合理需求的部分无效。

第四，需要没有得到满足的业主有权请求开发商与其他业主所签订的出租车位、车库合同部分终止履行。在限制出租期内，开发商将车位、车库出租给业主时应根据不同的配置比例，遵守相应的规则。

2. 损害赔偿责任

如果将业主的权利仅仅限定在请求撤销交易行为的情形下，则会限制业主诉讼的积极性，因为，即使撤销了车位、车库的交易行为，也不能保证某个特定的业主能够购买或承租该车位、车库，业主的权利仍不能得到真正的保障。因此，在业主请求撤销合同的同时，应当赋予业主损害赔偿请求权。

一方面，要确定业主的具体损失，车位、车库没有得到满足的业主，在其所居住的小区附近购买或租赁了车位、车库，如果价格高于购买或租赁本建筑规划内车位、车库的价格，超出部分应为业主的损失，小区附近既没有车位、车库出售，也没有车位、车库出租，业主要到较远的地方购买或者租赁车位、车库，在确定损失的时候还应考虑停车距离带来的油耗等损失；另一方面，应该根据业主需要的满足程度，具体确定赔偿损失的数额。业主需要的满足程度是指整个小区的业主需要的满足程度，不能仅从个别业主的需要有没有满足来确定。应结合配置比例的要求综合加以考虑。①

在车位、车库没有“首先满足业主的需要”的情况下，开发商应承担相应的法律责任。只有明确了车位、车库没有“首先满足业主的需要”法律责任的相关问题，才能使《物权法》第74条第1款得以正确适用，从而达到解决车位、车库纠纷，平衡开发商与业主的利益的目的，使车位、车库物尽其用，最大程度地满足业主的需要。

（三）用登记制度规范车位、车库问题

第一，一套房业主只能买一个车位、车库。开发商出售一套本房地产开发项目的房屋，只能向该房屋购买人出售、出租或者赠与本房地产开发项目的一个规划用于停放汽车的车位、车库。违反该条款的，房地产交易登记机构不予办理车位的房地产产权登记。

第二，无登记的法律后果。如果开发商已将车位、车库出售给本房地产开发项目以外的单位或个人，或出售2个（含2个）以上车位给同一套房屋所有权人，但未办理买卖合同登记的，由此导致不能办理车位、车库房地产权证，造成业主损失的，由开发商赔偿其相应的损失。

本文前述案例中，开发商并没有从“首要满足业主需要”的角度出发考虑合同的性质，而且没有明确规定车位归属权属于谁。另外，我国立法缺乏相应的保障制度和损害赔偿制度，这样开发商更加肆意地损害业主权益，使得自身利益最大化。这种做法是与我国民法精神和基本原则相违背的，也不利于社会经济秩序的持久发展。因此，完善我国关于车位、车库权利归属制度，弥补法律空白，从而规范开发商的经营行为，在制度上使业主权益得到应有的保障，是有非常重要的现实和理论意义的。

综上所述，我国现行《物权法》和《解释》对于小区车位、车库问题还

① 闵敢：《车位、车库没有“首先满足业主的需要”法律责任相关问题》，载《政治与法律》2010年第6期。

不健全，急需完善。未来应该作出更细化的规定。同时，由于此问题不仅仅是一个法学理论的问题，在实践中还要受到客观经济条件的制约。因此，未来对此问题的研究应该扩展思路，利用不同学科比较分析的研究方法进行综合性研究。

参考文献：

［1］梁慧星、陈华彬：《物权法（第二版）》，法律出版社2003年版。

［2］王利明：《论物权法中车库的归属及相关法律问题》，载《现代法学》2006年第5期。

［3］张陈帅、张更金：《小区车库归属问题研究》，载《广西政法管理干部学院学报》2006年第9期。

［4］黄松有：《中华人民共和国物权法条文理解与适用》，人民法院出版社2007年版。

［5］柴景山：《区分所有建筑附属停车位权属问题研究》，载《武汉科技大学学报（社会科学版）》2005年第2期。

［6］韩晓利：《论居民小区停车位、车库的归属与利用——兼评〈物权法〉第74条的得与失》，载《研究生法学》2007年第4期。

［7］奚晓明：《最高人民法院建筑物区分所有权、物业服务司法解释理解与适用》，人民法院出版社2009年版。

建筑物相邻关系问题研究

朱海龙*

案例：

原告：陈洪森等27人，均住蚌埠市交通家园。

被告：邸哲明，恒丰大酒店经营者，住蚌埠市交通路220号。

陈洪森等27位原告与被告邸哲明开设酒店的房屋同在本市交通路交通花园小区。27位原告系该区三栋坐北朝南住宅楼（均为六层）的部分住户，被告在该区开办了恒丰大酒店，从事餐饮业（未办理工商登记）。该酒店所处的裙楼为二层楼房，坐东朝西，位于2号住宅楼和1号、3号住宅楼（1号楼在东、3号楼在西，两楼相连）之间，与住宅楼垂直连成一体。被告开设的酒店的灶间（在二楼）上方为原告宋在文的住房，灶间引风机的声音对周围的住户形成噪声污染。被告又将酒店二楼东边的墙打通，开一门通向位于灶间北侧的平台（原为四周封闭）。灶间的烟囱向北平行穿越该平台后顺3号住宅楼楼梯间的墙壁往上延伸，达住宅楼第4层的高度。该平台下面系一楼的一间房屋，与被告饭店一楼相连，但不归被告所有。被告在此间房屋临交通花园小区的东墙上开出一门，装上防盗门，现已用角钢将门焊上。被告饭店的工作人员在平台上洗菜、洗碗，以致污水流至小区内。27位原告以被告开设的饭店产生的噪声、排烟等侵害相邻权为由，诉至本院。

问题：

1. 该相邻关系属于哪种类型的相邻关系？
2. 噪声、排烟是否侵害相邻权？

一、相邻关系的概述

（一）相邻关系的含义

所谓相邻关系，是指不动产的相邻各方因行使所有权或使用权而发生的

* 北方工业大学民商法2009级硕士研究生

权利和义务关系。①

（二）相邻关系的法律特征

第一，相邻关系是依据法律规定而产生的。这里的法律规定有两方面的含义：一是相邻关系是依据法律规定而产生的，即不动产所有人或者使用人之间的权利义务是基于法律的规定而产生的，并不是通过当事人之间的约定或者基于一个法律行为而产生的。二是不动产所有人或者使用人之间的权利义务内容是法定的，不能随意地删改或增加。相邻关系义务人的主要义务是为他人利用自己的不动产提供通风、采光、排水、取水、通行、排污等各方面的便利，由于一方要给另一方提供便利，使得自己的权利受到了限制，而另一方的权利也因此得到了扩张；其主要权利是当相邻人非使用邻地就不能对自己的不动产进行使用时，有权在对邻地损害最小范围内使用相邻土地。

第二，相邻关系的主体必须是两个或两个以上的不动产所有人或使用人，因为一个不动产所有人或使用人不会形成相邻。相邻关系的主体，包括公民、法人或其他民事主体。或者说相邻关系既可以发生在公民之间，也可以发生在公民与法人之间以及法人与法人之间等，并且相邻关系的权利主体必须是具有合法权益的不动产所有人或使用人。

第三，相邻关系是因为相邻不动产的利用而发生的，如相邻的建筑物间产生了通风、采光的相邻关系。如何理解“相邻”？在学理上，一种意见认为，相邻是相互临近；另一种意见认为，相邻只是近邻，甚至并不邻接也可以发生相邻。笔者赞同第二种观点。我国著名民法学家王利明先生认为，既然土地和土地上的建筑物应当在法律上区别对待，因此在确定相邻关系的类型的时候，不应将相邻关系仅限于土地的相邻，否则，在实践中大量存在的因建筑物的相邻而产生的通风、采光等关系就不能包括在内，这显然是不妥当的。② 不动产相邻不一定就要求必须是两个不动产相邻接。土地和土地上的建筑物应当是在法律上加以区分的。随着社会的不断发展，我们不能仅仅把相邻关系理解为土地之间的，在实践中大量存在建筑物间的相邻而产生的通风、采光、眺望等相邻关系。

第四，相邻关系的内容十分复杂。相邻关系由于种类不同从而拥有不同的内容。但是，其基本内容都具有以下两方面的特点：一是相邻一方在行使不动产权利时，有权利要求他方提供必要的便利，他方负有在一定范围内给

---

① 王泽鉴：《民法物权》（通则·所有权），中国政法大学出版社 1999 年版，第 215 页。

② 王利明：《民商法研究》（修订本，第 4 辑），法律出版社 2001 年版，第 356 页。

予必要的便利的义务。所谓必要便利，是指非从相邻方得到便利，不能正常行使其所有权或使用权。[①] 有的为生产利用而要求他方提供便利，如道路通行权、安设管道权；有的为生活目的而要求他方提供便利，如通风权、采光权；有的为精神利益要求他方提供便利，如要求他人不能在自己房屋旁开设妓院、赌场等不良娱乐场所。二是相邻权的限制，相邻关系人在行使权利时，必须在一定的容忍限度内，不得损害他方的合法权益。即相邻方在行使其权利时，应尽量避免和减少给他方造成损失，不得滥用其权利。如果造成了损害，相邻人有权要求停止侵害、排除妨害以及补偿或赔偿等。

第五，在我国法学界，对相邻关系的客体有四种观点：第一种观点认为，相邻权的客体是不动产本身。[②] 第二种观点认为，相邻关系的客体是行使不动产权利所体现的利益[③]。第三种观点认为，相邻权的客体是相邻各方所实施的行为（作为或不作为）。第四种观点认为，相邻权的种类十分复杂，不同的相邻权因其内容不同，权利和义务所指向的对象及客体也不同。例如，在因土地使用权权属不清而发生的相邻关系中，其客体是不动产本身，但是大多数相邻权的客体是行使不动产的所有权或使用权所体现的财产权益和其他权益。[④] 相邻关系当事人在行使其权利时，既要实现自己的合法权益，又要在一定的限度内保护他人的合法权益，所以相邻关系当事人行使权利所产生的权利义务都共同指向了其自身的合法权益。因此，笔者赞成第四种观点，相邻关系的客体是相邻各方行使不动产的所有权或使用权所体现的财产利益或者其他利益。

（三）相邻关系的理论分类

相邻关系涉及非常细微、具体的相邻不动产利用关系。为了实现对不动产相邻关系的有效调整，以使得不动产能够物尽其用，进而维护整个社会的不动产财产利用秩序，实现社会经济生活的安定、有序，应当尽可能具体地对现实社会经济生活中的各种相邻关系加以规定。研究相邻关系的类型，在理论上对相邻关系加以很好地归类，不仅有利于防止立法上的疏漏，而且有利于法律制度的体系化。因此，对相邻关系理论分类的研究，是对现实经济生活当中相邻关系加以很好地规定的前提。因此，学界结合各国的立法和社

① 王利明：《物权法论》，中国政法大学出版社 2008 年版，第 186 页。

② 李由义主编：《民法学》，北京大学出版社 1988 年版，第 245 页。

③ 钱明星：《物权法原理》，北京大学出版社 1994 年版；彭万林主编：《民法学》，中国政法大学出版社 1994 年版，第 325 页。

④ 王利明：《物权法论》，中国政法大学出版社 2008 年版，第 186 页。

会经济生活的实际情况，对相邻关系的类型进行了研究，其中有三种代表性的学说，归纳如下：

学说一："规范对象说"，以相邻关系调节的不动产类型为标准进行划分，可以分为土地相邻关系和建筑物相邻关系。其中土地相邻关系具体可分为：①邻地损害的妨免关系；②邻地的利用关系；③水之相邻关系；④越界关系或是侵入关系。建筑物相邻关系又可分为：①区分所有建筑物相邻关系；②不可量物侵害关系；③日照妨害。[①]

学说二："行为方式说"，以相邻关系中相邻各方的行为方式为标准进行分类。这一学说之中又包含了三种意见：一是将行为方式分为两种，包括提供便利和避免妨害，或称相邻利用关系或相邻妨害关系[②]。二是将行为方式分为三种，即①土地所有人不得在自己土地上为一定行为；②土地所有人不得行使一定权利；③土地所有人不得在他人土地上为一定行为，他人负容忍义务。[③] 但这种分类又有一个变种，即将第二类和第三类合为一类，另加一类界标围障设置关系而将相邻关系分为：①相邻防险关系；②相邻邻地利用关系；③界标围障设置关系[④]。三是除上述第二种的三种类型外，又加一种特定或不特定人得对特定土地行使一定权利（类似人役权），从而分为四种[⑤]。而王泽鉴先生认为有五种方式：①土地所有人，不得为一定行为；②土地所有人得于相邻土地为一定行为，但应遵循最低损害原则，并就邻地所受损害，支付赔偿金；③土地所有人从事一定行为时，应防范邻地遭受损害；④土地所有人得禁止他人为一定的行为；⑤土地所有人应容忍他人于其土地为一定行为。[⑥]

学说三："立法依据说"，以我国《民法通则》的规定为基础，将相邻关系分为：①相邻土地使用关系；②相邻防险、排污关系；③相邻用水、流水、截水、排水关系；④相邻管线安设关系；⑤相邻光照、通风、音响、震动关

① 梁慧星：《中国物权法研究（上）》，法律出版社 1998 年版，第 456～46 页。

② 孟勤国：《物权二元结构论——中国物权制度的理论重构》，人民法院出版社 2001 年版，第 173～174 页。

③ 史尚宽：《物权法论》，中国政法大学出版社 2000 年版，第 87 页。

④ 金启洲：《相邻关系制度研究——一种类型化的尝试》，载《浙江工商大学学报》2005 年第 2 期，第 17 页。

⑤ 苏永钦：《民法相邻关系是否可类推用非物权人》，载苏永钦主编：《民法物权争议问题研究》，清华大学出版社 2004 年版，第 96 页。

⑥ 王泽鉴：《民法概要》，中国政法大学出版社 2003 年版，第 508 页。

系；⑥相邻竹木归属关系。[①]

以上三种关于相邻关系类型的学说从各个方面对相邻关系加以分类，可以使我们更加细致地了解相邻关系的具体规范内容。通过以上分析，笔者比较赞同“规范对象说”的观点，将相邻关系分为两大类：一是土地相邻关系；二是建筑物相邻关系。

（四）处理相邻关系的原则

我国《民法通则》第 83 条规定，不动产的相邻各方，应当按照有利生产、方便生活、团结互助、公平合理的精神，正确处理截水、排水、通行、通风、采光等方面的相邻关系。给相邻方造成妨碍或者损失的，应当停止侵害，排除妨碍，赔偿损失。我国《物权法》第 84 条规定，不动产的相邻权利人应当按照有利生产、方便生活、团结互助、公平合理的原则，正确处理相邻关系。《物权法》第 85 条规定，法律、法规对处理相邻关系有规定的，依照其规定；法律、法规没有规定的，可以按照当地习惯。

根据上述条文，可以得出以下处理相邻关系的原则：

第一，有利生产的原则。相邻关系是人们对于相毗邻的物行使所有权时而产生的权利义务关系，直接或者间接地与生产活动相联系。因此，如何正确处理相邻关系，关乎人们能否正常地进行生产活动。所以，正确处理相邻关系，既要考虑到相毗邻物得各方的合法权益，也要考虑到经济发展问题。

第二，方便生活的原则。相邻关系与人们的生活直接或者间接地有着联系，如通风、采光、防险等相邻关系类型直接关系到人们的生活环境。所以，在处理相邻关系问题的时候，一定要考虑到人们的生活是否方便，一定要坚持以人为本的原则，充分考虑到人们的生命安全及健康生活问题，对危害人们的生命健康和正常的生活，必须禁止，从而实现和谐的生活环境。

第三，团结互助的原则。这个原则体现了中华民族的文化礼仪传统——邻里和睦、人际关系融洽、社会秩序井然、稳定团结。根据此原则，我们处理相邻关系纠纷时，一定要考虑到邻里关系，从团结互助的原则出发，尽可能协商解决以创造和睦、融洽的人际关系。

第四，公平合理的原则。该原则要求我们在处理相邻关系纠纷时，要公平地处理民事主体之间的权利义务关系，兼顾各方利益，不要损害任何一方的利益来谋求他方的不法利益，应从实际出发，根据法律作出正确的判决，

---

① 张鹏、曹诗权：《相邻关系的民法调整》，载《法学研究》2000 年第 2 期，第 69 页。

只有这样才能最大化保护相邻关系权利人的合法权益。

第五，尊重民事习惯原则。该原则是对《民法通则》规定原则的一个重要的补充原则，同时也给法官判断案件一个明确的法律依据。法律无明文规定者，遵从当事人的习惯是一条基本的执法原则。在司法实践和相邻关系的立法中，如果没有相关立法，可以按照当地的习惯，这样会更大程度地使案件得到解决，并且社会矛盾逐渐化解，符合我国的发展目标。

二、建筑物相邻关系的基本问题分析

通过以上分析，笔者赞成“规范对象说”的分类，将相邻关系分为土地相邻关系和建筑物相邻关系。其中建筑物相邻关系包括以下三种：第一，在一栋建筑物内，因各房屋单元的使用人或者所有人彼此近邻而发生的相邻关系；第二，各个建筑物之间，因各自的建筑物的彼此近邻而发生的相邻关系；第三，建筑物与土地所有人或者使用人，因建筑物与土地的彼此邻近而发生的相邻关系。[①] 并且建筑物相邻关系内部可分为三种类型：①区分所有建筑物相邻关系；②不可量物侵害关系；③日照妨害。[②]

（一）建筑物相邻关系的含义

建筑物，在法律上，一般是指矗立在地上的，有一定的空间结构的，具有实用价值的物。随着现代步伐的推进，建筑物不仅在数量上大量增加，而且它们之间的相互联系也越来越紧密，不仅在同一建筑物内存在大量的相邻纠纷，而且在各个建筑物之间也发生大量的相邻纠纷。因此，建筑物相邻关系，是指相邻近的建筑物之间所有人或使用人之间，建筑物所有人或使用人与邻近的土地所有人或使用人之间，以及建筑物内部彼此邻近的房屋单元所有人或使用人之间，因行使所有权或使用权而发生的权利和义务关系。

（二）建筑物相邻关系的具体类型

笔者通过司法实践审判相邻关系案件类型的角度进行如下分类：

1. 因建筑物的扩建或拆改而产生的相邻关系

近年来，随着城镇化步伐的不断推进，农村居民新建、改建、扩建现象日益增多，出现了大量的相邻关系纠纷问题，具体包括以下几个方面：

（1）因设计不够规范导致相邻建筑物损害或通风、采光、通行等方面的相邻关系纠纷。当建筑物新建或者改建时，设计不够标准，没有规划或者没

① 梁慧星：《中国物权法研究（上）》，法律出版社 1998 年版，第 449 页。

② 梁慧星：《中国物权法研究（上）》，法律出版社 1998 年版，第 456 ~ 467 页。

有遵照国家的有关规定，对房屋的间距、高矮等问题进行全方位的设计，妨碍了邻人的通行、采光和日照。

（2）因违法建造或没有通过审批引起的通行、采光等相邻关系纠纷。这类案件，主要是通过违法占地、搭建违章建筑或违规超过标准、超过审批范围等手段进行建筑物的建造或者改建、扩建工程。

（3）因对建筑物内部进行不当的装修或者拆改行为引起的相邻关系纠纷。例如，楼上的用户不允许楼下的用户安装太阳能热水器；相邻的用户安装空调外机等物件位置过于接近邻人的窗户，引起的噪声妨碍了相邻方的合法权益等相邻关系纠纷。

2. 因环境污染侵害引起的相邻关系

因排放污染物而产生的相邻权纠纷案件，本文的案例属于此类型。例如，相邻的一方在修建厕所或者饲养动物时，所产生的恶臭气体，没有与相邻方保持一定的距离或没有采取有效的防范措施，影响到了邻人的合法权益，从而引起的相邻关系纠纷。

3. 因建筑物及建筑物上的搁置物、悬挂物而产生的相邻关系纠纷

例如，建筑物及建筑物上的搁置物、悬挂物有倒塌的危险性，其所有人负有防止其损害发生的义务。其邻人有要求其加固或者拆除的权利。

4. 因邻人自己认为其正常生活起居或者其他观念性权利受到影响而产生的相邻关系纠纷

例如，建造建筑物引起的噪声、饲养动物过程中的宠物叫声等引起侵权纠纷案件。

总之，随着人们生活居住条件的不断改善，相邻权自身的内容也不断地扩张，越来越广泛。在眺望权这一权利名称之后，又出现了“视觉卫生权”、“视觉心理卫生权”等原告创造出来的权利名称，并要求法律保护。[①] 建筑物相邻关系类型的总趋势是不断扩张的。

三、我国《物权法》相关规定以及不足

《物权法》于2007年3月16日正式通过。《物权法》细化了《民法通则》以及最高人民法院《关于贯彻执行〈中华人民共和国民法通则〉若干问题的意见（试行）》相关规定。《物权法》在第二编“所有权”中专列了一章规定了“相邻关系”，《物权法》第84条规定了相邻关系的处理原则，第85

① 丁凯：《法官眼中的新私权》，载《经济观察报》2005年第3期。

条规定了相邻关系的处理依据，第86～91条分别规定了相邻用水、排水关系，相邻通行关系，相邻建造、修缮及管线敷设关系，相邻建筑物通风、采光和日照关系，不可量物侵害及相邻土地损害防免关系等六大类相邻关系。其中“建筑物相邻关系”体现在《物权法》第89条以及第90条。毫无疑问，《物权法》相较于《民法通则》第83条的规定已有很大的进步，但是在某些方面还是存在很大的缺陷，主要体现在：

（1）关于相邻关系的处理原则，即有利生产、方便生活、团结互助、公平合理的原则。此条与我国《民法通则》第83条如出一辙，并没有新意。条文内容过度原则化，难以适用于审判实践工作。《物权法》用九个条文规范相邻关系，不足国外民法相关条文数的1/2或1/3，其结果就同一类型的相邻关系，条文数目减少的结果只能是内容上的高度概括。例如，关于水的相邻关系，日本民法典以9个条文规定了8种类型的水的相邻关系，我国台湾地区“民法典”更是以11个条文规定11种水的相邻关系类型。[①] 而《物权法》只用一个条文——第86条规定水的相邻关系。这种类似于喊口号式的条文只是提供了一个处理水的相邻关系的所要遵守的基本原则，对何种类型的用水、排水提供必要的便利，提供什么样的必要便利，对自然流水如何分配算是合理分配，没有任何具体规定。这种被抽空了具体内容的概括性规定，几乎不具有任何可操作性，只能在具体案件中通过司法裁判予以确定，容易导致法官自由裁量权的滥用，从而使司法公正得不到有效的保护。

（2）相邻关系的类型不完备，存在明显的制度漏洞。相邻关系属于物权法内容，性质上属于所有权的法定限制，根据物权法定原则，这些法定限制的内容必须尽可能的得以明确，否则所有权人的权限范围即无从确定。从外国民法规定来看，相邻关系类型较为完备，少则十几种，多则几十种，而《物权法》仅规定了6种相邻关系类型，远不能解决我国相邻不动产利用冲突发展的需要，存在明显的制度漏洞。从我国相邻关系纠纷的实务及外国法律规定来看，《物权法》应规定而未规定的相邻关系类型至少有十种之多。立法上的滞后反映了理论研究上的不足。从我国已出版和发表的物权法论著看，相邻关系制度远远没有受到应有的关注和探讨。从总体上看，我国相邻关系制度的研究水平目前还处于教科书阶段，近年来尽管出现一些关于相邻关系制度研究的专题论文，但其内容上局限于民法相邻关系制度中的一些具体问题上，如相邻权的概念、相邻关系的民法调整方法、相邻权与地役权的关系，

① 金启洲：《民法相邻关系制度》，法律出版社2009年版。

建筑物区分所有权相邻关系。

(3)《物权法》第89条、第90条规定，都采用了“违法说”即违反国家相关规定，如果相邻一方建筑物或者弃置排放污染物时没有违反国家有关工程建设标准或排放标准，但却给相邻他方不动产造成损害，是否不受禁止？对这些问题，显然不能简单给予回答是或者不是，并且不可量物的侵害系现代文明社会的产物，显然我们每个人都生活在各种气体、辐射、噪声等的包围之中，完全禁止这些不可量物是不可能的。一般而言，轻微的、对人体没有害处或者对日常的正常生活没有影响的，接受者应该有一定的容忍义务，而我国并没有规定容忍义务制度。

四、我国建筑物相邻关系制度的完善

基于以上对《民法通则》、最高人民法院《关于贯彻执行〈中华人民共和国民法通则〉若干问题的意见》以及《物权法》相关内容的分析，笔者主要从以下几方面对我国建筑物相邻关系制度进行完善：

（一）完善物权法关于建筑物相邻关系的规定

1. 建筑物相邻关系应与土地相邻关系区别对待，建立完善的建筑物相邻关系体系

立法上明确建筑物相邻关系的概念和种类。要解决建筑物相邻关系的纠纷，明确何谓建筑物相邻关系是其基本前提，也是最为关键的一环，但在我国《民法通则》以及《物权法》等相关立法中，仅规定了相邻关系的基本概念，对建筑物相邻关系的定义并没有作出明确的规定，而且建筑物相邻关系经常与土地相邻关系等其他相邻关系相混淆，给司法实践带来了很大的不便。所以，要完善建筑物相邻关系纠纷解决的机制，应首先在立法上明确建筑物相邻关系的概念，提出系统的、明确的认定建筑物相邻关系的标准。其次，应适应社会发展的需求，在立法中明确规定建筑物相邻关系的种类。随着社会的发展和科技的进步，大量新型的建筑物相邻关系的纠纷不断出现，日照权、通风权等概念的出现，更是推动了建筑物相邻关系的快速发展，与此同时，各种新型的建筑物相邻关系的纠纷也随之出现，而现今我国法律中仅有有关相邻排水、用水的有关规定，明显已不能与社会的发展相适应。但在短时间内在法律中规定所有种类的建筑物相邻关系，显然是不现实的，并且也不利于法律体系的完善和稳定。笔者认为，应将那些在实际生活中经常出现，对社会生活产生了重大的影响，并有一定审判经验的建筑物相邻关系规定于法律之中，这样既能符合社会发展的需求，又能维护法律的发展与稳定。

2. 完善不可量物制度

完善不可量物制度，我们可以参考国外立法，对于实践中比较成熟，理论上已讨论比较充分的先进制度，如德国民法和我国台湾地区“民法”的立法经验，对于煤气、蒸汽、热气、臭气、烟气、灰屑、喧嚣、无线电波、光、振动及其他相类者侵入邻人的土地、建筑物或其他工作物时造成的干扰性妨害或损害，以不可量物侵害制度予以明文规定。本案例中主要针对的是噪声、烟气等不可量物侵害其邻人的合法权益。①

3. 引入忍受限度理论

立法方面，建议引入忍受限度论，《物权法》第90条增加“侵害轻微时，相邻方负有忍受义务”。相邻关系从法理上讲，它是一种法定的权利，并不是当事人之间意思自治产生的。所以，必须要求双方当事人负有一定的忍受义务。当源自于邻地的不可量物侵害并未逾越通常的程度时，被害人必须忍受；相反，如属过度的不可量物侵害，其已经超出了原告的忍受限度则需禁止。在下列两种情况时相邻方具有忍受义务：一是有害物质未造成侵害或者造成的侵害是轻微的。相邻一方在生产和生活的时候，产生有害物质是难免的，如难免侵入他人的邻地，虽有碍卫生或扰人宁静，但如果没有造成侵害或者造成的侵害属于轻微的，那么邻人应该予以忍受。相邻关系重在互惠，如果一方吹毛求疵，据理不让，他方也必然会借端寻衅，意图报复，结果彼此交恶，影响邻里和睦。所谓轻微，如炊烟袅袅、歌韵悠悠等即是。二是不可量物造成的侵害是重大的，但此种侵害是由于在该地域进行通常的土地利用而引起的（即具有土地利用的惯行性）且加害者对于其所造成的侵害不能采取经济上可得期待的防止措施，或者此种侵害按照当地习惯是被认为相当的。

4. 完善有害物质侵害的判断标准

进行域外建筑物相邻关系法律制度考察时，可以看到，德国制定了一套特定的判断“侵害”与否的标准，并且都把损害结果的过渡性作为实质性的要件。以《德国民法典》为例，其认为构成不可量物侵害的标准有：（1）侵害应为本质的侵害。在实践中，德国法院一般以侵害行为是否超过特别法（如《污染防治法》、《营业法》等规定的界限值）为准，但若在此界限值以下也可能构成本质的侵害，此时法官一般会借助于医师或特定技术部门的鉴定结论，以证明是否确实对人体、人类生活及其他财产构成了物理侵害。

① 梁慧星：《中国物权法草案建议稿》，社会科学文献出版社2003年版，第346页。

(2) 侵害并非在该地域进行通常的土地利用而生，即不具有“场所的惯行性”。除此之外，《德国民法典》还以列举的方式，详细明确了因各类噪音、震动、气体等侵害所具有的场所惯行性及周围人群应承担的忍受义务。(3) 侵害的防止应具有经济上可期待的措施。换言之，对于某种侵害，以现有的科技和经济水平，具有防止的办法且该方法不至于对加害方产生无法承受的经济负担。虽然《德国民法典》有对工商业者过度保护的嫌疑，但其中关于以法律、法规、鉴定结论为依据以及设定侵害排除的列举模式值得我们借鉴。这种借鉴并非机械地模仿《德国民法典》的规定，在《物权法》规定以“违反国家规定”为标准，而应该在参照这些标准的基础上，运用利益衡量的方法，判断有害物质侵害问题。

因此，笔者建议，可以在物权法中体现的一些涉及建筑物相邻关系的限制性规定予以明确，增强可操作性。应当明确诸如光污染、噪声污染、电波辐射等新型相邻纠纷的相邻容忍义务界限。参照以下几个方面设定：(1) 主要是公法上的规定，增加法律、法规、规章的强制性禁止规定设定为侵害构成的首要标准；(2) 将国家标准、地方标准以及行业标准作为判断侵害构成的第二层标准；(3) 如果以上两个层面都没有，那么可以使用公平原则判断标准，法官依据其自身的知识经验以及专家的鉴定意见，发挥其自由裁量权，进行判定。

(二) 完善公法相邻关系的规定

在物权相邻关系法中有一些涉及邻人利益的问题并没有或不宜规定，这就需要公法来加以弥补。

(1) 通过行政立法为邻人的利益设置行政审批、许可等程序，对相邻权进行事前救济。私法对邻人保护，主要是从以下规定来加以保护：排除请求权、补偿请求权，还有侵权责任法上的损害赔偿请求权，其目的在于排除或者补偿事后发生的损失，并没有在事前就加以保护。由于新类型的建筑物相邻纠纷的大量产生，如环境污染等问题，涉及的公共利益范围要大，同时具有不可回复性，所以在这种背景下，更要求我们要做到事前救济。这主要体现在行政审批和许可上面，对于那些具有潜在威胁人们生命财产安全和破坏环境的营业或者设施，必须要进行严格的审批，得到许可之后才能实施。

(2) 通过公法将建筑物相邻关系中的不确定的概念以及标准具体化，如有害物质的判断标准，是否构成不可量物侵害以及容忍的限度等问题。例如，参照德国的立法将公法规定的不可量物侵入的极限值或标准值作为判断不可量物侵入是否重大的标准等。这样，可以把不确定的概念以及标准客观化和具体化，同时我们要将公法和私法的判断标准统一起来，以免造成立法上的冲突，从而给实践带来不必要的麻烦。

（3）完善行政诉讼救济途径。我国目前行政法相关规定中，受行政行为效果影响的第三人（邻人）在其利益受到或可能受到行政机关的侵害时，可以通过行政许可、行政听证和提起行政诉讼等三种途径进行寻求救济。依照最高人民法院《关于执行〈中华人民共和国行政诉讼法〉若干问题的解释》第12条和第13条第1款的规定，邻人在所有情况下都事先被规定为与行政行为有法律上的利害关系。从该司法解释得出，邻人（第三人）享有一般性的公法上的相邻权。有了一般性的规定，就可以免去对具体规范是否具有保护第三人（邻人）目的的审查，只需要审查该行政行为是否有侵害邻人相邻权的事实即可。目前，我国关于公法保护相邻权的一般性规定具有一定的优越性，因为从我国一些具体的公法相邻关系法，如《城市规划法》、《建筑法》等法律的规定看，并没有明确赋予邻人对建筑物规划或者许可等行政行为有参与、听证或起诉等公法相邻权，因此也无法通过解释得出该规范具有保护第三人的目的。在这种情况下，通过公法相邻法的一般性规定，可以有效地弥补这些对邻人（第三人）利益保护的不足。但是，另一方面也应该看到，这些一般性公法规定尽管具有普遍适用性以及补充具体法律法规漏洞的作用，但也存在内容简单、可操作性不强，抽象化等问题，所以有必要通过具体的规范加以充实和完善。

通过对国内立法的分析，相较于其他国家，我国建筑物相邻关系规定显然过于简单、笼统、原则化，且实际可操作性不强，对于某些重要的相邻关系没有涉及，已越来越难适应社会发展的需要。这样就会给司法实践带来困难，进一步造成社会矛盾加深，在这样的大背景下，我们必须建立和完善建筑物相邻关系制度，构建和谐社会主义社会。

参考文献：

［1］王利明：《物权法研究》，中国人民大学出版社2002年版。

［2］陈华彬：《物权法研究》，金桥文化出版（香港）有限公司2001年版。

［3］钱明星：《物权法原理》，北京大学出版社1993年版。

［4］尹田：《法国物权法》，法律出版社1998年版。

［5］王泽鉴：《民法物权》（第一册），中国政法大学出版社2001年版。

［6］谢哲胜：《财产法专题研究（三）》，中国人民大学出版社2004年版。

[7] 王利明主编:《民商法前言论坛》, 北京: 人民法院出版社 2004 年版。

[8] 谢在全:《民法物权论》(上册), 北京: 中国政法大学出版社 1999 年版。

[9] 彭诚信:《现代意义相邻权的理解》, 载《法制与社会发展》1999 年第 1 期。

[10] 金启洲:《相邻关系制度研究》, 载《民商法学》2005 年第 8 期。

建筑物抛掷物侵权责任案例研究

李文超*

案例：

根据《中国普法网》报道，2008年6月3日，备受关注的"天降叉衣棍案"在重庆市九龙坡区人民法院一审判决：案件中原告袁某受伤产生25.9万余元费用，其本人承担20%的责任；除没住人的一套毛坯房的业主不承担责任外，其余48家住户共同承担剩余80%的责任，赔偿总额为20.7万余元，因此每家均摊4326元的赔偿数额。案件发生在2008年11月24日上午11点，像往常一样，22岁的袁某在渝州新城一家超市出口附近摆摊，一根带金属叉头的叉衣棍突然从天而降，正好插进她的头顶。后经鉴定为左侧肢体不全瘫7级伤残、轻度智力缺损7级伤残、颅骨缺损10级伤残。在花了7万元医疗费后，袁某出院回家继续治疗。事发后，袁某的丈夫凌某多次去现场找寻肇事者，但是每次都一无所获。最终，凌某为妻子聘请了一名律师，把最有可能掉落叉衣棍的渝州新城2号楼7号、9号单元的49套房子的业主（其中包括一家宾馆）一并告上法庭，提出包括伤残赔偿金、医疗费等在内的40万元赔偿请求。

2010年1月15日，重庆市九龙坡区人民法院开庭对此案进行了公开审理。6月3日下午2时30分，原被告双方在九龙坡区法院一号庭听候法官一审判决。法院审理后认为，根据我国相关法律规定，从建筑物中抛掷物品致人损害，抛掷人承担民事责任。如果不能确定谁为抛掷人的，由建筑物的所有人或者全体使用人共同承担民事责任，但能够证明自己没有抛掷该物品的可以不承担责任。结合案件实际情况，法院认为毕竟大多数业主的责任是基于其房屋与损害发生的关联性而产生，除了隐藏在其中的真正"肇事元凶"之外，其他业主在某种程度上也是无辜的。因此，为了实现社会公平和正义，缓和矛盾，促进社会和谐稳定，由被告业主对伤者损失分担相应责任。

法院在阐明理由后作出一审判决，袁某产生了6万余元医疗费、12万余

* 北方工业大学2010级法律硕士研究生

元残疾赔偿金，另因袁某受伤生活无法自理，2 岁小女儿要抚养到 18 岁成年，共需 4 万余元。因此，法院最终认定：袁某受伤产生 25.9 万余元费用，袁某承担 20% 的责任；除业主王某房屋是毛坯房未住人不赔偿以外，其他 48 家赔偿总额为 20.7 万余元，每家赔偿 4326 元。宣判后，出庭的多数业主表示不会赔。一业主称，如果每家只赔 1000 元，还可以从人道主义考虑，出点钱让伤者得到生活保障，但要赔这么多，只有继续把官司打下去。从建筑物抛掷物致人损害的字面意思理解，抛物是带有行为人故意的，是可以受控制的行为，这种高空抛物致人损害的行为应属于民事纠纷，因此《中华人民共和国侵权责任法》规定，从建筑物中抛掷物品或者从建筑物上坠落的物品造成他人损害，难以确定具体侵权人的，除能够证明自己不是侵权人的外，由可能加害的建筑物使用人给予补偿。最终在立法上明确了这类案件的法律适用问题。

近几年高空抛物伤人案件屡见报端。高空抛物行为不仅影响城市的整洁美观，还威胁着无辜的生命，成为公共安全新的隐患。而遭遇飞来横祸的受害者面临的索赔难题，也在拷问着法律的公平与公正。根据《中华人民共和国侵权责任法》的规定，在建筑物高空抛物致人损害发生后，难以确定具体侵权人的，除能够证明自己不是侵权人的外，由可能加害的建筑物使用人给予补偿。这也意味着高空抛物，邻里或是大厦的所有者要担责，但这种责任承担方式对于无辜的大众来说是否公平成为众多学者讨论的热点话题。在高空抛物加害人不明情况中，法律规定受害人可以对多人提起诉讼要求民事赔偿。事实上，未抛物的居民对于抛物者的行为不能预见，更无法有效制止。所以高空抛物的维权尴尬，光凭起诉所有可能加害人是无法解决的。

本案的争议焦点主要集中在以下几个方面：(1) 建筑物抛掷物致人损害的归责原则应当如何适用？这直接涉及赔偿责任的分担问题。(2) 建筑物抛掷物侵权责任应如何分配？加害人不明时的高空抛物致人损害纠纷中，我国《侵权责任法》第 87 条规定由可能加害的建筑物使用人给予补偿。这一制度设计在法理上无法证实其正当性。因此，我们有必要研究和讨论《侵权责任法》第 87 条规定所考虑的主要因素，以及采取何种措施弥补司法救济的局限性。(3) 在建筑物抛掷物致人损害中，受害人的损失应该如何及时、有效救济？仅仅依靠侵权责任法的作用来救济是不够的，应当结合多种措施。侵权责任法即使是从牺牲一部分人的财产利益来维护公共安全和公共利益角度出发，也应当把这种“牺牲”降到最低。在本文中，笔者对以上争议焦点进行重点分析，探讨本案判决和相关的法理依据。

一、“天降叉衣棍案”的法理分析

建筑物抛掷物致人损害，属于典型侵权行为类型，是指物品被人从建筑物高空中抛下，造成他人人身或者财产遭受损失。当无法确定真正的行为人时，案件赔偿问题就较为复杂。近年来我国城市大发展，高层建筑物不断增多。建筑物抛掷物致人损害案件也随之增加，但是由于我国目前建筑物实行建筑物区分所有，在不能确定具体侵权人的情况下，如何对受害人进行法律救济成为实务界和理论界共同探讨的问题。同时法院判决中也出现了很多“同案不同判”的判例，在重庆扔烟灰缸致人受伤案①中，家住重庆市的郝某与朋友李某在街上谈事时，被临路楼上抛掷的烟灰缸砸中头部，花费医疗费9万余元，治疗后留下了严重的残疾。公安机关经过侦查，不能确定是谁抛掷的烟灰缸。2001年8月，郝某以位于出事地点的两幢居民楼一楼以上的22户为被告向法院起诉。重庆市渝中区人民法院根据过错推定原则，判决被告22户共同分担原告17万余元的经济损失，每户赔偿8101.5元。22户被告不服一审判决，提起上诉，二审维持原判。被告向重庆市高级人民法院申请再审，重庆市高级人民法院以“根据目前的法学理论，抛掷物所有人不能确定时应由建筑物的全体使用人承担连带责任”为由，驳回再审申请。

在济南扔菜板致人死亡案中，家住济南市的孟老太太在一住宅区出楼道口时，恰巧被楼上落下的一个旧菜板击倒，被送到医院，经抢救无效死亡。孟老太亲属向法院起诉，将该楼全体共56户列为被告，要求承担损害赔偿责任。该案法院最后参照共同危险行为的规则，判决56户住户承担损害赔偿责任等。对此，2010年7月1日实施的《中华人民共和国侵权责任法》第87条首次进行了明确的规定，从建筑物中抛掷物品或者从建筑物上坠落的物品造成他人损害，难以确定具体侵权人的，除能够证明自己不是侵权人外，由可能加害的建筑物使用人给予补偿，从而在法律上明确规定了此种类型案件的法律依据与受害人的法律救济规则。

（一）“天降叉衣棍案”不适用公平责任和过错推定原则

对《侵权责任法》第87条的归责原则，许多学者有不同的看法。有的学者认为，具体侵权人不明的建筑物抛掷物致人损害适用的原则是一种公平责任。《民法通则》第132条规定了我国公平责任原则适用的法律依据，主要是

---

① 王利明：《论抛掷物致人损害的责任》，载《判解研究》2004年第2期，第17～21页。

指当双方对损害的发生均没有过错，法律又无特别规定适用无过错责任原则，让一方当事人承担损失有违公平时，根据公平原则，由行为人对受害人的财产损害给予适当的补偿，当事人合理分担损失的一种归责原则。

有学者认为，侵权人不明的建筑物抛掷物致人损害适用的原则是过错推定原则，在案件中难以确定抛掷该物的行为人，但除事发当时无人居住的房屋外，其余房屋的居住人均不能排除抛掷物的可能性，根据过错推定原则，应由侵害行为人发生时居住在房屋内的住户分担赔偿责任。

笔者认为，公平责任说和过错推定说的不足已被学者广泛批评，公平责任是指双方当事人对损害的发生均无过错的情况下适用，公平责任要求加害人和受害人均无过错，而侵权人不明的抛掷物致人损害责任中真正的侵权人显然是有过错的。在建筑物抛掷物致人损害事件中，除了特定侵权人的抛物行为，其他“相关责任人”是没有实施侵权行为，也没有过错。高层建筑物致人损害的这种集体归责原则的出现，使得无辜的建筑物使用人或者户主承担赔偿责任，不符合侵权责任法的原则。

侵权人不明的建筑物抛掷物案件，其推定的主要是因果关系而非过错，故而不应当以推定过错来解读，如果适用推定过错责任，则需要首先证明自己没有过错，为了证明可能致害的一方并无过错，则要证明侵权行为人是建筑物使用人以外的其他人以及能够确定具体的侵权人或者自己不在场，由于客观原因自己客观上不能实施侵害行为，而免除其他的相关责任人的责任，但是绝大部分处于建筑物中或建筑物上的无辜的建筑物使用人客观上却很难证明自己免责事由成立，而且在建筑物抛物致人损害案件中的侵权人不排除是建筑物的业主以外的人。高层建筑物可分为供特定的人或者多数人进出的高层建筑物和供不特定的人特别是允许不特定的人进出的建筑物（如用于出租的写字楼），致使建筑物使用人举证很困难和相关责任人的范围具有不确定性。在供不特定的人特别是允许不特定的人进出的高层建筑物抛掷物致人损害案件中，我国侵权责任法笼统的规定，无论从损害承担、预防损害、效率和公平等观点，都不能得到确切的依据。

（二）“天降叉衣棍案”不适用替代责任

民事责任财产性是决定高层建筑物抛物致人损害责任规则的基础。民法上替代责任的原理，就是因为民事责任是财产责任，既然责任人与行为人具有一定的特定关系，因此就责令责任人承担责任，而不是让行为人承担责任。

根据侵权责任法理论和法律规定，在替代责任中，责任主体和侵权行为主体或物件的所有人或管理人之间存在特定的身份关系。在我国侵权责任法规定的几种承担替代责任的情形，责任承担主体对于侵权行为主体或物件的所有人或管理人都存在特定的监督管理关系。但是，在侵权人不明的建筑物抛掷物致人损害中没有实施高空抛物行为的建筑物使用人和实施了高空抛物行为的建筑物使用人之间是平等的民事主体，彼此之间不存在特定的监督管理关系。因此，也就不存在承担替代侵权责任的基础。在侵权行为人不明的高空抛物致人损害中，《侵权责任法》第 87 条规定由可能的一定范围内的建筑物使用人承担补充责任，也不符合承担替代责任的要件。

依据《侵权责任法》第 87 条的规定，可以看出一方面是为了维护受害人的利益，使受害方损失得到最终的补偿，也可能是基于一种公平的考虑；另一方面，“主张可能的行为人承担责任，是从高空抛物侵权案件应更加凸显法律的安全价值和秩序价值出发”。① 立法者是基于解决建筑物抛掷物坠落物致害侵权纠纷的实际需要，而且基于目前我国尚未有相关的制度保障，而作此规定。因此，建筑物抛掷物的这种法律适用，只能是在其他方法不能保障被侵权人的合法权益时的一种暂时规定。即便侵权责任是一种财产性责任，法律也不能在毫无过错的情况下，要求建筑物使用人承担责任。

笔者认为，此项责任的基础可能在于当今高层建筑物的出现，本身就对于生活在周边的不特定人群造成了危险。因此，该高层建筑物的使用人和所有人应当负有更高的注意义务。再者，抛掷物致人损害完全可以通过出资设置摄像头等方式对建筑物进行监控，阻遏并及时发现高空坠物的具体侵权人，从而避免发生责任；也可以比较便利地通过投保责任来分担风险。② 如果将这种损害或者预防损害的责任交予不特定的受害人承担，是不符合效率原则的。因为建筑物所有人或者使用人相对比较固定，更容易组织起来采取相应的措施。

二、“天降叉衣棍案”侵权责任的分配原则

（一）主张保护弱者是侵权责任法损害救济的基本规则

凡是受到非法侵害的受害人，侵权责任法就应当予以保护。建筑物抛掷物造成受害人损害，受害人就成为侵权责任法保护的弱者。因此，即使没有确定具体的侵权行为人，但只要相关责任人的范围是确定的，建筑物抛掷物确实是从这座建筑物中抛掷出来的，那么该建筑物的使用人就应当承担责任。

① 张方琼、郭丹：《高空抛物损害赔偿救济探析》，载《法制与社会》2010 年第 3 期，第 58 ~ 63 页。

② 王利明：《中华人民共和国侵权责任法释义》，中国法制出版社 2010 年版，第 448 页。

主张是维护公共安全的角度出发的学者认为，在高空抛物没有发生损害之前，威胁的并不是特定的人，而是不特定的人，是公共利益或者公众利益。如果对高空抛物已经造成的损害，由于不能确定具体的加害人而放弃对不法行为的追究，将会放纵乃至纵容侵权行为，其后果将会更加严重。所以为了维护大家的共同利益，适当地牺牲某些人的利益来遏制这样一种行为以保护公共安全，从价值的衡量上是更为合理的，所以由全体业主来适当地分担才体现了公平责任的基本价值。

即使侵权责任法从同情弱者的角度考虑，也不能让没有过错的一方承担责任。尤其是在目前许多居民楼及写字楼是允许建筑物使用人之外的其他人进出的，这样在不能查出具体侵权人的情况下，把相关责任人的范围锁定在建筑物使用人的范围内是不妥当的。不能排除有第三者故意谋杀或者伤害他人的可能性，要求所有无辜的建筑物使用人承担赔偿责任，这就超出了“本质是一定的危险”的归责基础。

（二）损失分散是现代损害赔偿法的一个发展趋势

损失分散，主要是指在无过错责任领域，针对的主要是较强经济地位的现代企业。建筑物抛掷物致人损害中只有具体侵权人存在过错，其他建筑物使用人是没有过错的。建筑物抛掷物侵权行为所指向的是具体侵权人的抛物行为，不排除有故意伤害或者杀害的可能性，其侵权行为针对的人可能是不特定的，也可能是特定的，即行为危害的可能是公共安全也可能是特定的生命健康权；而建筑物上搁置物致人损害侵权行为所指向的是建筑物使用人或者管理人的搁置物、悬挂物。在建筑物上搁置物致人损害中，建筑物使用人或者管理人可能有过失，但不会有伤害某个特定人的故意。所以将其统一地规定于《侵权责任法》第87条，也许会使得现实中某些刑法上的犯罪行为的损害结果归入侵权法领域来承担。

（三）建筑物抛掷物侵权责任分配考虑的因素

我国民法学者杨立新教授认为，《侵权责任法》第87条是关于建筑物中抛掷物致人损害的补偿责任的规定，此条主要是基于以下考虑：（1）抛掷物致人损害责任，是基于公平考虑，而不是基于过错责任原则确定；（2）承担责任是适当的补偿责任，而不是侵权责任；（3）这样规范的作用，是为了更好的预防损害，制止人们高空抛物；（4）这种侵权行为的性质是物件损害责任，不是人的责任。[①] 笔者认为《侵权责任法》第87条即使是基于公平考虑，

① 杨立新：《侵权责任法案例分析》，人民法院出版社2010年第4期，第298页。

也已经超出了公平原则的原始定义，该法条是从假定过错到假定建筑物使用人实施了抛物行为造成损害，从而确定了相关责任人的范围，即所有建筑物使用人。但是，这种假定是不正确的，在现实中根本不能排除是建筑物以外的第三方故意实施的侵权行为。这样的话对于高层建筑物的使用人和所有人要求就过于严格了。对于受害人的最终救济问题，可以通过加强高层建筑物抛掷物侵权行为的预防，加强刑事侦查手段，以及设立专项的基金和完善社会保险来实现。

“在任何一个社会中，从来就不是有损害就有救济的，有些损害没有救济，有些损害是通过保险来分担，主张有损害就有救济是错误的”。① 因此，在不能确定建筑物中抛掷物致人损害的侵权人时，我国侵权责任法笼统地规定所有不能证明自己没有过错的建筑物使用人承担责任。笔者认为，在自己行为自己负责的民法世界中，为他人行为承当责任，需要正当的理由。

三、由“天降叉衣棍案”引发的思考

（一）我国侵权责任法应当解决此类案件处理上的局限性

对于建筑物抛掷物致人损害，仅仅依靠侵权责任法的作用来救济是不够的，应当结合多种措施，将“悬在空中的痛”早日根除。侵权责任法即使是从牺牲一部分人的财产利益来维护公共安全和公共利益角度出发，也应当把这种“牺牲”降到最低。

在以往的相关案例中，法院的判决往往让很多民众感到不公平，同时不少学者也反对此类案件在侵权责任法的框架，由无辜的相关住户承担受害人的赔偿责任。例如，著名的“重庆扔烟灰缸致人受伤案”、“济南扔菜板致人死亡案”，等等。随着我国经济的发展和城市的崛起，各种建筑物高空抛掷物侵权层出不穷，给人们的生活带来了巨大压力，一方面，它使侵权责任法的补偿功能更为突出，另一方面，新侵权责任法的处理机制对于普通无辜居民来说增加了不少负担。通过本文分析，在很多领域是无法通过侵权责任法给受害人提供及时、有效补偿的，尤其是对那些日常生活中偶然发生的事故，我们不可能完全寄希望于通过侵权责任法对受害人进行补偿。西方发达国家法律都认为，建筑物抛掷物侵权行为应属一般侵权行为，不适用建筑物或其他设施致人损害行为的规定，但是实践中建筑物抛掷物致人损害案件的难点

① 杨立新、张新宝、姚辉：《侵权法三人谈》，法律出版社2007年第12期，第327～345页。

就是不能确定真正的致害人。所以，当此种情况发生时，我们应当寻找各种方式补偿受害人的损失，把注意力转向如何保护受害人的权益，而不应局限于侵权行为领域。因此，我们应当结合相关的其他制度，形成一套综合有效的补偿机制，最大程度地减少受害人的损失。通过克服司法途径救济受害人的局限性，维护受害人权益，分散风险，真正把受害人因致害行为遭受的损失分散到社会中。

（二）基于社会安全状况的考虑，我国应当利用综合手段加强建筑物抛掷物行为的监管和救助

1. 加强对此类案件的侦查力度

此类案件应当走先刑后民的程序，同时国家必须大力发展社会福利制度，使受害者能得到相应的救济。将高空抛物造成的损害纳入人身意外伤害的范围，普通公民只要投保了意外伤害险，若发生高空抛物伤害事故，便可以据此向保险公司索赔并获得赔偿。如果损失分担理论、维护公共安全以及为了预防建筑物的抛物等侵权行为成为《侵权责任法》第 87 条的理论依据，那么就会造成把政府应当承担的职责与义务分担到居民身上，这是不公平的。

2. 政府在大力发展经济的同时，应当通过完善社会保险和社会保障体系加以解决

在机动车不断增加的今天，我们建立了道路交通事故社会救助基金；在高楼不断崛起，城市不断扩张的今天，我国也同样应建立一个意外伤害救助基金。对于受到意外伤害，又不能找到具体侵权人的受害者进行救济时，由基金先行垫付损失，待到案件侦破，再向侵权人追偿。可以由政府投入启动资金，从社会募集资金，采取政府主导、社会参与的模式。

3. 实行刑事被害人国家补偿制度是世界性的发展趋势

高空抛物致害案件，大多数都是刑事案件。刑事被害人因犯罪人没有抓到或者无力赔偿、陷入生存危机的，国家有责任给以一定的经济补偿。这样可以安抚受害人，减少无奈上访，维护正常的社会秩序。在公安机关侦查具体案件时无法确定侵权人的前提下，国家都应该给予受害人一定的赔偿，尤其对于人身伤害的案件。[①] 刑事通过将“个人责任”转化为“国家责任”，这样就能弥补个人救助、社会救助的缺陷。

（三）完善《物业管理条例》

对新建商品房验收时，规定物业管理区域内必须要有一定的预防措施，

① 奚晓明：《侵权案件指导案例评注》，中国法制出版社 2010 年版，第 1 页。

如小区内针对高空抛物的摄像监控。否则，发生高空抛物侵权案件时，物业管理者也应承担责任。物业和小区安装摄像头及时监控，为建筑物抛掷物侵权致伤、致残案件的破案提供线索。

（四）补偿责任需要综合考虑各种因素和具体情况来分担

在实务中大多数学者认为，建筑物使用人作为相关责任人所承担补偿责任应该是按份责任。这里是以户为单位分担责任，还是按照建筑物区分所有的面积分担责任，需要综合考虑各种因素和具体情况来分担。但是，建筑物抛掷物致人损害中，有一方是有过错的，只不过无法确定具体的侵权人，因此在赔偿问题上如何具体计算各建筑物使用人的承担份额，才能达到较好的社会效果呢？在目前对于高层建筑物抛掷物致人损害的相关救助机制还未建立时，立法机关如何衡量补偿责任的分配，还需出台进一步的司法解释。

我们在认真学习、贯彻《侵权责任法》的同时，更应该努力完善《侵权责任法》，使其能更好地保护我们的合法权益。因此，目前在司法实务中应该严格限制《侵权责任法》第87条的适用，细化责任主体免责的客观标准，完善建筑物使用人在赔偿过程中的赔偿适用原则，减少无辜的建筑物使用人承担不必要的补偿责任。

参考文献：

[1] 杨立新：《中华人民共和国侵权责任法》，人民法院出版社2010年版。

[2] 王成、鲁智勇：《高空抛物侵权行为探究》，载《法学评论（双月刊）》2007年第2期。

[3] 王泽鉴：《侵权行为法》，中国政法大学出版社2002年版。

[4] 奚晓明：《侵权案件指导案例评注》，中国法制出版社2010年版。

[5] 刘春堂：《国家赔偿法》，台湾三民书局2007年版。

[6] 杨立新：《侵权司法对策》，人民法院出版社2005年版。

[7] 高圣平、管洪彦：《侵权责任法典型判例研究》，中国法制出版社2010年版。

[8] 王利明：《中华人民共和国侵权责任法释义》，中国法制出版社2010年版。

破解中国公益捐赠的制度困境

——从“郭美美事件”中的红十字会谈起

杨　婧*

案例：

郭美玲，新浪微博昵称“郭美美 baby”，湖南人。2011 年 6 月 20 日，郭美玲在网络上公然炫耀其奢华的私生活。从郭美玲的微博中我们可以看到，她在豪华的别墅举办生日宴，开着名牌跑车，手机、手表、皮包、衣服等无不是昂贵的奢侈品。

在当今社会，有着如此优裕生活环境的女孩子并不少，本无可厚非，但引人注意的是，郭美玲在微博上的“炫富”行为夹杂了一个比较特殊的身份，即“红十字会商业总经理”。正是这样一串字眼，让她走到了舆论的风口浪尖，引发了众多网友对中国红十字会的激烈非议：身兼“中国红十字会商业总经理”的名头，吃穿住用行皆为名牌，一个年仅 20 岁的女孩子，竟有这么大的本事？“红十字会”的“经理”身家居然如此富有？我们捐给红十字会的钱到哪去了？——随之而来的是疯狂的人肉搜索，网友们带着猎奇、猜忌、愤怒的情绪从网络与现实中追寻可能的真相，借助微博和即时聊天工具，传播红十字会的“丑闻”，同时担忧着广大善良的老百姓的公益捐款到底有多少被送到了真正需要者的手中，又有多少流入了某些个人的腰包……

尽管后来中国红十字会对此迅速地作出了反应，否认了相关的指责与推断，撇清了与郭美玲的关系，并诉诸法律。不过，这似乎并未起到多少作用。6 月 27 日，审计署公布的中国红十字会 2010 年度的审计报告，则称红十字会总会多笔资金存在问题，这进一步让红十字会的信任危机又加重了许多。

作为由中国官方主办、已有百余年历史的人道主义社会救助团体，中国红十字会已经不是第一次陷入信任危机了。近些年来，从汶川地震的“天价帐篷”，到“天价餐费”，中国红十字会的运作机制正面临着越来越大的社会争议和问责声音，有许多问题需待解决。

---

* 北方工业大学民商法 2009 级硕士研究生

“郭美美事件”中折射出来的事实，对中国红十字会来说，或许是一种冤枉。但不管事实真相如何，这背后反映的则是这个庞大的慈善机构的官方身份、封闭运作，与日益蓬勃的民间慈善意识之间的冲突。显然，“郭美美事件”引发的质疑，不仅仅是对中国红十字会的质疑，还是对中国公益捐赠组织整体公信力的质疑，质疑公益捐赠组织自身治理层面存在的诸多问题，如财务的透明度不强、理事会有名无实、公益和市场之间界限不清、监管力度不够等问题。对这些问题，各界人士尤其是法律界人士都给予了极大关注，并有诸多探讨，相关的主管部门和机关也一直在探求改革，但一直没有取得很好的效果。

相关部门的努力而无效的实践告诉我们，改革是需要契机的。“郭美美事件”于偶然间掀起巨大的波澜，将这种治理困境全方位、多层次地揭示出来，使我们不得不去切实反思公益捐赠中存在的诸多问题及其产生的原因，进而从法律的角度思考和推进公益捐赠方面的改革之策。

具体来说，从“郭美美事件”中，我们可以看到，中国公益捐赠目前存在以下问题，急需采取合理的措施进行完善：

1. 公益捐赠垄断现象非常严重。
2. 对公益捐赠整个流程的监督机制不健全。
3. 捐赠人持续知情权的丧失。

一、公益捐赠概述

近些年来，随着国民经济的飞速发展，中国新富阶层的不断壮大，推动了整体社会结构的分化。另外，汶川地震、东南亚海啸、南方洪灾、玉树地震等频发的自然灾害，则进一步唤醒了中国新富阶层的公益捐赠意识。从李连杰、曹德旺，到陈光标，尽管这些慈善先锋的行事方式存在很多令人争议之处，但公益捐赠的确在成为可以撬动巨大社会财富的载体，这些财富无疑是调节社会贫富差距的人道主义防线。

说起“公益”的起源，可谓久远。一种权威的论断是，公益起源于伊斯兰教法，是古老的阿拉伯语“伊斯提斯拉赫”的意译。“伊斯提斯拉赫”原本的意思是“公共利益”或者“福利”，经后人演化为“公益”二字，也称为“麦斯莱哈”，是指法学家在创制律例、法官在审理案件、决定法律适用时，出于社会公共利益的需要，可不拘泥于法律词句，而采取灵活变通的方法、原则，以求得到更公正的结论或者判决。例如，为了维护社会治安，使人们能够安居乐业，可以不受同态复仇原则的限制，而将情节恶劣、手段残忍但只谋杀一人的合伙杀人犯全部处以死刑。此方法、原则系对公认的类比方法的一种有条件的保留，只限于特殊情况下运用，它反映了重视当地民俗习惯的古代麦地那法学派的司法传统。

而在中国，“公益”为后起词，出现于“五四”运动后，其意是“公共利益”，最早的用例见于我国著名文学家鲁迅先生的文章。在《准风月谈·外国也有》中，鲁迅写到：“只有外国人说我们不问公益，只知自利，爱金钱，却还是没法辩解。”① 此后，“公益”二字在各种领域开始得以应用。

然而令人遗憾的是，截至目前，“公益”这一概念在我国尚没有一个明确的法律定义。而在国外，许多国家对这一概念都做了详尽的阐述，最具代表性的是德国，我们或许可以从中得到一些启示。

在德国，其《税务法典》对“公益”所下的定义是：指在物质、精神或道德领域无私地资助公共事业。需要注意的是，这里所指的“资助”必须是具有普遍性的，不能将资助对象局限化，即不能仅仅适用于封闭的、有限的人群。②

在我国，目前的通说认为，“公益”是指有关社会公众的福祉和利益（多指卫生、救济等群众福利事业）。在对“公益”有一个大致的了解后，我们就很容易理解公益捐赠的概念了。通说认为，公益捐赠是指自然人、法人或其他非法人组织，为发展社会公益事业或资助不特定的社会成员，而无偿地向公益性社团法人、公益性事业法人或代表受资助的不特定人利益的临时机构，捐赠资金或实物的意思表示，经受赠主体为接受捐赠的意思表示，而成立并履行的合同行为。

具体来讲，公益捐赠具有以下特征：

第一，捐赠行为是一种合同法律行为。捐赠人与受捐人形成的关系是一种赠与合同法律关系，因此也应该具有赠与合同的一般特征，即捐赠行为属于双方、无偿、诺成性的非要式法律行为，只要双方当事人就无偿转移标的物的所有权和接受转移达成协议，该赠与合同就生效，而不需要赠与物的实际交付③。

第二，捐赠的目的是为了社会公益事业或公共目的或者其他特定目的。这里的“其他特定目的”包含捐赠人为了自身的发展需要或者基于社会责任

---

① 鲁迅：《准风月谈》，人民文学出版社 2005 年版，第 217 页。

② 赵岩：《公司捐赠法律规制研究》，华侨大学 2007 年硕士学位论文。

③ 吴勇敏、竺效著：《论公益捐赠行为的法律性质》，载《浙江大学学报（人文社会科学版）》2001 年第 7 期。

感的考量而作出捐赠行为，其捐赠中是否含有营利因素则在所不问。

第三，捐赠是捐赠人承担社会责任的方式之一。个人的发展与社会的整体发展息息相关。个人在谋求自身发展的同时，也构成了社会发展的有机组成部分。同时，社会的和谐发展也为个人的发展提供了良好的外部环境。捐赠人通过进行公益捐赠而承担社会责任的行为，不仅符合社会的普遍要求，也是捐赠人履行社会义务的重要内容。

我国《公益事业捐赠法》第2条规定，自然人、法人或其他组织自愿无偿向依法成立的公益性社会团体和公益性非营利的事业单位捐赠财产，用于公益事业的，适用本法。由此可知，我国《公益事业捐赠法》规定的受赠人仅指公益性社会团体和公益性非营利的事业单位两种，该法将其他一些可能成为公益捐赠受赠人的主体排除在其调整范围之外。其实，公益捐赠不仅仅指为促进社会公益事业的发展而进行的捐赠活动，它应当是包括以上捐赠活动在内的一切以社会公益为目的的捐赠活动，公益事业捐赠仅是公益捐赠的一种类型。从这个角度来说，《公益事业捐赠法》只从法律上规范和调整了一部分公益捐赠行为，公益捐赠关系应当是较公益事业捐赠法律关系更为复杂、范畴更大的一种社会关系。

具体到本案中，不难想象，“郭美美事件”发生后，中国红十字会的社会信任度恐会大大降低。但这也许为中国红十字会提供了一次真正启动变革的机遇。作为体系庞大的公益捐赠事业的重要出口，红十字会有必要进行一次“自我救赎”，让公益捐赠更公开、更透明、更阳光。如此，则任何谣言将不攻自破，而非现在的百口莫辩。

二、中国公益捐赠的两大制度困境

（一）慈善垄断的现象比较严重

近年来，尽管中国涌现出了许多慈善团体和基金会，然而这些中的很多慈善团体和基金会却因各方面的原因主要是政策原因而不能独立注册，必须挂靠在具有官方背景的业务主管单位，如中国红十字会。著名影视明星李连杰开创的“壹基金”就是其中最典型的例子。最初“壹基金”就是挂靠在中国红十字会下面作为一个专项计划，募捐的款项打入红十字会指定账户，自己能够支配去向的捐赠额很小。

以中国红十字会为例，挂靠在它名下的“专属基金计划”一共有40个。他们募集来的善款都交由红十字会来统一管理，并支付最高10%的管理费用。这些动辄以亿计的慈善计划，以及提取的可观的管理费用去向如何，大部分捐赠人并不知情。事实上，在这种公益捐赠的体制下，中国红十字会及其关联组织，所管理的资金规模已经越来越庞大，机构也越来越庞杂，尤其是其中衍生出来的许多机构和产业，蕴含了非常大的风险。

根据中国红十字总会的数据，红十字会目前有31个省级分会、333个地级分会、2860个县级分会和新疆建设兵团分会，铁路和商业系统红十字会，香港特别行政区和澳门特别行政区红十字会，7万个基层组织，团体会员单位12万个，志愿者113.2万人，会员总数2398万人。如此庞大的一个系统，控制如此巨大的以社会公益为目的的财富，如果缺乏足够的监督，不能公开透明地运作，可想而知，其后果会如何，尤其是在腐败的滋生上面。

（二）不透明的监督催生信任危机

针对"郭美美事件"，很多法律界人士认为，广泛的争议正是指向了利用公益捐赠的名义而谋取不当暴利的商业组织，同时还有不透明、不规范的公益捐赠机构与公益捐赠行为。

中国红十字会作为从事人道主义工作的社会救助团体，其主要的职责是备灾救灾、卫生救护、卫生关怀及人道救助，而筹资工作则主要通过短信募捐、网上募捐、邮局汇款、银行转账等多种途径开展。然而多年来，因为善款流向及慈善机构本身行政支出不透明，不少人对捐款的信心并不大。因此，一旦出现如前所提及的"天价餐"、"万元帐篷"以及"郭美美事件"等"突发丑闻"传出时，人们更多的是投不信任票。实际上，据了解，不只是中国红十字会，在中国以往的慈善募捐活动中，都并没有形成信息公开制度。过去20年里，中国公益捐赠组织着重关注的是受益人的需求，而对捐赠人的需求、动机、内心感受等，却没有给予足够的关注。捐赠人常常被忽略，其监督权和知情权没有得到充分的享用，公益捐赠款款目的具体使用情况，大部分捐赠人并不知晓。

而《中国红十字会法》明确规定，红十字会经费的来源和使用情况每年要向红十字会理事会报告，同时接受人民政府的检查监督。由此规定可见，中国红十字会作为一个人道援助机构，应该接受社会道德的约束和广泛的民众监督，如此才能"行得正、坐得直"，走得更稳健。

三、借鉴之策

（一）国外如何做慈善

在英美等发达国家，慈善组织为了赢得公众的信任，募得更多的捐款，会主动公开账目并接受质询，很多慈善组织甚至会聘任第三方审计机构来对自己每年的财务状况进行审计。例如，在英国，公益捐赠的相关制度非常完善。英国是欧洲慈善业最为发达的国家，任何人都有权获得慈善组织的年度账目和财务报告。英国政府专门成立了“慈善委员会”用来监督管理慈善组织。该委员会对慈善组织的治理结构、投资行为、财务管理和审计制度等提出许多具体的要求和标准。为确保慈善组织遵守这些规则，政府制定了一系列的监督和评估制度。1992年颁布的《慈善法》明确规定，公众中的任何成员只要交付一定合理的费用，就有权获得慈善组织的年度账目和财务报告。对于那些公益性非营利组织来说，公众对其信息披露的要求不亚于上市公司。慈善机构的董事会有责任和义务向慈善委员会提交年度报告，无正当理由而未提交年度报告属于违法行为，责任者将被起诉。

而在美国，对公益捐赠机构的监督途径也有很多，同时也非常严格，如设立行业评级与社会监督。美国慈善评级机构先后为超过5000余家慈善机构评级，同时提供各个标准下的前十名排行榜，其中不少是负面排行，比如筹款回扣率排行、财务危机排行、劣等机构CEO薪水排行、赠款囤积花不出去排行等。在这种监督力量推动下，慈善机构纷纷提高自己运作的透明度。另外，美国绝大多数州都规定，慈善机构必须向州首席检察官提交年度报告，首席检察官还可以代表公众对触犯公共利益的慈善机构提起公诉，而且任何美国公民都可以去慈善机构查阅账目。[①] 由此可知美国公益捐赠制度的透明性是多么高了。

法国也是一个非常关注公益捐赠的国家。在法国，公众每年向慈善机构捐款的数额高达数十亿欧元，为了管理和使用这些善款，法国一些大型慈善机构于1989年联合制定了规范慈善机构行为的宪章，确立了四项基本原则，即不谋私利、严格管理、规范运作、财务透明。该原则基本上保证了慈善机构获得的善款能够得到合理的使用。

国外的慈善制度或许能够给我们带来一些启发，帮助我们从更深层次的角度，思考“郭美美事件”所折射的中国公益捐赠制度中的诸多问题。

（二）我国台湾地区如何做慈善

我国台湾地区的公益捐赠事业也非常发达，其慈善事业在近些年来得到了蓬勃的发展，我们或许会从其制度或立法中得到一些启发。

首先我们要了解的是，在我国台湾地区，谁可以募集款项。谈及公益捐赠，首先要明确的一个问题是：捐赠人应当将代表爱心的款项捐给谁？什么样的组织才有募捐的资格？这些募款主体是否合乎法律？我国台湾地区“公益劝募条例”对此作出了明确的规定。

---

① 朱海龙：《美国公司慈善活动的变迁》，载《社会观察》2005年第9期。

1999 年 9 月 21 日，我国台湾地区发生里氏 7.6 级的大地震，我国台湾地区社会各界于灾后纷纷慷慨解囊。但由于许多捐款的使用状况民众不是特别了解，遂普遍质疑当局对于善款使用的公正性，希望建立完善的公益捐赠制度的声音日渐高涨。此后，2006 年，我国台湾地区“立法”部门通过了“公益劝募条例”，并出台了相关细则及配套措施。该条例成为我国台湾地区规范公益捐赠事业的重要保证。“公益劝募条例”明确规定个人不得发起公益募款，有权发起公开劝募的团体限于公立学校、行政法人、公益性社团法人、财团法人等 4 类组织。其中公益性社团法人和财团法人是主要的民间慈善组织。我们比较熟知的我国台湾地区红十字组织属于社团法人，而我国台湾地区最大的慈善机构慈济基金则是财团法人。据了解。目前我国台湾地区共有财团法人将近 4000 家，社团法人将近 2 万家。我国台湾地区当局也非常鼓励公益捐赠行为。根据我国台湾地区的税务规定，企业捐赠给政府的捐款可以 100% 抵税，捐赠给我国台湾地区民间团体的税款可抵缴 20%。

解决了“谁可以募集款项”的问题后，需要了解的是所募集的款项会用在哪里。对此，我国台湾地区实行的政策是“募捐前提申请，募捐后公开收支明细”。

面对天灾人祸，一方面有受害者，另一方面会有一些善良人士毫无保留地捐献爱心，可爱心捐给谁了？有没有送到真正需要的人那里？这是公益捐赠的捐赠人比较关心的一个问题。

对此，我国台湾地区“公益劝募条例”明确规定，劝募团体办理劝募活动所得财物只能用于五种用途：社会福利事业；教育文化事业；社会慈善事业；援外或国际人道救援；其他经主管机关认定的事业。针对如此多的使用途径，怎样才能确保善款被妥善地使用呢？对此，“公益劝募条例”也作了详细的规定，即公益团体在发起劝募行动前，须向主管机关申请。募款前、募款截止时、捐款使用完毕后，还必须公开收支明细信息。另外，条例还规定，公益团体募捐到的财物应当依照主管机关许可的财物计划使用，不得挪作他用，主管机关随时可以检查相关账册。如有违反，主管机关可以制止；不听从者，处以新台币 4 万 ~20 万元罚款，并予以警告和责令限期改善。

从我国台湾地区的做法中我们可以得知，公益捐赠的善款运用只有做到了透明、公开、赏罚分明，社会公益组织的公信力才能得到提高。唯此，捐赠人的捐赠愿望才能得到维持，整个社会的公益捐赠事业才能得到健康的延续和发展。

四、解决之道

（一）完善公益信托制度

通常来讲，在捐赠环节，捐赠人的意志应该处于最高的位置，哪家公益捐赠机构更透明、更专业，就应该获得更多的捐款，这种良性的竞争有助于促进公益捐赠行为的透明性。如果整个公益捐赠活动被几家官方组织垄断了，公益捐赠就失去了透明的外部动力。由此可以看出，中国公益捐赠的制度性改革方向主要在于驱除“官气”，增加透明性，将捐赠人的意志置于高位。可以说在未来的公益捐赠事业中，能够体现出对捐赠人最大的尊重者将是最终的胜者，将会获得更多的筹款，得到更长远的发展。在此方面，公益信托的灵活性和专业性优势将会发挥有效的作用。

众所周知，在公益捐赠事业中，捐赠人是一个群体而非个体，因此捐赠人的意志往往不是标准化的一个统一意志，而体现出了个性化的要求。在当前的官办公益事业中，捐赠人的意志往往被忽略了，一方面是因为其官办的垄断性质所决定；另一方面，在公益捐赠机构没有专业的金融手段的情况下，利用行政手段办公益也是最经济、最实惠的一种手段，可以尽量节省捐赠款项，使之更多用之于公益。但也正是因为这种无奈的选择，使得捐赠人的意志被忽略，让捐赠人站到了公益捐赠机构的对立面。比较而言，公益信托的灵活性可以使捐赠人的意志得到更大程度的发挥。

在公益捐赠事业中，公益信托之所以作用巨大，能够使捐赠人的意志得到充分发挥，主要在于其拥有以下几个特点：

首先，公益信托具有灵活性。在公益信托中，捐赠人可以通过信托契约的规定，以委托人的身份，根据自己的意愿要求受托人完成委托人的意愿。比如捐赠人可以根据自己对于受助者情况的判断，通过对受托人权利的约定，限定受托人的权利，决定信托财产分配的时间、数量、方式、对象等；此外还可以根据自身情况，通过限制委托人对信托财产的权利，在时间上进行选择，既可以通过公益信托永久捐赠设立不可撤销信托，也可以设定一个时间段进行捐赠设立可撤销信托。这些捐赠方式与目前公益捐赠中捐赠人捐赠之后“一切皆被代表”的模式比较，捐赠人的意志显然得到更大的尊重。①

其次，公益信托安全性大。公益信托的这种安全性主要源于其信托财产

---

① 赵永林：《中国慈善捐赠现状及其原因分析》，载《黑龙江对外经贸》2008 年第 12 期。

隔离于委托人及受托人的特性。信托财产独立于受托人的固有资产和其他信托财产；同时除委托人是唯一受益人，信托财产不得作为委托人的遗产或清算财产。这种资产隔离的制度安排，使信托财产更加安全。作为公益信托，同时拥有信托的这种特性，可以更有效地保护捐赠钱和物的安全。

再次，公益信托具有保值、增值的作用。民政部《基金会管理条例（修订草案送审稿）》第40条规定，基金会为保值、增值进行的投资总额不得高于上年末总资产的10%，投资的年收益率不得低于同期银行存款利率。这一规定实施后，一些大型公益捐赠机构将不得不动用捐款维持运作，对于捐赠人，将带来一种无形的伤害。而公益信托是由专业的理财机构对资产进行管理的，受托人本身就具有专业的资产管理能力，可以通过投资，以实现捐赠资金保值、增值，这样既可以通过捐赠资金的增值部分维持资金进行更有效的运作，也可以利用增值部分开展慈善事业，既满足了委托人的不同需求，又使慈善资金得到更充分的利用，同时也节省了一般公益捐赠机构的运营费用。

凭借公益信托的灵活性、安全性、保值增值性等特征，公益捐赠制度一定能够增加透明性和公正性，最大限度地满足捐赠人和受赠人的需求。

（二）建立明确的监管制度

通过前面的分析可知，公益捐赠的资金在流入或者流出公益捐赠机构的过程中，需要一系列具体的监管。然而令人遗憾的是，目前这方面的法律法规并不完善，甚至有些内容处于空白阶段。即使有一些相关的监管规定，也大多流于形式，并没有发挥出应有的作用，使捐赠人的捐赠信心备受打击。

为了使公益捐赠事业得到良性发展，需要设立相关的监管制度。正是因为有了公开透明的监管制度，才能促进公益捐赠组织的责信机制建设，进而实现公益捐赠市场的优胜劣汰，而不是劣币淘汰良币。

具体来说，监管包括五种形式：

第一，理事责任。理事由不同群体的代表构成，如主要出资方代表、社会人士代表、政府监管方代表等，他们对公益捐赠组织具有最高决策权，同时负有首位决策责任。

第二，政府监管。如美国所有公益捐赠组织向国税局提交详尽的年度报表，接受监管和抽查，在州层面还有首席检察官；英国有独立于政府、向法院负责的慈善委员会，专门负责慈善组织的登记和监管，并依法具有一定执法权。一旦公益捐赠组织被发现资金使用问题、关联交易等，则面临罚款、没收资产等处罚，理事可能被课以重税、禁止未来在公益捐赠组织任职的不良信用记录，最严重者，公益捐赠组织可能失去免税资格。

第三，社会专业评估。各国民间专业评估机构随着公益捐赠市场发展应运而生，它们提供独立于政府的公益捐赠组织评估报告，开展公益捐赠评级等活动。排名不仅包括责信高的评分，也会有筹款回扣率、理事长工资、行政支出比等“倒排行”。虽然民间排名不具法律约束力，但知名的评估机构所做的排名，可能成为捐款人做选择的重要依据，这使得公开信息也成为公益捐赠组织之间的一种竞争。

第四，行业联盟自律。公益捐赠组织的品牌也可以成为特许经营的模式，形成类似连锁店的内部约束机制。如英国的“公民咨询局”品牌名称，德国的“捐助徽章”。

第五，公民问责。除了公益捐赠组织的自主公开和政府的监管，法律赋予公民对公益捐赠组织的主动问责权也至关重要。英美法律都保障了公民的问责权，任何人有权获得公益捐赠组织的年度账目和财务报告；美国联邦法律还规定，任何人有权向国税局查看免税组织的原始申请文件及前 3 年的税表。问责权使得有意愿的积极公民可以有参与的渠道，大大提高了公民参与和监督的效力。

总的来说，独立清晰的法律地位，责权落实的理事会，公益资产的法律监管，多元问责的监督体制，公开透明的慈善环境，是公益组织公信力的保障。

具体来说，在完善公益捐赠监管制度的过程中，应该着重关注哪些内容呢？公益捐赠组织的资金运作是应当受到监管的重点之一。

首先，要对募款行为进行有效监管。公益捐赠机构的募款应严格遵循募捐声明和捐赠合同。随着公益捐赠事业的发展，专业募款人会成为类似律师的一种职业，那么，有多少善款最终用于慈善目的，就需要受到特别关注。

其次，公益捐赠机构的外部资金关联，如对商业合作、投资行为的规范，对政治交易、商业关联交易的防控等，也要得到有效监管。

另外，捐赠款项的使用，即财务管理和审计流程也应该得到有效监管。

（三）善款使用情况应让捐赠人有持续知情权

通常来说，一个成熟的公益捐赠人会持续关注自己的捐赠结果，因为他希望看到自己的捐赠物能够流入真正需要者的手中，这本身就是一种成熟的公益捐赠文化的体现。然而，在现实生活中，很多捐款人在进行捐赠后，通常不知道自己的捐赠物到底有没有真正达成己愿。这自然会严重打击捐赠人的捐赠热情，理应由相关公益捐赠组织承担一定的责任。

前面所提及的“郭美美事件”将中国红十字会抛到风口浪尖上，使之遭遇空前的信任危机。而此前商业红十字会会长王树培就回应称，他们的账目

10年无人审计。这意味着相关捐款使用情况缺乏起码的透明度，这种处于封闭状态下的公益捐赠机构，自然容易让人怀疑其中会生长出种种“寄生虫”。

美国卡耐基基金会前主席卢塞尔曾说：“慈善事业要有玻璃做的口袋”。这就告诉我们，公益捐赠事业要提高其透明度，尊重捐赠人的持续知情权，而不能总是进行“暗箱操作”。捐款使用只有让捐赠人享有持续知情权，公益捐赠才能获得“源头活水”，吸引公众将钱物不断投置其中。

五、结语

“郭美美事件”所引发的中国红十字会信任危机表明，当前整体公益捐赠组织系统的监管运行存在着严重问题。不论是公共舆论，还是个体捐赠人，对公益捐赠领域存在的种种问题“穷追不舍”，都是为了形成一种倒逼效应，来真正健全对公益捐赠机构的制度监管，使善款的募集、管理、使用、增值等环节处于公开透明的状态，改变捐赠人长期失去善款使用知情权的弊端。

针对“郭美美事件”，从道义上来说或许是一种缺失，然而从公益捐赠制度构建和完善的角度来说，或许功大于过，它给我们的公益捐赠制度敲响了警钟，让人们意识到，公益捐赠中，流程的透明性、公开性和捐赠人的持续知情权属于公益捐赠事业中的重中之重，只有将这些方面进行完善，中国的公益捐赠事业才能够得到良性的发展。

参考文献：

[1] 赵永林：《中国慈善捐赠现状及其原因分析》，载《黑龙江对外经贸》2008年第12期。

[2] 徐麟：《中国慈善事业发展研究》，中国社会出版社2005年版。

[3] 吴勇敏、竺效：《论公益捐赠行为的法律性质》，载《浙江大学学报》2001年第7期。

[4] 朱海龙：《美国公司慈善活动的变迁》，载《社会观察》2005年第9期。

[5] Margaret · M · Blair, Lynn · A · Stout. A Team Production Theory of Corporate Law. Virginia Law Review March (1999).

民间慈善暖天下

——关于建立私益募捐法律制度的思考

王　静*

案例：

长春孝女微博求"熊猫血"救母

"我现在非常需要大家的帮助，我的妈妈现在在长春市中日联谊医院的重症监护室，情况非常危险急需手术，但风险很高需要血小板，因我妈妈的血型是 RH 阴性 AB 型血极其罕见，所以希望通过万能的微博有同血型的好心人能救救我妈妈……"

2011 年 7 月 5 日，一位叫"阳守护翔天使"的网友发了这条微博。仅仅两天之内，这条微博被转发了 2484 次。发微博之人名叫杨阳，是患者朴丽颖的女儿。母亲朴丽颖今年 50 岁，不久前，被确诊为肾结石和输尿管结石。2011 年 6 月 27 日，转到中日联谊医院，并在 30 日进行了手术，术后出现持续高烧不退、呼吸困难等症状。医生决定为其做气管切开术，但需要有一定量的血小板备用。但是，朴丽颖的血型为 RH 阴性 AB 型血，无论是在我国还是在世界范围内，都是一种非常罕见的血型。RH 阴性血又叫"熊猫血"，在我国，RH 阴型血的人约占 0.34%，其中又以 RH 阴性 AB 型血最稀有。

于是，就出现了女儿杨阳微博救母的这一幕，值得庆幸的是，在网友热心的帮助下，杨阳的母亲在微博求助的第二天就获得了好心人捐助的"熊猫血"并成功接受了手术。

一、我国私益募捐的立法现状及现存问题

私益募捐是指社会公众个人或团体（募集人）因特定的目的，针对特定的对象，面向社会公众进行劝募，募集款物，捐赠人在募集人的发起或组织

* 北方工业大学民商法 2009 级硕士研究生

下自愿无偿向受益人捐赠款物，以解决受益人紧急重大困难的一种社会活动。

上述案例是一个典型的网络私益募捐活动，网络私益募捐是私益募捐的方式之一，也是近几年来越来越活跃于人们生活之中的一种募捐方式。但是，当前我国没有专门针对私益募捐作出明确的有关立法。相对于对公益募捐进行规范的《公益事业捐赠法》、《救灾捐赠管理暂行办法》等，私益募捐活动无法可依的现存状况略显尴尬。

由于立法在私益募捐领域的缺位，导致了实际生活中私益募捐活动出现了许多亟待法律所调整的问题，规范私益募捐活动成为一个重要的课题。其中，像私益募捐的法律性质问题，捐赠余额处理问题，私益募捐募集人规范问题，私益募捐三方主体的法律地位及各方的权利义务关系问题，私益募捐的客体如何规定，私益募捐活动的监管问题，网络募捐规范化问题，法律问责制度，税收优惠政策问题，等等，都是我们不得不面对的一些非常现实的问题。这些问题的存在，严重影响了我国私益募捐活动的健康开展。

二、关于构建私益募捐法律制度的建议

（一）立法方面

1. 关于捐赠余额的处理

这里的捐赠余额是指在私益募捐活动中，特定募捐目的已经实现或不可能再实现的情况发生时，所剩余的捐赠款物。由于捐赠余额的处理会涉及募集人、受赠人以及捐赠人的三方利益，因其复杂性已经在现实中引起了许多法律纠纷。通常，在司法实践中对于捐赠余额法律纠纷的处理有三种方式：(1) 肯定受赠人对捐赠余额享有所有权；(2) 否定受赠人对捐款余额享有所有权；(3) 以民法的诚实信用原则作为判案的依据，回避捐款余额所有权归属问题。

笔者更同意否定受赠人对捐款余额享有所有权的说法，对于私益募捐中的捐赠余额到底应当如何处理，笔者试做以下分析：

首先，不应当依物权变动方式确定捐赠余额所有权归属。以捐款为例，从法律上看，货币是一种特殊的动产，占有货币就享有货币的所有权，即“所有与占有一致原则”。[①] 这一规则具体体现为：(1) 货币占有取得就视为货币所有权的取得，货币占有的丧失即视为货币所有权的丧失。(2) 货币一旦交付，将会发生所有权的转移等。依照此种规则，特定捐赠目的已经实现

① 王利明著：《物权法论》，中国政法大学出版社2003年版，第243页。

或不可能再实现时，谁占有捐款余额就表示谁对捐赠余额就有所有权，而适用此种规则来处置捐赠余款必定会违背捐赠人的特定捐赠目的，打击捐赠人日后的捐赠积极性，同时也会严重影响私益募捐活动长远开展。

其次，捐赠余额既不应当归募集人所有，也不应当归受赠人所有。募集人是捐赠财产的管理者，是出于道义在捐赠人与受赠人之间承担桥梁的一个角色，虽然其作为当事人与捐赠人订立了募捐合同，但是为受赠人特定利益的募捐合同，即合同利益是由受赠人所享有的，募集人本身无权享有捐赠余额的所有权。另外，受赠人也无权享有捐赠余额的所有权。受赠人虽然对捐赠财产享有受益权，但是当捐赠财产转变为捐赠余额，一定是发生了特定捐赠目的已经实现或不可能再实现的情况，此时，当初捐赠人特定的捐赠目的已经不复存在，那么受赠人自然无权获得捐赠余额的所有权。

最后，捐赠余额的所有权应当归捐赠人所有。在上文分析私益募捐的法律性质时，我们得出结论：私益募捐合同是附解除条件的为第三人特定利益的募捐合同。当募捐目的已经达到或不可能再实现的情况发生时，解除条件即生效，但合同解除后不应及于已经正常使用的捐赠财产。所以，当募捐目的已经达到或不可能再实现的情况发生时，私益募捐合同视为已经解除。我国《合同法》第 97 条规定，合同解除后，尚未履行的，终止履行。捐赠人作为捐赠余额的原所有人，理应对捐赠余额享有所有权。

此外，针对私益募捐捐赠人比较分散的特性，将捐赠余额返还全部捐赠人的可能性不是很大，在这个时候，笔者认为仍然不可以否定捐赠人对捐赠余额享有所有权的事实，但为了解决有一部分捐赠人无从查找这个问题，笔者认为可以将找不到所有权人的这部分捐赠余额捐献给当地公益事业机构用于公益事业的开展。虽然是从“私益”到“公益”，但这样处理这部分捐赠余额最终还是体现出了慈善的真正内涵，于情于理都是被社会公众所认可的。

2. 关于私益募捐募集人的规范

募集人是私益募捐活动中一个极其重要的角色，其是私益募捐活动的发起者，也是捐赠财产的管理者，募集人的工作是否细致、合理，直接关乎私益募捐活动是否可以顺利开展。当前，并没有任何法律法规对募集人的资格进行限定，所以出现了一些多头募捐、重复募捐、募捐主体不合格的现象。尤其是在现在这样一个信息化的网络时代，网友通过网络这个媒体可以轻而易举地就发起一次私益募捐活动。无疑，这样可能在一定程度上增强募集善款的范围和力度，但是，这同时也说明了私益募捐法律制度的不健全。

相对于公益募捐而言，私益募捐的一个特点就是募集主体的普遍性，但是普遍性不等于随意性，募集人应当具备一定的条件。笔者认为，私益募捐募集人应当是有能力组织募捐活动、管理捐赠财产，可以独立承担募捐责任的不特定个人、单位或其他组织。其中，募集人为个人时，应当为完全民事行为能力人；当募集人为单位、组织时，应当是完成了依法进行登记的程序。募集人应当有能力有序地开展私益募捐活动，并有能力合理地管理捐赠财产。最后，募集人还应当可以独立地承担募捐责任，笔者认为，有效的问责制度有利于督促募集人更合法、合理地开展募捐活动。

针对私益募捐募集人具有普遍性，可能对于同一私益募捐活动，众多不同的主体都有资格担当募集人的问题，笔者认为应当对募集人建立事前登记或事后备案的制度。事前登记是指募集人在发起私益募捐活动之前，应当到国家有关机关进行申报登记，通过有关机关的审查，募集人才可以完全获得募集主体的资格，之后才可以进行私益募捐活动。这样一来，只有登记的主体才可以有资格发起私益募捐，则多头募捐、重复募捐的情况就会得到杜绝。建立事前登记的制度，目的并不是加强募捐活动的官方性，抑制私益募捐活动的开展，而是为了更好地规范募捐活动，使私益募捐活动在一个更加有秩序保障的轨道上运行。事后备案制度是指由于某种紧急情况，募集人在发起私益募捐活动前没有时间或没有条件到国家有关机关进行事前登记，在发起私益募捐活动后，到有关国家机关补办募集人资格的程序。笔者认为，应当遵循事前登记为主，事后备案为辅的原则。同时，无论是事前登记还是事后备案都应当明确募集人可以进行募集款物的时间，以免在本次合法的募捐活动结束后，募集人利用自己之前合法的募集人身份日后从事非法的活动。此外，国家有关机关在进行事前登记和事后备案时，应当遵循及时、公正、便利的工作原则，在最短的时间内，方便募集人登记的原则下，公正地进行登记工作，提高工作的效率性，给私益募捐活动的顺利开展把好第一道关。

此外，国家有关机关在进行私益募捐登记时，还应当建议募集人对受赠人的家庭情况（主要为财产情况）进行细致调查，并对需要募集的善款善物有一个初步的估算。如果募集人能力有限，不能估算出这次私益募捐需要募集的大概款项，国家有关登记机关还应当为募集人提供一些技术估算这样的帮助，这样一来，有助于防止某些受赠人在实现特定捐赠目的后还剩余大量募集财产，也就是受赠人“一夜暴富”的情况出现。只有对募集主体进行严格的规范，捐赠财产的使用才会得到更有效的保障，才会增强日后私益募捐活动的可信度，也会大大减少因利用私益募捐活动而进行诈骗的犯罪。

3. 关于私益募捐的客体

笔者认为，应当在今后的立法中不要对私益募捐的客体作出原则性的限制，如果过多地对私益募捐客体种类作出限定，是非常不利于私益募捐事业开展的。立法中应当规定捐赠人不仅可以捐赠钱款、有价证券等有形财产，还可以捐赠合法的无形财产，将一切可以成为私益募捐客体的内容都纳入法律规范中，这样的做法或许可以吸收到更多的捐赠财产。此外，对于私益募捐所募得的款物，捐赠人应当保证其捐赠财产是合法私有财产。捐赠人在作出捐赠行为之前，必须合法占有捐赠财产并对捐赠财产享有所有权。如若捐赠人对捐赠款物并无处分的权利，而捐赠款物的原权利人又主张赔偿的，应当由捐赠人对原权利人作出赔偿，受赠人无需返还。

4. 网络私益募捐的规范问题

克拉克（D. Clark）认为，"把网络看成是电脑之间的连接是不对的，相反，网络把使用电脑的人连接起来了。互联网最大的成功不在于技术层面，而在于对人的影响。"① 不错，网络早已不是只有时尚人士才拥有的生活方式，它已经成为我们生活的一部分，网络在我们生活的舞台上扮演着越来越重要的角色。随着私益募捐募集方式的多元化，网络也成为开展私益募捐活动的一个重要平台。

（1）网络私益募捐的现状。较之于传统的私益募捐活动，网络私益募捐具有两大优越性：

第一，网络私益募捐具有时效上的优越性。网络具有传播力极其迅速的特点，通过网络的宣传，人们会在第一时间获知私益募捐的相关信息。据统计，我国目前有网民1.44亿，其中青少年网民占82.50%。② 在网络上开展私益募捐活动，大量的网民会突破地域、时间、空间等因素的阻碍，积极参与到募捐活动中来。通过网络这一媒介，捐赠者的范围得到了极大程度上的扩展，也大大提高了私益募捐活动的募捐效率，有助于募集人在最短的时间内募集到更多的善款善物，为救助受赠人又加强了一层保障性。

第二，网络私益募捐具有成本上的优越性。募集人号召社会公众进行私益募捐，无疑要以一定的动员资源为基础，西方学者因此构建了"资源动员理论"，认为动员就是"领导社会运动的组织如何运用资金、人力和个人的忠诚，并且将这些资源指向他们的目标"。③ 每一种传统私益募捐的募集渠道，无论是广播、电视还是其他方式，都需要一定的宣传资本，但是针对网络而

① 郭良：《网络创世纪——从阿帕网到互联网》，中国人民大学出版社1998年版，第162～163页。

② 金融界网《慈善互联网》：http://finance.jrj.com.cn/news/2007-12-5/000003014480.html.

③ ［美］戴维·波普诺：《社会学》，中国人民大学出版社1999年版，第618页。

言，其成本是非常低廉甚至是免费的。通过网络，募集人可以在节省大量的成本的同时，将要发布的募集信息让尽可能多的社会公众得知，真可谓是一举两得。

网络在带给人们无限便利的同时，也带给了人们一些不可忽视的问题。就网络私益募捐而言，其时效上与成本上的优越性让人们从心理上很快地接受了这种募捐方式。但是，网络私益募捐在具有上述优越性的同时也具备着匿名性、隐蔽性等特征。天极（北京）进行的一项调查结果显示，网络募捐已经成为利用网络进行敛财的六大黑手之一。有一些不法分子利用网络虚拟性的特点，发布虚假私益募捐信息，进行诈骗行为，然而当网民面对这些具有不法意图的犯罪分子时，并没有能力判断出网络私益募捐募集人的真实意图，因此也发生了一些不法分子利用网络进行私益募捐诈骗的犯罪活动。同时，随着网络私益募捐规范上的空缺，人们对网络私益募捐抱有越来越多的质疑，由于其本能的防范性不会对网络私益募捐轻易地作出捐赠决定。

此外，网络私益募捐受赠人的隐私保护也成为一个我们应当正视的问题。提到网络私益募捐受赠人的隐私保护，我们就不得不提到陈易卖身救母事件了。2005 年，陈易为救助自己患病的母亲，在天涯社区论坛上发表主题为“卖身救母”的帖子，一时间，这则以“女大学生”、“卖身”、“救母”为关键词的帖子在网上得到了空前的关注。很快，除了网友们的热情捐款，社会上许多单位也为陈易组织了捐款活动，在很短的时间内，陈易的个人账号就收到了超过 10 万元的捐款。但是，随后网上很快有网友称陈易的行为实为诈骗，甚至“揭发”陈易平时的穿戴情况，乃至后来出现了黑客窃取了陈易的 QQ 和电子邮件信息，并把信息公布于众。有些“热心”的网友甚至还深入到陈易的现实生活中，走访陈易身边的老师、同学，并不辞辛苦地将陈易的生活撰写为调查报告置于网上。网友以上一系列的举动给陈易及其母亲的生活都造成了非常的影响，陈易之母最终因医治无效而去世，陈易也将剩余捐款全部捐了出去。虽然事件似乎暂告一段落，但是，对于陈易而言，可能一生都会生活在这次网络募捐的阴影里。所以，网络私益募捐受赠人的隐私权保护是我们不得不去考虑的问题。

（2）网络私益募捐的完善建议。网络私益募捐是一把双刃剑，在大大提高募捐效率的同时，也增加了大量以募捐为名进行网络诈骗的案件。我们应当正视网络私益募捐现存的问题，积极寻求解决问题的方法，让网络更好地成为私益募捐的媒介之一。

第一，推广网络实名制。网络实名制在我国已经成为了一个老生常谈的问题，但是该制度在我国建立的步伐非常缓慢。直到 2010 年 4 月 29 日，第十一届全国人大常委会举行第十五次专题讲座，主讲人是中宣部副部长，中央外宣办、国务院新闻办主任王晨。他从当前我国互联网发展和管理现状、互联网发展趋势和面临的主要挑战、进一步推动我国互联网科学健康有序发展等三个方面作了详细讲解。在这次讲座中，国新办首次透露此前已在重点新闻网站和主要商业网站取消新闻跟帖“匿名发言”功能，并称取得实效，同时，这也是国新办首次公开确认我国正在积极探索及推动论坛、BBS 等各种网络互动环节的普通用户实名制。①

韩国现在已经实现了网络实名制，韩国是率先推行网络实名制的国家之一，从 2009 年 6 月 28 日起，韩国的 35 家主要网站按照韩国信息通信部的规定，陆续实施网络实名制。按照这一规定，网民在韩国主要网站发布信息必须先接受身份验证。韩国推出这一规定旨在减少网上不良信息，促进网民对网络行为负责。相信这样的一个制度在一个国家实施必定是利大于弊。就私益募捐而言，推广网络实名制可以大大降低捐赠人网络捐赠的风险，也可以在很大程度上提高网络私益募捐的信用度。网络实名制的推广会使有利用网络私益募捐进行诈骗的犯罪分子产生“后顾之忧”，从而大大减少因私益募捐而产生的网络诈骗行为。同时，推广网络实名制，私益募捐的募集人也会更加谨慎自己的言行，对募集人会起到一定的监督作用，对私益募捐的合法有序开展是大有裨益的。

第二，加大网络隐私权的保护力度。隐私权作为一种基本的人格权利，是指公民享有的私人生活安宁与私人信息依法受到保护，不被他人非法侵扰、知悉、搜集、利用和公开的一种人格权。② 网络隐私权作为隐私权在网络上的延伸，也同样面临着许多非常现实的问题。网络为人们提供的自由度，大大超出了现实社会道德和法律水准所能适应的范围。对于私益募捐，尤其是针对受赠人而言，其隐私权更加有必要进行保护。以上述案例“陈易救母”为例，网友对陈易个人生活的过分关注已经严重影响到了陈易的个人生活，并且给陈易及其母亲造成了非常大的心理压力，已经对陈易的隐私权构成了侵犯。当然，有一些人认为网友盗取陈易邮箱及 QQ 信息的行为是对陈易进行募捐的一种监督方式，但是笔者认为任何一种监督方式都应当以不损害其他人的人身权为前提。即使某些网友出于善意对受赠人进行监督，有一个非常好的出发点，但是也应当采取一个恰当的方式进行监督。笔者并不反对社会公

① http://baike. baidu. com/view/731760. htm. 2011. 3. 9

② 新浪网《“卖身救母”暴露网络求助法律空白》：http://news. sina. com. cn. /2005 - 11 - 25/10147537765s. shtml

众对私益募捐进行监督，反而非常支持人们积极地加入到私益募捐监督的队伍中，但是我们应当注意的是，如何在监督与不破坏他人安宁生活这两者之间寻求到一个平衡的支点。

2009 年年底出台的《侵权责任法》已经将隐私权如同生命权、健康权一样列为民事基本权益，这是我国立法首次将隐私权正式纳入法律保护的范畴，是立法上的一个巨大进步，这次明确隐私权的立法改变了以前隐私权案例无法可依的局面。网络隐私权作为隐私权的一方面，应当得到我们足够的重视，只有受赠人的隐私权得到很好的保护，这样的私益募捐才是健康的。

5. 建立私益募捐法律问责制度

建立私益募捐法律问责制度，有助于更好地约束私益募捐活动，让私益募捐的各方当事人在一个更好的法律环境下开展募捐活动。笔者认为，私益募捐法律责任包括三种责任，分别是违约责任、行政责任和刑事责任。比如说，当捐赠人没有按约定履行捐赠义务或捐赠的财产具有瑕疵给受赠人造成了伤害时，就可以追究捐赠人的违约责任；当募集人没有履行事前登记或事后备案义务时，就可以追究募集人的行政责任；当犯罪分子利用私益募捐进行诈骗时，就可以追究其刑事责任。当然，这一切责任的追究还都有待于立法上的完善，这样才可以实现有法可依，违法必究。

（二）监管及税收方面

1. 私益募捐的监管问题

众所周知，阳光是最好的防腐剂，只有在一个公开、透明的环境下，私益募捐活动才可以有更长远的发展。笔者下面将从私益募捐的监管主体方面入手，分析私益募捐监管的现存问题，并提出自己的建议。

关于私益募捐的监管主体，笔者认为包括两大类，即政府和社会公众。

（1）政府监管。一提到政府监管往往人们多多少少会蒙上一层压抑的情绪，但是笔者认为，政府的适当监管对于私益募捐的长足发展是非常有必要的，之所以会出现上述人们反感政府监管的现象，很大的原因在于政府监管的方式及监管的理念还存在一些不妥之处。

首先，政府对于私益募捐的监管应当采取一个适当的方式，这就是政府应当何时去监管、怎样去监管的问题。据报道：2009 年 5 月 2 日上午 10 点左右，蒋女士和几位市民来到成都市人民公园门口，手捧红色纸箱为绵阳 4 岁的白血病患儿杨伊凡募集医疗费。可还没等到捐款入箱，就等来了公园管理方和城管工作人员，他们中止了这场不能出示任何有效证明的当街募捐。固然，公园管理方和城管工作人员制止的做法是有道理的，没有任何有效证明使这次私益募捐开展的可信度大大降低，如果所有没有任何有效证明的私益募捐活动就这样开展，势必会造成极大的不良社会影响，也会造成人们对私益募捐信任度的降低。但是，笔者认为，中止行为之后，有关部门不应当对这次私益募捐不了了之，而是应当告知募集人收集好相关资料及证明，保证私益募捐活动目的的真实性，在进行登记后通知募集人再次开展私益募捐活动，这样做可以在帮助了特定受赠人的同时也鼓励了募集人的积极性。现实生活中，我们还没有设立事前登记或事后备案的制度，但这并不可以作为任意扼杀私益募捐活动的理由。像许多事情一样，我们应当遵循发现问题、解决问题的原则，尽快建立相关登记制度，而不是一味规避某些问题。

同时，完善相关的立法规范也应当是国家有关机关监管私益募捐活动的一项职责。任何监管制度都需要有具体的监管依据，制定出合理的法律规范才能保证私益募捐事业的健康发展。当前，私益募捐法律制度的空白已严重影响了我国民间慈善事业的发展，所以建立私益募捐法律制度已经成为当务之急。所以说，政府有关部门应当掌握好自己应在何时介入私益募捐活动中，搞清楚自己应当以何种方式对私益募捐活动进行监督，为私益募捐活动的开展营造一个合适的规范环境。

其次，对于政府的监管理念，有关机关在对私益募捐监管方面的认知是存在一定错位的。自古以来，“官本位”的思想在我国都根深蒂固，出现这样的社会意识形态，不仅仅是因为老百姓本身的“青天”意识，还有一方面很重要的原因，那就是国家有关机关对自己职责的角色定位存在一定的偏差。从某种意义上来讲，私益募捐的政府监管应当将“监”与“管”作为其职责的平等的两个方面，即两手抓，两手都要硬。可是在现实生活中，无论是私益募捐还是公益募捐，一些国家机关会更注重“管”的职责，将自己定义为一个领导者、组织者，而这种做法正是与我国建立服务型政府的理念所背道而驰的。笔者认为，有关国家机关应当在实践中树立服务型政府的意识，将“为人民服务”不仅仅作为一句工作口号，而是真真正正落实到实际的工作中去，应当将自己对私益募捐活动领导者的角色转变为一个导航者的角色。

笔者认为，国家有关机关对私益募捐活动进行监管，不仅仅要引导私益募捐的具体工作，还应当引导社会公众树立正确的慈善价值观。在美国，富人并不是人们景仰的对象，人们会更尊重那些愿意将自己的财富分享于其他需要帮助者的人。所以，美国《商业周刊》每年公布的慈善家排行比《福布斯》每年公布的富人排行榜更吸引人们的眼球。而在中国，很多人一提到富豪捐款，就认为是炒作，对他们不是赞扬，而是讽刺和嘲笑。这样一种扭曲的公共价值取向令不少富人对慈善事业望而却步甚至嗤之以鼻。① 像我国最近几年曝光率很高的富豪陈光标，其开创中国富豪裸捐的先例，但是却遭受到了很多人质疑的目光，并有许多人认为陈光标是在炫富，是在炒作自己，如果有越来越多的人持这种观点，那么社会公众的慈善价值观就会遭受极大的扭曲，所以政府部门应当适时引导社会公众的慈善价值观，这样才会出现更多的像陈光标一样的富豪慈善家，自觉回馈社会，尽到自己应尽的社会责任。

当然，政府部门应当同时加大对私益募捐的宣传，鼓励社会公众之间形成互助互爱的良好社会风气。毕竟，私益募捐的精神就是集大家之力，助特定受赠人渡过难关。民间慈善不仅仅是富人的慈善，每一个社会成员都应有慈善意识，所以政府有关部门应当鼓励社会公众广泛地参与到符合私益募捐捐赠程序的募捐活动中去，激励大家积极地投入到私益募捐这项事业中来。

（2）社会公众监督。如果说政府监管是对私益募捐活动一个宏观上的约束，那么社会公众对私益募捐活动的监督就更为具体、更加微观。私益募捐作为民间的一项慈善事业，募集人、捐赠人和受赠人都来自于社会公众或组织，募集的款物可谓是取之于民，用之于民，社会公众是实际参与到私益募捐活动的主体，也有更多机会可以接触到私益募捐活动的运作真相，所以社会公众对私益募捐活动进行监督是更为有效的一种监督模式。

笔者认为，社会公众监督的主体包括三类：

第一，私益募捐利益相关者的监督。这里的利益相关者无疑就是私益募捐活动的三大主体：募集人、捐赠人与受赠人。三大主体对于私益募捐活动的监督，其依据都来在于各自因私益募捐活动而产生的权利义务。比如说，募集人有权监督捐赠人将捐赠财产按照合同的约定交付于募集人。受赠人有权监督募集人或捐赠人按合同约定履行各自应尽的义务，以保证自己特定捐赠目的的实现权。捐赠人有权监督募集人合理地管理捐赠财产，有权监督受赠人按照特定的使用目的使用捐赠款物。私益募捐利益相关者与募捐活动有着直接的关系，应当积极地监督其他两方是否按合同约定履行了相应义务，但是在实际生活中，私益募捐利益相关者并没有很好地行使自己这一监督职责。尤其是对于私益募捐的捐赠人而言，其具有范围上的普遍性的特点，所以捐赠人在捐赠款物后很少再去关心自己所捐助的财物到底最终是如何应用的。所以加强私益募捐利益相关者的监督，对于利益相关者本身也是有百利

① 孙萍、吕志娟：《慈善事业发展中的政府角色定位》，载《中州学刊》2006 年第 3 期。

而无一害的。

第二，社会媒体的监督。媒体监督是宪法和法律赋予新闻媒体的权利，是社会主义民主建设的重要形式和载体，发挥着舆论引导、惩恶扬善等积极作用。在这样一个信息时代，人们已经将自己的生活和媒体紧密地联系起来。近些年来，有大量的私益募捐活动通过广播、电视、网络来开展，由于媒体存在广泛的关注人群，所以取得了非常惊人的募捐结果。既然社会媒体拥有这种强大的社会影响力，那通过媒体对私益募捐活动进行监督也是一种强有力的监督方式。当然，各种媒体在积极行使监督权时，应当力求媒体监督的方向是准确的、适度的、科学的，而不能在宣传时肆意渲染募捐情况，做到真实报道，准确报道。

第三，其他社会公众的监督。除了私益募捐利益相关者、媒体的监督力量，其他社会公众的监督力量我们也不应当忽视。其他社会公众虽然可能自身没有参与到募捐过程中去，但是作为社会的一分子，每一个公民都有权利去监督私益募捐活动的任何一个环节。依法治国是社会主义法治理念的核心，但是同时我们也应当重视社会公众对私益募捐活动道德上的约束。这种道德约束有时会化作强大的社会舆论力量，有了社会舆论力量的约束，私益募捐活动的开展会更加规范化、秩序化。

2. 关于税收优惠政策

当前，我国已经意识到了税收优惠政策对捐赠人有一定程度上的激励作用，所以在 2007 年通过的《企业所得税法》对作出捐赠的企业进行税收优惠政策，而且规定优惠额定比例比基础额定比例又提高了 9 个百分点，笔者建议可以在以后逐渐地增加优惠额定比例，以此更加促进企业的捐赠热情。此外，当前我国税收优惠政策的对象还仅限于企业所得税，并不包括个人所得税。笔者建议在今后可以将个人所得税也纳入税收优惠政策的对象，扩大我国税收优惠政策的适用范围，以此可以更加激励个人投身于慈善事业中来。

三、结语

“熊猫血”可贵，但人们的善心更加可贵。人们献出的不仅是自己的鲜血，更是温暖世间人心的一股股暖流。私益募捐活动的出现有效弥补了当前我国社会保障体系不完善的现状，一些非常现实的问题阻碍了这项活动的健康开展。所以，非常有必要建立相应的法律制度。笔者认为，建立相应的法律制度并不是一定要单独以法典的形式出现，也可以在现有的法律中增设私益募捐法律制度。只要是尽快将私益募捐活动现存的法律问题予以解决，真正实现有法可依的局面就可以了。唯有此，私益募捐活动的开展才会有更加健康的未来，中国的社会保障体系才会更加完善，才有可能实现建立和谐社会的宏伟目标。

参考文献：

[1] 孟令君主编：《中国慈善工作概论》，北京大学出版社 2008 年版。

[2] 徐麟：《中国慈善事业发展研究》，中国社会出版社 2005 年版。

[3] [美] 贝希·布查尔特·艾德勒：《通行规则：美国慈善法指南》，金锦萍、朱卫国、周虹译，中国社会出版社 2007 年版。

[4] 任智峰、陈健全：《受捐者或其继承人对剩余善款无所有权》，载《人民法院报》2005－11－15（C2）。

[5] 柴振国、潘静：《关于社会募捐的法律思考》，载《山东警察学院学报》2008 年第 4 期。

[6] 韦伟：《中国慈善捐赠法制化论纲》，载《内蒙古社会科学（汉文版）》，2008 年第 29 期（6）。

[7] 熊小四：《中美慈善事业比较分析》，载《法制与社会》2008 年第 12 期。

[8] 郑磊、王海栗：《社会募捐财物所有权之类型化研究》，载《怀化学院学报》2007 年第 1 期。

[9] 何卿源：《关于社会募捐的法律问题探讨》，载《法制与社会》2007 年第 3 期。

[10] 余睿超：《募捐行为的法律性质及法律适用》，载《法制与社会》2007 年第 6 期。

[11] 冷传莉：《社会募捐中捐款余额所有权问题探析》，载《中外法学》2006 年。

[12] 王鹤：《我国慈善私益募捐法律问题研究》，西南大学 2009 年硕士学位论文。

[13] 李极：《社会募捐捐赠人权利研究》，天津师范大学 2009 年硕士学位论文。

[14] 叶霏：《促进我国慈善事业发展的问题研究》，东北师范大学 2008 年硕士学位论文。

[15] 董博：《社会募捐相关问题的法律思考》，兰州大学 2007 年硕士学位论文。

[16] 张晓红：《我国当前慈善事业发展瓶颈分析及模式选择研究》，北京交通大学 2007 年硕士学位论文。

[17] 谢志平：《关系、限度、制度：转型中国的政府与慈善组织》，复旦大学2007年博士学位论文。

[18] 张娜佳：《针对特定对象的社会募捐法律问题研究》，东北财经大学2007年硕士学位论文。

[19] 李哗林：《论政府在慈善组织发展中的作用》，天津师范大学2007年硕士学位论文。

[20] 任智峰：《社会募捐法律问题研究》，苏州大学2006年硕士学位论文。

[21] 杨守金：《中国特色慈善事业发展研究》，东北师范大学2006年博士学位论文。

对丰田汽车召回事件的法律思考

贾钟媛*

案例：

丰田汽车是目前世界十大汽车企业之一。2009年，美国的《财富》杂志公布了世界500强企业的最新排名，丰田汽车居世界500强企业中的第10位，位居汽车行业第1位。

然而，就在2010年丰田汽车遭遇了史上最大规模的汽车召回，面临了一次重大的信任危机。2010年1月21日，丰田公司发布消息称，由于油门踏板存在设计缺陷，决定召回大约230万辆丰田汽车，此次召回涉及丰田公司在美国销售的大部分车型。1月26日，丰田公司宣布暂停在美国销售8种型号的汽车，同时有可能临时关闭部分生产线。1月28日，丰田公司再次宣布在美国市场追加召回109万辆汽车。同日，丰田公司按照《缺陷汽车产品召回管理规定》的要求，向我国国家质检总局递交了召回报告，决定召回在中国市场生产的7.5万辆RAV4型车。迄今为止，丰田公司因"踏板门"事件在全球召回的汽车已超过850万辆。4月5日，美国交通部还宣布要对丰田公司大规模汽车召回事件处以最高达1637.5万美元的罚款，这将是美国政府迄今对汽车企业作出的最大金额的民事处罚。

此外，丰田公司对美国的受害者提供"上门召回"服务，对于自己驾车返厂的消费者则补贴相应的交通费用，在汽车修理期间，丰田公司还将提供同型号车辆供受害者使用；但在中国，车主只能自驾车到4S店完成召回，其中还可能因零件缺货而多次往返，丰田公司甚至明确表示不会给中国消费者任何补偿。丰田公司对中国消费者的"歧视"，引起了巨大的舆论谴责。3月14日，浙江省工商局局长郑宇民直指丰田公司对中国消费者"严重歧视、差别待遇"，要求丰田公司赔偿消费者因召回造成的损失，包括给消费者提供相同车型使用；补偿相应费用，费用主要包括汽油费、误工费、误时费等；车辆尚未交付的，应允许解除预约，全额退还定金等。截至4月7日，丰田公

* 北方工业大学民商法2009级硕士研究生

司不得不在巨大的舆论压力下向首批251名浙江车主支付每人数百元不等的汽车召回补偿费用。[①]

案例引发问题：

1. “同损不同赔”问题。

2. 我国缺陷汽车产品召回制度。

一、对“同损不同赔”的法律反思

在2009年的丰田汽车召回事件中，我国消费者受到了不公正待遇。例如，在召回数量上，丰田公司将在美国召回600多万辆多种型号汽车，而在我国仅召回了75552辆RAV4，不及欧美地区的零头；在道歉态度上，丰田公司总裁丰田章男共参加了3次美国听证会，并进行了诚恳的道歉，但是丰田章男来华时间比到美国晚了一个星期，且只是在北京举行了说明会，并未道歉；在赔偿方式上，丰田公司接受了美国政府开出的最高金额民事罚款，且为消费者提供上门服务，对自己驾车返厂的消费者支付交通费，并在修理期间为消费者提供同型号车辆使用，而在我国，消费者只能自费驾车到4S店进行修理，同时还可能因为零件缺少而多次往返。

（一）法律规定空白

丰田公司因油门踏板踩放不顺的潜在问题，决定扩大在美国市场的召回范围，至此，北美的丰田汽车召回数量上升到590万辆；丰田公司也将召回在中国市场销售的丰田进口车4万辆和国产车7.5万辆；同时，也决定召回欧洲市场上近200万辆丰田汽车。[②] 这样大规模的召回行动，正逢丰田汽车处于全球产销第一的地位时，因此对于丰田公司的打击是不言而喻的，但丰田公司还是在“主动召回”、“指令召回”、“隐匿召回”和“拒不召回”的诸多选项中，选择了“主动召回”和“主动申报”，作出如此艰难选择恐怕是因为西方国家完善的法律制度。

然而中国消费者受到歧视则是因为中国尚没有一部完善的汽车召回法，早在1994年年底，国家机械部就草拟了一部汽车召回法案，但是该项法律迟迟未颁布，整整拖了10年，直到2000年，福特轮胎召回案让“召回”这个

① 赵红梅：《一宗汽车召回事件的评说——中国标准出版社标准法律事务部主任王寿魁教授专访》，载《大众标准化》2010年第6期。

② 和静钧：《丰田事件——呼唤中国召回制度的完善》，载《学习月刊》2010年第5期，第37~38页。

名词走进了普通百姓家，随后出现的三菱帕杰罗制动油管事件，更加让政府意识到中国必须要有一部自己的汽车召回法案，当年10月，质检总局向社会公布了6000字的草案，征求各界意见。[①] 2004年3月15日，《缺陷汽车产品召回管理规定》终于颁布，但此规定只是属于部门规章，立法层次不高，不利于对消费者的保护。近几年来，全球范围内的汽车召回事件频发，跨国公司实施召回只能按照《缺陷汽车产品召回管理规定》向质检总局缺陷产品召回管理中心进行备案。由于我国该项法律不尽完善，如果出现应当召回而未召回或者是没有及时召回的情形时，缺陷产品召回管理中心也只能依据《缺陷汽车产品召回管理规定》对跨国企业处以有限的罚款，不能起到足够的震慑作用，此次丰田公司对我国消费者的不公平待遇就印证了这一点。虽然去年《汽车产品召回监督管理条例》征求意见稿出台，但是迄今为止也没有正式颁布。

据悉，中国出台缺陷汽车召回法律的阻力来源于国内的汽车企业，而非外国汽车公司。国内汽车企业认为，召回制度会对中国汽车产业带来不利影响，这种担忧使中国民族汽车免去了“召回成本”之重，但多年下来，中国品牌汽车非但没有强大起来，反而纷纷倒在了有“召回成本”之累的外国品牌车脚下。所以，在笔者看来，真正夺命的不是汽车召回法律，而是没有汽车召回法律。

（二）平等理念缺失

我国《民法通则》第3条规定，当事人在民事活动中的地位平等。不仅仅是我国的法律这样规定，平等原则已经成为各国承认的国际惯例。所谓平等原则是指在民事活动中一切当事人法律地位平等，任何一方不得将自己的意志强加于对方。平等原则是民法中的基本原则，换句话说，没有平等就没有民法。之所以民法实行平等原则，是由民法调整对象的性质和调整方法决定的，因为民法所调整的社会关系是平等主体之间的关系。平等原则的基本要求是相同的事物受到相同的对待，以及所有权的平等保护。

丰田汽车召回事件，反应的远远不只是赔偿金额多或少的问题，更多的是平等的问题。为什么相同车型的买主享受的待遇却要因为所在国家或地区不同而有所差异呢？消费者享受何种待遇的评判标准是哪里的经济利益占优势，就重视哪里的车主利益，这在赤裸裸地暴露商人本性的同时，也揭示了

① 李永钧：《缺陷汽车产品召回管理规定——解析》，载《汽车工业研究》2004年第9期，第16页。

平等理念在当今社会的缺失，平等对于大众而言，不是不想享受平等，而是有时候根本享受不到，这样“平等”一词就是去了它原本的含义。丰田公司的这种做法严重违反了平等原则，是对民法精神的一种漠视，深深伤害了我国消费者的感情。

（三）社会责任漠视

我国《公司法》第 5 条规定，公司从事经营活动，必须遵守法律，行政法规，遵守社会公德、商业道德，诚实守信，接受政府和社会公众的监督，承担社会责任。该规定是指公司在从事经营过程中，除了追求利润最大化外，还必须要遵守社会公德、商业道德，如合理开发利用资源、保护环境，保护消费者利益、尊重他人知识产权、公平竞争，等等，此外，公司还需要接受政府和社会公众的监督，同时，公司法也将借助声誉机制、公众舆论压力等来促使企业承担一定的社会责任。但是，随着市场经济的发展，一些诚信、责任感缺失的公司在过分追逐利润的过程中大量消耗社会资源，破坏了社会环境，并引发了一系列的社会问题，此种情形下，法律明文规定的企业社会责任便显得不是那么容易被企业接受了。

丰田公司作为国际大公司，应该认真履行社会责任，不能仅仅以获取高额利润为唯一目的，如果为了扩张企业和增加利润而忽略了公司本应承担的社会责任，那么企业必然会有一天受到惩罚。汽车作为一种特殊商品，它关乎广大车主、使用人，甚至是乘坐人的生命安全，因此当企业发现汽车存在缺陷后，应立即采取措施，使伤害降到最低，而不是出于自身利益的考虑，一味地拖延，甚至是寻找法律漏洞，置他人的生命安全所不顾，逃避自己所应承担的责任。在此次的丰田汽车召回事件中，丰田公司以我国相关法律没有规定为借口，召回缺陷汽车的数量远远低于欧美国家，无视我国消费者的人身、财产安全，这种毫无社会责任感的行为无异于“自掘坟墓”。

（四）地方立法助跑

2010 年 3 月 4 日，作为消费纠纷主管部门的浙江省行政管理局和消费者权益保护委员会向丰田公司提出上门召回、补偿等 5 项要求。经过谈判，丰田公司承诺根据浙江省相关地方性法规，对召回汽车的车主补偿经济损失，并接受了指定时间表、上门召回、提供代步车、允许全额退还订金等 4 项要求。在这次的丰田汽车召回事件中，《浙江省实施〈中华人民共和国消费者权益保护法〉办法》起到了至关重要的作用，正是由于该规定才使浙江的丰田车主有了获得补偿的依据，更使得主管部门对消费者的保护有了可操作性。

一般来说，设置地方立法权的目的大致有三个：第一，将法律、行政法规的一些原则性规定结合当地实际进行细化，以便更好地贯彻落实；第二，对具有地方特色的事务，国家不可能也没有必要对其进行立法，可以通过地方立法的形式进行调整和规范，以利于工作的开展；第三，一些需要通过立法来调整的问题，在全国范围内来看并不成熟，但在个别地区可能条件已具备，这时可以通过地方立法的形式先行，待条件成熟时，再由国家统一立法。[①] 由以上三点我们可以看出，地方立法具有补充性，它具有弥补中央立法不足的功能，通过对国家立法的补充细化，使得地方立法更具有快捷灵活、可操作性强的特点。

目前，对于一些敏感、新型问题，我国没有明确的法律规定，也没有相应的司法解释，这样极容易出现各地同案不同判的情况，进而影响法律在人们心中的地位，有损法律的权威性。对于地方立法的发展空间，我认为对于国家规定不明确的，在不违反中央立法精神的情况下，地方立法可以依据当地实际情况加以明确，更好地维护各项权益。

二、对我国缺陷汽车产品召回制度的思考

（一）主管部门监管失位

在这次丰田汽车召回事件中，虽然我国的主管部门无法与美国的强硬态度相提并论，但是在我国有些地区却是作出了不同的反应。丰田公司对浙江车主的态度和对其他地区车主的态度也是截然不同的。虽说其中一大原因在于浙江召回丰田汽车的车主索赔有法可依，但是从另一个侧面来说，我们看到了浙江省工商局要求丰田公司赔偿召回汽车车主经济损失的执法决心，而在有些地区，即使有相关立法主管部门也未出面干预，使得受损车主只能自吐苦水。但在美国，执法部门对丰田汽车召回事件的态度，上至众议院、FBI，下至地方法院，都对此事进行全面干预，力求最大程度地保护受害车主。

主管部门监管失位有其深层次的原因，自建立汽车召回制度以来，我国汽车召回主管部门的职责就不清。例如，我国可以处理汽车质量问题的有中消协、国家质量监督检验检疫总局、中国车检中心、天津和北京有两个国家实验基地，并且海关总署、公安部、国家工商局也能对召回事件进行控制，但是没有一个部门对该事件负全责，我国缺陷汽车产品管理面临主管部门职能不清的困境。即使是在去年出台的征求意见稿中，此问题也未得到明确解决，征求意见稿第4条第2款规定，国务院发展和改革、工信、商务、公安、

---

① 崔艳：《地方立法对峙“丰田”》，载《法治聚焦》2010年第6期。

交通运输、环保、卫生、工商、海关等有关主管部门（简称国务院有关部门）依照本条例的规定和各自的职责，负责相关监督管理工作。该款规定较为笼统，众多国务院有关部门都有责任监督管理汽车召回事项，这将造成多头共管的局面，该局面就意味着责任分散，可能出现相互推诿、无人负责的状况，即便是各部门都负起了责任，那各部门该如何分工、如何提高办事效率来避免资源浪费，本条例也未给出明确规定。由此看来，要想完善主管部门的监管，需要从根本上来明确各相关部门的职责，这样各主管部门才能依法行使自己的权利，更好地维护消费者的权益。

笔者认为可以借鉴外国先进经验，减轻国家质检总局的负担，由多个行政机关对召回事件进行监管，可以由国家质检总局负责一般产品的召回管理，如食品、药品等，在交通部下设立一个专门机构负责汽车产品召回管理，各司其职，互不重叠。明确分工后，需要加强主管部门的监管力度。在主动召回的情况下，主管部门应重点监督召回结果；而在指令召回的情况下，主管部门还应重点监管召回过程。第一，要审批制造商提交的召回计划，最大限度地降低缺陷带来的危害；第二，在召回过程中，要求制造商按期汇报召回进度，对其是否按计划进行召回和是否达到预期值进行评估；第三，在召回结束后对召回结果进行评估，如果缺陷尚未全部消除，可以责令进行第二次召回。

（二）鉴定机构独立性缺失

召回的前提是缺陷认定，认定缺陷则需要专门的鉴定机构、需要确定的质量标准，目前我国现存的鉴定机构多多少少都同汽车生产商有着某种关联，当普通车主在汽车是否存在缺陷上与厂商发生争议时，车主很难找到能独立、公平地进行评估鉴定的机构，这种情况下鉴定机构出具的鉴定结果往往不具有公正性，不利于对消费者的保护；同时，发现产品缺陷要使用必要的技术检测器械和方法，但国内一些零部件企业的检测设备和检测水平都不高，这样就给了生产者以可乘之机，换句话说就是即使车辆有问题也可能检测不出来。

在美国，对汽车安全进行检测和管理的第三方机构是 NHTSA，NHTSA 依法发布汽车标准并有权责令汽车厂家召回其涉及安全问题的车辆，另外 NHTSA 还负责处理用户有关安全问题的投诉和调查，并检测整车及零部件是否符合有关安全标准。[①] 随着意见稿的出台，我国汽车召回制度有了很大的进步，但是对于汽车的质量标准、鉴定机构资格等问题尚未提及，这会在一定程度上影响该条例的实施。如果我们连公正、权威的鉴定结果都拿不出来，那我们又能依据什么去要求丰田公司在我国进行大面积召回呢？这样看来，中国消费者受到歧视性待遇也是“情理之中”的事情。

综上所述，行政机关有必要尽快理顺汽车鉴定机构的管理体制，明确汽车质量标准。第三方鉴定是我国建立召回制度的一个重要环节，第三方机构不仅要具有技术属性，而且还应具有法律属性，它应属于法律仲裁机构，所以必须保持第三方鉴定机构的中立性和公正性。国内的汽车鉴定、检测机构要做到客观公正，就必须经国家质量监督检验检疫总局认可，变成一个完全的执行机构，同时要有建立健全的执法制度，配备由国家质量监督检验检疫总局认可的高级技术人员，并投入巨资添置先进的设备。

（三）汽车召回标准落后

国外一些汽车行业发达的国家，都建立了严格的汽车产品质量标准、环保标准和安全标准等汽车标准法规，对缺陷汽车召回制度的实施起到了良好作用。在美国的机动车安全标准中，对制动、轮胎、灯光等汽车安全运行至关重要的部件以及安全气囊、安全带、儿童安全座等保护驾驶员和乘员在车辆碰撞使免受严重伤害或死亡的设备都确定了标准，凡在美国销售并在美国行驶的所有车辆必须达标。[②] 日本和欧洲也相继规定了统一的汽车召回标准，对汽车产品的监督起到了明显的作用。

从我国汽车标准的制定情况来看主要存在以下几个问题：第一，标准过于笼统，并且不完备，如安全标准和环保标准未提及。第二，标准的更新周期过长。我国目前标龄在 10 年，甚至 20 年以上的汽车标准仍然存在，这些标准明显跟不上汽车发展的速度，已经不适应当下的汽车检验和认定了。第三，标准的可操作性不强。目前大部分汽车零部件标准都是行业推荐性标准，难以起到强制性作用。基于以上几个原因，我国的汽车标准同国外有一定差距，无法对汽车制造商执行国外标准，对产品没有一个科学的评价，致使主管机关无法向丰田公司提出扩大召回范围的要求。

进一步完善汽车标准法规，我国须建立完善的汽车科研开发系统，加大技术创新，积极参与国际汽车标准制修订工作，根据国际汽车发展情况，制

---

① 曾山：《我国汽车召回制度法律问题研究》，南昌大学法学院法律系 2010 年硕士学位论文。

② 李爽：《汽车召回的标准问题》，载《中国质量新闻网》2010 年第 9 期，第 19 页。

定符合汽车行业发展趋势的标准，力争做到国内汽车召回标准与国际标准同步，为准确评价汽车整车及其零部件缺陷提供有力依据，推动缺陷汽车管理事业的发展。

（四）惩罚性赔偿制度不完善

美国曾有一个著名判例，莫罗一家驾驶福特汽车出车祸导致3死3伤，后查明事故主因就是福特汽车产品质量问题，由于初审法庭查明福特公司早已知悉此类隐患而未召回，就痛下杀手，在作出500万美元伤亡赔偿的基础上，判令福特公司2.9亿的天价惩罚性赔偿。在此次丰田汽车召回事件中，丰田公司之所以会区别对待中美消费者，一方面是由于美国有健全的汽车召回法律制度，另一方面也是因为美国有惩罚性赔偿、集团诉讼等配套制度，使企业不敢抱有侥幸心理。

目前，我国惩罚性赔偿制度正在逐步建立，原《缺陷汽车产品召回管理规定》对不履行召回义务的生产者和经营者的最高罚款仅为3万元，由于召回成本比接受惩罚的成本大，企业在投机和逐利的心理下会缺乏召回动力，使得召回制度得不到有效的实施，去年出台的征求意见稿则充分考虑到这一点，将处罚金额大大提高。例如，隐瞒缺陷责任可能会被处以违法生产、销售、进口产品货值金额2%以上50%以下的罚款，生产者不配合缺陷调查可被处以50万元以上100万元以下罚款。这些规定大大提高了汽车企业的违法成本，真正起到了威慑作用。另外，我国新颁布的《侵权责任法》也将惩罚性赔偿制度写入其中，并明确指出侵权人承担惩罚性赔偿责任需要具备以下条件，首先是生产商、销售商明知缺陷存在，即生产者或销售者必须确定地知道其生产或销售的汽车产品存在缺陷，此缺陷可能危及他人的人身、财产安全；其次是仍然继续生产、销售，即生产者、销售者在知道汽车产品存在缺陷后，继续将缺陷产品投入到市场并希望消费者购买，这一点更加印证了其主观恶意；最后需要造成了他人生命、健康权的损害，此处的损害只是指对他人生命、健康权的损害，不包括财产损害和人身权损害等其他损害。

在我们看到立法进步的同时，也不能忽视其中存在的问题。首先，惩罚性罚款数额规定得不够合理。之所以规定惩罚性罚款是为了提高违法成本，使违法成本高于利润，从而使生产者不再违法。纵观我国相关立法，惩罚性罚款都有所提及，但是数额在不断变化，从2004年《缺陷汽车产品召回管理规定》的1万~3万元罚款，到2010年《缺陷产品召回管理条例（征求意见稿）》中的50万~100万元罚款，金额有所提高，乃是立法的进步，但这些都只是规定了一个罚款区间，有些学者认为，汽车产品种类是多种多样的，价值也从几万到几百万甚至几千万元不等，所以50万~100万元的罚款对于一些价值较大的汽车产品来说，对于其生产者仍然不能起到震慑的作用，故惩罚性罚款是否应与其价值成一定比例，还有待商榷。其次，罚款的自由裁量空间过大。意见稿第 40 条规定，生产者故意隐瞒、虚报或者以不当方式处理汽车产品存在的缺陷的，责令停止生产、销售、进口，处以违法生产、销售、进口产品货值金额 2% 以上 50% 以下罚款。2% ~50% 的裁量空间过大，影响了法律的确定性，因此，进一步明确罚款数额及其相关依据是有必要的。

三、丰田召回事件对我国的启示

前车之鉴，后事之师。丰田召回事件，应当引起我国有关政府部门以及汽车行业的警惕。《缺陷汽车产品召回管理规定》颁布已近 6 年，在实践中已凸显出其不足之处。我们应借鉴美国等国家的经验，及时弥补不足，切实保障消费者的权益，同时，促进企业改善经营管理，增强我国汽车产品的竞争力，促使企业做大做强，从而推动整个国民经济的持续、稳定和快速发展。

（一）制定《缺陷产品召回法》

目前，《消费者权益保护法》和《产品质量法》是保护缺陷产品消费者的两部现行法律，尽管这两部法律对消费者权利、生产者义务以及产品责任做了详细规定，但是并没有明确缺陷产品召回制度，因此这两部法律对于消费者的保护属于事后救济，如果消费者不主动行使权利，缺陷产品依然会存在，依然会给社会公共安全带来威胁。那么，制定内容完备的缺陷产品召回法是完善诸多产品召回制度的必然趋势。首先，产品召回制度适用的范围很广，包括汽车、食品、药品等一切可能给消费者人身、财产安全带来危害的产品，如果不制定一部适用范围广泛的缺陷产品召回法，社会公共利益将受到严重的威胁。其次，召回制度单独立法可以保证该制度的贯彻力，对生产商、销售商的缺陷产品召回义务进行明确规定，制定详细的处罚条款，将召回义务法定化，促进缺陷产品召回制度的实施。

《缺陷产品召回法》作为一部普通法，内容上它应包括实体法和程序法两部分，从体例上来说，可分为总则和分则。总则部分应包括立法宗旨、召回原则、相关概念界定、相关方的权利与义务、召回方式、法律责任等。分则部分可再分为若干编，即汽车召回编、食品召回编、药品召回编、玩具召回编、家电召回编、公共服务设施召回编，等等。每一编再根据该产品特性、现行情况等进行详细规定，此处以汽车召回编为例，可详细规定汽车召回相关概念、召回主体权利与义务、主管部门及其职责、缺陷调查及认定、召回方式与程序、法律责任等。

（二）建立汽车召回险

消极立法不但不能真正地保护国内汽车行业发展，而且使得我国消费者在国际上受到歧视性待遇。因此，我们在完善立法的同时，可以通过建立汽车召回险等方式起到保护汽车行业发展的作用。使得生产者在面对汽车召回事件时不仅能够得到资金支持，也能得到应急指导，最大限度地降低风险成本，同时也提高了生产者的召回积极性。

汽车召回险的发展需要一定的前提条件。第一，要有明确的保险费率。这需要对汽车召回程序加以细化，还要完善缺陷标准、处理方式等一系列制度，只有针对具有可操作性的汽车召回法规，保险商才能计算出较为精确的召回费用，并制定合理的保险费率。第二，要增强生产商的召回意识。事实上，一些国际知名保险公司已在我国推出汽车召回险这一险种，但是鲜有生产商问津，究其原因就在于我国生产商的召回意识还不足，选择主动召回的生产商还是少数，只有生产商们具备了召回意识，他们才能够感受到召回的压力，汽车召回险这一险种才能够得到普及。

对于这一制度我们不能“拿来主义”，也不能操之过急，我国汽车行业还处于发展阶段，同国外相比，市场环境、发展程度都有所不同，因此保险相关条款的制定不能全部借鉴国外，要在遵循国际规则的基础上同我国国情相符。

（三）引入简易召回程序

我国《缺陷产品召回管理条例》意见稿确定了两种召回程序，即主动召回和责令召回，在主动召回的情况下，生产者不仅召回了缺陷产品，而且召回了信誉；在责令召回程序中，生产者在主管部门的监督下召回缺陷产品，并且接受惩罚性罚款。在美国，除了这两种程序还存在一种简易程序，即企业在发现产品存在潜在风险，还没有造成严重危害时，如果主动向主管部门报告，愿意召回缺陷产品并制定切实有效的召回计划，主管部门将简化召回程序，不作缺陷产品的危害评估报告，也不再发布召回新闻稿。① 此项程序既维护了消费者利益，及时消除危害，又降低了召回成本，挽救了企业形象，这正是简易程序的价值所在。

笔者认为该项程序有它的优势所在，在缺陷产品危害性不大或是及时展开召回可降低危害的情况下可以适用简易程序，但是国外是在良好的信用机

① 黄书建、邓旭东：《论我国缺陷产品召回制度的完善——以〈缺陷产品召回管理条例（送审稿）〉为视野》，载《宁波广播电视大学学报》2010 年第 6 期。

制下实施的，所以我们不能照搬该程序，要适当增加一些符合我国现状的法律规定。首先，该项程序可能会使消费者处于一种信息不对称的弱势地位，因此我们可以规定企业必须向主管机关履行充分的信息披露义务，如有隐瞒将终止简易程序，以此来平衡消费者和生产商的地位；其次，我们还需要完善企业的信用机制，建立汽车企业信用档案，有不良记录的企业将丧失启动简易程序的权利。通过各种条件的设定来完善简易程序，使其与我国市场的现有信用机制相适应。

简易程序在我国适用会对生产者起到激励作用，生产者基于利润最大化原则，会自愿进行召回，也有利于自身信用的提升，使整个汽车行业形成一种良性循环，最终缺陷汽车召回制度的作用也会得到更好的发挥。

(四) 完善惩罚性赔偿制度

首先，要扩大惩罚性赔偿制度的范围。对惩罚性赔偿适用的范围作出合理的确定，既可以保护消费者的权益，又不至于扼杀企业的生产动力，可以充分发挥惩罚性赔偿的作用。我国的法律规定主张惩罚性赔偿的权利主体只能是消费者，这就严格限制了惩罚性赔偿的适用范围。按照国际惯例，当产品造成旁观者的权益受到损害时，旁观者也可主张惩罚性赔偿，随着国际化消费的日益增多，在惩罚性赔偿的适用范围上我国的法律规定应尽量与国际接轨，这样将有利于保护我国消费者的权益。同时，为了防止惩罚性赔偿的滥用，也需要我们对其适用范围做合理的限制，这个限制就是公共安全标准，即经营者的商品和服务对公共安全存在着潜在的或现实的危险时，才有可能适用惩罚性赔偿对其进行制裁。

其次，要规定合理的惩罚性赔偿金额。惩罚性赔偿将会加重违法者的违法成本，这样有助于通过高昂的违法成本来制裁不法行为。在确定惩罚性赔偿数额的问题上，我们应该做到赔偿数额既不过重，对加害方过于严苛，也不过轻，对加害方起不到惩戒的目的。在确定具体赔偿数额的问题上，笔者认为可以参考外国经验，同时切记不能完全照搬，我们应从中国实际情况出发，并结合外国经验，建立与我国的经济社会、法律传统、司法实践相适应的赔偿金上下限额，上限可以根据我国国民经济整体水平来确定，下限则可以由各省的高级人民法院结合当地的情况进行制定。

最后，要确保惩罚性赔偿制度得以执行。民事裁判的执行是民事诉讼的最后阶段，是生效法律文书规定的民事权利得以实现的保证，关系到司法公正和司法权威。加大惩罚性赔偿的执行力度，可以确保被侵害人的受损利益得以补偿，并达到惩戒侵权行为人的目的。当前我国的执行难问题突出，原因也是多样的，我们在解决民事执行难，尤其是惩罚性赔偿的执行时应通过多种途径，有针对性地采取多种措施进行综合治理。笔者认为，首先要加强立法工作，制定一部健全的民事强制执行法，并形成完整的配套执行体系，为执行难的解决提供法律保障。其次，建立统一领导、分权制约的执行机构，即设立相对独立于普通法院之外的民事执行局，专门负责民事执行工作。

参考文献：

[1] 李琳：《西部产业集群的若干问题研究》，载《西北民族大学学报（哲学社会科学版）》2003 年第 4 期。

[2] 黄书建、邓旭东：《论我国缺陷产品召回制度的完善——以〈缺陷产品召回管理条例（送审稿）〉为视野》，载《宁波广播电视大学学报》2010 年第 6 期。

[3] 覃丽珍：《“同车不同命”的法律反思》，载《法制与社会》2010 年第 6 期。

[4] 郭畅：《召回与缺陷产品管理制度研究》，复旦大学 2002 年硕士论文。

[5] 王泽鉴：《侵权行为法》，中国政法大学出版社 2002 年版。

[6] 郑国辉：《缺陷汽车产品召回中各主体策略选择的博弈》，载《同济大学学报（自然科学版）》2005 年第 33 期。

[7] 蒋辰听：《试论缺陷产品召回制度》，载《仁广西政法管理干部学院学报》2004 年第 1 期。

[8] 马新华：《构建我国缺陷产品召回制度的思考》，载《甘肃政法成人教育学院学报》2003 年第 9 期。

[9] 张辉：《中国缺陷汽车召回立法与实践检视》，载《四川行政学院学报》2010 年第 6 期。

[10] 王淑珍：《缺陷产品召回之统一立法——兼评〈缺陷产品召回管理条例（送审稿）〉》，载《河北理工大学学报》2010 年第 5 期。

民以食为天，食以安为先

——对双汇瘦肉精事件所引出食品安全问题的法学思考

尤　丽*

案例：

央视在“3·15”消费者权益日播出了一期《“健美猪”真相》的特别节目，其中披露了河南济源双汇公司使用瘦肉精猪肉的事实。问题猪肉从河南出厂抵达南京屠宰场过程中，凭借买来的“通行证”畅通无阻，在养殖、贩运、屠宰等多个监管环节一路绿灯，这些用瘦肉精喂出来的“健美猪”在南京市场上大面积泛滥，还流入了双汇这样以质量把关严格著称的知名肉制品企业。据调查，加精猪价格要高很多，很多买主专要加精猪，不加精的猪甚至很难卖得掉，因而像双汇那样的知名企业“名义上不要加精猪，实际专要加精猪”。违法行为被曝光后，双汇集团大动“公关”计策，于3月31日召开了“万人大会”。“万人大会”名为致歉公众，但实质上可谓是一次“公关”的大手笔。在其“万隆万岁，双汇万岁”的阵阵口号中，不知有几个消费者可以领略到双汇公司所谓的诚意。

事件一经报道，引起了人们的广泛关注，人们在指责双汇公司违背企业良知的同时，也对各相关监管部门提出种种质疑。一时间，食品安全问题又成为人们关注的焦点。瘦肉精之所以有市场，是需求决定供给的结果。若不加瘦肉精的猪肉一样可以有良好的市场，那些养殖户又何必劳民伤财，非要“画蛇添足”呢？瘦肉精被舆论声讨多年仍旧蔓延不绝，实在可作为观察国内食品安全监管的一个典型案例。双汇集团作为一家知名企业，这次瘦肉精事件的发生折射出了我国食品安全在法律层面存在一些亟待解决的问题，主要包括：

1. 缺陷食品侵权的认定问题；

2. 缺陷食品侵权责任主体的确定问题；

3. 缺陷食品侵权损害赔偿的实体与程序问题。

本文将从基本理论、立法完善的角度来具体分析当前我国食品安全问题，

* 北方工业大学民商法2010级硕士研究生

并提出相应的解决办法。

一、缺陷食品侵权的基础理论

（一）缺陷食品侵权的概念

在中国，两千年前的孔子就对其学生讲授“五不食”原则，即“鱼馁而肉败不食、色恶不食、臭恶不食、失饪不食、不时不食”。这是中国古代文献中有关饮食安全的最早记述和警语。[①] 如今，我国《食品安全法》对食品安全是这样规定的：食品安全，是指食品无毒、无害，符合应当有的营养要求，对人体健康不造成任何急性、慢性和潜在性的危害。

缺陷食品侵权，是指食品生产经营者生产或销售不安全食品，侵害他人依法享有的人身权和财产权的行为。

（二）缺陷食品侵权损害赔偿的归责原则

缺陷食品侵权责任的归责原则，是指食品生产经营者因为生产或销售不安全食品而致使消费者遭受损害时，用以确定食品生产经营者承担损害赔偿责任所依据的标准和准则。

一般侵权责任的构成要件主要有：主观过错、侵权行为、损害事实，损害结果与侵权行为有因果关系。然而食品侵权责任作为一种特殊的侵权责任，与一般侵权责任是存在一定区别的。《侵权责任法》第41条是这样规定的，因产品存在缺陷造成他人损害的，生产者应当承担侵权责任。法律规定不承担责任或者减轻责任的，依照法律规定。按照本条的规定，只要因产品存在缺陷造成他人损害的，不论产品的生产者主观是否有过错，都应当承担侵权责任。

笔者认为，食品是一种特殊的产品，是关乎人们生命安全的一种特殊产品。则缺陷食品侵权责任是一种特殊的侵权责任，它的归责原则应当是严格责任原则。所谓“严格责任”，根据《牛津法律词典》的解释，是指一种比因没有尽到合理的注意而需负责的通常责任标准更加严格的责任标准，责任产生于应该避免的伤害事件发生之时，而不论其采取了怎样的注意和谨慎。但它不是由制定法设定标准的绝对责任，即使承担严格责任，仍有某些有限的对责任的抗辩，不过已经尽到合理注意不在其列。美国《布莱克法律词典》对严格责任的解释是：“无过错责任，是一种由法院适用于产品责任案件中的

① 杜巍主编：《食品安全与疾病》，人民军医出版社2007年版，第53页。

概念，卖方对不当威胁消费者人身安全的任何或所有缺陷或危险产品承担责任。”严格责任原则是适应社会经济发展的需要而发展起来的一项重要产品责任归责原则，是确定行为人是否承担责任的根本依据，其从产生就显示出强大生命力，在产品责任法领域举足轻重。在市场伪劣食品泥沙俱下产品侵权肆意横行之时，严格责任正成为各国产品责任领域的最主要的归责原则。英美法系采用了“严格责任说”。在美国，一个以严格责任为主，以契约担保责任和过失责任为辅的多元化产品责任原则格局正在逐步完善。大陆法系则多采用“无过错责任说”。尽管我国《民法通则》第122条规定了对生产者和消费者均实行严格责任原则，但《产品质量法》第41条、第43条并未确立严格责任原则，充其量只是一种过错责任原则，即产品责任加害人不能证明自己对产品责任损害的发生没有过错时，则可以推定其有过错而承担赔偿责任。《产品质量法》第42条第1款规定的都是过错责任，这与《民法通则》第122条中归责原则的规定是不一致的。王利明教授认为，我国现行的产品责任实质上仍然属于过失责任的范畴。缺陷食品侵权责任的成立，不以主观上有过错为条件，不论制造者、销售者有无过错，均应对产品造成的损害承担责任。在缺陷食品侵权领域内，受害者处于弱势地位，因而更需要一种严格而又便捷的归责原则来维护其自身的合法权益。适用严格责任原则，一方面，可以更有利地保护经济地位及实力相对弱小很多的消费者。另一方面，可以让消费者在诉讼中脱离举证责任的束缚。在现代科学技术的广泛应用食品行业的今天，食品安全的技术标准越来越复杂，相对于生产者或销售者而言，消费者中很少有人可以掌握相应专业性科学技术，当消费者受到不安全食品伤害时，往往发现很难证明食品生产经营者的过错。

正如梁慧星教授所指出的：“严格责任制是现代民法基于消费者权利，谋求实质上平等的结果，是消费者保护政策的一个重要组成部分，同时，也是针对产品伤人这一严重社会问题的法律对策。产品致损是新型的侵权行为，其特殊性是现代民法所确定的过失责任原则当时不能预料的，因此要求传统的民法侵权行为理论作大幅度的修正，而产品致损的侵权行为适用严格责任原则是其必然结果。严格责任的运用，同时也可以促使企业改良设计，完善生产管理，提高产品质量”。[①] 所以，适用严格责任原则有利于最大限度地保障处于弱势地位的广大消费者，有利于诉讼实现最大的公平性。

---

① 梁慧星著：《民法学说判例与立法研究》，中国政法大学出版社1993年版，第131页。

（三）缺陷食品侵权损害赔偿的主体

缺陷食品侵权损害赔偿法律关系的主体，就是缺陷食品侵权损害赔偿的权利和义务的承受人，即缺陷食品侵权损害赔偿的权利主体和义务主体。

1. 缺陷食品损害赔偿权利主体

缺陷食品损害赔偿权利主体（受害人），是指食用不安全食品致使其人身权、财产权等民事权利遭受损害的人。在我国，《民法通则》、《产品质量法》、《侵权责任法》和《食品安全法》均未明确界定缺陷食品损害赔偿权利主体。一般情况下，缺陷食品损害赔偿请求权的主体是受害者本人。当受害者死亡时，缺陷食品损害赔偿请求权的主体就归属于其近亲属。

2. 缺陷食品损害赔偿义务主体

缺陷食品损害赔偿义务主体（加害人）是指在食品市场中致使缺陷食品侵权损害赔偿权利人的健康、财产等民事权利遭受损害的人。在现代社会生产条件下，一种食品从原料、生产、运输、储存、销售至消费，中间往往经历一系列的环节，并相应经过一系列的主体，最后到达消费者的手中，参与食品运动过程中的任何一个主体都负有保证其经手的食品质量的义务，也都具有导致食品质量出现问题的机会。

根据《侵权责任法》、《产品质量法》、《食品安全法》、《消费者权益保护法》的规定，食品侵权责任主体主要包括以下三类：第一类是生产者、销售者，这是食品侵权的主要责任主体。生产者与销售者直接面对受害者承担连带责任。生产者与销售者之间的责任划分是：生产者承担无过错责任，销售者承担过错责任，但在销售者不能指明缺陷产品的生产者也不能指明缺陷产品的供货者的情形下，承担侵权责任。由于第三人（因运输者、仓储者等）的过错导致产品存在缺陷造成他人损害的，生产者、销售者仍然不能面对受害人免责，而是在承担责任后再向第三人追偿。笔者认为，生产者的责任范围有必要扩大。例如，在瘦肉精事件中，生产瘦肉精这种饲料的厂家也应当承担责任，生产者的扩大有利于消费者获得赔偿。

第二类是广告经营者和产品代言人。《消费者权益保护法》第39条规定广告经营者在一定条件下承担责任。《食品安全法》规定了社会团体或者其他组织、个人在虚假广告中向消费者推荐食品使消费者的合法权益受到损害的，与食品生产经营者承担连带责任。产品代言人往往都是知名人士，他们在一定程度上对消费者的消费习惯产生影响，因此，应该对食品安全承担责任。

第三类是集中交易市场的开办者、柜台出租者、展销会举办者。《食品安全法》第52条规定这些主体承担责任是有前提的，只有未尽到管理和报告义务，他们才负责任。

二、缺陷食品侵权制度的立法完善

食品安全是关系到人的生命健康的重要社会问题，涉及千家万户，但是由于我国的缺陷食品损害赔偿制度立法上的不足，使得受害人在食用不合格食品后维权难，即使打赢了官司，得到的赔偿也很低。因此，针对我国缺陷食品侵权损害赔偿制度中存在的缺陷，完善其法律体系是首要的。

（一）我国现行缺陷食品侵权损害赔偿制度的立法现状

随着人民生活水平的提高，食品的色香味俱全已不是人们追求的目标，如何吃得健康、吃得安全成为了人们最关心的问题。1986 年 4 月 12 日通过的《民法通则》对产品质量作了原则规定，但在实践中还没有充分发挥作用。1993 年《中华人民共和国产品质量法》规定，食品作为一种特殊的产品，也可以根据《产品质量法》向侵权人主张民事赔偿责任。同年 10 月 31 日又颁布了《中华人民共和国消费者权益保护法》，以维护消费者合法权益。1995 年 10 月 30 日公布施行了《中华人民共和国食品卫生法》。但是，近些年来，食品安全事件不断升级，影响不断扩大，这些都促使 2009 年《中华人民共和国食品安全法》的产生，同时，《食品卫生法》废止。除此之外，我国还出台了与之配套的行政法律法规。笔者觉得虽然我国有关食品安全的立法在不断完善，但是仍然存在许多缺陷。

（二）我国现行缺陷食品侵权损害赔偿制度的立法完善

从我国现行的缺陷食品侵权损害赔偿责任立法及其实施情况来看，本文认为在有关缺陷食品侵权损害赔偿的问题上至少有如下几方面需要进一步完善。

1. 在程序法里建立集团诉讼制度

虽然在我国《民事诉讼法》第 54 条、第 55 条中都有关于集团诉讼的规定，但在司法实践中集团诉讼在程序上的实现还存在很多问题。在双汇瘦肉精侵权案件中，受害人并不是寥寥几人，而是一个巨大的社会群体。针对每一个消费者而言，如若起诉双汇公司，必定要付出一定的时间与精力，加之面临着一个未知的判决结果，人们往往会作出望而却步的选择。或者，就单个消费者而言，一个人去起诉双汇这样一个非常具有知名度的公司本身不会引起社会的广泛关注，也并不会起到给双汇集团予以警告的作用，所以这也是人们在遭受侵害时选择默不作声的又一原因。但是，如果没有任何一个受害人来做这件事的话，就可能助纣为虐，让那些应当承担法律责任却没有承担的非法经营者更加猖獗地侵害我们的生命健康，同时也会促使更多的违法经营者出现。因此，为了能够使“双汇们”感觉这种行为的社会成本是多少，我们的程序法里还有司法实践中应该建立集团诉讼制度，让集团诉讼在司法实践中不再力不从心，而是大放异彩。

2. 被侵权人的损害确定的问题

到目前为止，还没有任何一个消费者因为吃了瘦肉精猪肉火腿而出现生命危险，这难道意味着瘦肉精并不会给我们的身体带来危害，可以安全食用吗？答案是否定的。因为瘦肉精对人体健康的损害是循序渐进的，并不会立刻显现出对人体的伤害，但是食用瘦肉精对人体的客观损害是不容忽视的。所以，诸如此类的食品侵权就很难证明损害结果与食品缺陷的因果关系，并且在这种慢性侵害消费者健康的食品侵权过程中，消费者很难证明是同类食品经营者中谁才是真正的侵权人。

生活中，人们经常吃猪肉，因此，消费者如何证明自己的损害是因为吃含瘦肉精的猪肉而引起？又如何证明是哪家猪肉引起的呢？就算知道是吃了某家含瘦肉精而导致的损害，但又如何证明吃的是该家的猪肉呢？在食品侵权的司法实践中，通常可以通过法定鉴定机构的鉴定证明来证实食品缺陷和损害的因果关系。[①] 但是，因为同种类的食品在属性上几乎一样，鉴定机构有时也很难证明是哪家食物引起损害。针对这个问题，美国 DES 案可以给我们带来一些启示。1941 年美国食品与药品管理局上市一种安胎药（DES）据说可以减少流产，但是结果表明吃了该药的孕妇如果生女儿，那这个女儿得阴道癌的几率是 30% ~90%。[②] 但是，原告很难证明母亲究竟吃哪个厂家的药而致病。后来法院判定为几家药厂都有责任，他们根据自己的市场份额来分担责任。

笔者认为，在我国可以根据《侵权责任法》第 12 条的规定来确定所有卖含瘦肉精猪肉商的责任。能够确定责任大小的，按比例承担责任，不能确定责任大小的，由所有经营者分摊。笔者认为，如果鉴定机构证明该家猪肉确实含有致损结果的瘦肉精，就可以推定其与损害结果有关。这样才能对违法商家起到威慑作用。如果商家不想无故被牵连，就应该遵纪守法，以消费者人身安全为重。

3. 完善食品召回制度

食品召回，是指食品生产者按照规定程序，对由其生产原因造成的某一批次或类别的不安全食品，通过换货、退货、补充或修正消费说明等方式，

---

① 王艳林主编：《食品安全法概论》，中国计量出版社 2005 年版，第 264 页。

② 张云：《中美缺陷食品侵权之产品责任比较研究——以麦当劳诉讼案为模型的研究》，载《比较法研究》2006 年第 5 期。

及时消除或减少食品安全危害的活动。[①]

我国食品召回制度刚起步，相应的检测技术手段和设备也处于初级阶段。对于缺陷食品的召回，在我国，一般情况下是在消费者食用后出现大的问题时才开始启动召回程序，对于在食品检测过程中发现问题并及时召回的情况少之又少。如“苏丹红”事件发生后，英国在几天之内就迅速将“涉红”食品紧急召回，但我国却一直处在追查之中，由此可以看出其中的差距。[②]

《食品安全法》明确规定了不安全食品召回制度，包括企业主动召回和政府责令召回。[③] 食品召回的主体是食品生产企业，企业在发现缺陷食品但还没有造成严重危害的情况下，应积极主动地向监管部门报告，并制定切实有效的召回计划。主动召回在保障消费者权益的同时，也提高了企业的声誉，被认为是一种“双赢”的制度。但在很多情况下，我国食品企业存在着一种落后观念，认为召回食品意味着企业产品出现了问题，会使企业声誉受损和经营成本增加，从而不会主动实施召回。这就需要在企业观念尚属落后的情况下，由监管部门采取强制召回，这样可以保证缺陷食品出现问题时能够及时有效地加以控制，消除和降低对社会的危害。

完善食品召回制度，首先应当建立和完善食品召回法律体系。我国食品召回难以推行的一个重要原因在于立法的缺位，立法空白导致制度建立缺乏法律依据。虽然《食品安全法》第53条规定了建立食品召回制度，但是此一笼统的规定，缺乏具体的实施细则，可操作性不大，也难以形成健全、系统的食品召回法律体系。在缺陷食品进入市场后，负责实施召回的企业应该如何操作？召回后怎样处理？给消费者造成的损害如何补偿等一系列问题都难以在法律上找到具体的依据，致使食品召回处于一个散乱状态，法律规制也仅仅停留在文本阶段，难以在实际操作中实施。所以，我国应该在《食品安全法》的基础上，国务院相关各部单独或联合制定部门规章，各地制定地方性法规，形成一套与之相配套的法律法规体系，使食品召回有法可依。

---

① 李媛：《〈中华人民共和国食品安全法〉释义及实用指南》，中国民主法制出版社2009年版，第237页。

② 杨辉：《完善我国食品安全法律体系的思考》，载《中国食物与营养》2006年第6期。

③ 徐士英：《产品召回制度：中国消费者的福音》，北京大学出版社2008年版，第185~186页。

其次，应当制定规范、系统的强制性食品安全标准，食品安全标准是确立食品是否应该被召回的基本技术依据。目前，我国食品安全标准有国家标准、地方标准、企业标准、行业标准。多重标准的设立，使企业在生产过程中无所适从。制定规范、系统的强制性国家标准，解决不同标准间冲突和重复的现象，明确缺陷食品的范围，为食品召回提供技术上的依据。

最后，应当增大资金投入、改进技术，完善食品安全检测和风险评估机制。坚实的技术支撑是食品召回的重要依据。科技的进步，可以带动一个产业、一个民族、一个社会的进步，食品召回制度的发展同样也离不开技术的支撑。先进的检测和风险评估技术，可以提高对食品的检测水平，使企业及时发现缺陷产品的风险所在，使政府及时指导企业召回缺陷食品。

4. 完善食品监管制度

食品安全监管是一项复杂的系统工程，欧美等发达国家经历了上百年的建设与发展，建立起较为完善的食品安全监管体系。而在我国，因为历史原因，人们长期处在温饱线上，吃饱饭成为人们唯一的要求，所以保证食品的供给量成为首要任务，至于质量就无暇顾及了。改革开放以后，随着生产力的发展，我国粮食产量大幅增加，温饱问题解决，人民生活水平也不断提高，食品质量安全的要求才浮出水面。

《食品安全法》自2009年开始实施后，国务院下设食品安全委员会，开始了对我国食品安全监管体系的重构，实施食品安全监管的分段式管理，也称之为分环节管理，即原料生产由农业部门监管，食品生产加工环节由质量技术监督局监管，流通环节由工商部门监管，消费环节由卫生部门监管，食品药品监管部门负责综合监督、组织协调。虽然我国现行的分段式食品安全监管体制，看似无处不在，从原料到加工，再到流通与销售，均有相应管理职能部门，基本能保证食品供给各个环节的质量与安全。但这种分段式管理由于政出多门，易形成“多头管理”，易产生职责不清、责任不明、相互推诿、监督不到位的现象，特别是各阶段的衔接之处，一旦发生问题，谁也不管，或者谁也管不了，始终形不成合力，监管效果可以说是差强人意。

当下应当细化与协调多部门之间的合作，完善政府机构职能。督促落实食品安全监管责任的整个过程，必然是复杂多样化的，如何在“分段监管”中做到无缝衔接，这对我们国家多个政府机构的职能的行使是一个巨大的挑战。实现合理利用监督管理、维法执法等政府职能资源的效能，落实责任制，规范食品安全信息公布，严格执法，让政府的监察、法律的实施、群众的监督在同一时间落到实处，有效地形成一个良性循环体制，从而避免“协而不调”的情况出现，最终达到用最快速度发现及消除食品安全隐患，做到“防患于未然”。①

三、结语

食品安全是关乎民生的大问题，人们在吃饱又吃好的保障下，吃的是否安全成为了我们首要关心的食品问题。政府的合理监管，立法的完善迫在眉睫，同时，企业的自我监管也是不容忽视的一个重要问题。企业虽然有追逐最大利润的经济利益驱使，但从企业长远发展来看，质量的保证是企业信誉的最好外衣，也是企业壮大的最根本力量。保证食品安全既是企业应当承担的社会责任之一，更是其执业的基本操守。双汇公司瘦肉精事件随着时间的推移可能会逐步淡出人们的视线，但是或许再也很难获得当初人们的信任。改变这一切的，应该不是时间，而是其最应自我反省的企业良知。

民以食为天，及时解决我国《食品安全法》中的漏洞，消除食品安全隐患，才能够使我国真正走向法制化、科学化、民主化，才能真正体现出我国的科学发展观的实施效果，达到社会和谐、人民满意的目的。

参考文献：

[1] 杜巍主编：《食品安全与疾病》，人民军医出版社2007年版。

[2] 张云：《我国缺陷产品立法研究》，经济管理出版社2007年版。

[3] 王艳林主编：《食品安全法概论》，中国计量出版社2005年版。

[4] 张云：《中美缺陷食品侵权之产品责任比较研究——以麦当劳诉讼案为模型的研究》，载《比较法研究》2006年第5期。

[5] 王忠：《论缺陷食品侵权的特殊性及其责任主体确定》，载《法制园地》2009年第10期。

[6] 卢维理：《食品安全的法律保障问题》，载《中国牧业通讯》2005年第19期。

[7] 乔娟、韩杨、李秉龙：《中国实施食品安全追溯制度的重要性与限制性因素分析》，载《中国畜牧杂志》2007年第6期。

[8] 王艳林、杨觅玫、韩丹丹：《论〈食品安全法〉中的企业标准——

① 周巍：《从食品安全问题看2009年我国〈食品安全法〉实施》，载《法制与社会》2011年第2期。

对〈食品安全法〉第25条的注释与评论》，载《法学杂志》2009年第8期。

[9] 马淑芳、王靖：《构建我国食品召回制度的法律思考》，载《青海社会科学》2009年第7期。

[10] 杨辉：《完善我国食品安全法律体系的思考》，载《中国食物与营养》2006年第6期。

浅析大规模侵权损害赔偿救济基金制度

——以“三鹿奶粉事件”为例

魏 娜*

案例：

关于“三鹿奶粉事件”相信大家还是记忆犹新，在这里，不再过多地介绍三鹿集团以及“三鹿奶粉事件”，仅围绕事件处理措施中的亮点之一——患儿医疗赔偿基金展开。这一赔偿基金是在“三鹿奶粉事件”之后，在政府相关部门主导下、中国乳制品工业协会牵头22家涉案企业集体出资成立。其目的是作为对30万名被确诊患儿的善后措施，对受害人积极进行赔偿，争取受害人以及全体国人的原谅。该赔偿基金的方案是由“三鹿奶粉事件”受害者的援助律师最先提出，并且考虑到受害人的利益，相关律师也曾建议对三鹿集团采取股权收购的方式重组，以便于保留赔偿义务主体对受害人进行长期的善后处理。援助律师的这些建议都是为着受害人的长远利益来考虑的，是在解决大规模侵权事件中应该加以考虑的措施。此次事件中设立的患儿医疗赔偿基金是我国解决大规模侵权事件的有益探索，但在设立以及运作的过程中出现的问题也是不容回避的。

该医疗赔偿基金设立之初就存在问题。其一，基金的起步资金没有达到依相关标准所估算的赔偿资金总额；其二，各个涉毒的奶粉企业之间也存在出资比例不一的问题，三鹿集团承担了大部分的责任，其他奶企出资很少；其三，如将赔偿基金交由中国人寿具体负责并未征得此基金的首要利害关系人——患儿及其家庭的意见，等等。关于该医疗赔偿基金的法律地位也是极其模糊，其虽是借鉴了外国的产品质量赔偿基金的相关经验，但是它却不是独立的财团法人，不适用我国《基金会管理条例》的规定。由于其不是证券基金也无法要求其依《证券投资基金法》对外公布年报，在性质上它更不是政府的预算基金，不能由人大监督和审计部门核算。但是，决不能因为性质不明和法律空白就让这一基金处于被暗箱操作的境地。在该医疗赔偿基金成

* 北方工业大学2010级法律硕士研究生

立之后也产生许多问题。其中最大的问题就是基金的赔偿情况、运作管理、现金余额几乎是一个谜，这是无视受害人的合法权益和民众的知情权的表现。关于医疗赔偿基金的管理，人力资源和社会保障部办公厅、卫生部办公厅、中国保监会办公厅等曾两次发出通知，要求中国人寿“要切实加强医疗赔偿基金管理，做到专户管理、专款专用，保障医疗赔偿基金的安全和完整”。张新宝教授认为，此2亿元的医疗赔偿基金属于“诉讼替代性救济（赔偿）基金”，要求管理人必须尽高度注意义务。准确及时地通报基金款项的情况也是管理人的义务，然而，当初承诺将默默履行社会责任的中国人寿股份有限公司，对相关的情况也是一再回避。张新宝教授称设立救济基金方式来解决大规模侵权事件是实现《侵权责任法》中促进社会和谐稳定这一立法目的的最佳途径之一。现如今，关于这一基金的相关情况几乎成为“国家机密”一般，这一救济基金制度遭到人为扭曲。在媒体的关注与民众的要求下，中国乳制品工业协会于2011年5月26日在其网站上公布了医疗赔偿基金运作的概况，称自2009年7月31日基金正式启动至2011年4月30日，中国人寿累计办理支付1794人次，支付金额1048万元，基金银行账户余额1.92亿元（含利息及2011年当年由中国人寿垫付但未划账金额）。① 但是，不难看出这只是乳协在应对质疑的无奈之举，因为这份通报存在澄而不清的明显疏漏，导致基金的运作真相以及相关的更多细节问题，我们仍然无从知晓。无论是乳协、中国人寿以及涉案企业都有义务将赔偿基金的具体情况向公众公开。

需要我们反思的不仅是这一起事件，或者说产品质量这一个领域，在环境污染领域等亦是如此。2010年4月20日，由于钻井平台发生爆炸而引起的墨西哥湾事件发生后，美国的相关部门不仅采取紧急措施，更是要求责任人英国石油公司拿出200亿美元成立了救助基金，来清除油污和进行损害赔偿。我国又是怎样处理类似事件的呢？2010年7月16日，大连一处输油管线发生爆炸，造成上万吨原油入海，面对此次巨大的污染事件，当地人民政府支付清理费用，应负责任的中石油集团、中国联合石油有限责任公司等却忙于对救火的单位与个人的表彰，把赔偿受害人抛在脑后。

在当今的风险社会，面对频繁发生的大规模侵权事件，我们需要反思，更需要积极探求解决办法。大规模侵权损害赔偿救济基金制度，是被西方国家的实践证明效果良好的一项制度，我国虽然也已经开始采用，但是还有很多地方有待完善，这也正是本文试图解决的问题。

---

① http://www.cdia.org.cn/newsds.aspx? nid=459&Mid=3

一、大规模侵权损害赔偿救济基金制度概述

(一) 大规模侵权的概念和特征

大规模侵权作为一种特殊的侵权行为，其概念源于美国侵权法中的术语“mass torts”。“大规模侵权是指基于一个不法行为或者多个具有同质性的事由，如瑕疵产品，给大量的受害人造成人身损害、财产损害或者同时造成上述两种损害的侵权行为。”① 这是中国人民大学法学院朱岩副教授通过分析大规模侵权行为特征所给出的关于大规模侵权的定义。德国著名学者克雷斯蒂安·冯·巴尔教授将其简单地解释为“涉及大量受害人的权利和法益的损害事实的发生”，并且指出“大规模侵权”并非法律概念。

大规模侵权在主体要件、因果关系、损害结果等方面都有区别于一般侵权行为的特征，本文从以下几个方面进行总结：(1) 大规模侵权中受害人人数众多，这是其最重要的特征。在“三鹿奶粉事件”中受害人多达29万，并且地域分布广泛。除发现首例病患的甘肃省外，陕西、宁夏、湖南、湖北、山东、安徽、江西、江苏等地都有此类案例发生，受害人可谓遍及大半个中国。(2) 侵权行为是单一行为或者是同质行为。巨大的损害结果是由一个行为或者是具有同质性的多个行为造成的，单一行为引起的大规模侵权，如大连输油管爆炸事件，同质性行为引起的大规模侵权最典型的当属“三鹿奶粉事件”。(3) 因果关系复杂性，这有着多方面的原因，包括有些损害结果潜伏期长、出现的时间不一，并且论证其中的因果关系常常涉及专业知识，等等。(4) 损害后果具有严重性，这是大规模侵权最显著的特征。损害结果涉及被害人的人身、财产等，不仅数额巨大，影响范围也难以估量。

正是大规模侵权的以上特征，使得其损害赔偿具有特殊的困境。在大规模侵权事件中，受害人不仅数量大，还存在确定难的问题。可能大规模侵权行为发生后，部分受害人并不知道自己的合法权益遭受损害，也不乏存在非真正的受害人妄图从中得利的情形。即使准确确定了受害人的人数，要想确定受害人的具体损失又是难上加难。以“三鹿奶粉事件”为例证，患儿的身体损害或许还能通过医疗单来确定，但是患儿以及其家人遭受的精神损害又怎么确定，还有三聚氰胺可能给患儿造成的后续性的伤害，现有的医疗条件与科学技术都难以确定。最糟糕的是，即使确定了具体的损害，加害人却无

① 朱岩：《大规模侵权的实体法问题初探》，载《法律适用》2006年第10期，第23~25页。

法承担大规模侵权行为造成的巨大的损害赔偿责任，使得受害人的合法权益仍是得不到有效的保障。

(二) 大规模侵权损害赔偿基金的概念和特征

大规模侵权损害赔偿基金，是指为了保证大规模侵权中的受害人得到及时、充分、有效的救济，由加害人出资、政府拨款、社会捐助等多个渠道筹集资金，由相关组织或个人管理运作，并将此资金用于赔偿受害人所遭受人身和财产损害等。它在性质上属于财团法人，是大规模侵权损害赔偿社会化救济措施之一。

大规模侵权损害赔偿基金具有基础性、高效性、公益性等特征。首先，基础性是指大规模侵权损害赔偿基金的赔偿范围仅限于受害人。因为侵权行为所遭受的人身和财产损害，如精神损害以及可期待性的财产利益均不在其赔偿范围内，这是因为大规模侵权损害赔偿基金的目的是为了给受害人提供及时的救济，而不是要承担全部责任。其次，高效性是相对于诉讼手段等费用高、程序复杂、时间长等而言的。申请损害赔偿基金的门槛低，只要经过简单地审查，符合设定的损害赔偿范围即可取得损害赔偿基金。最后，公益性可谓是损害赔偿基金本质性的特征。设立损害赔偿基金是对受害人、加害人以及整个社会的稳定与发展都有利的举措，使得它具有一定程度上的公益性。

通过对大规模侵权损害赔偿基金特征的分析，我们看到了这一制度在解决大规模侵权事件中的一系列优势所在。但是，我们不可否认，此项制度也有它固有的缺陷。比如，基金的设立、运行、监督等事宜都需要一定的社会成本。不可忽视的是，此项基金制度在及时、有效保护受害人的合法权益的同时，也在一定程度上淡化了加害人的责任意识，反倒减损了加害人预防大规模侵权事件发生的积极性。因此，要想从根本上对大规模侵权实现有效的救济，就要建立多元化的综合救济机制，使其中的各项制度优势互补，相互协调。

二、国外大规模侵权损害赔偿基金制度的介绍与评价

(一) 美国的超级基金制度

美国的《综合环境反应、赔偿和责任法》是以一场反对有害产业废物污染的环境保护运动即拉夫运河事件为契机而设立的。在这项法案中批准设立了污染场地管理与修复基金，也就是我们熟知的超级基金，该法因此也被称为《超级基金法》。此项超级基金由“有害物质信托基金”和“关闭后信托

基金”组成。[①] 美国的此项超级基金制度涉及了资金来源、基金的申请、支付对象、责任形式、承担主体等多个方面的内容。其中联邦政府的拨款、石油化工行业征收的专门税和对企业征收的“棕色地块”处理专门税是美国超级基金的主要来源。在责任主体无法确定、没有赔偿能力、逃避责任不承担治理费用的情况下，超级基金才会支付治理费用。在支付费用后，超级基金取得代位权，有权通过诉讼等方式向真正的责任主体追偿。直接造成损害的加害人是最主要的责任主体，在有些判例中把继承人、贷款人等也认定为责任主体。

美国的超级基金制度是在环境领域具有代表性的损害赔偿基金制度，它实现了环境侵权人、受害人以及社会公众之间利益的共赢，对于解决美国的环境污染场地起到了不可替代的作用。根据基金的支付条件可以看出，在地位上，超级基金是对民事赔偿责任的补充与完善，须在受害人无法通过民事赔偿获得救济时才可适用。另外，超级基金的资金来源具有多样性，是对各方当事人利益的平衡，有效避免了加害人因为责任过大而陷入破产境地，阻碍社会的发展进步。但是，在超级基金制度的实施过程中也出现了许多问题，如经费缺乏制约了基金制度作用的良好发挥，实施效果缺乏明确的评价指标也是制约此项制度发展的因素之一。

（二）日本的公害健康补偿基金制度

1973 年年底，为了弥补《关于因公害引起的健康损害的救济的特别措施法》中的各项缺陷，日本制定了《公害健康被害补偿法》。该法规定了公害健康被害补偿制度，此项制度的主要目的是保障公害损害赔偿及时履行，使受害人得到迅速的救济。此项制度对于指定的区域、被补偿给付的主体、补偿给付的内容、补偿费用的征收和负担等多项内容给出了详细的规定。此项制度遵循了“污染者付费原则”，因此，补偿金的来源是排污企业。此项制度规定，除个别情况外，在对受害人进行了补偿支付后，不再向加害人追偿，这是该制度的一大特色。其中公害补偿的范围是空气污染和水污染造成的健康损害，不包括空气和水污染以及其他污染造成的财产损失。此项制度的补偿程序简便快速，即只要在规定的区域发生了规定的疾病，受害人就可以向市长提出补偿申请。

日本的公害健康救济措施。为了解决大规模侵权发生后受害者的后续治

① 王曦、胡苑：《美国的污染治理超级基金制度》，载《环境保护》2007 年 5B，第 28 ~ 31 页。

疗问题，日本创设了“恒久救济”，这是指以契约责任的形式由非营利性组织代表受害者在侵权诉讼结束后向侵权者索要医疗费、养老金等费用的一种救济方式。① 当然，日本的公害健康补偿基金制度更注重保护受害人的人身损害，与美国的超级基金制度注重污染地的治理形成对比，两者各具特色。日本的公害健康补偿基金制度既给予受害人及时的救济，也避免使侵权人因为巨大的侵权责任而陷入破产的境地，有利于经济发展、社会和谐。该公害健康补偿基金制度也存在一定的问题，在补偿给付的内容上限于空气、水污染引起的人身损害，把财产损害排除在外，可见其保护范围的狭窄。另外，资金的来源虽有小部分政府出资，但是主要部分来自向企业征收的费用，一定程度上加重了企业的成本负担。

通过对美国超级基金制度以及日本的公害健康补偿基金制度的介绍，不难发现环境污染领域的基金制度已经比较成熟，其他各个领域可以从中进行一些借鉴。在国际上有代表性的基金制度是国际油污损害赔偿基金，但是其设立的根本目的并不是保护因油污遭受损失的受害人，而是通过责任的分担来降低船东和接货方的赔偿风险。证券市场领域也是大规模侵权事件易于发生的领域，因此，为了保护投资者的利益，各国一般都设立了投资者赔偿基金制度。一旦发生证券商破产等无法归还资金的情况，该基金就可对投资者进行一定的赔偿。新西兰的《意外事故补偿法》确立了一种以意外事故补偿基金取代侵权责任的制度，被称为“新西兰计划”，此项基金制度的计划因为缺乏社会基础和可行性等遭遇破产，但是它对于建立大规模侵权损害赔偿基金制度起到了警示的作用。综上，各国基金制度的资金来源、制度设计和赔偿程序等都对我国的大规模侵权损害赔偿基金制度的构建提供了借鉴。我国将在尊重我国具体国情的基础上，构建具有中国特色的基金制度，实现对大规模侵权损害赔偿救济的多元化。

三、我国大规模侵权损害赔偿基金制度的构建

我国目前解决大规模侵权的方式主要是诉讼方式与行政救济，但是这两种方式又有着各种弊端。首先，目前，对于大规模侵权，最一般的救济途径是依据《民法通则》、《侵权责任法》、《产品质量法》、《消费者权益保护法》等相关的法律法规，通过民事诉讼法规定的代表人诉讼来解决。但是，这种

① 陆荣华：《英美责任保险理论与实务》，江西高校出版社 2005 年版，第 327 ~ 345 页。

最基本的救济途径又有一系列的缺陷，比如诉讼时间漫长、举证相当困难、案件审理难度大、社会成本大，等等。在现实中，弱小的受害者和被动的司法使得通过诉讼解决大规模侵权事件难上加难。其次，不可否认，大规模侵权常常涉及公共利益，容易对社会稳定造成消极影响。行政主导的赔偿模式，可以提供最及时最顺畅的救济，能够快速化解各个领域的公共危机。但是本文认为，政府承担责任是政府高度负责任的表现，却不是最佳的解决大规模侵权的措施，而且这么做也缺乏合法性与合理性。这种方式存在用全社会纳税人的钱为侵权人买单的嫌疑，也必然加重了政府的负担，可见此办法绝非长久之计。在实践中，当下我国在解决大规模侵权事件中，地方政府往往扮演了过于积极的角色——或者对侵权损害赔偿大包大揽，或者为了政绩打压受害人的合理诉求。人民法院也因为处理大规模侵权事件的复杂和耗时，会选择拒绝受理。这使得大规模侵权事件中的受害人在无奈中选择上访等非常规渠道，这显然与当前以人为本的理念和构建和谐社会的要求相违背。我国的责任保险制度还不尽完善，如责任保险的险种不够丰富，尤其是大部分潜在侵权人的投保意识不强，使得构建责任保险制度以外的制度来解决大规模侵权成为必然。综上，在我国引入一种及时、有效、便捷的救济方式迫在眉睫，大规模侵权损害救济基金制度便进入人们的视野。

从法理的角度看，基金作为财团法人的一种，它具有独立的人格。目的、财产、组织是财团法人的基本要素，① 在进行基金制度的构建时也必须对各要素予以考虑，还包括基金的章程、利害关系人等问题。建立大规模侵权的赔偿基金制度与其他制度一样，不能脱离我国当前的具体法律制度背景和经济社会发展现状。在对大规模侵权损害赔偿救济基金制度的相关理论以及国外关于此项制度的设计等进行了简要介绍后，本着解决问题的目的，本文将对在我国构建这项基金制度提出如下构想：

（一）基金的设立

基金的设立涉及设立依据、设立主体和设立方式等多方面。目前我国涉及本文所要构建的基金制度的法律法规主要有《中华人民共和国公益事业捐赠法》、《基金会管理条例》、《污染源治理专项基金有偿使用暂行办法》等，其中关于基金制度的规定并不完善，无法胜任大规模侵权损害赔偿基金制度设立的依据。在上文提到，美国的超级基金依据《综合环境反应、赔偿和责

① 章小兵：《财团法人制度分析》，载《企业家天地》2008 年第 11 期，第 53 ~ 55 页。

任法》设立，日本的公害健康补偿基金依据《公害健康被害补偿法》而设立，考虑到这些国家基金制度的成功，我国可以借鉴其相关的做法，并且要考虑我国的社会环境和法制基础。本文认为我国建立大规模侵权损害赔偿基金，可以制定各个领域的单行法规为依据，在其中对基金的设立、管理运行和监督等作出详细的规定。注意大规模侵权损害赔偿基金的各项规定也要以《侵权责任法》等相关法律为指导。大规模侵权损害赔偿基金的设立主体为政府，设立的方式也是由政府主导。这是因为潜在的大规模侵权人缺乏设立的主动性，由政府主导可以保证基金设立的有效性，保证覆盖面的广泛性。再者，政府或者行政组织作为设立主体也是国际上的通行做法，如超级基金的设立主体就是美国国会。

（二）资金来源

根据各国现有的实践来看，不管是美国的超级基金还是日本的公害健康补偿基金，其资金来源都是多渠道的。以此为借鉴，在建立我国大规模侵权损害赔偿基金时，至少可以确定以下几种来源。首先，潜在的大规模侵权人应该按照一定的标准缴纳一定的资金。缴纳的标准可以参照潜在侵权人的市场份额和其利润值来确定。考虑到我国的国情现状，各领域的行业协会虽然对本行业的运行情况最为了解，却不具有保证各个侵权人强制缴纳的能力，因此，本文建议政府进行适当的介入。一旦大规模侵权事件发生，潜在侵权人的出资可以作为对其赔偿责任的抵消，这也就意味着赋予其出资具有对其可能承担的侵权赔偿责任先行垫付的性质。基于目前我国企业发展的困境来看，这一渠道虽是资金最主要的来源，却不宜给潜在加害人过大的出资压力，避免潜在加害人将这部分负担转移给其下游产业以及消费者。其次，政府的紧急财政拨款，可以通过财政预算的方式以年为单位进行。这一部分在基金中所占比例不可过高，却是保证基金持续稳定的重要举措，也是政府行使其公共服务职能的表现。再次，为了扩大资金来源的渠道，社会捐助也是资金来源不可或缺的一部分。社会捐助是指大规模侵权事件当事人之外的自然人、法人或其他组织对救济基金的捐款，[①] 并且对这部分的出资形式不应有过多限制，现金或实物均可。最后，不论是资金的利息收入还是投资收益，都理所当然是基金的组成部分。尤其需要注意的是对于利用基金的资金进行投资必须在投资对象、投资比例等方面进行一定的限制，以保证基金的稳定性。在

① 张新宝：《设立大规模侵权损害救济（赔偿）基金的制度构想》，载《法商研究》2010年第6期，第76~79页。

一定条件下可以考虑发行彩票等方式进行资金的筹集。

（三）基金的管理

基金的设立是政府主导，但是管理机构应该根据各行业的情况设立专门的管理机构，可以有相关专业的专业人员的参与。可以通过设立基金章程，对基金的管理进行恰当的规定，使基金管理做到公开化、透明化、制度化。对基金的管理应该市场化、灵活化，目的之一是使其资金保值增值。考虑到市场的风险性和基金的公益性，要求按照公益基金投资规章严格谨慎地进行投资。

对基金进行管理，其中重要的一项内容就是在符合一定条件的情况下向受害人进行赔偿。支付的对象就是在大规模侵权中遭受人身或者财产损害的受害人。支付的内容应该包括受害人因为大规模侵权所花费的医疗费、护理费、误工费等；造成残疾的，还应当包括生活补助费、残疾赔偿金以及由受害人抚养的人所必需的生活费等相关费用；造成死亡的，还包括丧葬费、死亡赔偿金以及受死者生前抚养的人所必需的生活费等费用。① 支付方式可以采取一次性支付、分期支付或者混合支付的方式，根据受害人所遭受损害的类型以及基金的运转情况来具体确定。关于基金的支付条件首先要考虑是否在大规模侵权损害赔偿的范围内；其次，要求在侵权人难以确定或者其赔偿能力不足，并且受害人需要及时有效地救济的情况下，才能够支付基金；再次，受害人必须已经穷尽了其他的救济手段，仍得不到完全的救济。在管理机构向受害人进行了赔偿后，就依法取得了向侵权人追偿的权利。当侵害人确定后，管理机构即可根据侵权人的责任类型和财力情况，对其进行追偿。

“三鹿奶粉事件”中的医疗赔偿基金正是在政府的主导下，并由中国乳制品工业协会牵头，22 家侵权企业出资成立，规定患儿直至 18 周岁因为使用问题奶粉而患上相关疾病支付的医疗费，由医疗赔偿基金赔付。我国的这项制度实现了对大规模侵权中的受害人的持续关注，但是又因为管理不善而辜负了民众对其的期望。

（四）基金的监督

在基金运作的过程中，如何实现对其的监督也是大规模侵权损害赔偿基金制度构建的重点。本文从监督主体和监督方法两个方面进行设计。监督主体可以包括在基金内部设立的专门监督机构，政府也可以进行适当的监督以

---

① 汪磊：《大规模侵权行为损害赔偿基金制度研究》，上海交通大学 2009 年硕士学位论文。

及行业监督、司法监督和媒体监督，等等。行业协会作为一种社会经济组织具有公共服务的职能，它与行业的发展具有紧密的联系，因此，行业协会作为大规模侵权损害赔偿基金的监督主体有着不可替代的优势。在“三鹿奶粉事件”中设立的医疗赔偿基金中，中国乳制品工业协会就具有监督者的身份，有利于基金运行的透明性。行业协会应该监督基金运行的规范性、透明性，是否专款专用，管理人是否尽职尽责等多个方面。因为政府特有的权威性，使得行政监管具有其他监管手段所没有的强制性。这种强制性一方面可以保证监管的有效性，另一方面却也容易使救济基金蒙上浓厚的行政色彩，甚至滋生权力腐败。这就要求把行政机关在基金运行中的权力控制在监督上，并且监督权的重点在于监督基金赔付的及时、充分、有效。其可以对非法的运作基金的行为进行撤销，对违法者进行处罚。大规模侵权损害赔偿基金具有公益性，这就意味着社会中的任何人、任何组织都可以对基金的运作进行监督，包括个人监督、组织监督。社会监督可以采取多种方式进行，对于违反基金管理的行为可以通过相关媒体进行曝光；可以向行业协会进行报告；可以向基金的行政监督部门提出建议和意见，等等。

关于监督方法，本文在这里主要推荐以下三种制度：（1）信息披露制度。在我国现行的《基金会管理条例》中，对信息披露制度进行了原则性的规定，但是过于笼统，不易于操作。本文建议信息披露制度进一步细化，使得该披露的内容，如基金运作的明细表以及有关基金的重大事项，让大众都能随时查明，既保证公众的知情权，又使得基金可以透明、健康地运作。（2）强制审计制度。此制度要求中介机构每年对基金的管理使用进行评估和验证，以此来提高基金明细表的可靠性，减少基金运作过程中的舞弊现象。在进行审计时，要求中介机构尽到高度注意义务，否则就要追究其责任。①（3）司法监督制度。司法是保证公平正义的最后一道屏障，因此，在基金的管理运作中出现滥用职权玩忽职守的违法行为，任何人都有权利向检察机关举报，受害人等利害关系人有权向人民法院提起诉讼。

四、小结

大规模侵权事件发生后，如果受害人的损害得不到救济，会对社会的和谐稳定造成极大的不良影响。在国际上，救济基金已经成为大规模侵权损害赔偿救济的重要措施之一。在我国也已经具备了构建大规模侵权损害赔偿救

① 肖蓓蕾：《食品安全事故补偿金法律制度研究》，中南大学 2010 年硕士学位论文。

济基金制度的条件，尤其是我国《道路交通安全法》中设立的道路交通事故社会救助基金以及“三鹿奶粉事件”中的患儿医疗赔偿基金的有益尝试，基金制度在我国的可行性可见一斑。大规模侵权事件频发，影响到了经济的发展和社会的稳定，也是群体性纠纷事件的导火索，这些都使得救济基金制度的构建势在必行。作为社会化救济模式的主要方式之一的救济基金，实现了危险负担的分散和责任的社会化，实现了受害人的权益、侵权人的利益以及社会利益等多元利益的协调与平衡。当然，要真正解决大规模侵权损害赔偿问题，要从实体和程序两方面着手。实际上，对大规模侵权事件采取多元化的综合救济机制已成为共识，如何实现各个制度之间的衔接以保证受害人得到充分、及时地救济将成为新的课题。

参考文献：

［1］吴卫星：《生态危机的宪法回应》，载《法商研究》2006 年第 5 期。

［2］张新宝：《从公共危机事件到产品责任案件》，载《法学》2008 年第 11 期。

［3］王成：《大规模侵权事故综合救济体系的构建》，载《社会科学战线》2010 年第 9 期。

［4］郑少华：《试论环境法上的社会连带责任》，载《中国法学》2005 年第 2 期。

［5］陆文彬：《论环境民事赔偿责任社会化》，福州大学法学院 2006 年硕士学位论文。

［6］［德］克里斯蒂安·冯·巴尔，贺栩栩译：《大规模侵权损害责任法的改革》，中国法制出版社 2010 年版。

第四章：无形财产：知识产权保护问题研究

驰名商标淡化问题之思考

——“鳄鱼”被侵犯案的启示

雷亚鸽*

案例：

（法国）拉科斯特股份有限公司（LACOSTE）（简称拉科斯特公司）因与（新加坡）鳄鱼国际机构私人有限公司（CROCODILE INTERNATIONAL PTE LTD）（简称鳄鱼国际公司）以及上海东方鳄鱼服饰有限公司北京分公司（简称上海东方鳄鱼公司）侵犯商标专用权纠纷一案，不服北京市高级人民法院（简称原审法院）（2000）高民初字第29号民事判决，向最高人民法院提起上诉，诉称：被诉侵权商标中的“单独鳄鱼图形”与上诉人的鳄鱼商标构成相同，被上诉人擅自使用带有鳄鱼图形的组合商标与上诉人的注册商标构成近似，属于商标侵权行为，两被上诉人在同一种商品上使用与上诉人注册商标相同或近似的商标是典型的商标侵权行为，原审判决认定不侵权明显有误。经审理，最高人民法院将争议焦点归纳为：（1）关于本案应否适用2001年10月27日修订的商标法问题；（2）在被诉标识一、二与拉科斯特公司请求保护的注册商标是否近似的问题；（3）被诉标识三、四与拉科斯特公司请求保护的注册商标是否近似的问题。

对于以上争议焦点，最高人民法院认为：

（1）关于本案应否适用2001年10月27日修订的商标法问题。因本案上诉人在一审中起诉时间为2000年5月11日，其指控的被上诉人侵权行为发生时间为1995年，一审法院于2001年10月27日修订的商标法修改决定施行之前受理本案，根据最高人民法院《关于审理商标案件有关管辖和法律适用范

* 北方工业大学民商法2009级硕士研究生

围问题的解释》第8条的规定，本案应适用的是修订前的《商标法》，赔偿问题可以参照修订后的《商标法》第56条的规定，原审法院适用修订后的《商标法》不当，本院予以纠正。

（2）关于被诉标识一、二与拉科斯特公司请求保护的注册商标是否构成近似商标的问题。

修订前的《商标法》第38条第1项规定，未经注册商标所有人的许可，在同一种商品或者类似商品上使用与其注册商标相同或者近似的商标的，构成侵犯注册商标专用权行为。最高人民法院《关于审理商标民事纠纷案件适用法律若干问题的解释》第9条第2款规定，《商标法》（指2001年10月27日修订的商标法——引注）第52条第1项规定的商标近似是指被控侵权的商标与原告的注册商标相比较，其文字的字形、读音、含义或者图形的构图及颜色，或者其各要素组合后的整体结构相似，或者其立体形状、颜色组合近似，易使相关公众对商品的来源产生误认或者认为其来源与原告注册商标的商品有特定的联系。参照该司法解释规定及根据审判实际，认定被诉标识与原告请求保护的注册商标是否构成修订前的《商标法》第38条第1项规定的近似商标，通常要根据诉争标识文字的字形、读音、含义或者图形的构图及颜色等构成要素的近似性进行判断，且将是否造成混淆作为重要判断因素。因此，侵犯注册商标专用权意义上的商标近似应当是指混淆性近似，即足以造成市场混淆的近似。由于不同案件诉争标识涉及情况的复杂性，认定商标近似除通常要考虑其构成要素的近似程度外，还可以根据案件的具体情况，综合考虑其他相关因素，在此基础上认定诉争商标是否构成混淆性近似。诉争商标虽然在构成要素上具有近似性，但综合考量其他相关因素，仍不能认定其足以造成市场混淆的，不认定其构成侵犯注册商标专用权意义上的近似商标。

（3）关于被诉标识三、四与拉科斯特公司请求保护的注册商标是否近似的问题。

本案中，被诉标识三、四由单条鳄鱼与CARTELO文字组合而成，与拉科斯特公司请求保护的注册商标相比，两者在文字构成、呼叫、整体外观上区别明显，且在本院已经审结的（2009）行监字第107号、（2009）行监字第121号及（2009）知行字第10号商标行政纠纷案中，本院已经查明拉科斯特公司请求保护的注册商标在1994、1995年时尚未在中国热销，并认定了被异议商标与拉科斯特公司请求保护的注册商标不构成近似商标。鉴此，本院认为，被诉标识三、四与拉科斯特公司请求保护的注册商标具有显著区别，不能认定为侵犯注册商标专用权意义上的近似商标，原审法院关于“认定

'CARTELO及图'、'鳄鱼图形'商标与'鳄鱼图形+LACOSTE'商标之间不会产生混淆和误认……被诉侵权产品1-8在外包装及产品吊牌上使用'CARTELO及图'商标，并未侵犯拉科斯特公司的注册商标专用权"并无不当，拉科斯特公司关于两者应认定为近似商标的上诉理由亦不能成立。

综上，拉科斯特公司的上诉理由不能成立，原审判决认定事实基本清楚，虽然其适用修订前的《中华人民共和国商标法》进行裁判，使得本案适用法律错误，部分判理有所不当，但并不影响本案的裁判结果，本院予以维持。依据《中华人民共和国民事诉讼法》第153条第1项、第2项之规定，判决如下：驳回上诉，维持原判。

"鳄鱼"作为驰名商标，其知名度比较高，识别性比较强，所以其往往是商标侵权者侵犯的重要目标，而且在实践中，出现了很多侵犯其商标专有性的事件。之前，拉科斯特公司在多个不同地区提起了关于侵犯其商标使用权的诉讼，当然也包括其商标在网络环境被淡化的情形，但是，收效甚微。

由此可见，对驰名商标的侵权现象非常普遍和严重，不仅可能被他人非法用于相同或类似的商品和服务上，而且也可能被用于完全不同的商品和服务上，使驰名商标所有权人在声誉上和经济上受到严重损失，对于驰名商标进行保护非常困难。而驰名商标难以保护的一个重要原因在于驰名商标淡化现象很严重。同时，在当今时代，网络的蓬勃发展使驰名商标的淡化问题更为严重。因此，研究驰名商标的淡化问题已成为分析驰名商标被侵犯的重要课题，而研究当今网络环境下驰名商标的淡化问题对分析驰名商标被侵犯有更为重要的意义。

自巴黎公约以来，驰名商标国际保护制度已经历了近一个世纪的发展历程。20世纪90年代以来，互联网在全球范围内的广泛使用，对人类的生活产生了深远的影响。同时，网络的迅速发展对传统的法律规制也产生了强大的冲击效果，带来了一系列的法律问题。对驰名商标而言，侵权人纷纷利用这一新的技术手段，采用各种形式对驰名商标实施淡化行为。这些问题引起了学者们的关注："将驰名商标的特殊保护延伸到网络世界意义是重大的，否则，对驰名商标的保护就是不完整的。"①

① 蒋志陪：《入世后我国知识产权法律保护研究》，中国人民大学出版社2002年版，第235页。

一、驰名商标淡化构成

商标淡化是通过对他人商标的淡化使用，来影响商标权人的商标权，降低该商标的知名度，损害、玷污其商誉的行为。目前，随着网络应用的不断扩展，许多涉及网络环境下驰名商标保护的案例悄然增加，如针对驰名商标出现了域名抢注、盗用和因关键词系统及链接纠纷。在网络环境下驰名商标的淡化有以下几个方面构成：

（一）诉请保护的商标是否为驰名商标

反淡化理论之所以成为传统理论（混淆理论）之外又一商标保护基础，就是因为反淡化理论的建立迎合了驰名商标特殊的法律价值，即强大的识别力和巨大的商誉价值。因此，商标是否已具备这两个特性或者说是否达到驰名的程度，是反淡化理论适用的基础。对于驰名商标的认定，我国《商标法》第 14 条确定了如下的考量指标：相关公众对该商标的知晓程度；该商标使用的持续时间；该商标的任何宣传工作的持续时间，程度和地理范围；该商标作为驰名商标受保护的记录；其他因素。

（二）行为人在网络中对他人驰名商标的未经许可的使用行为

网络环境下淡化他人驰名商标，表现为将与他人驰名商标相同或近似的标识用于域名或其他网络商业标识。值得注意的是，判断域名等与驰名商标是否近似，与传统的商标近似标准有所不同。域名为文字标识，在域名中被突出使用，具有主要识别作用的字符应成为对比的主要部分。

（三）行为人的使用构成商业使用

判断某标识在因特网上的使用侵犯了一国法律保护的商标权或其他显著标记权的前提，应是该使用在该国产生了商业效应。在网络中未经许可对他人驰名商标作商业性使用，是判断是否构成商标淡化侵权的因素之一。判断是否用于商业目的应视不同情况而定。目前，人们对他人驰名商标注册为域名使用的商业性质并无太多争议，普遍认为，在网站上销售商品或做商业广告均具有商业目的，在驰名商标 . com 域名下销售与驰名商标不相干的产品，将使消费者心目中已建立起的新驰名商标与产品的联系被冲击，驰名商标的市场销售将大受影响。①

（四）造成驰名商标识别力降低和商誉减损后果的实际产生或可能发生

驰名商标所有人与商标之间有一种稳定长期的联系，起着区别商品来源

① 林子英、刘德恒：《两种确定商标权利范围理论在司法实践中的运用》，载《中华商标》2003 年第 8 期。

的作用。在网络中将他人驰名商标用作域名加以使用，会减弱商标权人商标的显著性特征和广告宣传价值，使消费者不再将商标权人提供的商品或服务与它们的商业标志联系起来，这就产生了网上弱化，导致驰名商标识别力降低或可能降低；或者在不卫生或有伤风化的情况下使用驰名商标，这些淡化行为不以不良后果的发生为必须要件，只要存在不良后果发生的可能性即可。

二、网络环境下驰名商标淡化的表现形式及产生原因

（一）网络环境下驰名商标淡化的表现形式

随着网络的蓬勃发展，对驰名商标的侵犯延伸到了网络环境中。网上驰名商标的保护，主要体现为对域名使用与驰名商标权利冲突及网页上使用驰名商标图形、文字而引起争议以及一些特殊的淡化行为。这些行为，或者模糊化了驰名商标的识别性和显著性，或者有损驰名商标形象造成污化，总之，均属于网络环境下以特殊手段侵犯驰名商标持有人权利的形态。

1. 通过域名对驰名商标的淡化

域名，又称网址，是接入因特网的单位在因特网上的名称。域名是互联网上区别经营者的标记，有表达作用，能代表不同的商品，接受社会评价是企业经营者的商业信誉在互联网上的体现。

但如果行为人恶意将他人的驰名商标注册为自己的域名，则会严重侵犯驰名商标所有权人利益：首先，因为域名在网络上唯一性的特点，驰名商标一旦被他人注册为域名后，其所有权人不能再以同样的名字注册，这将妨碍驰名商标所有权人利用网络这一新型工具为消费者提供商品信息，而使商标所有权人失去巨大的商机。其次，驰名商标具有较高的知名度，他人将其注册为域名在网络上使用，公众在看到这一域名时会认为使用者和商标权人存在某种联系，这实质上就是利用了驰名商标的声誉，在网络领域无偿地享用或占用驰名商标所有人付出巨大努力所带来的成果。再次，消费者在网上搜索自己所需要的商品时，如果不知道具体的网址，一般会习惯性地输入自己所熟悉的文字查询。可以说，这一网站的存在无时无刻不在冲淡着某一品牌的吸引力。

2. 一般淡化驰名商标的行为

在网络中，网页是经营者推广自己商品的名片，包括图形、文字、标识、声音等内容。点击率是决定网站广告收入的关键指标。

在网页上对驰名商标淡化的行为一般有两种情况：一是没有竞争关系的使用。使用者与驰名商标权人没有竞争关系，只是在网页上缀附他人的驰名商标，希望能借驰名商标的影响力来吸引网民的注意力，以增加自己广告收

人。二是使用者和驰名商标权人有竞争关系。行为人利用网络推销自己的商品时，为了能够在这场“眼球经济”的大战中胜出，使用与自己相同或类似商品的驰名商标，借驰名商标所拥有的强大市场影响力，去推销自己的商品。

以上行为，都是对驰名商标的淡化。

3. 特殊淡化驰名商标的行为

网上特有的侵权方式主要有：链出侵权、链入侵权、加框链接侵权、纵深链接侵权、设元标记侵权等。[①] 随着技术的发展，还会有新的侵权方式不断产生。

（1）链出侵权。在链出中侵犯他人的驰名商标一般包括两种情形：一是通过对自己网页上提供的商品进行误导性宣传和广告，使浏览者对网站之间的关系产生混淆和误解，误以为两者之间有联系。二是对被链接的驰名商标进行诋毁、嘲笑，而且利用技术手段使被链接的网站无法摆脱，这是对驰名商标污损的一种形态。

（2）链入侵权。在这种侵权方式中，链入者把他人网页上的构图内容如图标、图像、文字等引入自己的网页。这些来自别人网页上的内容与自己的网页结合得天衣无缝，浏览者根本看不出来自他人的网页。如果引入的内容包含他人的驰名商标，也是对驰名商标的淡化行为。

（3）加框链接侵权。加框链接是指行为人将自己的网页缩成一个“镜框”，将他人网页内容变成“镜框”中的画面。这种行为也属攀附驰名商标的声誉获取不正当利益，应属于对驰名商标的淡化行为。

（4）纵深链接侵权。纵深链接是指通过特殊设置，在需要链接外部网站时，可以绕过被链接网站的主页，直接利用其子网页。这种深层链接是直接到达被访问的内容，容易引起混淆，使网民们分不清到底浏览的是谁的网页，而淡化驰名商标的声誉。[②]

（5）设元标记侵权。标记是网主对网站的所有人、内容进行描述的关键词。这些关键词写入网站软件中，只提供他人搜索使用，并不在网页上出现，是暗藏的字串。当消费者使用网上搜索引擎查找该驰名商标时，行为人的网页会位居搜索结果的前列。

---

① 张玉瑞：《互联网上知识产权诉讼与法律》，人民法院出版社 2000 年版，第 340 ~ 354 页。

② 鲍永正：《电子商务知识产权法律制度研究》，知识产权出版社 2003 年版，第 155 ~ 160 页。

（二）网络环境下驰名商标淡化的产生原因

网络商标侵权表现的以上形式虽名称各不相同，但是其原因大体相同，我们以域名为主进行分析，会发现以下原因：

（1）商标与域名的标记性特征及其所体现的商誉所带来的隐藏利益。

（2）域名观念淡漠、对新兴事物的发展认识不足。

（3）商标法制制度不健全。

正是由于以上这些原因没有得到及时、有效的解决，使得网络商标侵权有愈演愈烈之势，矛盾更加激化。

三、网络环境下驰名商标反淡化保护的国际现状

每一个驰名商标的创立，企业都为之付出了大量心血和努力，才使其商品或服务成为公众喜爱的商品或服务。而正是由于驰名商标的长期使用性、无形财产性、强烈识别性和巨额价值性，使其在实践中极易被“搭便车”。[①]为了保护驰名商标，一些国家专门对网络环境中驰名商标的反淡化问题作出了规定。

（一）美国对于网络环境中驰名商标的反淡化保护

美国对于网络环境中驰名商标的反淡化保护，主要有两项法律，即《联邦商标反淡化法》和《反抢注域名消费者保护法》。

《联邦商标反淡化法》是美国于1995年制定并于1996年1月生效的联邦法律。在《联邦商标反淡化法》出台之前，与驰名商标有关的域名纠纷就已经出现。由于域名与商标之间不存在竞争关系，两者一般也不会发生混淆，传统的商标侵权概念无法适用。《联邦商标反淡化法》的立法目的之一就是解决域名纠纷，保护商标权人的利益，尤其是加强对驰名商标的保护。该法主要对1946年的《兰哈姆商标法》第43条进行了修改，将淡化作为一个新的诉因，以保护著名商标，避免其识别商标或服务能力的减少，而不论是否存在混淆的可能或竞争关系。[②]

该法规定了认定著名商标主要需要考虑的八个因素以及反淡化救济的主要形式和抗辩的正当理由，它的通过结束了美国各州在反淡化保护上各行其是的局面。

尽管美国淡化法和美国法院尽了最大努力保护驰名商标，但随着电子商

① 孔祥俊：《反不正当竞争法新论》，人民法院出版社2001年版，第424页。

② 冯晓青：《企业知识产权战略》，知识产权出版社2005年版，第376页。

务在美国的飞速发展，淡化法日益暴露出其力所不能及之处。适用该法要证明商标和域名的混淆比较困难，另外反淡化法的救济方式单一，仅可取得禁止令，其规定的对人诉讼也常使商标权人的利益无法得到保护。因此，美国于1999年通过了《反抢注域名消费者保护法》，不要求被告有竞争关系，不要求被告经营相同或相似的产品或服务，不要求域名引起消费者混淆，只要求被告的域名与商标权人的商标相同或近似，并具备其他条件即构成恶意抢注。①

（二）其他国家和一些国际组织对于网络环境中驰名商标的反淡化保护

美国制定专门的反淡化法解决了网络环境下的驰名商标保护问题，另一些国家则采用不同的方式。大陆法系国家多采用通过商标保护或归入驰名商标保护范围之内的方法，如法国和德国，但对于网络环境下的驰名商标反淡化保护没有特殊规定。②

另外，一些国际公约也对该问题作出规定，可以适用于参与该公约的国家。如世界知识产权组织（WIPO）在2000年公布的《关于电子商务与知识产权问题》对域名与驰名商标的关系做了专门说明。WIPO《关于保护驰名商标的共同建议》第2条与第6条规定了域名与驰名商标的冲突问题。尽管该建议不具有条约效力，但可供各成员国作为参考。

四、我国对于网络环境下驰名商标反淡化保护的现状及面临的困难

（一）我国对于网络环境下驰名商标反淡化保护的现状

我国对驰名商标的反淡化保护始于20世纪80年代初期。《上海市著名商标认定与保护暂行办法》是我国引入商标淡化的最早地方立法。

2001年12月1日第二次修订后的《商标法》第13条第2款规定，就不相同或者不相类似商品申请注册的商标是复制、模仿或者翻译他人已经在中国注册的驰名商标，误导公众，致使该驰名商标注册人的利益可能受到损害的，不予注册并禁止使用。该条款的规定明确了我国驰名商标反淡化保护的有关内容。

而关于网络环境下的反淡化保护问题，我国的《驰名商标认定和管理暂行规定》也是适用的。另外，北京市高级人民法院《关于审理因域名注册、

---

① 张丽英、李居迁：《电子商务法典型案例解析》，人民法院出版社2003年版，第90~100页。

② 来婧华：《论驰名商标的淡化及反淡化保护》http：//www. ipr - lawyers. cn/llyj/sb/200503/. html.

使用而引起的知识产权纠纷案件的若干指导意见》也规定了域名与驰名商标的冲突问题。

在国内处理驰名商标与域名纠纷的另一个途径是适用《保护工业产权巴黎公约》。如我国首例涉外域名纠纷案件，在荷兰英特艾基公司诉北京国网信息公司案中，就是依据该公约的立法原则判定国网公司抢注域名侵犯驰名商标权。①

（二）我国目前对于网络环境下驰名商标的反淡化保护所面临的困难

依据传统商标法律制度解决网络环境下驰名商标的淡化与驰名商标淡化问题中，存在三个关键因素：第一，是否属于驰名商标。这个问题通过传统的商标法律制度可以解决。第二，混淆可能性的证明问题。若商标持有人以商标侵权为诉由向法院起诉域名等网络环境下的争议案件，其面临的困难之一是必须证明系争域名等网络环境下的淡化行为与其持有的商标存在发生混淆的可能性。即便商标持有人已成功证明系争域名被用于商业活动（如抢注者利用系争域名开展网上销售活动），但若要进一步证明系争域名使消费者发生混淆，误认为抢注者通过系争域名销售的商品与商标持有人相关，或来源于商标持有人则存在较大难度。除非混淆十分明显，否则商标持有人往往需要通过消费者认知调查等方式，花费大量的时间和金钱向法庭证明确实存在发生混淆的可能性。第三，商业使用问题。传统商标法规定，若要将某项行为认定为是商标侵权或商标淡化，案中涉及的商标必须被用于商业活动，即进行商业使用。

由此可以看出，传统的商标权利制度并不能充分、完全的保护网络环境下的驰名商标，我国有必要考虑借鉴国际上的一些做法，以更好地保护驰名商标。

五、网络环境下驰名商标淡化的司法对策

利用互联网对驰名商标进行淡化，已成为驰名商标被侵害的一个重要方面，在美国，一般是适用《联邦商标反淡化法》予以规制。互联网的发展日新月异，各种侵害驰名商标的方式层出不穷。立法的稳定性和滞后性使得法律不可能对新出现的每一种侵权行为都作出规定，这就需要在司法中采取相应的对策，使驰名商标在互联网这一新的经济工具上也能得到周全的保护。

（一）保护驰名商标的法律应延伸至网络

美国对于网络环境中驰名商标的反淡化保护，一般是适用《联邦商标反

① 任自力：《论驰名商标淡化及反淡化保护》，载《知识产权》1996年第5期。

淡化法》，但是其中淡化的定义涵盖范围很广，只要能证明他人商业性的使用驰名商标，并导致该商标所具有的显著性和区别力产生淡化效应，都在反淡化的禁止之列。①

笔者认为，我国法院应该将现实中的可以使用的法律延伸到网络中。不能因为没有法律的规定而使网络成为侵权者的乐土。将驰名商标的法律延伸至网络，可以使驰名商标权人放心地在网络上培育自己的品牌资产，这对推动我国电子商务的发展有重要的意义。

（二）驰名商标的网上保护需要加强国际合作

要真正地有效解决因特网上对驰名商标侵害的问题，必须进行国际合作，制定统一的、可协调的规则。可以先采取双边或多边合作的形式，条件成熟时再制定国际公约。具体来讲，应该在以下几个方面进行合作：

（1）建立定期的信息交流机制。各国将有关驰名商标的信息进行交流，或者通过网络手段进行公示，可以起到权利公示的作用，这将大大减少潜在冲突的可能性。

（2）突破商标地域性原则的限制。在他国注册的驰名商标可以获得商标法上的保护，而有些驰名商标在他国显然没有商业性的使用，但仍有可能被他国公民在网站上侵害，对这种行为，就可以利用相互承认制度获得保护。

（3）加强驰名商标权有关争议的协调。如果争议双方的国家有专门的协调解决机制，就可以协调双方驰名商标的使用。

（三）建立仲裁优先、保证司法审查的救济机制

对于域名的争议，国际上提供了一系列的争端解决机制，这些手段能有效地制止域名对驰名商标的淡化行为。ICANN 于 1998 年 8 月 26 日公布了《统一域名争端解决政策》，1999 年 10 月 24 日又公布了《统一域名争端解决政策实施细则》。统一域名争议解决程序就是适用于因恶意注册域名侵害他人商标权而引发的争议。WIPO 也建立了域名的仲裁和调解中心。

因此，适用这种域名的争端解决机制，可以使域名商标所有权人及时制止域名对驰名商标的淡化行为，方便快捷地避免动辄诉讼所带来的种种不利。

六、结 语

苏格拉底曾经豪迈地说：“把你的好名字看作你能拥有的最宝贵的财富——因为其价值就像一盆火焰。你一旦把它点燃，你可以很容易地保有它，

① 薛虹：《域名抢注的法律分析》，载《科技与法律》1999 年第 1 期。

但如果你一旦熄灭它，你将发现很难再点燃它”。商标就如同企业的生命。驰名商标是企业心血的结晶，也是国家经济实力的体现。随着网络的发展，抢注驰名商标作为域名以及其他损害驰名商标的行为屡见不鲜，而当下我国的商标法律制度并不能很好的保护驰名商标。

“鳄鱼”作为拉科斯特股份有限公司的驰名商标，同样存在着这样的问题，其商标专有权被侵犯，其商标作为域名被抢注的现象更是层出不穷，虽然拉斯科特股份有限公司对此类行为提起了多次诉讼，但是结果却差强人意。

当今时代，保护驰名商标就是保护一个国家的创新能力，面对网络环境下驰名商标的淡化问题，当原来的制度出现不足时，必须采用新的措施加以应对。除了借鉴美国制度以外，可以考虑建立多元的救济途径，同时加强国际合作，从而更好地限制对驰名商标的侵害。对驰名商标的特殊保护延伸到网络世界是意义重大的，否则对驰名商标的保护就是不完整的。

参考文献：

［1］蒋志陪：《入世后我国知识产权法律保护研究》，中国人民大学出版社 2002 年版。

［2］张玉瑞：《互联网上知识产权诉讼与法律》，人民法院出版社 2000 年版。

［3］张丽英、李居迁：《电子商务法典型案例解析》，人民法院出版社 2003 年版。

［4］鲍永正：《电子商务知识产权法律制度研究》，知识产权出版社 2003 年版。

［5］孔祥俊：《反不正当竞争法新论》，人民法院出版社 2001 年版。

［6］薛虹：《域名抢注的法律分析》，载《科技与法律》1999 年第 1 期。

［7］郑成思：《知识产权法教程》，法律出版社 1993 年版。

［8］任自力：《论驰名商标淡化及反淡化保护》，载《知识产权》1996 年第 5 期。

［9］冯晓青：《企业知识产权战略》，知识产权出版社 2005 年版。

［10］林子英、刘德恒：《两种确定商标权利范围理论在司法实践中的运用》，载《中华商标》2003 年第 8 期。

［11］来婧华：《论驰名商标的淡化与反淡化保护》，http：//www. ipr－lawyers. cn/llyj/sb/200503/. html.

［12］冯晓青、杨利华等：《知识产权法热点问题研究》，中国人民公安大学出版社 2004 年版。

从实务角度谈商标侵权案件中销售者的侵权认定及责任承担

辛灵彦*

案例：

近几年，鲁道夫·达斯勒体育用品波马股份公司进行了多起知识产权维权诉讼，多数是涉及商标侵权，以下是颇具代表性的一案。

波马公司自20世纪70年代起，先后在中国注册了“PUMA”、“豹图形”和“PUMA及豹图形”等商标，并通过大量的长期的使用，使得上述商标及波马产品在中国建立了卓越的市场声誉和商业信誉。2010年2月，波马公司发现北京A公司正在销售标有与波马公司上述第76559号“豹图形”注册商标近似图形的运动鞋，于是委托律师事务所向北京A公司发函，要求立即停止侵权，但北京A公司不予理睬，仍公开陈列并出售涉嫌侵权的商品，于是波马公司于2010年5月向法院提起诉讼，波马公司认为北京A公司的行为主观恶意明显，客观上也会使普通消费者产生误解，侵犯了波马公司的注册商标专用权，损害了波马公司的良好声誉，故诉请法院判令北京A公司：1. 立即停止侵犯波马公司注册商标专用权的行为；2. 赔偿波马公司经济损失人民币30万元；3. 在《XX日报》上公开消除影响、赔礼道歉，刊登面积不小于24cm×12.5cm；4. 承担本案的诉讼费用。波马公司同时提交了“PUMA”、“豹图形”和“PUMA及豹图形”组合的商标注册证明等多份证据来证明其主张。

北京A公司答辩称：1. A公司作为销售商已根据法律尽了合理审查义务并且已经提供了产品的合法来源，故不应承担赔偿责任；2. 涉案两款产品均标明了产品品牌及生产厂家，售价也仅为90多元一双，与波马公司产品价格差距很大，不会造成对公众误导；3. A公司提供了供货商全年销售统计数据，波马公司诉请赔偿金额无事实依据。综上，请求法院驳回波马公司的全部诉讼请求。后法院经庭审查明事实后作出了以下判决：

* 北方工业大学民商法2010级硕士研究生

一、被告北京A公司立即停止侵犯原告波马公司第76559号图形注册商标专用权的行为。

二、被告北京A公司于本判决生效之日起30日内在《XX日报》除中缝以外的版面上刊登声明（内容须经本院审核），消除因其商标侵权行为给原告波马公司造成的不良影响。

三、被告北京A公司于本判决生效之日起10日内赔偿原告波马公司经济损失人民币16万元。

四、驳回原告波马公司的其他诉讼请求。

此案件是关于销售者侵犯商标权的典型案例，主要涉及以下几个问题：

1. 北京A公司的销售行为是否侵犯了波马公司涉案第76559号商标的专用权，即销售者侵权的认定，也即销售者承担赔偿责任的构成要件。

2. 商标侵权的原被告应如何举证及举证责任分配。

3. 波马公司主张50万元赔偿额是否有合法依据，即损失数额的确定。

本文试从上述案例出发探讨这几个重要问题。

一、商标侵权及销售者承担赔偿责任的构成要件

（一）商标侵权概述

商标，顾名思义，是一种商业标记。商业标记泛指用来标示企业的产品或服务的所有图形和文字，一般附着于商品外形或运用在广告宣传中，其目的是将一个企业的产品或服务区别于其他企业的商品或服务。[①] 商标作为经营者区分商品和服务的特殊标记，对其加以保护就显得尤为重要。商标权人要使自己的商标能够正常使用，就必须禁止一切给商标权造成损害的不当使用其商标的侵权行为。

商标侵权，有广义和狭义之分，广义的商标侵权是指给他人的商标权造成损害的一切行为，[②] 包括直接侵权和间接侵权。直接侵权，是指未经注册商标所有人的许可，为了商业目的，在相同或近似商品或服务、域名或商号上（对于驰名商标而言，还包括在不近似商品或服务上）使用与他人注册商标相同或近似商标的行为。[③] 间接侵权，是指明知他人的行为构成商标侵权，仍然

---

① 张今、姜凯志：《商业标记的法律保护》，载《知识产权》1994年第3期。

② 王永昌：《试论商标侵权的概念、特征和种类》，载《法律适用》1998年第6期，第7页。

③ 张玉敏主编：《商标保护法律实务》，中国检察院出版社2004年版，第181页。

引诱、帮助他人实施该行为，间接侵权以行为人的主观故意心态为构成要件。通常来说，任何使消费者对商品或服务的来源产生了混淆，干扰经营者对商品和服务进行标记的行为即构成商标侵权。根据我国《商标法》第52条，有下列行为之一的，均属侵犯注册商标专用权：第一种，未经商标注册人许可在同种或类似商品或服务上使用与注册商标相同或者近似的商标，导致消费者产生混淆可能的行为。第二种，销售侵犯注册商标专用权的商品，可能导致消费者产生混淆的行为。第三种，未经许可人同意伪造、擅自制造他人注册商标标识或者销售伪造、擅自制造的注册商标标识的行为。第四种，擅自更换他人商品上的注册商标，并将该更换商标的商品又投入市场的行为。第五种，除前四项之外其他损害他人注册商标专用权的行为。

（二）销售者承担赔偿责任的构成要件

销售者承担赔偿责任的法律依据为《商标法》第56条第3款的规定，销售不知道是侵犯注册商标专用权的商品，能证明该商品是自己合法取得的并说明提供者的，不承担赔偿责任。对于该条款规定的销售者的承担责任的构成要件，不同的学者有不同的理解，归纳起来，主要有两种观点。第一种观点认为，如果行为人不具有主观上的故意，即不知道该商品为侵犯注册商标专用权的商品，根据本条第三款的规定，则不承担赔偿责任。对于本条规定的“证明该商品是自己合法取得的并说明提供者”，该观点认为是认定销售者不具有主观上的故意条件。从该观点来分析，认为销售者不承担赔偿责任的条件为销售者不具有主观上的故意。即销售者构成侵权但不承担责任的条件为：（1）销售了侵犯注册商标专用权的商品；（2）不具有主观上的故意。对于怎样证明主观上不具有故意，该观点认为应“证明该商品是自己合法取得并说明提供者”，才算是完成了举证责任。

第二种观点认为，销售者可以免除赔偿责任所应具备的法律要件有三项：一是销售不知道所销售商品为侵犯注册商标专用权的商品；二是能证明该商品是自己合法取得的，并说明提供者。该观点的法律要件第一项可分解为两项：①销售了侵犯注册商标专用权的商品；②不知道。

从上述两种观点来看，两者有共同点，即销售者免除赔偿责任都必须具备以下法律要件：①销售不知道所销售商品为侵犯注册商标专用权的商品；②能够证明该商品是自己合法取得的；③说明提供者。

在商标法修改前，原商标法对于销售侵犯注册商标专用权商品的行为以明知或应知为构成要件之一，沿用了传统民事侵权四要件。行为人主观上故意是指行为人明知或应知其出售的商品是侵犯注册商标专用权的商品，仍进行销售。新商标法删去“明知”二字，不论侵权人主观上是否知道为侵权产品，只要客观上实施了销售侵犯商标权商品的行为，就认定为侵权。新旧法的主要区别在于认定侵权的归责原则不同，新法采取无过错责任原则，原法采用过错责任原则。

（三）本案关于销售者的侵权认定

按照上述构成要件，销售者要免除承担赔偿经济损失的责任，就必须证明其商品有合法来源，即有合法的进货渠道、以正常的买卖关系、合理的价格，从他人处购买的被控侵权商品，且主观上不知道其销售的是侵权商品。本案中北京A公司如能提供涉案两款运动鞋有合法来源，如提供该两款鞋的供货合同及相关交易凭证则可免责，但北京A公司均不能提供。同时，北京A公司若能提供证据证明其不知道销售的商品为侵犯商标的产品，亦可免责，但要举证证明不存在主观过错显然更难。

法院根据查明的事实认为，波马公司的“PUMA”品牌及其“豹图形”商标具有较高的知名度和显著性，北京A公司作为从事商品零售业的大型超市，是具有专业管理经验的商业企业，其认知品牌的能力应比一般的消费者高，其对波马公司的注册商标理应有所了解。北京A公司在销售时应该注意到上述两款涉案运动鞋上所标的品牌均不是波马公司的品牌，但鞋上却标有与波马公司注册商标相近似的图案，同时，该两款运动鞋的价格远低于原告注册商标的商品。如果北京A公司在销售时尽到合理注意义务，其完全能够采取适当措施避免商标侵权行为的发生，但北京A公司却疏于对其销售商品是否侵犯他人注册商标专用权的合理审查，主观过错明显，其行为已构成对波马公司注册商标专用权的侵犯。北京A公司以低廉的价格在大型零售超市销售侵权商品，必然给波马注册商标的良好声誉造成负面影响，同时也给波马公司造成经济损失，故北京A公司应当承担停止侵权、赔偿损失、消除影响的民事责任。

二、商标侵权的举证责任分配

（一）举证责任

举证责任，又称证明责任，是指当作为裁判基础的法律要件事实在诉讼中处于真伪不明的状态时，一方当事人将承担其主张不能成立的危险。在民事诉讼中，双方当事人都可能成为证明责任的主体，但对于相同要件事实不能同时承担证明责任。证明主体须对自己主张提出证据加以证明，当不履行证明责任或者证明不能时，应承担败诉或者其他不利后果。①

按照举证责任的上述概念，在知识产权侵权诉讼案件中，如果被侵权人或者侵权人不能证明侵权或没有侵权的事实，那么被侵权人或者侵权人将承担败诉的不利后果。在知识产权诉讼中，首先应当坚持民事诉讼举证责任的一般规则，即由主张权利受到侵害的原告就法定的侵权构成事实要件（权属、侵权事实、损失等）承担举证责任；如果被告提出新的事实进行抗辩，应就其提出的事实承担举证责任，被告也可以针对原告提供的证据予以否认和反驳。

1. 销售者侵犯商标权原、被告的举证责任

在商标侵权案件中，从原告的角度说，原告首先要明确商标法规定的侵犯注册商标专用权的行为，然后针对各种侵权行为确定侵权行为人，侵权的具体形式，侵权所涉及的商品数量，侵权行为的准确发生地点。具体到销售者侵犯注册商标权案件中，根据上述销售者承担赔偿责任的构成要件，权利人主张销售者承担赔偿责任，首先，应证明销售者实施了销售侵犯注册商标专用权的商品，再者，应证明销售者销售时知道是侵权产品。权利人要证明销售者知道或应当知道所销售产品为侵权产品，可以提供曾给该销售者发过通知函或在媒体上声明的材料，这些可以作为销售者主观“知道”的证据。

销售者作为市场经营主体，在进货时应当尽到合理的注意义务，当违背了合理的注意义务时，即视为其“应当知道而不知道”。实践中对于合理注意义务的确定往往从以下方面判定②：第一，销售商的经验及认知能力。司法实践中确认经验及认知能力一般以正常人谨慎的注意为标准，同时也考虑各销售者的具体情况。一般情况下，国有、集体、股份制公司等法人单位的认知能力高于个体工商户；大型超市、大型商店、购物中心、百货商店等认知能力高于中小型销售商；长期从事该行业的专业销售商认知能力高于普通的、短期非专业小商店、小卖铺、街头门店的销售商。第二，权利人商标的知名度、显著性。由于商标数量、使用情况、地域性等因素的影响，每个商标的显著性、知名度存在很大差异。对于知名度高、显著性强的商标，特别是驰名商标，销售商的注意义务要高于普通商标。第三，商品的来源。销售商所售商品必须是合法取得，并能说明提供者。合法取得包括渠道合法和取得方式合法，排除走私、过低价购进等情形。第四，对于提供者资质、商品商标

① 叶青：《诉讼证据法学》，北京大学出版社 2006 年版，第 243 页。

② 《销售商商标侵权浅析》，http：//www. law - lib. com/lw/lw_ view，最后登录时间：2011 年 6 月 7 日。

注册证等审查、备案。审查的内容应当包括查验供货者生产经营许可执照、认证标志及名优标志等质量标志的使用权证、检验报告、合格证书、商标注册证明等，从而确认产品提供者所提供的商品确系合格的生产者生产，产品上标示的商标等各项标志均系有权机关核准颁发。①

作为销售者的被告要免除其赔偿责任则首先应证明其商品是自己合法取得的，并说明提供者，对此销售者可提供多种类型的证据。从实践看，销售者可提供买卖合同、送货单、进货单、运输单据、发票、照片、录音、证人证言等证据来证明其商品是合法取得的。对于提供者，销售者则可提供身份证复印件、公安机关出具的证明信、工商登记的企业名称等。但是，这些证据通常会被商标权人以缺乏关联性为由否认证据的证明力，从而否认产品具有合法来源，特别是合同、送货单、进货单、发票未记载产品的商标或品牌内容时，更难以对证据的关联性予以统一。

因此，关键问题是如何建立被控侵权产品与提供者之间的联系。笔者认为销售者不仅应提供证明商品合法来源的证据，还应要求提供者到庭指认被控侵权物系其提供给销售者。如提供者主张被控侵权产品不是其提供给销售者的，此时若有其他证据加以佐证，法庭仍应驳回权利人的诉讼请求。按照这种标准，销售者的举证责任变得很重。为了减轻销售者的举证责任，法院可以依职权向销售者释明，其可追加产品的提供者为被告或第三人参加诉讼。如销售者不追加，则可判令销售者承担赔偿责任。

2. 本案中原、被告的举证情况

本案原告的证据达二十多份，分别用于证明原告的产品存在较高的知名度、被告存在侵权行为、原告的损失等。原告提供的证据有：

（1）证据1，第76559号商标注册证明、第570147号商标注册证明及相应的核准续展注册商标证明，用于证明波马公司在运动服、运动鞋等核定商品上分别享有对“豹图形”图形商标、“PUMA及豹图形”图形字母组合商标以及“PUMA”字母商标的专用权。

（2）证据2－1，北京市某公证处出具的第p1号公证书，证明北京A公司销售涉嫌侵权产品的事实；这是实务中这类案件的通常取证手法，即商标权人委托公证处公证员至销售商处购买涉嫌侵权产品，由销售商出具盖有公司印章的发票，发票详细记载所购商品信息。同时，公证员对现场进行拍照，

① 马安：《商标侵权案件中的销售者的民事责任》，http：//www.lawtime.cn/article/lll443148448242oo10348，2009－02－22. 最后登录时间：2011年6月7日。

并将所购商品进行封存，后由公证处对此进行公证并出具公证书。证据2－2，北京某律师事务所律师函，证明波马公司曾于2010年2月18日委托北京某律师事务所向北京A公司发函，要求其停止侵权并协商赔偿事宜。

证据2－3，北京市某公证处出具的第p2号公证书，证明北京A公司在收到波马公司律师函后仍未停止侵权，继续销售另一涉嫌侵权产品的事实。这也是实务中这类案件的常用取证方法，以证明销售者存在侵权的故意，即明知道所销售的产品为侵犯注册商标权的商品仍然继续进行销售。

（3）证据3－1，由北京市司法局和物价局印发的“北京市律师服务费政府指导价标准”，证明北京律师可按小时进行收费，最高不得超过3000元/小时。

证据3－2，由波马公司与北京某律师事务所签订的“聘请律师合同”，证明本案诉讼是按照1500元/小时计收律师费。

证据3－3，北京律师事务所自行制作的“为制止侵权实际支出的费用清单”以及相应的公证费、住宿费、交通费等票据，证明波马公司为制止本案侵权行为支出的合理费用。

在其他的民事诉讼中，权利人因维权所支出的律师费及律师办理案件的其他费用法院通常不予支持，但知识产权案件中对所请求赔偿的律师费一般贯彻有限制地支持的原则。律师费应参照司法局和物价局规定的收费标准计算，超出部分不予支持。

（4）证据4－1，“彪马品牌简介”，证明波马公司及其产品具有很高的知名度。

证据4－2，波马公司2006年秋冬季销售鞋样图册，证明波马公司产品上都显著标注“豹图”图形商标，且北京A公司销售的涉嫌侵权产品与波马公司产品非常近似的事实。

证据4－3，波马公司请明星代言其产品所作宣传广告的网络打印资料，证明波马公司为建立良好的品牌形象作了大量的宣传推广工作，并投入了大量的资金。

证据4－4，网络资料“06世界杯32强球衣一览”节选，证明波马公司投入巨额广告费用从事PUMA品牌的宣传推广。

证据4－5，网络资料“2006年世界品牌500强排行榜”节选，证明波马公司及其产品在世界上的知名度。

证据4－6，网络资料“2007年世界品牌500强排行榜”节选，证明波马品牌在世界上具有较高的知名度，并证明其品牌排名比2006年有所下降，而假冒产品是其下降的主要原因。

证据4－7，网络资料“世界十大运动品牌”，证明波马公司品牌在我国具有很高的知名度。

证据4－8，北京某公证处出具的第p3号公证书及北京某律师事务所相应出具的调查问卷分析报告，证明波马公司的注册商标在中国具有较高的知名度，波马品牌深受广大消费者的喜爱，并且大型超市销售与波马公司注册商标相同或相似的运动鞋对其造成了严重的损害。上述证据均为了证明波马公司品牌及商标享有很高的知名度，销售商知道或应当知道其所销售的商品侵犯了注册商标专用权，具有很强的主观恶意。同时也证明因被告的侵权行为，导致原告的品牌形象降低，销售额下降，造成了很大的经济损失。

被告主要从其商品来源合法角度进行举证，提交的证据主要有：

（1）证据1－1，北京A公司与北京B公司签订的专柜合同及补充协议，证明北京A公司销售的运动鞋是合法取得的，而且尽了合理的审查义务。证据1－2，北京A公司专柜商品销售统计表；证据1－3，北京A公司付款通知书一组；证据1－4，北京B公司出具的增值税发票打印件一组。上述证据均为了证明涉案运动鞋的销售数量、金额以及销售时间跨度。

（2）证据2，（2008）浙民终字第830号民事判决书，证明同类知识产权侵权案件的赔偿金额，波马公司主张的过高。

三、侵害商标权的民事责任

我国《民法通则》第118条规定了侵害知识产权的民事责任，该条规定，公民、法人的著作权（版权），专利权、商标专用权、发现权、发明权和其他科技成果权受到剽窃、篡改、假冒等侵害的，有权要求停止侵害，消除影响，赔偿损失。结合《商标法》第53条的规定可知，注册商标专用权受到侵害的，权利人可以要求侵权人停止侵权行为，消除影响，并赔偿其损失。

（一）停止侵害

停止侵害即权利人对正在进行中的任何侵犯商标权的行为，有权予以禁止或诉请人民法院下达禁令要求侵权人停止实施侵犯其注册商标专用权的行为，以保护自身的合法权益。另外，为了使商标权人的权益免受侵害，使其合法权益得到充分保护，《商标法》第57条专门规定了诉前救济措施，即商标注册人或者利害关系人有证据证明他人正在实施或者即将实施侵犯其注册商标专用权的行为，如不及时制止，将会使其合法权益受到难以弥补的损害的，可以在起诉前向人民法院申请采取责令停止有关行为和财产保全的措施。

（二）消除影响

因侵权人实施侵权行为后多数会对注册商标所有人的品牌和商标声誉造

成影响，如侵权人在自己的劣质产品上擅自使用他人享有较高声誉或驰名的注册商标，这必然会导致该商标在公众心目中的美誉度下降，从而严重损害商标权人的利益。良好商标声誉的积累是经营者长期努力的结果，因此，对于享有很高声誉的注册商标而言，要求侵权人消除其侵权行为带来的负面影响，为注册商标“正名”显得尤为重要。在实践中，消除影响通常采用的方式为侵权人在其侵权行为造成影响的范围内以在报刊、网络或其他媒体上发表书面声明，对其错误行为进行道歉，使公众对注册商标建立新的评价和认知，以挽回声誉。

（三）赔偿损失

赔偿损失即因侵权人的侵权行为给商标权人造成财产上的损失时，侵权人应就损失的数额进行赔偿。根据我国《商标法》第56条之规定，侵犯商标专用权的赔偿数额，为侵权人在侵权期间因侵权所获得的利益，或者被侵权人在被侵权期间因被侵权所受到的损失，包括被侵权人为制止侵权行为所支付的合理开支。前款所称侵权人因侵权所得利益，或者被侵权人因被侵权所受损失难以确定的，由人民法院根据侵权行为的情节判决给予50万元以下的赔偿。

1. 商标侵权赔偿数额的确定

从《商标法》第56条的规定我们可以知道计算商标侵权赔偿的方式有三种：（1）侵权人因为侵权所获得的全部利益；（2）被侵权人因侵权而受到的全部损失；（3）法律规定的赔偿数额。另外，根据最高人民法院《关于审理商标民事纠纷案件适用法律若干问题的解释》第13条之规定，人民法院依据《商标法》第56条第1款的规定确定侵权人的赔偿责任时，可以根据权利人选择的计算方法计算赔偿数额。在实践中，具体适用哪一种计算方式，可以由被侵权人自行选择。权利人可以选择第一种方式也可以选择第二种方式，当这两种方式都难以计算损失数额时，可以由法院直接采用第三种方式。

（1）第一种方式：侵权人因侵权所获得的全部利益。最高人民法院1985年11月6日在《关于侵犯商标专用权如何计算损失赔偿额和侵权期间问题的批复》中指出，侵权期间因侵权所获的利润，是指除成本外的所有利润。国家工商总局在1999年12月29日的《关于商标行政执法中若干问题的意见》中规定，侵权人在侵权期间因侵权所获得的利润一般是指销售收入减去成本及应缴纳的税金。销售收入的计算只涉及侵权人的实际收入，即已销出商品部分的收入不包括库存商品。最高人民法院《关于审理商标民事纠纷案件适用法律若干问题的解释》第14条则规定，《商标法》第56条第1款规定的侵权所获得的利益，可以根据侵权商品的销售量与该商品单位利润计算；该商品单位利润无法查明的，按照注册商标商品的单位利润计算。最高人民法院的司法解释将计算方式进一步简化，从而操作起来也更容易，因此实务中采用这种方式的较多。

（2）第二种方式：被侵权人因侵权而受到的全部损失。最高人民法院《关于审理商标民事纠纷案件适用法律若干问题的解释》第15条规定，《商标法》第56条第1款规定的因被侵权所受到的损失，可以根据权利人因侵权所造成商品销售减少量或者侵权商品销售量与该注册商标商品的单位利润乘积计算。这种计算方式在实践中不具有适用性，难以适用的原因很多。首要的原因是影响销售量的原因很多，如产品本身的质量和知名度、市场饱和程度、商家的服务水平等，我们不能简单地将销售量下降归因于侵权。因此，被侵权人如采用这种方式计算赔偿数额，原告很难证明其实际损失是由被告造成，所以在实务中这种方式几乎很少用到。

（3）第三种方式：法定赔偿。根据最高人民法院《关于审理商标民事纠纷案件适用法律若干问题的解释》第16条规定，侵权人因侵权所获得的利益或者被侵权人因被侵权所受到的损失均难以确定的，人民法院可以根据当事人的请求或者依职权适用《商标法》第56条第2款的规定确定赔偿数额。

但适用法定赔偿计算的方式是有前提条件的，其前提是，只有在前面两种方式都无法确定赔偿数额时才能适用。同时，上述解释第16条第2款规定，人民法院在确定赔偿数额时，应当考虑侵权行为的性质、期间、后果，商标的声誉，商标使用许可费的数额，商标使用许可的种类、时间、范围及制止侵权行为的合理开支等因素综合确定。根据法律规定，人民法院审判人员在审理时享有很大的自由裁量权，但是不能超过50万元的上限。后最高人民法院于2007年2月在无锡召开了2006年度全国知识产权审判工作会议，会议上提出，对于难以证明侵权受损或侵权获利的具体数额，但有证据证明前述数额明显超过法定赔偿最高限额的，不适用法定赔偿额的计算方法，应当综合全案的证据情况，在50万元以上合理确定赔偿额。这就避免了在原有法定赔偿制度下，审判人员发现损失数额在50万元以上但只能在50万元的限额内进行裁判的弊端。

（四）本案中赔偿数额的确定

本案波马公司在诉讼中自称其为制止本案侵权支付了律师费108750元，公证费3040元，交通、食宿及通讯费用等合计119250元，同时向北京A公司主张其他损失共计50万元整。

法院认为，波马公司要求北京A公司赔偿其经济损失50万元，但未能提供具体的损失依据，北京A公司亦未能提供其侵权的数量及获利证明材料，故本院将根据北京 A 公司的企业销售规模、产品利润、侵权情节、侵权后果、波马公司注册商标的知名度及其因诉讼支出的合理费用等因素酌情确定赔偿数额。鉴于本案仅属财产权纠纷，不直接涉及人身权利，依法不适用赔礼道歉的责任方式，故波马公司要求北京 A 公司赔礼道歉的诉讼请求本院不予支持。最后法院判决被告北京 A 公司于本判决生效之日起 10 日内赔偿原告波马公司经济损失人民币 16 万元。

四、结束语

商标作为知识产权的重要组成部分，不仅是企业的巨额无形资产，而且是一国经济实力的特殊反映。随着我国的经济发展及我国企业商标意识的增强，商标注册申请量在逐年上升，同时商标侵权纠纷也逐渐增多。其中，销售者侵犯注册商标专用权的案件增加尤为明显，日益成为社会有待解决的问题。从上面的案例我们可以看到，实务中此类案件的处理还存在很多问题，如销售者侵犯商标权的认定，赔偿数额的确定等。另外，此类案件中法官因自由裁量权过大而导致权力滥用、判决因说理性不强和略去计算赔偿数额的过程，而使判决难以起到规范其他行为的作用等问题均广泛存在，这些方面都有赖于大家共同努力进一步去完善。

参考文献：

[1] 吴汉东：《知识产权法》，中国政法大学出版社 2009 年版。

[2] 杨立新：《侵权损害赔偿》，法律出版社 2008 年版。

[3] 唐广良：《知识产权研究第十三卷》，中国方正出版社 2003 年版。

[4] 吴汉东等著：《知识产权基本问题研究》，中国人民大学出版社 2005 年版。

[5] 刘春田著：《知识产权法》，高等教育出版社 2000 年版。

[6] 王莲峰著：《商标法学》，北京大学出版社 2007 年版。

[7] 王迁：《知识产权法教程》，中国人民大学出版社 2009 年版。

[8] 王立民、黄武双主编：《知识产权法研究（第 1 卷）》，北京大学出版社 2004 年版。

[9] http://www.chinalawedu.com/new/1900a22a2011/201181caoxin144741.shtml，浅议我国商标侵权的归责原则，2011 年 8 月 4 日访问。

[10] http://ccwb.1news.cc/html/2010 - 12/06/content_112940.htm，商标侵权销售者也要承担民事责任，2011 年 8 月 10 日访问。

全球化经济背景下相关知识产权问题的反思

张振鹏*

案例：

无锡市宏飞工贸有限公司（以下简称宏飞）申请商标“KINEX”，在公告期的3个月内，被斯洛伐克的基耐克斯股份有限公司（以下简称基耐克斯）提出了异议，宏飞胜诉；基耐克斯不服，提出了异议复审，宏飞败诉。宏飞继而委托北京的一家知识产权代理有限公司在第一中级人民法院对国家工商行政管理总局商标评审委员会（以下简称商评委）提起行政诉讼。宏飞一审胜诉，商评委和基耐克斯不服一审判决，提起上诉。①

本案涉及的主要法律问题：

1. 知识产权全球化时代已经到来，因此需将知识产权战略与公司战略同行。

2. 现行商标法某些条文具有行政管理法的特点，在商标法的第三次修改中，建议应当实现商标权的私权属性回归。

一、知识产权全球化时代已到来，公司战略急需与知识产权战略同行

（一）公司核心竞争力就是知识产权

当今社会已经进入知识时代，知识成为经济增长和发展的决定性因素。在这个社会中，知识产权、软资源和其他各种无形财产的迅速增长，创造出了难以想象的财富。对于公司而言，知识经济造就了新的财产结构：公司所

---

* 北方工业大学民商法2010级硕士研究生

① 证据材料一：某市纺机配件厂证明材料。证据材料二：长期使用在轴承上的商标实物照片。证据材料三：获得的荣誉证书和相关政府文件材料。证据材料四：查询该第三人申请的商标为机械刀具类证明。以及其他已经注册成功的类似商标。证据材料五：国家工商行政管理总局商标局第（2007）商标异字第02742号裁定书与国家工商行政管理总局商标评审委员会第01217号裁定书。

拥有的知识财产已经取代企业固定资本、金融资本，成为公司最重要的经济资源。纵观全球范围内，生产领域合作、贸易领域合作；货物贸易还是服务贸易，大都是以知识产权，即专利权、商标权、版权等为核心的。

发达国家日渐以“知识创新”作为其主要经济增长点。因此，为了保证自己的创新性智力成果始终能够转化为优势和利润，发达国家极力将智力资源优势转化为知识产权优势，再转化为市场优势。因此，发达国家创造了标准，再强调标准，并感召发展中国家的公司加入标准，从而达到利用知识产权制度来为本国公司的发展与扩张保驾护航的目的。

相比之下，还处于起步阶段的中国公司在全球化市场和一体化法律规则面前应如何应对和崛起，是我国现阶段面临的重大问题。而中国公司得以对抗外国企业的关键，或者说必须踩破的门槛，就在于如何运用知识产权。

美国学者普拉赫德和海默于1990年在《哈佛商业评论》中讲到：公司的竞争优势取决于公司的竞争能力，这包括多种因素，如获取资源的能力、掌握某种重要技术的能力、创造低成本的能力。但并非每种能力地位相同，而只有那些能使公司长期保持竞争优势、明显高于且不易被竞争对手模仿、使公司获得可持续发展的能力，才是公司最关键的核心竞争力。

市场经济决定了公司的核心竞争力是依照消费者的需求而建立的。而在核心竞争力的这几大构成要素中，最容易为消费者所感知的就是技术和品牌。因为对于消费者来说，他们最关心的是某个公司的产品技术含量和品牌，无论该公司的组织结构有多合理、战略有多科学、企业文化有多优秀。

现代市场竞争决定了技术创新需要大量的时间和资金投入，并伴随着较大的技术风险和市场风险。且因专利制度和商业秘密制度的存在，公司想要合法地获得技术创新知识的难度相当大，正是这些因素致使公司的技术优势保持较为容易，这也造成了市场竞争的差异化局面。

具体来说，任何品牌在消费者心目中的地位确立，取得消费者的认同，依靠的都是商品的高质量和高技术含量。而在相同的质量和技术含量的情况下，品牌的商誉则影响消费者的购买决定。目前，消费者的消费理念已经由产品消费转向为品牌消费，所以提高品牌的知名度，提升品牌和企业形象是塑造公司核心竞争力的重要措施。而知识产权制度中的商标制度，则体现了公司品牌必需“独一性”的要求。

因此，无论是技术创新还是商标保护，无论在哪个行业，公司核心竞争力就是知识产权。

（1）知识产权制度主要通过赋予专利权人在一定条件下的独占权保证技术的领先性。知识产权制度对技术的保护主要是通过专利权制度来进行的。

专利权在赋予专利权人独占权的同时，在刺激本行业技术进步的同时，也不可豁免地堵住了任何本行业或者非本行业的，任何潜在的或一般情况下的竞争者的技术进步之路。竞争者们除了加入这一标准，俯首帖耳地受制于人以外，只能大幅度地增加生产成本，或者血拼价格，造成本行业发展停滞甚至萎缩。单从专利的角度来看，基本专利和外围专利的“组合拳”依旧可以保证该公司在技术方面的领先性。

（2）知识产权制度能够保证品牌的独特性。技术创新更多的是存在于一些高科技领域中，在传统领域中，品牌的塑造与推广主要是以产品的商标形式来表现。商标是消费者与公司发生联系的纽带，他们一般是直接通过产品的商标来认识公司。即使这在实际上决定了他们对于公司的印象，且任何公司的品牌都要花费大量的时间和成本才能在消费者心目中树立良好的形象，但消费者最在意的依旧是通过商标所选择的商品，公司给消费者的印象往往是商标作用的下一步，即在同等质量或信誉的情况下的选择，以及对这种选择的长期保障。

所以，对于一个想要获得竞争力的公司而言，它最担心的就是自己产品的商标与其他企业产品的商标发生混淆（不是“商标相同或近似”），使消费者于“商品造成的困惑”中作出对公司的短期和长期经营均不确定的选择，以及其他公司对于本公司“搭便车”的情况。由此可见，企业必须维持自己品牌的独特性。而商标法的一个重要功能就是保护品牌的独特性。

综上所述，知识产权主要通过下列三种方式增益于公司：（1）提供临时的技术指导；（2）保护商标品牌；（3）帮助形成产业标准。

（二）知识产权制度与公司发展的关系

通过研究发现，具有相对弱的知识产权保护的公司会选择研发合资伙伴而不是合同伙伴，这种选择显然将阻碍外商直接投资。同时，知识产权保护对于公司盈利具有巨大影响。

由于各国的市场背景和在此之上所创制的创新战略和实际经营的原因，知识产权的管理需要创造性地建立知识产权战略的框架体系，才能帮助公司及其员工用最低成本管理知识产权成果，并且获得内外部商业价值的最大化。

值得我们重视的是启动这一过程的时间点：开拓市场之前。

（三）中国知识产权保护体系与现状

在《商标法》实施后的10年内，我国全面完成了知识产权制度的建设，《专利法》、《版权法》、《反不正当竞争法》相继出台，迅速建立起了一套知识产权法律体系，并于新世纪之初对这一体系进行了较大的完善。

但是，2002年年初中国DVD产品在欧洲遭遇海关扣押、温州打火机面临专利付费、2003年年初思科在美国起诉华为软件和专利侵权、日本丰田公司诉讼直指吉利公司涉嫌商标侵权和不正当竞争。在这一系列"战斗"中，我们的企业还是没有学会利用知识产权战略发展和保护自己。

2002年日本以政府知识产权战略会议的形式发布了《知识产权战略纲要》，提出"知识产权立国"的口号，在日本全社会推行知识产权保护制度。这份战略大纲提出了知识产权保护的四大战略：知识产权创新战略、知识产权保护战略、知识产权战略、知识产权人才战略，并且明确提出要在海外实施全面取缔侵犯日本知识产权的行动。这是从"技术立国"到"知识产权立国"的巨大转变，它反映出了未来世界经济发展模式的改变。现如今的"中国制造"变成了"非中国骑士身下的矮脚马"，付出了更大的努力，得到的仅是"过期的草料"，而高附加值所带来的巨大经济利益却源源不断地流向外国权利人的囊中。

从以上论述可以看出，作为知识产权应用的后进者与学习者，我国缺乏从低水平保护到高水平保护的必要过渡期，缺乏应对"国际知识产权壁垒"与"国内知识产权陷阱"的经验，还缺乏有效实施知识产权制度的条件、手段和社会环境。

具体到商标保护方面，我国企业从不知商标作为无形资产具有价值①到知道商标的财产性，但仍对商标战略懵懂无知，② 以至于自以为利用商标转让和许可获得了收益，却不知投资方直接用合资企业的新商标创造消费群体对品牌的依赖性的同时，还消除了原有商标价值。

储备商标、卖商标是最一本万利的，贴上一个驰名商标，即使全部是中国制造，全部用中国技术，利益也都是商标权人的，中国公司和研究机构都成为OEM或ODM时，我们只能卖劳动力了。

二、对现行《商标法》的属性分析——正在进行的商标法第三次修改应实现商标权私权属性的回归

无论是理论研究中，还是司法实践中，以致公司海外战略拓展中，人们的目光总是聚焦于专利权的实现上。其实，一个商标在消费者的心目中确立市场地位，在同行业竞争中对其他竞争者形成压力，在企业文化中形成凝聚力，都是知识产权实现的潜在条件。从某种程度上看，商标于公司可谓是

① 郑州亚细亚商业集团的失败就是一个例子。

② 邵兴全、顾金焰：《商标权的法律保护与运用》，法律出版社2009年版，第52～79页。

“低调的华丽”，那么商标权属性为何？

（一）权利的本质与商标权属性

权利的本质是享受特定利益的法律上之力。商标权是凭商标为载体以保护商誉的方式，而商标是特定标识与特定商品之间的联系，并非特定标识本身。

根据TRIPS协议准引言部分所述，知识产权是私权。[①] 而TRIPS协议第一部分第1条第2款规定商标权属于该协议规定的知识产权范畴。因此，商标权属于私权，所以商标权保护的是特定的个人利益。正如庞德所述：“……（3）物质利益，指有关个人经济生活的请求和需求……”[②] 那么，商标法作为调整商标权法律关系的法律规范，理应为私法。

法律确认了的保护商业关系不受外部干涉的请求应属于当今反不正当竞争法的内容。起初基于一种纯粹的理念——把一个人的货物冒充为另一个人的货物，是不公平竞争的观念——应用于“商标案”。这是一种对身份的保护。目前，这种保护转变为了对财产的保护。[③] 因此，对于商标保护的请求，大多数国家采取的是单独立法的形式。

商标权属于广义财产权无疑，它不是来自于商标局的注册，而是来自于商标的实际使用和消费者对于商标的积极评价。[④] 商标权人通过其实际使用商标的行为创造的是商誉，因此，商标权人要求掌握和能掌握的也只能是商誉。所以，商誉是商标权所保护的特定利益。

商标权所保护的特定利益是商誉，那么商标权的客体是什么？世界知识产权组织认为，知识产权的客体就是某一类信息。[⑤] 那么商标权的客体就应是某种标识或商业标识。因此，商标的实际使用是商誉（正面的或负面的）形成并逐步积累的途径。基于一般人的预见可能性：某一具体的商业标识，只有在与特定商品或服务联系在一起，并且提供给市场上的消费者时，才有可能获得消费者的积极评价，从而积累和增加与之相关的商誉。[⑥] 因此，特定

① 原文是“Recognizing that intellectual property rights are private rights.”

② ［美］罗斯科·庞德：《法理学（第三卷）》，廖德宇译，法律出版社2007年版，第22页。

③ ［美］罗斯科·庞德：《法理学（第三卷）》，廖德宇译，法律出版社2007年版，第173页。

④ 李明德：《郑成思教授逝世三周年纪念文集》序言。

⑤ 金海军：《知识产权私权论》，中国人民大学出版社2004年版，第10页。

⑥ 文学：《商标使用与商标保护研究》，法律出版社2008年版，第3～4页。

的、使用中的商标才能成为商誉的载体，商标所有人才能获得商标权。因此，保护商标就是为了保护商品生产者、服务提供者经过苦心经营而积累起来的商誉，而不是为了保护商业标识本身。

我国商标法的某些条文并没有体现出商标的私权属性，而是“授权制”的表现。商标的特性决定了商标由国家管理。但是，“授权制”在相比“确权制”更具有可操作性的同时，也存在束缚公司自我发展的可能。相比之下，“确权制”固然在司法实践中不易操作，但其与市场经济具有天生的内在联系，因为“确权制”的前提是由商标在市场中的使用而逐渐形成的商誉。商标的使用与公众利益具有很大关系，但基于商标法应是民事权利法的原因，可以另行设立行政规章，却实在不应在其中添加有关调整其他社会关系的东西。

（二）商标权的本质

商标权人要求控制其通过劳动而创造的商誉。经法律确认之后，其体现为商标权人有权要求其余所有人尊重其权利，并且不得妨碍其权利的行使和实现。所以，商标权是绝对权。

商标权人不但可以自行利用其商标、独享其商誉，还可以将商标连同部分商誉[①]直接转让给他人，根本无需他人行为的介入或协助。同时，商标权人应当有权排除他人妨碍其行使商标权，有权禁止他人利用其商标、分享其商誉，具有排他性。由此可以看出，商标权完全具备直接支配性和全面排他性。所以，商标权是支配权。

1. 商标权私权属性的异化

中国现行《商标法》的某些条文体现出行政管理法的色彩。商标权是服从、服务于工商行政管理需要的，因此这不是一部实质意义上的私法，而是具有一定的行政管理法的特征。

《商标法》第1条[②]将“加强商标管理”作为商标立法的首要任务和目标，“保护商标专用权”只是加强商标管理的手段，“促使生产、经营者保证商品和服务质量”的手段。商标本身与商品或服务质量并不必然具有某种天生的关联。人为地强行建立商标与商品或服务质量的联系，并认为加强商标

---

① 笔者认为，商誉作为原创始人经过劳动所打造的产物，在发生商标转让时，其内涵的商誉必然天然地缩水，导致无法全量级地转让，而这一点是为一般人所能预见的。

② 《商标法》第1条规定，为了加强商标管理，保护商标专用权，促使生产、经营者保证商品和服务质量，维护商标信誉，以保障消费者和生产、经营者的利益，促进社会主义市场经济的发展，特制定本法。

管理可以“促使生产、经营者保证商品和服务质量”是不科学的——“商标管理不能等同于枪支管理”。商标权私权本性的回归，才是解决商标相关问题的关键所在。

2. 商标使用与商标权所保护之特定利益的异化

什么是商标使用？我国台湾地区“商标法”第 6 条规定，商标之使用，指为营销之目的，将商标用于商品、服务或其有关之对象或利用平面图像、数字影音、电子媒体或其他媒介物足以使相关消费者认识其为商标。[①]

与之形成鲜明对比的是，美国以列举方式对商标“在商业中使用”加以说明：“在贸易过程中真诚地使用而不仅仅是为了保留该商标之权利为目的的使用”。同时，还分别列举了商品商标和服务商标的具体使用方式，包括在商业活动中复制、伪造、抄袭，或者模仿他人注册商标的标识用于对商品或服务进行销售、销售要约、分销或者广告宣传的行为。[②]

《欧共体商标条例》较为详细地规定了商标的使用及其方式：商标所有人有权阻止所有第三方未经其同意在贸易过程中使用与其相同或相似的标志；并针对侵权标志的使用，列举了四种方式：（1）在商品或商品包装上缀附该标志；（2）提供带有该标志的商品，将其投入市场或为此目的持有或用该标志提供服务；（3）进口或出口带有该标志的商品；（4）在商业文书或广告上使用该标志。在详细列举使用方式的同时，《欧共体商标条例》还规定了商标使用的具体要求，主要表现为：第一，商标所有人在商标注册后 5 年内，未将共同体商标在共同体内真正使用于注册的商品或服务上的，或者连续中断 5 年的，共同体商标应根据本条例的规定受到制裁，除非存在不使用的正当理由。第二，下列行为亦应视为上述第 1 款所指的使用：共同体商标以不改变其显著特征的与注册时不同组成形式进行使用；在共同体区域内，仅为了出口商品的目的，把共同体商标贴附在商品或其包装上。第三，共同体商标经商标所有人同意的使用应视为所有人的使用。我国《商标法实施条例》也采用了这种列举式规定了商标的使用方式。

由此可知，商标使用不是非商用状态、寻租化、象征性地使用，而是在公开场合下、符合交易真实意愿地、连续性地使用，并最终得以区分商品或服务来源。所以，即使在现代市场中广泛存在的商标授权许可他人使用的方式，也不应该认定为商标使用。

---

① 参见我国台湾地区“商标法”第 6 条。

② 参见《兰哈姆法》第 32 条第 1 项 a 规定。

当前中国商标法对商标权的保护建基于商业标识本身为智力成果，并以此作为其是知识产权的依据，是标记性权利的依据。

这种法律导致商业注册本身忽略了商誉的存在而直接产生了商标权，颠倒了商标注册的本有之意——公告或者备案。那么无处不在的商标买卖等寻租方式在中国成为一种常态。当前中国《商标法》规定商标权转让需要商标局的核准。① 根据《商标法实施条例》第 25 条第 3 款的规定，商标权转让需要商标局核准的理由是商标转让可能产生误认、混淆或者其他不良影响。我们假设商标转让会产生误认、混淆，结果就是原商标权人与受让人将共同享有商标权——这是商标权许可。笔者认为，“任何一个租房人都不会用足以买房子的价钱去租房”。

而美国商标法规定商标转让必须连同企业本身或企业商誉——不能单独转让，这一点恰恰证实了商标注册人不能凭借商标注册行为本身直接获得商标权，而应在于使用商标时，产生商誉的过程。②

3. 商标权法律之力的异化

我国《商标法》第 51 条表述为，注册商标的专用权，以核准注册的商标和核定使用的商品为限。也就是说，只要商标注册存在，商标权就存在。那么反过来也可以说，只要商标注册不存在，商标专用权就不存在。这就使得商标抢注不可遏制地发生，抢注者再通过销售商标或其他类似的寻租行为获利，必将对市场造成干扰；更有甚者，抢注者可以通过提起侵权诉讼获取高额利润，恶意诉讼现象势必疯长；在这一过程中，法院只能机械性地理解和执行条文，这就使得法院丧失了中立性的判断力，成为“流水线”上的一个环节。另一方面，对那些一直在使用却未注册的商标来说，注册制对其的保护很弱，导致未注册商标要想获得商标专用权，只有构成驰名商标才能有效对抗抢注者。法的预防功能没有发挥出来，商业诚信经营的理念难以伸张，司法权威受到伤害。

商标的实际商业使用过程是特定商品与商标建立联系的过程。在市场基础上为其提供法律保护符合商标本性。可以说，使用制不仅能够保护商标所有人的商誉投入，更能够净化竞争环境，消弭不正当竞争之源，强化市场自由。商标使用是一种市场行为——商标专有权应交给市场来决定。

---

① 《商标法》第 39 条第 2 款规定，转让注册商标经核准后，予以公告。受让人自公告之日起享有商标专用权。

② 参见美国法典第 22 章之 1060 的规定。

4. 小结

《商标法》的价值在何处？笔者认为，不外乎以下几点：

（1）保护商标权。商标权是私权，但整个社会的利益平衡也是商标法的题中之意。从全社会消费者的角度来说，它既可以阻止欺诈行为的发生，也可以使得消费者能够得到质价基本相符的商品，还可以避免仿冒者因仿冒行为的低成本和高收益而竞相出现，形成有序的竞争局面。另外，对商标权的保护就是在保护商标权人对商标的大量投入，包括时间、精力、金钱等方面，这也是市场效率和商业道德的基本要求，更是商标制度建立的基础。

（2）保护消费者。消费者通过商标可以实现其对市场上五花八门的商品行使选择权（当然这是与消费者本身的消费心理相结合的），还可以通过对商标本身所承载的商誉加以分析，获得优质商品。虽然消费者权利是通过《消费者权益保护法》和《产品质量法》保护的，看似消费者不能直接通过《商标法》维权。但实际上，通过《商标法》，商标权人对商标侵权人提起诉讼的行为，却在保护其特定利益的同时，也保护了广大消费者免于被欺骗。

（3）促进良性竞争机制的形成。《商标法》在打击商标寻租行为，维护市场竞争的同时，最主要目标是促进良性竞争机制的形成。商标最主要的功能在于与其他商标相区别。这一点令商标权人相信其以商标标识商品是最优选择，也令消费者相信通过商标，他们可以选到自己中意的商品，而不是在几个商品中犹豫不决。如此，在商标权人获得权利的同时，也对其行业竞争者作出了限制。所以，《商标法》应在商标权人、其他经营者、消费者之间建立平衡，最大程度上优化市场效率。

（4）对商标权的限制。商标权是私权，是知识产权的一种；知识产权具有独占性，商标权也不例外；独占性就意味着公共利益的削弱，所以要对商标权加以限制。我国《商标法》则走向了另一个方向。《商标法》第 52 条规定了商标侵权的认定标准，即未经商标注册人许可，在同一种商品或类似商品上使用相同或近似的商标的，为侵犯注册商标专用权的行为——商标相同或近似成为标准，商标对消费者识别力的影响被忽略了。因此，以商标的市场化使用为标准并没有实现。

（5）保护商誉。人类最早的保护商标的案例发生在普通法国家，这种保护是以商标在公众中享有盛誉为前提。不证自明的是，商誉的获得是以商标使用为前提，而不是商标的注册。从另一面也可以说明这一点，商标侵权人是利用商标权人的商誉，造成消费者的误认，来销售自己的商品（这种误认可能是使消费者误认为两者一体，或两者有联系）。

三、个人建议

商标权私权利属性的回归，以商标为权利客体，对商誉加以保护，方是正本清源之举。

（一）商标权的取得——注册为主，使用需加强

注册制下的商标注册具有确定商标权及其范围的功能。使用制下的商标注册仅具有初步证明功能，不作为确定及保护商标权的依据。在实践中，注册制是导致“垃圾商标”泛滥成灾，造成我国商标审查效率低下和商标使用秩序混乱的罪魁祸首。所以我们应该明确商标注册的法律效力只是公告或者备案，该行为本身并不产生授予商标权的法律效果。

商标使用固然拥有一系列的好处，但存在一个问题：现实中对商标使用过程中的商誉的积累，因社会政治、经济、文化等因素的影响而难以厘清。

所以，在现阶段仍应保证注册为主的商标权取得方式，随着中国社会经济的市场化程度不断加深，使用取得方式应逐步加强。

（二）商标权的保护——“使用决定保护”

通过对商标注册后，该商标的持续使用时间、使用地域，将促使商标权的保护范围相应变化。还可以采取分类的方式，如在认定商标组合形式变体之使用时，应恪守“差之毫厘，失之千里”的原则，无论该注册商标被使用的是一部分，还是采用了改变颜色、花纹边线等手段，只要和注册商标本身不是完全一致，均不承认其具有商标权。

（三）商标权转让——“共同转让”

商标权人将商标权转让给他人的，应当将商标与相关营业一起转让给受让人，不得单独转让商标权。因为商标权转让的实质是相关商誉的转让，没有商誉的商标自然不存在商标权转让的基础。

商标权属于私权和支配权，因此商标局只需对商标权转让的事实进行登记并予以公告。

四、结语

商标是一个公司发展的起点，“无清洁商标无公司”。作为一个标记与象征，商标必须在商业使用中才能获得商标权的享有基础。

国际化市场竞争是高附加值阶位的争夺，而利用知识产权制度开拓海外战略是每个国家和公司的必然选择。在这场没有硝烟的战争中，商标制度必是未来先锋。

参考文献：

[1]［美］罗斯科·庞德：《法理学（第三卷）》，廖德宇译，法律出版社2007年版。

[2] 李明德：《郑成思教授逝世三周年纪念文集》，序言。

[3] 金海军：《知识产权私权论》，中国人民大学出版社2004年版。

[4] 文学：《商标使用与商标保护研究》，法律出版社2008年版。

[5] 李明德：《知识产权法》，北京师范大学出版集团、北京师范大学出版社2011年版。

[6] 李明德：《知识产权文丛》，知识产权出版社2008年版。

[7] 郑其斌：《论商标权的本质》，人民法院出版社2009年版。

[8] 邵兴全、顾金焰：《商标权的法律保护与运用》，法律出版社2009年版。

[9] 阳威：《"蜜"里能否调"油"——从"GNC"案看商标使用判定的模糊性》，载《中华商标》2007年第5期。

[10] 吴汉东：《知识产权法（第4版）》，法律出版社2011年版。

[11] 吴汉东：《知识产权基本问题研究（第2版）》，中国人民大学出版社2009年版。

[12] 吴汉东、郭寿康：《知识产权制度国际化问题研究（第1版）》，北京大学出版社2010年版。

[13] 吴汉东：《中国知识产权蓝皮书（2009－2010）（第1版）》，北京大学出版社2011年版。

[14] 凯文·莱恩·凯勒（Kevin lane keller）著，卢泰宏、吴水龙译：《战略品牌管理（第3版）》，中国人民大学出版社2009年版。

[15] 马格·戈拜（Mark Gobe）著，王毅、王梦译：《情感化的品牌：揭开品牌推广的秘密》，上海人民美术出版社2011年版。

展会标志权研究

董钟元*

案例:

2009年6月2日，深圳市某有限公司向上海海关申报出口柬埔寨一批牙刷货物。上海海关审单关员审核单证时，经过细致的风险分析发现了几个问题，于是对该批货物下达了“核品牌”的布控指令。6月3日，上海海关对该批货物进行查验。开箱后，发现牙刷外包装除了标有“JAGA”标识外，还标有上海世博会吉祥物海宝图形，在联系了权利人上海世博会事务协调局后，确认了该批货物侵权。海关最终认定当事人出口货物上的海宝图形事先未经上海世博会标志专有权人许可，依法对当事人作出了没收侵权货物并处罚款的行政处罚决定。

该案是全国海关系统查获的首起涉嫌侵犯上海世博会标志专有权案件。也是我国海关总署在2010年新闻发布会上发布的2009年中国海关保护知识产权十大案例之一。世界博览会是世界范围内的展会，其影响无论从时间上还是地域上相对于国内范围的展会来讲都是更加广泛的，所以，对世博会标志的侵权案例从申博开始到世博会结束一直源源不断，最终被列为2009年海关保护知识产权十大案例之一也足以说明了它的典型性。

相对于国内展会，世界博览会中涉及的各项权利受到的保护是比较全面的，对世博会标志的保护就通过《世界博览会标志保护条例》给予了充分的保护。该案中，侵权者没有经过世博会标志权利人的许可，擅自在其出口的商品上印制世博会标志，其侵权行为属于世标保护条例所规定的未经许可不得行使的行为之一，即第5条之四：“销售、进口、出口含有世界博览会标志的商品”，所以受到了相应的行政处罚。世博会属于展会的一种，由于其所具有的国际性而受到了充分的重视，在国内立法对展会标志并没有充分保护的情况下，采取了专门立法的模式单独给予了保护。其实国内会展业也正处于蓬勃发展的时期，对展会标志的侵权现象也时有发生，那么展会标志究竟是

* 北方工业大学民商法2009级硕士研究生

怎样一种权利呢？当其受到侵犯时可以有哪些保护途径呢？这些问题在对展会标志权进行全面的剖析和认识之后就会比较明了了，这也是本文主要论述的内容。

一、展会标志权的含义和特征

（一）展会标志权的含义

展会标志权，是指展会标志所有人依法对其展会标志所享有的权利。展会标志主要包括展会的名称、主题词、口号等能够代表展会精神或特点的各种标志。这些标志可能由展会组织者自行创作，也可能由展会组织者通过公开征集的方式获得；但是，不论通过哪种方式获得，展会标志都只能依附于具体展会才能体现其意义和价值。

展会是在一定时空范围内，公开展出工业制品、艺术品或科学成果等内容，多人聚集在一起进行的有组织、有目的的物质、信息、文化的交流活动。它主要包括各类经济技术贸易展览会、展销会、博览会、交易会、展示会等活动。展会属于会展的一部分。在国际上，会展除了包括“展会”（E，即 Exhibition or Exposition）外，还包括“公司、企业会议”（M，即 Meeting）、“奖励旅游”（I，即 Incentive Tour）以及“协会和团体组织会议”（C，即 Convention），这四项合称为 MICE。会展业属于当前经济结构分类中的第三产业，提供一定具有劳务因素的服务。会展业在国际上归属于服务贸易的领域。根据《国际服务贸易总协定》的主要条款和内容，在国际服务贸易的 12 个部门分类里，会展业属于职业服务的范畴；在 WTO 展览服务业的归类中，会展业属于服务贸易（共 16 类）中的商业服务。[①]

展会的主要参与者包括组展者、参展者和观众。组展者也可以称为主办方，参展者也可以称为参展商。参展商和观众是展会活动的主体，他们之间可能存在着潜在的买卖关系，也可以是文化的传递和交流关系，参展商还可以通过某些展会活动进行招商引资或寻求合作伙伴等。组展者正是通过举办展会为参展商和观众提供了一个合适的交流平台。[②] 所以，组展者提供的是一项服务。在经济活动中，展会不是将有形的商品提供给消费者，而是作为某种性质的服务项目用以满足参展商和观众的需求，如展品运输服务、安保服

---

① 张纪周：《我国会展业发展研究》，吉林大学国际贸易学系 2008 年硕士学位论文。

② 刘强：《会展法律问题刍议（二）——会展中的主体及其法律地位》，载《中国会展》2003 年第 16 期，第 38～39 页。

务、展厅的保洁服务、展台管理服务、后勤服务、处理突发事件的服务，等等。不同类型的展会根据性质、内容、地区等因素的不同，提供的服务有所不同；相同种类的展会，也会在提供服务的质量上有所区别。展会标志能够标明这些方面的区别，以给参展商和观众提供选择的辨别依据。所以，赋予展会标志所有者以展会标志权，可以为市场和社会带来很多益处，包括更稳定和更高水平的展会举办质量、更守信用的展会组织者、差异化的展会服务、更有利的展会选择等。①

（二）展会标志权的特征

1. 无形性

展会标志权是一种无形的、非物质性的权利，作为其客体的展会标志是一种没有形体的精神财富。展会标志通过一定的文字、图形、字母、数字等形式表现出来，这些形式不是一种实在的物体，而是具有象征性的识别信息；展会标志权人对展会标志不发生有形的控制、占有和有形的损耗使用。所以，与一个标的只能属于一个物主的有形财产权相区别，展会标志权的使用和许可使用可以并存，多个使用权也可以并存。

2. 专有性

展会标志权专属于展会组织者，展会组织者对展会标志享有专有使用权，主要表现在如下几个方面：第一，展会标志权人对自己的展会标志有权在法律规定的范围内自由使用，任何其他人都不得非法干涉。展会标志权人除了在展会活动中使用自己的展会标志外，可以在宣传和商业性开发活动中使用自己展会标志。第二，展会标志权人垄断这种权利，没有法律规定或权利人的许可，任何其他人不得使用、仿制或假冒权利人的这一标志。第三，展会标志权的专有性也有一定的相对性，往往会在一些特殊的方面受到限制，如先用权人的使用等。

3. 地域性

法律总是在一定的地域范围内有效，对权利的保护也相应地限定在一定的地域范围内。尽管各个国家都可能有对相同或相近权利的保护，但是其具体实施起来必定是限制在一个国家的范围内，正如在通常情况下，商标权的取得是在哪国注册成功便在哪国享有被法律保护的权利。展会标志权也同样具有这一特征，并且这一目前并不成熟的权利在各个国家的保护更是相差甚

① 曾武佳：《现代会展与区域经济发展》，四川大学政治经济学系 2006 年博士学位论文。

远。所以，地域性也是展会标志权的一项基本特征。①

4. 时间性

展会标志权的法律保护应当有一定期限，但其时间性不是绝对地受到限制，是一种相对的永久性。这一点比较类似于商标权，即当标志的有效期届满前及时提出延期申请就可以受到长久的保护。相比而言，对展会标志的这种保护区别于对专利权和著作权的财产权保护，如发明专利的有效期为20年，著作权中的财产权在一定时间之后也不再受法律的保护，而是进入公有领域，被人们广泛使用。由此可以看出，展会标志所具有的识别性的本质特征决定了其在时间上被保护的方法，只要展会长期在一定的时间内按期举行，并且在适当的时间提出延期申请，那么对其标志的长久保护也具有一定的法律意义。

二、展会标志权的性质

对展会标志权性质进行层层剖析，最后清晰地看到这个权利在整个法律体系中的定位，是本部分分析的主要内容和目标。

（一）展会标志权属于财产权

展会标志权具有财产属性，是因为展会标志蕴含者巨大的商业价值，在市场经济条件下，这种价值正是体现在商业信誉上。商业信誉的形成是集合了人力、物力和财力等各方面要素投入的结果。展会标志代表了展会标志权人的商业信誉，代表了展会举办的水平、质量、层次，凝结了展会组织者持之以恒的使用、劳动和心血。展会标志是这些投入所产生效果的外在表现形式，是人类劳动的结晶。展会标志权人正是通过展会标志在会展经济中获取和保持经济利益和竞争地位，如通过各种投入提高展会的层次、提高组展者的信用、提供更高质量的服务等，不断增加其展会标志的价值。所以说，展会标志权是具有商业价值的财产权。正是因为展会标志所具有的如此价值，其在市场竞争中很容易被其竞争对手假冒或仿冒，甚至被其他商业领域的商人“搭便车”。这些行为都侵害了展会标志权人的专有使用权，也损害了消费者的信赖利益，扰乱了市场秩序。因此，对展会标志权进行保护势在必行。

（二）展会标志权属于知识产权

有人认为，任何展会标志都是依据展会的内容、特征进行设计，都蕴含

① 于善旭、马法超：《体育标志与体育标志权初探》，载《天津体育学院学报》2001年第16期，第28～32页。

着丰富的内涵和意义，都凝聚着标志创设者的智慧和辛苦的脑力劳动。所以，以展会标志为客体的展会标志权自然属于知识产权的范畴。这种观点有一定合理性，但是，智力创造并不是所有的展会标志都能够被著作权保护的共同特征，而且很多标志通常是把已存在的东西拿来。展会标志更多体现的是其识别作用，展会标志是一种符号，它在本质上是一种抽象的信息，代表着展会标志权人的信誉。① 在市场经济条件下，展会标志是在展会服务或宣传等活动的过程中使用的标记，是展会组织者区别于其他展会的区别性标记，它代表了一定的象征性含义，具有记号识别的功能。通过不同的展会标志，参展商和观众能够了解不同的展会组织者，识别展会的来源，从而在进行参展和参观时有正确的选择。因此，对于展会标志要求具有一定的显著性，显著性也即识别性、区别性，展会标志权正是基于识别性而设立的权利。这一特征不同于专利权和著作权的客体：对于作品必须要求其“独创性”，即由作者独立创作完成，如即使一件最低水平的艺术品也应当拥有著作权，因为它是由独立创作完成的；对于发明则必须具有“原造性”，我国《专利法》第22条规定了创造性的标准，即与现有技术相比，该发明有突出的实质性特点和显著的进步。相反，展会标志权同商标权的这一特征相同，我国《商标法》第9条规定了这一点：“申请注册的商标，应当具有显著性，便于识别……”展会标志和商标属于知识产权，被保护的利益并不是精美的、富有创造性的设计和富有独创性的作品，而是与商业活动密切相关的商业活动经营者的利益、商品消费者和参展商及参展观众的利益。

（三）展会标志权属于商业标识权

仅仅将展会标志定性于知识产权范围仍然相对宽泛，因为知识产权的保护范围很广泛，上述展会标志权特征部分已经看出展会标志权同属知识产权保护之下的著作权和专利权仍有很大区别，所以，在知识产权的基础上进一步分析有利于更加准确地对该权利给予定位。知识产权是概括知识产权各客体的集合概念，传统观点将知识产权客体笼统地认为是智力创造性成果，已经有许多学者指出这一表述之不足，第一种观点认为知识产权客体应当分为两类：一为智力成果；二为经营标记。② 第二种观点将知识产权客体分为三类：一为创造性成果，包括作品、工业技术等；二为经营性标记；三为经营性资信。第三种观点是1992年国际保护工业产权协会东京会议的分类，将知

① 王莲峰：《商业标识立法体系化研究》，北京大学出版社2009年版，第29～30页。

② 刘春田：《知识产权法教程》，中国人民大学出版社1995年版，第1～2页。

识产权分为“创造性成果权”和“识别性标记权”两大类，其中，识别性标记权包括：商标权、商号权、其他与制止不正当竞争有关的识别性标记权。笔者认为，第三种分类更为合理。因为识别性标记权的范围较广，不仅包括经营标记，还包括除能够列举出的标记之外的“其他与制止不正当竞争有关的识别性标记”。经营标记一般是指在工业、农业、商业等产业领域中能够标示产品来源和厂家特定人格的区别的标记，包括商标、商号、产地名称等。①它的主要功能是区别商品和生产商品的厂家，而没有包含能够标识服务业来源的服务标记。而展会标记恰属于服务标记。所以，采用商业标记的说法更能涵盖“识别性标记”的内容。

商业标记，又可以成为商业标识，是指经营者在商业活动中使用的、具有识别功能的各种标记的统称。展会标志同商标在性质上的相似性就是因为它们都属于商业标识。商业标识只是一种特定的标记或符号，只需要具有显著性或者识别性就可以得到法律的保护。缺乏独创性对商业标识而言不能成为其缺陷。商业标识归于知识产权的原因，很大一部分是因为其所拥有的无限商誉，不同的标识代表了不同商品、服务或商业活动的价值，一旦离开经营活动，即使再被特定化，商业标识也不再拥有任何价值。

三、展会标志权的客体和内容

（一）展会标志权客体

展会标志权的客体，就是展会组织者将自己举办的展会同他人举办的展会相区别的标记，即展会标志。展会标志可以由文字、图形、数字、字母、三维标志、颜色、声音或者上述要素组合而构成，用来表明展会的内容、特征、意义等信息，使其与其他展会相区别，便于参展商和观众进行识别、辨认或选择，也便于展会在市场中展开正当的竞争。

展会标志可以包括名称、会徽、吉祥物、主题词、口号、会旗、会歌、域名等多种标志。但是，对于每一个具体展会来说，并不是所有这些标志都是必须具备的，有的展会有口号而没有吉祥物等，有的展会有吉祥物而没有主题词等，展会标志的种类由展会举办者决定和选择。常用的展会标志主要有名称、会徽、主题词、口号。但是，一些国际大型展会的标志相对比较全面，《世界博览会标志保护条例》规定：中国2010年上海世界博览会的名称、会徽、会旗、吉祥物、会歌、主题词、口号七个方面属于条例保护范围。由

① 吴汉东：《知识产权法》，中国政法大学出版社1999年版，第13～14页。

此可以看出，展会标志权的客体具有种类多样的特征，这是该权利比较特殊和难以得到完善保护的一个重要方面。

（二）展会标志权的内容

展会标志权虽然与商标权非常类似，但是在权利内容上并不是完全相同的，所以并不是所有的展会标志都可以受到商标法的保护；同时，展会标志权所涉及的权利范围也有其特殊性，以下对该权利的几项重要内容予以分析。

1. 专有使用权

专有使用权，是指展会标志权人对其展会标志在法律规定的范围内享有自由使用并排除任何人的非法干涉的权利。例如，《世界博览会标志保护条例》第4条规定，世界博览会标志权利人依照本条例享有世界博览会标志专有权。明确规定了展会标志权利人对其展会标志享有的专有使用权。具体来讲，权利人不仅可以在公益活动和广告宣传中自由使用其展会标志，也可以在相关商业活动中使用。展会标志确定以后，组织者可以组织进行一些宣传品和纪念品的制作销售，比如吉祥物实物制作、徽章纪念品，等等。在委托生产这些物品时，展会组织者可以与生产者签订知识产权保密条款，约定除了订单之外，受托人不得擅自生产带有委托标志的产品，不得向他人提供模板、特定生产材料等，以维护展会标志权人的专有使用权。①

2. 许可使用权

展会标志权利人有权允许他人对其展会标志进行商业性的使用。展会标志权利人除自行使用外，还会将标志许可给符合条件的企业使用。许可使用的方式包括将展会标志用于商品、服务及其广告宣传等商业活动中，并由此获得经济利益。从此种意义上来讲，展会标志权属于商业标识权。

在许可使用的范围上，展会标志权利人享有较为广泛的权利。首先，展会从内容上划分，可以分为综合展览和专业展览两类。② 综合性展会展出的产品种类多样、内容丰富，如每年4月和10月在我国广州举办的“中国进出口商品交易会”，简称“广交会”；专业展览展示的是某一行业甚至某一项产品，其标志可以表现在本行业内不同形式的商品或服务上。因此，展会涉及的商业领域比较广泛；其次，展会从是否营利的角度划分，又可以分为营利性展会和非营利性展会两类。其中，非营利性展会中最显著的一种就是公益展会，世界博览会就是典型的公益性展会。因此，展会标志不仅代表了展会服务的

---

① 胡安琪：《世博会标志知识产权保护》，载《观察》2005年第2期，第33~35页。

② 王华：《会展概论》，暨南大学出版社2010年版，第7~9页。

内容、质量，很多时候也在宣传一种行业理念或公益理念。如果是行业理念，那么这种标志代表更广泛的意义和象征，可以适用于该行业内部的所有产品；如果是公益理念，那么这种理念就适用于全社会各种活动。所以，对展会标志的保护不能仅仅像对商标权的保护那样，仅限于某种注册商品或服务之上，否则，对展会标志的保护就会不全面。展会标志权利人因此也对展会标志代表意义相适应范围内的产品、服务或活动享有对其标志的许可使用权。

3. 禁止权

展会标志权利人有权禁止他人未经许可使用其展会标志。禁止权体现了展会标志权的排他性，即禁止他人在一定范围内非法利用展会标志。例如，展会标志权人有权禁止他人擅自制造、销售或假冒展会标志；他人不得使用与展会标志相同或相似的文字、图案，也不得擅自改变展会标志的文字、图案，等等。① 禁止权是一种请求权，与专有使用权共同对展会标志权利人起到互补的作用，即在专有使用权完全的情况下，禁止权并不发生明显的作用，而当专有使用权受到不法侵犯时，禁止权作为一种请求权就会对权利人发挥救济权的作用。所以，对非法使用展会标志的侵权行为和造成的损害，展会标志权人有权请求法律救济；因使用展会标志而带来的非法所得，应当归展会标志权人所有。

禁止权的范围不限于相同或类似的商品，这一点同商标权完全不同，商标权人只能够禁止他人在与核准使用的商品或服务相同或类似的商品、服务上使用，而无法禁止他人在不相同或者不相类似的商品或服务上使用。原因仍然是基于展会内容涉及领域广泛的特点，禁止权的范围同样是展会标志权利人所拥有的标志许可使用权的范围，该范围之广泛的原因在许可使用权一部分中已给予详细的分解，在此不再赘述。

四、展会标志权的侵权形式

展会标志权的禁止权所禁止的是非权利人未经许可在商业活动中使用权利人的展会标志或者一个可能与受保护的展会标志产生混淆的近似标志。违反该禁止权的行为就是侵犯展会标志权的行为。随着2010年上海世博会在我国的举办，会展业在我国的发展被推向了一个高潮，与展会相关的各种侵权案件也随之增多，侵犯展会标志权就是其中的一种典型的侵权形式，对展会

---

① 李建森、巴玉峰：《中国奥林匹克标志权的法学分析》，载《体育文化导刊》2006年第7期，第34～35页。

标志的侵权表现形式主要为如下几种：

（一）假冒、仿冒展会标志举办展会

假冒办展行为是指未经展会标志权利人许可将与展会标志相同的标志用于自己的展会，是对展会标志权最直接的侵权行为，直接影响了展会标志权人的展会形象，导致参展者和观众的误认，从而浪费了参展资源、欺骗了观众，使其看不到真正想看的展会。仿冒办展行为是指未经展会标志权利人许可将与展会标志近似的标志应用于自己的展会，这种行为的使用方式并非直接使用，但是也很容易造成混淆，属于侵权行为。现实中此类侵权行为最为常见。

（二）侵犯展会名称的行为

侵犯展会名称方式主要是对展会名称稍作变化，使公众造成误认。由于我国展会名称的内容主要以地区和展会主题为内容，所以相同主题的展会很可能给公众的辨认带来困难，而当同样主题的展会在同一地点且相差不远的时间举行时，更加给参展商带来选择的风险。在实践中，仿冒展会名称的案例有很多，我国每年举行的各类展会多达3000多个，很多有名气的展会经常会遭到模仿，很多模仿者只是把地区名字改一下就盗用过去。对于大多数的参展商和参观者来说，通过展会名称进行正确辨别很难，因为这些展会的中外文名称几乎都是相同的。①

（三）将展会标志用于广告宣传及其他活动

将展会标志用于广告宣传就是利用有名展会的标志增强自己商品或活动的知名度，吸引公众的眼球，达到一定的商业目的的行为。实践中也有很多将展会标志用于其他活动的侵权行为，如用展会名义举办其他活动。尽管一些大型展会无法被克隆，但往往也被利用。例如，科博会早已进行了商标注册，但仍然存在被冒用的情况：一些机构在没有得到授权许可的情况下，擅自运用科博会名义举办其他的活动。虽然诉诸相关部门，但侵权行为已经发生，已经给科博会造成了一些负面影响；② 此外，还有利用世博会标志组织的大规模经营活动：某交通卡公司为了祝贺申博的成功，发行了“申博如愿”纪念卡；各种促销活动：上海某商厦曾举行以“城市，让生活更美好”为主题的大型服饰促销活动；某涂料企业举办了“让生活更美好”产品促销活动。

---

① 陈晓琴：《从政策问题的角度看我国会展知识产权政策法规》，载《法治与社会》2007年第12期，第895页。

② 刘利民、王敏杰：《会展知识产权保护问题研究》，载《经济视角》2007年第9期，第62～64页。

（四）销售、进出口含有侵犯展会标志权的商品

侵犯展会标志权的商品只有进入市场以后才会对展会标志权利人的利益产生现实危害。侵权人往往要借助他人的销售、进口和出口等活动才能实现非法牟利的目的，所以如果将上述行为列为侵犯展会标志权行为，就可以在流通环节设置一道法律屏障，从而使侵权者的非法目的难以得逞。例如，东州海关驻山岗办事处于2003年8月在检查长江公司申报出口的一批服装时，发现了其中有4000多件尼龙童装上印有“Better City, Better Life”的英文字样，价值3.3万余美元；该公司不能证明有关货物是经过上海世博局许可使用的，且上海世博局确认这批货物侵犯了世博会标志专有权，[①] 所以应当在此环节有效处理侵权人的侵权行为，使其承担一定的侵权后果。

（五）域名侵犯展会标志权

这种行为主要是指将与他人展会标志相同或近似的文字注册为域名，并通过该域名进行商品交易的电子商务，容易使公众产生误解。例如，现实中以域名形式对世博会标志侵权的事实大量存在。经查证，域名持有人既不是世博会标志权利人又未经世博会标志权利人允许，具有明显的商业目的，直接使用世博会标志或与其极其近似的字符组合注册的域名多达几十个，包括英文域名、中文域名、通用网址，甚至刚刚兴起的手机域名。

综合上述所有侵权行为，都是未经展会标志权人的许可将展会标志用于商业领域的侵权行为。不过，商业领域的范围很广泛，所以商业领域的侵权行为不仅包括上述比较突出的几种行为，还包括将展会标志用于商品包装或容器、商品交易文书、用于服务业、商业演出以及擅自制造、伪造他人展会标志或销售这样的标志的行为、故意为展会标志侵权行为提供仓储、运输、邮寄、隐匿等便利条件的行为等更广泛的商业领域中的行为。此外，商业领域随着社会经济的发展变化，其范围是弹性的和开放的，会随着社会的发展淘汰一些商业行为或加进更多的商业行为，因此，对展会标志的侵权行为也会随着社会经济的发展而更加多样。

五、展会标志权的侵权责任

我国各部法律对相应侵权责任的规定还是比较完善的，拿展会标志来说，符合商标法保护的标志可以同时得到民法的保护和行政保护，使侵权者承担

① 仇龙妹：《保护知识产权　维护世博会权利》，载《商场现代化》2006年第8期，第272～273页。

停止侵害、消除影响、赔偿损失等民事责任以及责令停止侵权行为、罚款等行政责任；符合反不正当竞争法保护的标志，可以对侵权者采取强制行为人停止不正当竞争行为、没收非法所得、吊销营业执照等行政责任，在情节严重并造成重大损失时，还可以追究侵权者的刑事责任。[①] 所以，在时机成熟时，尽可能多地将各类展会标志纳入法律的保护中，才能通过法律的各个途径完善地保护展会标志权人的利益。展会标志的侵权责任类型主要有三种：民事责任、行政责任、刑事责任。

（一）民事责任

民事责任，是指自然人、法人或其他组织，违反合同或法律规定的民事义务，侵害他人合法权益所应当承担的民事法律后果。它是一种民事救济手段，旨在使受害人被侵犯的权益得以恢复。

展会标志权是知识产权，适用《民法通则》中有关侵犯知识产权民事责任的有关规定，即停止侵害、消除影响、赔偿损失。同时，根据《反不正当竞争法》的规定，假冒其他企业的注册商标，擅自使用知名商品特有的名称、包装、装潢等，受害人均可要求侵权行为人承担民事责任。民事责任的承担形式包括：受害的经营者有权请求违法经营者停止侵害和赔偿损失，还可要求其消除影响、恢复名誉。综合上述两部法律，对展会标志侵权的民事责任主要有以下三种：

①停止侵害。此处的停止侵害，是指展会标志权利人发现他人侵犯其会展标志权的行为，有权直接要求或者通过民事诉讼途径要求侵权人停止侵害，此处与下文行政责任中涉及的责令停止侵权行为性质不同，展会标志权利人也可直接请求工商行政管理部门处理。

②消除影响。侵害展会标志权的行为给权利人造成消极影响的，侵权人有消除影响的责任。

③赔偿损失。赔偿损失是侵权人承担民事责任的主要方式。侵权行为只要给展会标志权利人造成了财产损失，就应该根据损失大小给予经济赔偿。例如，《世界博览会标志保护条例》第13条规定，侵犯世界博览会标志专有权的赔偿数额，按照权利人因被侵权所受到的损失或者侵权人因侵权所获得的利益确定，包括为制止侵权行为所支付的合理开支；被侵权人的损失或者侵权人获得的利益难以确定的，参照该世界博览会标志许可使用费合理确定。同时，参照《商标法》有关赔偿损失的规定，如果侵权人所得利益，或被侵

① 樊英、刘冰：《会展法规与实务》，南开大学出版社2010年版，第224～226页。

权人因被侵权所受损失难以确定的，由人民法院根据侵权行为的情节判决给予50万元以下的赔偿。

（二）行政责任

行政责任，即行政法律责任，分为行政处分和行政处罚两类。行政处分是对国家公务人员的一种制裁性处理；行政处罚则是国家行政机关及其他依法可以实施行政处罚的组织，对违反行政法律、法规、规章，尚不构成犯罪的自然人、法人及其他组织实施的一种制裁行为。针对侵犯展会标志权的当事人承担的行政责任主要是行政处罚，主要有如下几种：

①责令停止侵权行为。根据《商标法》、《世界博览会标志保护条例》、《特殊标志管理条例》的相关规定，工商行政管理机关有权采取下列制止侵权的措施：第一，没收、销毁侵犯展会标志权的商品和专门用于制造侵权商品、伪造展会标志的工具；第二，收缴并销毁侵权标志；第三，消除现存商品上的侵权展会标志；第四，收缴直接用于侵犯展会标志权的模具、印版和其他作案工具；第五，采取前四项措施不足以制止侵权的，侵权标志与商品难以分离的，责令并监督销毁侵权产品。①

②处以罚款，如《反不正当竞争法》规定，对擅自制作知名商品特有的名称、包装、装潢的行为给予金额不等的罚款。

③没收非法所得，如《反不正当竞争法》规定，对假冒名优商品、商标的行为所得利润，应予以没收。

④吊销营业执照。我国《反不正当竞争法》第21条第2款规定，经营者擅自使用知名商品特有的名称、包装、装潢，或者使用与知名商品近似的名称、包装、装潢，造成和他人的知名商品相混淆，使购买者误认为是该知名商品的，监督检查部门应当责令停止违法行为，没收违法所得，可以根据情节处以违法所得1倍以上3倍以下的罚款；情节严重的，可以吊销营业执照。

（三）刑事责任

刑事责任是法律责任中最严厉的一种制裁措施，它是犯罪人应当承担的而且国家司法机关也强制犯罪人接受的刑法上的否定评价。我国《刑法》目前尚未有关于侵犯会展标志权犯罪的规定，但是某些罪名可以在一定范围内保护展会标志权。

①诈骗罪。诈骗罪是指以非法占有为目的，用虚构事实或者隐瞒真相的方法，骗取数额较大的公私财物的行为。在展会标志侵权中，主要表现为侵

---

① 孙罡：《论会展标志的知识产权保护》，重庆大学法学院2009年硕士学位论文。

权行为人通过非法使用展会标志或冒充展会标志权利人，骗取他人财物且数额较大的违法犯罪活动。我国《刑法》规定，诈骗公私财物，数额较大的，处3年以下有期徒刑、拘役或者管制，并处或者单处罚金；数额巨大或者有其他严重情节的，处3年以上10年以下有期徒刑，并处罚金。

②侵犯知识产权罪。该罪作为一个独立的犯罪类别规定于“破坏社会主义市场经济秩序罪”中。展会标志权属于知识产权，一部分展会标志可以通过注册成为商标，受到该类罪的保护。

③损害商业信誉、商品声誉罪。我国《刑法》规定，捏造并散布虚伪事实，损害他人商业信誉、商品信誉给他人造成重大损失或者有其他严重情节的，处2年以下有期徒刑或者拘役，并处或者单处罚金。侵犯展会标志权达到此程度时就要受到刑法的处罚。

六、结论

本文对展会标志权进行了全面分析：通过对众多侵权现象的出现和侵权责任的多样性分析可知，赋予展会标志以展会标志权并给予完善保护的必要性；通过对含义、特征及性质几个方面的分析，对展会标志权有了比较明确的法律定位，从而得出对该权利法律保护的预测：其更倾向于未来通过修订商标法而受到保护；通过对权利客体和内容的分析可知，目前我国现行法律和行政法规、条例已经不足以充分地保护该权利，有待经过进一步的修订给予展会标志权更加完善的保护。最后，结合本文文首给出的案例，如果展会标志权在我国被列入了法学理论的范畴并在各个相关法律中给予充分的保护，那么即使是对世博览会标志的权利保护，也无需再通过专门的行政法规给予保护，有效地启动和利用我国健全的法律系统就可以对这样一个国际性的展会给予充分的保护。届时，我国法律体系将更加完善并逐渐与世界接轨，从而也将充分展现我国经济的飞跃发展和所达到的较高水平。

论动漫角色的版权法保护

——以“美羊羊”被擅自使用于学习用品的侵权纠纷案件为例

李　扬*

案例：

1. 案情简介

备受广大观众喜爱的动画片《喜羊羊与灰太狼》热播后，该动画片中的“喜羊羊”、“美羊羊”等卡通形象风靡全国，一时间，玩具、图书、衣服、鞋帽、饰品、食品等都出现了该动画片中的动漫形象。而且，该片获得了包括中宣部颁发的第十一届精神文明建设“五个一工程”优秀作品奖、广东省广播电影电视局和广东省影视节目制作行业协会颁发的优秀节目奖、第十四届上海电视节“白玉兰”奖国产动画片银奖等多个奖项。

“美羊羊”等动漫形象是2003年12月18日创作完成的，作者系罗应康，后广东某文化传播有限公司（以下简称为广东公司）受让取得该系列动漫形象的著作权①，并于2008年8月29日在广东省版权保护联合会进行了著作权登记。2010年1月1日，该公司与上海某文化传播有限公司（以下简称为上海公司）签订了著作权许可协议书，约定：广东公司是《喜羊羊与灰太狼》系列图书、动画片及电影《喜羊羊与灰太狼之虎虎生威》中涉及的所有卡通形象及文字的著作权持有人；广东公司将前述卡通形象商品化的专有使用权授予上海公司，使用方式是包括但不限于将卡通形象复制、改编、发行于所有商品上；协议有限期自2010年1月1日至2011年12月31日，许可区域为中国内地地区；任何第三人在上述授权范围内侵犯卡通形象版权的，上海公司有权单独维护其版权并提起诉讼或者仲裁。

后上海公司发现北京某大型超市擅自销售印有“美羊羊”动漫形象的活

* 北方工业大学民商法2010级硕士研究生

① 由于《中华人民共和国著作权法》明文规定了“著作权即版权”，所以，笔者仅在转述法律文书或者引用其他文献部分直接用原文中的“著作权”或“著作权法”，其余，皆用“版权”或“版权法”。

力板，遂于2010年将其起诉至丰台区人民法院，要求其停止侵权并赔偿损失及为制止侵权所支付的合理费用共5万元。

2. 法院审判

丰台区人民法院经审理认为，上海公司通过受让取得了相应著作财产权，即对“美羊羊”卡通形象的商业化使用享有专有使用权，并可单独维权，认定上海公司在授权期限内，享有上述美术作品的商业化专有使用权，并有权在侵权行为发生时单独提起诉讼。

《喜羊羊与灰太狼》系列动画片是国内被广泛知晓的国产动画片，其中的“喜羊羊”、“美羊羊”、“懒羊羊”、“灰太狼”等主人公形象也被公众所熟知。涉案产品所使用的卡通形象装潢的发型、发卡、眼睛等特征与登记的“美羊羊”形象一致，可以认定为“美羊羊”卡通形象。该超市未经许可，销售使用他人享有著作权的美术作品作为装潢的商品，侵犯了他人的合法权益，应承担停止侵权、赔偿损失及合理支出的责任。

关于赔偿数额，上海公司未提交证据证明其因侵权所受损失或者该超市因侵权所获利益。考虑到涉案卡通形象为知名美术作品，具有较高商业价值，对活力板的整体美感影响较大，侵权产品使用涉案美术作品作为商品装潢，情节较为严重。综合考虑该超市的经营规模、涉案商品的销售价格、主观过错程度等因素酌定赔偿数额，不再全额支持上海公司的诉讼请求。

法院最终判定，被告立即停止销售涉案使用“美羊羊”卡通形象作为商品装潢的活力板；被告赔偿上海公司经济损失15000元及合理支出1559元；驳回上海公司的其他诉讼请求。

3. 所涉及的法律问题

本案属于典型的动漫角色商品化著作权法保护的案例。虽然案件所涉当事人与案外人对动漫角色的定位和态度及法院判决所表明的态度显示动漫角色商品化问题日渐清晰，其学理研究及在司法实践中，国内外多年的讨论和争议日渐一致并深入人心。但是，动漫角色法律保护仍有很多问题需要进一步探讨、确定：

(1) 是否所有的“动漫角色”都可以通过法律获得独立的保护？

(2)“动漫角色”保护如何归位？

(3) 如何选择“动漫角色”的保护模式？

(4)“动漫角色”的版权侵权如何认定？

法院在判决中认定的“针对美羊羊卡通形象的商业化使用享有专有使用权”是对“角色商品化”的肯定，是对原有理论、司法实践和现有法律规定的突破，但法院在认定上仍囿于现有法律的规定。当然，这是由我国所处的法律体系和法律传统所决定的，但并不能当然认为现有法院做法的科学性和可行性；其次，由上述问题决定的最终赔偿数额问题，也是当事人和法理研究所关注、并值得探讨的。所以对“动漫角色”法律保护的相关问题需要重新诠释。

首先，正确认识动漫产业的地位，认识动漫的意义。动漫产业作为21世纪的朝阳产业，已经不仅仅是娱乐产业。“动漫形象的跨年龄性、无国籍性又使其文化具有更加广泛和深刻的社会影响力。动漫产业的娱乐休闲属性使它被归于最具‘软性’的文化类型，是最柔性的文化之一……无论动漫产业娱乐休闲的程度有多高，却仍然渗透着其内容生产和传播者的价值观念、文化形态，体现着不一样的意识形态方式。动漫产业的影响力不光体现在产业这个纯粹的经济层面，更重要的是其深刻和广泛的文化影响力。美国式、日本式的意识形态方式随着动漫产业及文化在世界范围内广泛传播，进而以一种柔性、抚慰和娱乐休闲的方式进行‘灌输’和‘洗脑’。日本借助发展动漫产业等跃升为文化实力强国，它把发展动漫产业列入基本国策，并在外交层面推行。”① 所以，近年来，无论是追随还是胁随世界潮流，我国的动漫产业也正在发展，虽然发展不尽如人意，但所突显的法律问题却不少，由于没有直接可依据的具体法律规定，各地各级法院对与动漫相关的案件的处理不一，处理结果难以服众，既不利于维护当事人权益，更有损于法律权威，而且影响我国动漫产业的发展。

其次，动漫的核心是动漫角色，且动漫角色的特殊性决定了动漫角色保护的特殊性。又由于动漫产业发展尚处于上升阶段，仍不确定、亦不固定，也决定了动漫角色的法律保护的相对滞后、弱化。所以，对动漫角色的保护归类、模式选择和确定依据等都是亟待解决的问题。

一、动漫角色释义

（一）动漫

与动漫有关的相关称谓有动画、漫画、卡通等不一而足，本人认为“动漫”的称谓能够准确将已经出现和将会出现的相关事物涵盖之内并最大限度地把握住其内涵。

“动漫”（Comic and Animation）是一个新合成词，此称谓源自日本，作

① 殷俊、谭玲：《动漫产业（第二版）》，四川大学出版社2009年版，第5页。

为动漫产业大国，其动画与漫画始终是紧密结合的，可以说，其动画是靠漫画输血成长起来的。不能不说，这种称谓是受其产业发展的影响和固化。“漫画是用简单而夸张的手法来描绘生活或时事的图画，一般运用变形、比拟、夸张、象征、暗示、省略等方法，来达到讽刺或愉悦效果。动画以漫画为审美的基本要素，将静止的图像链接成具有动感的连续图画。动漫集功能性和娱乐性于一身，是将漫画艺术、动画艺术与美术艺术、电脑图形技术、flash制作技术、电影特技与电子游戏等相结合的新文化产品。动漫既包括静止的报纸、杂志、书籍和电子漫画，也包括动态的各类影视音像制品，还包括玩具、文具、服装、食品、主题公园、娱乐场、日用品、装饰品和真人模仿秀（cosplay）等。”① 但我们不能将“动漫”理解为“动画”与“漫画”的简单结合，因为现实中有很多动漫角色不源自任何一部动画或者漫画，如大家熟悉的Kitty猫、米菲兔。“另外，因为网络游戏中的人物或动物形象也与漫画或动画形象十分接近，所以现在很多人一般也把网络游戏归入动漫产业”。②

（二）角色

“角色”一词在《新华字典》即“角儿”，被注释为“演员”、“角色”一词有两个基本含义：一是按所扮演人物的性格和性格等分的类型，如京剧的“生、旦、净、丑”；二是戏剧或电影里演员所扮演的剧中人物。

角色在英文里是“character”，世界知识产权组织1994年12月发布的报告“CHARACTER MERCHANDISING”中将“character”界定为：“既包括虚拟人物（如泰山或者詹姆斯·庞德）或非人类（如唐老鸭或兔八哥）也包括现实中的人（比如，商业电影或音乐剧中的著名人物、体育明星）”③。在其所认定的角色商业化中，“character”被定义为“为最大限度地相关公众所认同的必要的人格特征。这些人格特征是诸如角色的姓名、形象、外表或声音，或者这些角色所容许的符号”④。

可见，对“角色”一词的界定不能简单理解为可视物或者仅仅是能听到的声音描述，它是有性格特质的、有思想、有内涵的整体。所以，对动漫角色的定义不能仅仅描述为“以视觉上比较简单的形式表现的所有线条

① 殷俊、谭玲：《动漫产业（第二版）》，四川大学出版社2009年版，第13页。

② 殷俊、谭玲：《动漫产业（第二版）》，四川大学出版社2009年版，第62页。

③ WIPO. Character Merchandising. WO/ INF/ 108. the International Bureau, 1994:4.

④ WIPO. Character Merchandising. WO/ INF/ 108. the International Bureau, 1994:4.

画"①。

（三）动漫角色

动漫角色中角色外形来源有人物、动物、植物、器具、用品等一切生物或非生物，任何一种可见或可预见的物都有可能成为创作者创作动漫角色的灵感源泉。

WIPO1994 年的报告从动漫角色创作灵感来源的角度对动漫角色进行了如下分类：文学作品改编成的动漫作品中的动漫角色，如《爱丽丝梦游仙境》中的爱丽丝；原创动画和漫画中的动漫角色，如大家熟知的米老鼠和唐老鸭；电影中的角色为了宣传或其他商业上的使用而改编成的动漫角色（佐罗或者电影《大白鲨》里真正的鲨鱼）；专为商业使用或公益性使用而创作出的卡通角色，如各种运动竞技比赛中的部分动漫角色；专门为电影或电视节目秀而设计的动漫角色。作为新近发展起来的事物，游戏动漫角色也成为不可忽视的一部分，韩国和日本很多动漫角色都是单纯源自其设计的游戏。所以，对于动漫角色的理解只能是动态和发展的。可以说，我们现在还不能对其进行外延上严格的限定。

创作出的角色无疑是以视觉上较简单的形式表现出来的所有线条画示人。动漫角色中占很大比重的人物动漫角色分虚构角色和真实人物角色，如大家熟知的白雪公主和七个小矮人、三毛、大力水手、喜羊羊等都属于虚构角色；而《小兵张嘎》的动漫角色是以真实人物为蓝本设计的。在动物动漫角色中也分为虚构动物和真实动物，如唐老鸭和米老鼠有着人手又穿衣戴帽的，是虚构的；而如大熊猫、袋鼠等动物形象也经常作为动漫角色出现在动漫中，《功夫熊猫》就成功塑造了憨态可掬的中国熊猫，秉承了但却超越了现实中的大熊猫的形象。可见，并非所有的动漫角色皆可为法律所保护，尤其在涉及确认真实人物角色和真实动物角色的版权保护时应慎重，以免把公有领域的东西划入专有领域，侵害公众权益。所以，在法律保护领域，尤其是在版权法保护领域内对动漫角色进行定位是必要的。

动漫角色风靡全球，席卷人们生活的方方面面，不单单是漫画图书或者是电视电影带来的效益，更是动漫角色商品化后带来的经济风暴。单纯的《喜羊羊与灰太狼》的电影与电视收入是有限的，但其中各种角色如喜羊羊、美羊羊、懒羊羊、灰太狼和红太狼被商品化后，其所带来的收益是无限的。

① 徐晓玲、谢兵：《卡通角色的版权保护初探》，载《集美大学学报（社会科学版）》2011 年第 14 期，第 100 页。

开题中的案例是现实生活中《喜羊羊与灰太狼》系列角色被侵权众多事件中的冰山一角，足见动漫角色的威力和潜力。例如，迪斯尼公司商品化部在1978年销售印有卡通人物的名字和形象的商品，销售额达到27000万美元；其1979年销售与电影《星球大战》中的人物有关的商品则达到10亿美元。这也是为什么迪斯尼公司创作的各种经典角色如米老鼠、唐老鸭、白雪公主等长盛不衰的原因所在，也“正是这种角色商品化活动产生的巨额利润，导致角色的相关权利人与角色的商业性使用者之间的利益产生失衡，从而产生了保护虚拟角色商品化的需要。”①

（四）动漫角色的商品化权

“商品化权”是日本在翻译“Character Merchandising”的通用提法，为我国大多数学者所接受并被不断论证，本人对此提法亦认同，根据1994年12月世界知识产权组织（WIPO）出具的专门报告“CHARACTER MERCHANDSING”中的定义，商品化权即“由虚拟角色的创作者或者真实人物或者被授权的第三方对角色的主要个性特征（如姓名、形象或者外表）进行改编或第二次开发利用，使该角色与不同的商品或服务相联系，让潜在的消费者因为对该角色的熟悉和认同而购买该商品或者服务。”②

“动漫作品中的知名角色在生活中具有显著的区别特征，具有引人注意的信息价值，当其被用来标识商品时，知名角色和商品被‘捆绑’在一起，消费者就会爱屋及乌，会将角色所代表的时尚、品味等价值转嫁到推销的商品上，从而刺激消费者的购买欲望，这样就实现了角色‘形象价值’到‘注意力价值’的转换。这种注意力价值具有财产价值、商业价值的属性。这种利用动漫角色在公众中的知名度和美好印象，将角色赋予商品或服务之上，将动漫作品的观众转变为出于对角色的喜爱而购买商品或服务的消费者，以此增强商品或服务的商业竞争力，就是动漫角色的商品化。动漫角色的作者及相关权利人，可以自己或许可他人对角色进行商业性利用以及禁止他人未经许可滥用动漫角色等来维护其合法权益，从而实现附着于动漫角色之上的商业价值，这就是动漫角色的商品化权。”③

由此可见，动漫角色的商品化即是对动漫角色的第二次开发利用，是一

① 刘亚军、曹军婧：《虚拟角色商品化权法律保护刍议——美国实践的启示》，载《当代法学》2008年第22期，第55页。

② WIPO. Character Merchandising. WO/ INF/ 108. the International Bureau，1994：6.

③ 何艳华：《动漫角色商品化的法律保护模式探究》，载《法制与社会》2010年第1期，第120页。

个动态的、开放的概念，虽然对其性质莫衷一是，但对于其是一种新型的权利，理论上基本达成了一致。动漫角色的商品化权属于应然的法益，而非实然的法定权利，对于其权利性质、法律定位众说不一，本文不在此赘述，本文所探讨的是动漫角色商品化权在司法实践中的现实地位。

二、动漫角色的法律保护综述

关于动漫角色的法律保护问题，由于对角色商品化权的讨论和论证仅停留在理论层面，作为一种应然的法定权利，迄今为止还没有一个国家有对其进行专门保护的法律。而由于动漫角色是集姓名、性格、形象等为一体的具有创造性的综合体，其是集专利的创造性、著作的思想表达性和商标的标识性等为一体的。遂在司法实践中，各国运用多个部门法对其进行综合保护，主要以版权保护为主，以商标法、专利法、外观设计方面的法律、反不正当竞争法和民法等进行综合保护。本人虽然赞同“动漫角色的商品化权”的称谓和论证，但目前并不赞同对其专门立法，正如美国法官 Holmes 所说的：“除非从调整现状中能够获得明显的利益，否则立法这种笨重而昂贵的机器就不应当开动。”① 所以，本文仅论述动漫角色保护尤其是动漫角色商品化后权利保护的现实可能性和可行性。

动漫角色作为“虚拟角色”的一部分，美国的商标法赋予其“第二含义”(secondary meaning)，即角色与商品或服务形成单一对应和固定的联系，以至于角色所代表的商品或服务成为角色的另一含义。② 这是对动漫角色进行第二次开发利用的典型，公众依据其喜欢、信赖的动漫角色辨别商品和服务的来源而倾向、喜爱甚至信任该商品或服务，所以，动漫角色的权利人可以据此而诉求自己的权益受到商标法和反不正当竞争法的保护。

但是，要想获得相关法律的保护，应注意满足法律的一般要件，如想得到专利法的保护，动漫角色应以某种或多种形式被申请为专利，享有专利权的主体自然可以诉求专利法的保护；把动漫角色申请为注册商标使用，则可以排除其他主体对于该注册商标的使用；对动漫角色享有外观设计专有权的主体，自然可以得益于对动漫角色的垄断或许可使用等；而反不正当竞争法的保护是知识产权的兜底性的法律保护，很多学者认为，只要其他知识产权法无法提供保护的，都可以诉求反不正当竞争法，但在司法实践中，其在保

---

① 梁慧星：《民法总论》，法律出版社 1990 年版，第 282 页。

② 刘亚军、曹军婧：《虚拟角色商品化权法律保护刍议——美国实践的启示》，载《当代法学》2008 年第 22 期，第 58 页。

护的条件上并不比其他法律所要求的条件少或低。

在 Universal City Studios v. Nintendo 案件中，一系列主体分享了对诉争角色 King Kong 的权利：RKO 公司基于 1933 年发行的 King Kong 电影享有著作权；DDL 公司于 1976 年重拍了 King Kong 电影，也对该角色享有权利；该案原告 Universal 公司从 Richard Cooper 处受让了 King Kong 小说及杂志的著作权。法院经审理认为，King Kong 与多个权利人相联系，缺乏“第二含义”，无法作为单一来源标志，从而拒绝依据反不正当竞争法给予保护。① 美国这一案件值得我国司法实践借鉴，其实，在笔者所搜罗到的我国近年角色保护的案件中，还没有依据反不正当竞争法给予保护的案件，可见，我国法院在适用反不正当竞争法上是慎重的。原因一，当然是由于我国的反不正当竞争法可操作性不强，我国司法实践又不具有英美国家法官造法的传统；原因二，反不正当竞争法的保护并不如大多学者所述的那样可以作为兜底性的保护角色的法律。当然，King Kong 案件并不当然排除版权法等其他法律保护的可能性，这就说明了，对于现今角色保护的司法实践，各部门法律是互补的，之所以司法实践确立了版权保护的主导地位，主要是由于动漫角色的“可版权性”所决定的，这在后文会有详细论述。

著名的“三毛”案，就涉及著作权和商标权的权利冲突，该案中的被告江苏三毛集团擅自将“三毛”漫画形象稍加修改后注册为商标使用，被告的此行为侵犯了原告的著作权，一如其在本案中的其他侵权行为，但由于其注册商标并使用的行为侵犯了他人在先合法权利，所以，本案亦用商标法对其进行了保护。

但国内外对动漫角色的保护多采用的是版权保护的方式，所以，本文主要从版权保护的现实性对动漫角色进行考量。

三、动漫角色的版权法保护

动漫作品一经完成，作者即对其享有完整的著作人身权和财产权，这是通例。而动漫角色本身又具有独创性，因而可以视为独立的作品，动漫角色商品化行为实则是对角色的复制，所以，未经许可的动漫角色商品化即可视为著作权法中的侵权复制，这样，权利人就可以利用著作权法对侵权复制进行救济。

---

① 刘亚军、曹军婧：《虚拟角色商品化权法律保护刍议——美国实践的启示》，载《当代法学》2008 年第 22 期，第 58 页。

（一）侵权行为的方式

根据司法实践，将动漫角色侵权的形式归纳如下：

1. 非法复制

未经动漫角色权利人的许可，制作或销售动漫角色商品化后的商品，用以牟利，即俗称“盗版”，在我国大量存在对动漫图书和影音制品的盗版，而对动漫角色商品化后的商品采取完全的拿来主义，从而侵犯了权利人的署名权、发行权、复制权、获得报酬权等著作权。

2010 年北京法院审结的日本株式会社万代（BANDAI）（株式会社ハンダィ）诉广东省汕头市澄海区泓利电子玩具实业有限公司（以下简称泓利公司）“高达”（GUNDAM）（我国名为《机动战士高达》）侵权系列案件即是典型的盗版侵权案件。案件中被告泓利公司与原告享有著作权的产品外包装图片即动漫人物形象完全相同，外包装中的文字位置基本相同，但外包装中的文字不同，前者为日文，后者为英文和中文，动漫人物均标注有“GNW－001”和“THRONE EINS”，但后者还标注有中文名称“战士座天使一型”；二者中的使用手册均由拼装说明书及拼装模块组成，拼装说明书的图片及文字位置完全相同，但拼装说明书的文字不同，前者为日文，后者为中文和英文，拼装模块完全相同，泓利公司制造的被控侵权产品与株式会社万代享有著作权的涉案作品构成实质性相似，故法院最终判定被告泓利公司和另一被诉自然人构成侵权。

此案有与 Kenner Products v. Ideal Toys 相似之处。此案中，泓利公司曾是“通天 TT”商标的注册人，在其制作的侵权产品上，其标有商标“通天”、“TT”。而 Kenner Products v. Ideal Toys 案件中，法院亦认定 Ideal Toys 公司制造的玩具和《星球大战》中的角色形象构成实质相似。但法院审理认为，Ideal Toys 上使用了自己的商标，因此玩具与《星球大战》中角色的实质相似不足以造成公众对商品来源的误认，不构成不正当竞争。Kenner Products v. Ideal Toys 案件秉承了美国司法实践中确立的“澄清条款”，即“商品生产者在其产品上虽然使用了角色，但同时声明自己和角色的权利人没有任何关系，从而使消费者免于陷入混淆，则不构成不正当竞争行为”。[①] 本人并不认同美国司法实践中确立的该项规则，此有偷梁换柱之嫌，其实质是给盗版侵权者以明目张胆侵权的法律依据。设想，任何人都可以注册一个或多个商标，然

① 林雅娜、宋静：《美国保护虚拟角色的法律模式及其借鉴》，载《广西政法管理干部学院学报》2003 年第 18 期，第 75 页。

后把想用的任何动漫角色“拿来”，然后贴上自己的商标，堂而皇之地销售出去，一本万利。此大门一开，法律保护之门实则关闭，这种助纣为虐之规则，本人并不赞同。

2. 非法演绎

在原作品的基础上，经过改编或者其他方式创作新作品的行为，侵犯了原著作权人的修改权。

迪斯尼诉空中飞贼案（Walt Disney Productions v. Air Privates）一案中。法院认为卡通角色是作品及其重要的组成部分，复制卡通角色的外形就足以构成对原作品的著作权侵犯，这种角色形象“已不再是抽象的概念或思想，而已经成为特定化固定化的具体形象。”① 此案中该杂志未经迪斯尼公司的许可，非法演绎了动漫角色，如果其经过了迪斯尼公司的许可，那么那群作风不正、吸食毒品的米奇、唐老鸭和高飞等捣蛋鬼们就不会死亡了。与此相反，因经许可，超人对奥特曼进行了演绎而得到了永生。

3. 淡化

本意是将驰名商标用于非竞争性商品，以至于逐渐消磨或者分散其识别性，破坏商标在公众中的形象。此概念属于商标法领域的，但动漫角色的标识性特征决定了“淡化”对其侵权的巨大影响力。

大家熟知的唐老鸭和米老鼠等迪斯尼创作的经典动漫角色因在商品上超范围使用而引起品牌效应递减，无形中削弱了权利人的权益。而本文开篇的“喜羊羊”也正面临这样的危险。

4. 非法抢注

非法抢注商标、域名、抢先申请专利等。如日本光荣公司在2002年抢注了《三国志战记》，巨擘公司2004年抢注了《西游记》、《水浒传》、《三国志麻将》等商标。这些经典著作在我国也衍生出不少动漫作品，对于日本抢注的动漫商标等，我国相关权利人完全可以主张在先权利，以维护自己的权利甚至是民族利益。

（二）侵权认定

1. 被侵权“动漫角色”的认定

在美国的司法实践中，大量案件的判决清楚地显示动漫角色具有独立的版权，其认为动漫角色本身就是一种独特的表达，可以作为独立的客体受到

① 田晶、李伟：《论动漫角色的法律保护》，载《时代经贸》2007年第2期，第141页。

版权法的保护。动漫角色的外形自然成为认定侵权的基础，也是版权保护的基础，单纯的外形相似足以构成侵权。

但并非所有的动漫角色都可以受到版权法的保护，受版权法保护的“动漫角色”应具备某种内在的法律意义，需要达到某种标准。动漫角色所孕育的是多维的，它融姓名、形象、声音、动作、性格等为一身，但并不是每一个动漫角色都可以独立受到版权法的保护。大头儿子和小头爸爸的形象，我想很多人印象都很深，但对于小头儿子妈妈的形象却没什么印象，因为对其的塑造没有显著性特征，这个普通妈妈的形象与现实中普通妈妈的形象没有什么区别，所以，她不可能得到版权法的单独保护。相比较而言，《大力水手》中大力水手的妻子奥利弗却因其独特的外表、滑稽的个性和夸张的声音而彰显出来。

所以，版权法保护下的动漫角色需要有标准来衡量①：

首先，动漫角色应具有必要的人格特征（essential personality features②）。此处的人格并非指主体的法律地位或民事权益，而是作为动漫角色应具备的个性基本特征，该个性特征赋予了动漫角色特定性或显著性特征。例如，大力水手除了其特殊的外表外，他长期叼着的大烟斗还有他需要力量时吃菠菜的特质给了他绝有的角色个性，使其与其他任何动漫角色相区别。

其次，动漫角色应是公开的。角色一经创作完成，具有实质上的人格特征只具有了著作权保护的可能性，角色受著作权保护的现实是因为角色需要商业化，商品化的角色需要公开才可能为权利人带来利益。所以，角色需要公开，流通到市场上，被公众所熟知。

再次，动漫角色应具有亲和力并产生公众效应。WIPO1994 年的报告中认定角色应为最大限度的相关公众所认同（easily recognized by the public at large which will be relevant③）。

最后，动漫角色应被用于商品经营或服务过程中。这才是动漫角色版权法保护的意义和关键所在。一旦角色被用于商品或服务中，可能带来客观的经济收益，该角色即具有被法律保护的价值。

总的来说，动漫角色在具有独创性和可版权性的前提下，即具有可受著作权法保护的可能性和现实性，但需要说明的是，清晰描绘标准（the distinct

---

① 何英、焦洪涛：《关于角色商品化权法律保护的思考》，载《华中理工大学学报（社会科学版）》2000 年第 14 期（2），第 32 页。

② WIPO. Character Merchandising. WO/ INF/ 108. the International Bureau, 1994:4.

③ WIPO. Character Merchandising. WO/ INF/ 108. the International Bureau, 1994:4.

delineation standard)（Nichols 标准）和叙述故事标准（the story being told test)（Sam Spade 标准）并不是动漫角色的版权保护标准，其实为文学作品中角色的版权保护标准，许多学者都把二者混为一谈，本人也犯过此种错误。前文已有说明，动漫角色的版权保护标准要相对简单得多。

2. 准确把握“思想表达二分法”与“公共领域原则”

“思想表达二分法”是对版权的限制，即版权只保护作者对思想的原创性表达。美国通过司法判例确立的这一原则旨在保护言论自由和新闻报道的权利，同时这一原则所传达的思想与“公有领域原则”一脉相承。

在“火柴棍儿小人案”中，“二审法院认定：原告的‘火柴棍儿小人’形象具有独创性，应受著作权法保护。但法院同时认为，‘线条小人’形象已经进入公有领域，任何人均可以以此为基础创作小人形象。‘火柴棍儿小人’形象的独创性程度并不高。因此，对‘火柴棍儿小人’形象不能给予过高的保护。同时应将公有领域的部分排除在保护范围之外。本案中，二审法院也采用三步法来判断是否侵权，首先，认定‘火柴棍儿小人’具有独创性，应受著作权法保护；其次，通过‘过滤法’，将原、被告作品中虽然相同或相似，但属于公有领域的‘思想的表达’过滤出来——‘线条小人’属于公有领域，这部分内容本身是不受著作权保护的，人们可以自由利用，任何人对其都不能主张著作权。最后，排除公有领域部分内容后，‘火柴棍儿小人’和‘黑棍小人’并不相同，具有各自的独创性。”① 此案的经典之处在于准确把握了版权法的主旨，既保护权利人的权利，又保护了公众的利益。

3. 侵权损害赔偿数额的确定

主张对动漫角色进行单独立法保护的学者论述的理由之一即是我国司法保护现状中认定的赔偿数额标准过低，导致保护不力。众多动漫侵权案件的上诉案件中也不乏诉讼请求多被支持的原告一方上诉，上诉理由中都列有不服过低的赔偿数额。

在高飞侵权系列案件中，法院最终判定每个案件中被告泓利公司赔偿原告株式会社万代经济损失人民币 1.6 万元和诉讼合理支出人民币 3000 元。原告株式会社万代亦上诉，上诉理由之一即原审法院未充分考虑株式会社万代的知名度、涉案作品的知名度、市场价值、独创性程度，以及泓利公司的侵权恶意等因素，确定的赔偿数额明显偏低，不能反映权利人可能的损失及侵

① 何艳华：《动漫角色商品化权的著作权法保护》，载《安徽警官职业学院学报》2010 年第 1 期，第 3 页。

权人可能的获利，甚至无法弥补株式会社万代为追究侵权行为而支出的合理费用。上诉审法院最终维持了一审的判决。在赔偿数额上，我国各法院都一致地作出如此判决，原因在于根据我国著作权法的规定，当被侵权的权利人或者被侵害的经营者的损失难以计算，侵权行为人的利润无法查明时，人民法院可以根据权利人或者被侵害的经营者遭受的实际情形酌情确定赔偿额。就本案而言，株式会社万代未提供证据证明其实际损失，泓利公司亦未提供财务账册证明其获利情况，故法院将根据涉案作品的创作水平、涉案作品性质、泓利公司的主观过错程度、侵权行为的性质、被控侵权产品的销售范围和市场价格等具体情况，酌定泓利公司和另一自然人被告各自承担相应的赔偿数额。

开题中“美羊羊”案件中，法院最终判决的15000元经济损失可谓差强人意。在动漫角色的赔偿数额上，司法实践中总是囿于法律的现有规定，让维权举步维艰。

四、结语

综上，我们不难看出，作为国内动漫角色司法保护中具有突破意义的“美羊羊”被侵权案件反映了我国在动漫角色法律保护上的进步：

首先，在美羊羊等动漫形象及其载体的版权转让中，当事人对动漫角色权利的认识已经超越了我国法律的实然状态，并且在一定程度上当事人将法律并未明确规定的权利以合意确定，为该权利的保护埋下了伏笔，使得其后的司法实践可以用“意思自治原则”突破权利保护的藩篱。

其次，法院在判决中提出了“针对卡通形象的商业化使用享有专有使用权”，实为对动漫角色商品化权的肯定，这是我国动漫角色版权保护在司法层面上的突破，为我国动漫角色版权保护开辟了新天地。

但是，该案件所折射出动漫角色版权保护的问题却很多，因为此案事实清楚、证据充分，对动漫角色的侵权认定方面仅遵从我国相关法律的规定和司法实践的做法即可，所以，对于动漫角色侵权认定的相关法律问题涉及的并不是很多。而司法实践中，对于此类问题的处理采取的是回避或者委曲求全的态度和做法。所以，对于动漫角色版权保护的相关法律问题仍然是我们需要进一步探讨的问题。

参考文献：

[1] Tyler T. Ochoa. COPYRIGHT LAW，陈辉萍、刘志远、郑淮银、谢辉编译，中国民主法制出版社2007年版。

［2］陈剑玲：《美国知识产权法》，对外经济贸易大学出版社 2007 年版。

［3］殷俊、谭玲：《动漫产业（第二版）》，四川大学出版社 2009 年版。

［4］汤莉萍、殷俊：《世界文化产业案例选析（第二版）》，四川大学出版社 2009 年版。

［5］吕学武、范周：《文化创意产业前沿》，中国传媒大学出版社 2007 年版。

［6］李颖生：《中国文化产业经典案例分析（下）》，河南文艺出版社 2007 年版。

论著作权集体管理组织的法律地位

戚　飞*

案例：

近期，新疆维吾尔自治区新闻出版局（版权局）对乌鲁木齐市“夜来香娱乐城”和“君悦汇娱乐会所”两家KTV营业场所进行了执法检查和行政处罚，在全社会引起了广泛的关注，对KTV行业中合法使用作品起到了推动作用，使绝大多数KTV经营企业清楚了应当承担的法律义务，了解了侵权使用作品的法律后果。鉴于“夜来香娱乐城”和“君悦汇娱乐会所”两家娱乐场所在自治区新闻出版局（版权局）下发责令整改通知书的一个月限期内，一直未进行整改，经自治区新闻出版局（版权局）多次约谈拒不到场，继续侵权行为，自治区新闻出版局（版权局）根据《著作权法》和《著作权行政处罚实施办法》的规定，分别对两家KTV营业场所给予了罚款2万元和1万元的行政处罚。同时，两家娱乐场所还按照规定向中国音像著作权集体管理协会（著作权人）缴纳了版权使用费，取得了使用MV音像作品的授权。今年以来，自治区新闻出版局（版权局）在“打击侵犯知识产权和制售假冒伪劣商品”专项行动中，严格执法，认真履行职责，为著作权人提供热情服务，通过执法促进行业规范，将执法检查与法律宣传普及工作紧密结合，全疆KTV娱乐行业依法取得授权使用作品工作取得了明显成效，取得中国音像著作权集体管理协会授权使用音乐作品的娱乐场所，从2010年年底的不足40家增长到目前的140多家，受到了国家版权局和中国音像著作权集体管理协会的表扬。2010年11月，中国音像著作权集体管理协会致函自治区领导，对新疆KTV合法使用音乐作品的情况进行了反映，并要求自治区人民政府敦促有关行政机关重视版权许可使用工作，加强对KTV经营场所的管理，加大对非法使用卡拉OK版权歌曲的经营场所的执法力度。自治区副主席靳诺高度重视这一工作，召集自治区文化厅、自治区新闻出版局（版权局）、自治区知识产权局召开了专题会议，并形成三点意见：一是要高度重视知识产权保护工

* 北方工业大学民商法2009级硕士研究生

作，把思想统一到全国知识产权保护与执法工作电视电话会议和温家宝总理的讲话精神上来。二是明确责任、严肃查办。推进卡拉OK版权许可使用工作涉及版权、文化、工商等多个部门，各有关部门要各司其职，密切配合，把知识产权保护工作摆上突出位置，主要领导要亲自抓，各部门要增强大局意识，克服各种形式的保护主义，对涉及本地区、本领域的侵权违法企业，要坚决依法严肃查处、决不手软。三是卡拉OK版权许可使用工作要结合新疆实际，有关部门要制定切实可行的方案，适度推广，要切实加强保护知识产权宣传教育工作，使广大娱乐业经营者充分认识到，未经授权使用音乐电视作品是侵权行为，要避免因侵权产生的法律、经济风险，要建设一个持续、健康、规范、安全良好的文化市场发展环境①。

由上述案例可以看出，对于著作权的保护是不可凭借单独的力量完成的，因此，著作权集体管理组织在著作权保护方面的作用显得十分突出。不同法律地位的集体管理组织又有不同的保护方式，我国应根据实际情况找出一条适应与自身特征的保护方式。

一、著作权集体管理组织

（一）著作权集体管理组织的定义与历史发展

著作权集体管理组织，是指著作权人及相关权利人将属于自身的著作权及相关权利依法授权一个组织，并以该组织的名义实施著作权的相关保护行为。因此，依此定义，著作权集体管理组织应当在著作权的监管及保护工作中扮演着极为重要的角色。

最早的著作权集体管理组织起源于18世纪下半叶的欧洲。我国著作权集体管理制度的发展还处于起步阶段，至今也不过是20年的时间。

（二）著作权集体管理组织的性质与法律地位

一个国家在建立本国的著作权集体管理制度过程中无法回避的一个问题就是集体管理组织在著作权活动中的法律地位，这个问题也是著作权集体管理制度的核心问题。著作权集体管理组织的法律地位主要是由著作权集体管理组织的性质所决定，而不同的管理性质也关系到作品的传播广泛程度。

1. 性质

根据著作权集体管理组织，盈利方式可以分为盈利性质与非盈利性质，

① 吴汉东：《知识产权法》，中国政法大学出版社2002年版，第100页。

而根据其组成方式也可以分为民间性质与官方性质。

2. 法律地位

著作权集体管理的法律地位是由著作权集体管理组织的性质决定的，著作权集体管理组织在著作权交往活动中一般处于两种法律地位，即位于平等地位或者位于垄断地位的集体管理组织。

（1）垄断地位及其优劣势。首先，垄断地位有利于一揽子许可的发放，这样做可以提高使用者的利益和效率。同时，集体管理组织拥有谈判优势，还可以避免同业之间的恶性竞争，比如价格战。其次，垄断地位的劣势也很多，如强制性质的一揽子许可、限制会员的进入和退出、强制收取高额的使用费和管理费等。

（2）平等地位及其优劣势。首先，平等地位的优势在于竞争导致服务的提高，这对著作权及相关权利人是非有利。对使用者和消费者来说，也会有更多的选择。同时，平等地位利于著作权集体管理组织的国际合作。其次，平等地位的劣势也不能忽视，如管理效率降低、管理难度增大等。

（三）我国著作权集体管理组织的法律地位

《著作权集体管理条例》对中国著作权集体管理组织的法律地位进行了明确的规定。该条例第 6 条规定，除依照本条例规定设立的著作权集体管理组织外，任何组织和个人不得从事著作权集体管理活动。以强制性的规定将著作权集体管理组织的设立主体予以限制，集体管理组织设立的大门已不再向社会团体和个人开放。该条例第 7 条规定了设立著作权集体管理组织应当具备的条件，其中第二个条件即“不与已经依法登记的著作权集体管理组织的业务范围交叉、重合”。这即是相对垄断的典型表现形式，在一个著作权领域内只准许存在一个著作权集体管理组织①。由此可以看出，我国的著作权集体管理组织既有官方参与筹建，同时又以立法的形式对其所管理的范围、准入制度以及会员的权利进行了多重的限制。因此，中国的著作权集体管理组织的性质为非盈利性质的半官方性质，在著作权交往活动中处于相对垄断的法律地位。

① 韦之：《著作权法原理》，北京大学出版社 1998 年版，第 135 页。

二、著作权集体管理组织的监管

（一）德国的监管

1. 事前监管

事前监管主要为设立准入制度，由独立的审批机关进行监管。著作权集体管理组织的准入许可制度是各个国家对于集体管理组织进行监管的主要方法之一。德国的著作权集体管理组织属于民间性质的组织，它首先由自然人、法人及社会团体设立，之后再根据德国《著作权及邻接权管理办法》关于集体管理组织准入制度的规定，由国家专利局许可批准。与官方性质的集体管理组织有所不同，德国国家专利局并不参与集体管理组织的筹备组建工作，它是独立的审批机关。因此，集体管理组织的日常工作不会受到政府机关的过分干预，这也就从源头上杜绝了垄断的形成。但是，德国采取的是相对垄断的集体管理模式，在同一个著作权范围内只存在一个集体管理组织。对这种形式的垄断，德国在《著作权及邻接权管理办法》中设有专门的章节对集体管理组织进行事后监管。

2. 事后监管

根据《著作权及邻接权管理办法》，著作权集体管理组织的监管主要由以下三个机构组成：德国专利局、联邦同业联盟局以及联邦司法部。

（二）美国自由竞争模式的监管

1. 市场监管

经过多年的市场竞争，现今，在美国的著作权领域最主要的管理组织有9个，音乐作品领域有3个，即专门负责广播机构音乐作品使用的广播音乐公司，负责音乐作品管理的词作家、作曲家以及音乐出版人协会，负责戏剧作品经营管理的欧洲戏剧作家与作曲家协会。在美国的整个著作权集体保护模式中，又是以这三家音乐领域的集体管理组织为代表。为了使自身在竞争中占有一席之地，集体管理组织不断优化资源配置、提高服务质量①。

2. 内部与外部监管

但是，价值规律也有失灵的时候，著作权领域内的大集团之间的相互合并也有可能形成垄断。对于此种情况，美国并没有直接针对著作权集体管理组织调整的法律，相关的问题主要通过内部监管与外部监管两种方式进行。

---

① 屈景明：《方兴未艾的著作权集体管理和中国音乐著作权协会》，载刘春田主编：《中国知识产权二十年》，专利文献出版社1998年版，第84页。

内部监管是指由著作权集体管理组织的内设机构进行自我管理。

外部监管的方式主要是通过《反不正当竞争法》与《反垄断法》进行规范。管理同类作品的著作权集体管理组织之间存在一种竞争的关系。

综上，垄断法律地位下德国的集体管理组织的监管方式，首先，设立民间性质的集体管理组织，排除行政机关的参与组建。其次，配套以完善的法律保障组织的运作，最后，由独立的政府机关进行监管。

美国的著作权集体管理组织与其他的市场参与者一样，在市场竞争中处于平等的法律地位。对其监管首先是在设立方面，著作权集体管理组织是以法人性质设立的集体管理组织，以经济规律自动对其调整，在市场竞争中优胜劣汰、适者生存。其次配套以《公司法》在集体管理组织内部建立完善的内部监管制度，同时再依照《反不正当竞争法》和《反垄断法》管理公司法人的方式，从外部形成完整的法律监管体系。

三、我国著作权集体管理组织的监管及现状

（一）我国对著作权集体管理组织并无有效监管

1. 无独立监管部门

在中国现今的国情下，没有建立运行独立的行政监管机关对集体管理组织进行监管。根据《著作权集体管理条例》第 31 条的规定，著作权集体管理组织的资产使用和财务管理受国务院著作权管理部门和民政部门的监督。同时，根据《著作权法》第 7 条的规定，国务院著作权行政管理部门主管全国的著作权管理工作；各省、自治区、直辖市人民政府的著作权行政管理部门主管本行政区域的著作权管理工作。由上述两个法条可知，我国主管著作权管理工作的最高机关是国务院著作权行政管理部门，而国务院著作权行政管理机关就是国家版权局，它直属国务院领导，设立于 1985 年 7 月。经过上文的论述可知，国家版权局同时也是中国境内的几家集体管理组织的直接或者间接设立机构。以中国音乐著作权协会为例，该协会成立于 1992 年，管理范围主要为音乐表演领域，由国家版权局设立。因此，我国就出现了一个奇怪的现象，即监管机关监管自己设立的集体管理组织，所以说我国并不存在独立的监管部门。

2. 法律保护体系的薄弱

中国现在只存在数量有限的法律法规对此予以粗略的规定。1991 年的《著作权法实施条例》是我国最早确立著作权集体管理组织地位的法律。根据该条例第 7 条与第 54 条的规定，国家版权局是国务院著作权行政管理机关，主管全国范围内的著作权管理工作，它的主要职责之一就是批准设立著作权

集体管理组织，并监督、指导其工作；著作权及相关权利人可以通过集体管理组织的运作行使其著作权。2001 年出台的《著作权法》第一次将著作权集体管理组织的管理地位、性质规定到法律之中，该法第 8 条规定，著作权及相关权利人可以授权著作权集体管理组织管理和行使其著作权及相关权利。集体管理组织在被授权之后，可以以自己的名义为著作权及相关权利人主张权利，并可以以当事人的身份参加涉及著作权及相关权利的诉讼、仲裁活动。著作权集体管理组织是非盈利性质组织，其设立方法、权利义务、著作权许可费用的收取和分配，以及对集体管理组织的监管等都由国务院另行规定。2005 年 3 月出台的《著作权集体管理条例》相对完善了中国著作权集体管理模式体系，在保护著作权及相关权利人方面发挥了重要的作用，促进了艺术作品的传播。但是，在以上法律法规及其他的一些相关条例的规定中，并没有一部是针对垄断地位监管的规定①。

（二）我国国情下的集体管理组织容易形成垄断

1. 我国集体管理组织在设立上带有严重的行政色彩

通过上文的论述可知，中国的著作权集体管理组织不同于平等法律地位的国家那样，多家并存。我国是与德国、荷兰等欧洲大陆国家一样，在某一著作权领域内只准许存在一家集体管理组织，处于相对垄断地位。但是，同德国有所不同的是，我国的著作权集体管理组织均是在行政机关的主导下创立，而欧洲的管理组织则是先由民间自发设立，然后由行政机关承认其合法地位。2005 年颁布的《著作权集体管理条例》，规定了中国的著作权集体管理组织为非盈利性质的社会团体。理论上，社会团体应当由自然人、法人及其他社会团体等民间组织设立，但是在中国的实践中，著作权集体管理组织具有半官方的性质。例如，中国文字作品著作权协会则是由具有官方色彩的中国版权保护中心和中国作家权益保障委员会共同发起。行政机关的介入，就会使得在实施监管中遇到很多的行政干预，结果就会出现像上文中所提到的监管机关无法独立行使监管权的情况。

2. 半官方的性质使得反垄断监管容易被忽视

根据法律规定，中国的著作权集体管理组织的性质属于非盈利性质社团法人，但在具体运行过程中又实行企业化的经营方式，这使得监管者容易将其只按照社团法人的标准进行监管，从而忽视使用《反垄断法》等经济法律

① 毛义莎：《我国著作权集体管理组织制度研究》，西南财经大学 2007 年硕士学位论文，第 31 页。

法规来规范该组织的运作。反观国外的运作方式，虽然同样以企业化模式进行经营，但是除了以社团的形式设立，著作权集体管理组织还能够以公司法人的形式设立，进行商业活动，如美国。多样性的设立方式使得监管者可以以多样的监管方式对其进行有效管理，不仅要受到行政部门的监督，而且还要遵守《公司法》、《反垄断法》等商事、经济法律的规定。

3.《反垄断法》的不完善

我国的《反垄断法》于2007年7月30日通过全国人民代表大会审议并通过，2008年1月1日正式生效实施。至今，《反垄断法》仅仅制定并实施了四年，并没有完善到能够保护到市场经济环境下的各个领域，对于著作权集体管理组织尚没有直接的规定的条款。与此同时，相关的配套法规特别是《反垄断法》的程序性法规尚不健全，导致《反垄断法》在具体应用时遇到了很多的障碍。同时，一些与反垄断相关的法律规范还集中在《反不正当竞争法》及一些相关的行政法规与部门规章之中，而《反不正当竞争法》是于1993年颁布，介于当时的时代背景与立法体例，这些法律法规都缺乏全面性与系统性，在著作权集体管理组织的反垄断问题上几乎全未涉及。当今世界上，在反垄断法律方面制定最为完善的国家为美国。美国以《谢尔曼法》与《克莱顿法》等成文法为核心，以众多的判例法作为辅助，形成了细致而严密的反垄断法律体系，这与我国只颁布了一部《反垄断法》的简单法律局面形成了鲜明的对比。显然，在立法如此缺失的局面下，我国的著作权集体管理组织更容易利用其垄断地位牟取不正当的利益，从而损害著作权及相关权利人的合法权益。

（三）我国著作权集体管理组织垄断地位所导致的问题

著作权集体管理组织在我国仍然属于刚刚成立的新鲜事物，相比于欧美国家已经发展了200多年的历史，中国的著作权集体管理组织立法仍然显得比较薄弱。对于这个新鲜事物，公众对于它还不是很了解，再加上中国传统思想的局限，人们对于属于无形资产的知识产权缺乏有效的重视，权利意识淡漠，这样的种种因素导致了中国的著作权集体管理制度发展速度缓慢以及前进动力不足。在实践中，十几年的发展历史并不能使立法者有足够的时间充分地完善法律体系，立法与运行方面存在的问题还有很多。从现行的各部法律法规的实际使用情况来看，我国的集体管理组织已经形成了垄断的局面，这造成了很多问题的产生，主要集中于法律制度上与运营管理上。在21世纪新的科学技术环境之下，中国著作权集体管理模式更值得去研究①。

1. 法律制度上存在的问题

以 2005 年 3 月 1 日开始实施的《著作权集体管理条例》（以下简称《条例》）为标志，确定了中国著作权的集体管理方式，该条例的颁布对于著作权及相关权利人行使著作权，或者作品使用者合法使用作品，从而促进文化与科学的广泛传播，都具有积极的推动意义。但是，《条例》在很多方面的规定还存在不足，导致了垄断结果的发生。首先，违背自愿原则；其次，使用费标准争议；再次，强制缔约条件不对等；最后，影响监管效果。

2. 组织管理上存在的问题

建立健全的组织形式是集体管理组织良好运行的根本保障，但是从我国的现状来看，著作权集体管理组织的发展仍属于起步阶段，很多配套的制度仍然不够完善。首先，保护范围不明确；其次，半官方性质降低效率；再次，不积极维护著作权；最后，滥用垄断权利。

3. 诉讼中的问题

首先，诉讼费用承担过多；其次，管理内容不确定；再次，举证责任倒置的应用不合理；最后，公众的权利意识淡薄②。

四、对于我国集体管理组织的完善建议

（一）集体管理组织的法律地位确定要适应我国的具体国情

1. 垄断法律地位不适合我国国情

自我国实行改革开放，到加入 WTO，市场主体的运作方式也应当趋近于国际化，同时也倾向于开放化。而我国的著作权集体管理组织位于著作权交往活动的垄断地位，而且其半官方的性质更是容易导致垄断行为。由上文可知，我国并没有如同德国一样设立独立的行政机关对集体管理组织进行事前监管，而是由设立机关自行进行监管。不完善的监管体制导致了垄断行为不断地发生，在损害权利人利益的同时也不利于我国市场经济的良性发展。所以，垄断法律地位的著作权集体管理组织并不适应于我国不断开放、不断发展的国情。

---

① 京琼辉：《著作权集体管理组织法律问题的研究》，安徽大学 2007 年硕士学位论文，第 25 页。

② 谢辛星：《著作权集体制度法律问题研究》，西南大学 2007 年硕士学位论文，第 16 页。

2. 平等地位亦不适于我国国情

在改革开放环境下，面临着加入 WTO 的种种承诺，实现完全的市场经济。由于缺乏监管，将其置于垄断地位有可能导致垄断行为的发生；将其置于平等地位，著作权集体管理组织同样也面临着来自于国外等多方对手的竞争[①]。但是，我国在加入 WTO 时，也并没有全盘接受西方国家对于市场经济的全部要求，对于实现市场经济，WTO 给予了我国一定的转型期限。在著作权领域，著作权集体管理组织同样应当抓住这个契机，实现一种合乎我国现今具体国情的集体管理模式，即将著作权集体管理组织置于相对垄断、有限竞争的法律地位。

（二）相对垄断、有限竞争法律地位

将著作权集体管理组织置于相对垄断、有限竞争的法律地位是符合我国国情的一种著作权管理方式。

众所周知，现今我国在立法上明确禁止著作权集体管理组织不能在业务范围上有交叉重合，这就是一种被刻意维持的垄断，如此做法会带来诸多弊端。那么，如何在同一著作权范围内实行相对的垄断状态呢？所谓“相对垄断”就是指在同一著作权的范围之内，准许存在多家的集体管理组织，他们之间的业务范围可以有交叉重合，在该著作权范围内形成这几家集体管理组织的相对垄断。比如，在摄影作品权利管理的范围内只允许设立三家集体管理组织，以在先申请设立为原则。如果根据立法规定，符合设立条件的组织已有了三家，那么进入著作权范围的大门就将关闭。在摄影作品的著作权管理范围内，这三家组织就形成了一个相对垄断的局面。所谓“有限竞争”，就是指在相对垄断的前提下，同一著作权范围内的几家集体管理组织之间实行市场化的平等竞争，在该相对垄断的范围内，这几家集体管理组织处于平等的法律地位。只有在其中一家或几家因市场竞争而难以继续经营，导致破产、解散的情况下，才可以由新的组织予以替代。比如，同样在摄影作品权利管理的范围三家集体管理组织，其中一家因为经营不善导致作品于客户资源流失，最终破产，则该组织退出后留下的空位就会由新的有资格的集体管理组织所替代。

这种做法可以有效地避免垄断行为发生的情况，也可以维持一定程度的竞争。将集体管理组织置于这种“相对垄断，有限竞争”的法律地位，它同样会给著作权人和作品使用者以选择的机会。需要指出的是，上面例子所讲

① 熊斌：《著作权集体制度研究》，南昌大学 2008 年硕士学位毕业论文，第 5 页。

到的“三家”并不是一个确切的数字，各国可以根据作品种类的不同及该国国情确定合理的数量。

为了确保“相对垄断、有限竞争”可以有效地实施，我国还需要在诸多方面进行相应的改变。

1. 完善立法

我国现今对于著作权的保护还没有上升到法律的层面，相对于其他发达国家，这种保护力度显然不够。完善著作权的法律法规，制定一套完整的著作权法是当务之急。

国外著作权集体管理经验丰富的国家，都针对著作权集体管理组织制定专门的法律。因此，我国也应当借鉴国外的先进经验，在《著作权集体管理条例》的基础上，结合市场经济的客观条件，提交全国人民代表大会制定著作权法，以提高我国对于著作权集体管理的法律效力。

著作权法的创立以著作权集体管理组织的“相对垄断，有限竞争”法律地位为基础，将“有限垄断”的范围写入著作权法中，明确“有限垄断”在统一著作权范围之内的具体数量。该数量的确定还要结合市场的具体需求而定，并要考虑其他的相关因素。相关因素主要包括：明确著作权的范围，以便确定“有限垄断”的范围；确定著作权集体管理组织的性质以及诉讼中的相关问题，等等。同时，还需要以法律的形式规定著作权集体管理组织成立程序、著作权集体管理组织与著作权利人的关系、著作权集体管理组织的国际合作方面等进行更加详尽、更加可行的规定①。

2. 确定集体管理组织的民间性质

世界贸易组织《知识产权协定》（以下简称《协定》）在序言中已明确表态“知识产权为私权”，强调了知识产权私有法律性质。从该协定的立法背景来看，“它是发达国家和发展中国家利益平衡的结果”。在《协定》草订时的谈判中，发达国家目标在于强化对知识产权的保护，用以维护知识产权的私有财产属性；然而发展中国家却意图在于淡化知识产权的排他性与专有性，以便于实施。最终双方谈判妥协，《协定》确定“知识产权为私权”，同时，又规定了知识产权在公共利益面前的合理使用。《协定》的根本意义在于知识产权与所有权的同一属性，即私有属性。私权的神圣不可侵犯已足以对知识产权提供牢靠的法律保护。著作权人及相关权利人依法对自己的作品享有著作

① 李杏：《著作权集体制度法律问题研究》，中南大学 2007 年硕士学位论文，第 11 页。

权，并且能够随意使用与处分这一权利，并分享在他人利用过程中所带来的利益。再加上著作权集体管理组织与著作权人之间的合同通常不涉及公共利益，因此，行政机关的过分参与和干涉是缺乏法理依据的，著作权集体管理组织作为行使私权的组织，应当恢复其本质面貌，即私权的属性、民间的性质。

3. 引入竞争

引入有限的市场竞争，就是要建立符合我国刚刚加入世贸组织的时代特征的具有中国特色著作权集体管理体制。在“相对垄断”的基础上引入有限的市场竞争机制，目的在于减少政府部门的行政干预，让集体管理组织以市场主体的姿态，遵循市场竞争的价值规律来创立、运营。因此，在组织的设立上，将著作权集体管理组织置于“相对垄断，有限竞争”的法律地位，促使某一著作权范围内存在的几家著作权集体管理组织之间保持相对竞争的局面。“有限竞争”一定要在“相对垄断”的前提条件下，这样既可避免太多集体管理组织参与所导致的无序竞争、恶意竞争，又可以避免因垄断而给权利人和使用者带来的伤害①。

不可否认，著作权集体管理组织的垄断地位可以为著作权人节约挑选集体管理组织的精力与时间，同时也有利于集体管理组织集中对作品进行保护。但是，当下我国的情况是集体管理组织滥用垄断地位的现象日益严重，对著作权人和相关权利人造成了严重的损害。因此，引入有限的竞争，对于保护著作权具有如下优势：首先，有利于高效地实现著作权人的权益。其次，为作品使用人提供更多的选择机会。

4. 政府机关仅仅履行监管职能

从上文可知，按照《著作权集体管理条例》的规定，著作权集体管理组织应当属于社会团体，由自然人、法人及其他社会团体发起设立。但是，在实践中，我国的集体管理组织都是由官方扶持，政府与私人共同设立。在著作权活动中，其建议也通常变为著作权集体管理组织活动的根据。政府部门的职责本应是服务，为集体组织的设立进行政策引导，并给予相应的帮助，而不是作为参与主体直接参加到著作权活动中去。因此，政府部门应当从集体组织设立者的角色，转变为单纯的集体管理组织监督者的角色②。

我们应当借鉴德国的经验，因为我国与德国同属大陆法系国家，集体管理组织的法律地位都偏于垄断。前文所述，德国的政府机关仅仅是作为事前

① 崔国斌：《著作权集体管理组织的反垄断控制》，载《清华法学》2005 年第 6 期。

② 金武卫：《著作权集体管理条例主要问题评述》，载《电子知识产权》2005 年第 2 期。

监管的监督机关，按照法律的规定对集体管理组织的设立进行审批，而不参与其设立活动。我国的政府机关也应当如同德国的做法一样，依照法律规定，行使行政职责。即对于“相对垄断”范围内的著作权集体管理组织的设立，以及因经营不善退出后新补充进“相对垄断”范围内的组织进行合规性审批；由于我国的版权产业正处于发展的初级阶段，因此政府在集体管理组织的业务活动上可以进行简单的指导，但是不能代其行使著作权集体管理组织的职权。同时，在宏观层面上要对著作权集体管理组织进行反垄断监管，完善“有限竞争”机制的落实与运转，给著作权集体管理组织以压力，防止“有限竞争”范围内的集体管理组织间形成新的垄断集团。而对于集体管理组织的设立活动，应当完全交由设立人自行活动，还著作权集体管理组织社团法人的本质属性①。

参考文献：

[1] 吴汉东：《知识产权法》，法律出版社2004年版。

[2] 郑成思：《知识产权论》，法律出版社2003年版。

[3] 李明德、许超：《著作权法》，法律出版社2003年版。

[4] 吴汉东、曹新明等：《西方诸国著作权制度研究》，中国政法大学出版社1998年版。

[5] 刘春田主编：《中国知识产权二十年》，专利文献出版社1998年版。

[6] 陈郁：《著作权集体管理制度研究》，四川大学法学院2006年硕士学位论文。

[7] 李艳：《著作权集体管理组织研究》，内蒙古大学法学院2006年硕士学位论文。

[8] 代水平：《著作权集体管理及其模式研究》，西北大学法学院2006年硕士学位论文。

[9] 许超：《著作权疑难问题评析》，浙江教育出版社2000年版。

[10] 李明德、许超：《著作权法》，法律出版社2003年版。

[11] 陶鑫良、袁真富：《知识产权法总论》，法律出版社2005年版。

[12] 国家版权局编：《著作权的管理和行使论文集》，译文出版社1995年版。

① 谢辛星：《著作权集体制度法律问题研究》，西南大学2007年硕士学位论文，第1~18页。

中药的法律保护研究

田　歌*

案例：

上海杏灵科技药业股份有限公司于2004年获得“银杏叶组合物及其制备方法与应用”这一核心中药发明专利授权（专利号：99803683.8）；随后，该专利在美国、英国、澳大利亚等国获得了多项专利授权。由此项专利技术生产的杏灵颗粒、银杏酮酯也被定为国家二类新药，商业效果良好。该项专利公告后，有人向国家知识产权局提出专利无效复审申请。2009年5月，国家知识产权局专利复审委员会（以下简称专利复审委）以杏灵公司上述专利所有权利要求均不具备创造性为由，作出了宣告该发明专利权全部无效的决定。上海杏灵科技药业股份有限公司不服，向北京市第一中级人民法院提起诉讼，2009年上海杏灵科技药业股份有限公司研发的“银杏叶组合物及其制备方法与应用”的核心专利被判决无效。该专利被判无效的理由之一是违反了《中华人民共和国专利法》对于专利创造性的规定，即在该专利产生之前已有同类产品“百路达”具有此项专利，虽然上海杏灵科技药业股份有限公司的专利产品效果优于产品“百路达”的效果，但仍不符合专利法上对于创造性要件的要求。① 这项判决的结果对上海杏灵科技药业股份有限公司来说，意味着通过十年的研制时间所耗费的人力、物力、财力全部付之东流，而且还由正当的权利所有人变为非法侵权人。

从此案例可见：

1. 通过知识产权制度这一路径来对中药提供保护时，往往因中药本身的复杂性而不能满足知识产权的权利要件要求，因而无法使中药获得知识产权的保护。

2. 国外因知识产权制度发展成熟，常常利用我国中药资源的保护漏洞而抢先申请知识产权，而后起诉我国使用人侵权。

---

* 北方工业大学民商法2010级硕士研究生

① http：//www. mysipo. com/thread－2670－1－1. html 思博知识产权论坛

3. 随着中药热潮的兴起以及现行知识产权制度缺陷的不断显现，中药的法律保护急需另辟新径。

中药是中华民族的传统医药，是我国在数千年的疾病防治过程中所积累的宝贵财富。近年来，随着西药研发成本高及副作用大等缺陷的不断显现，中药的研究和开发受到了越来越多的关注，世界范围内的中医药市场也随之迅速发展。然而，作为一个传统的中医药大国，正如上海杏灵药业的中药发明专利案所凸显的情况一样，我国中医药的知识产权保护现状正面临着尴尬的局面，中药保护急需另辟新径。

一、中药概述

（一）中药概念及分类

中药是我国传统药物的总称，凡是以中国传统的医药学理论（如四气五味、升降浮沉、归经、补泻润燥、配伍反畏等）为指导，来解释其作用和用途而用以防病、治病、保健的药物，均可称为中药。[①] 中药分类方法有很多种，按药物的来源和性质为依据主要分植物药、动物药、矿物药三大类；按药物的功效可分为解表药、泻下药、清热药、祛风湿药、化湿药、活血化瘀药、利尿逐水药、祛寒药、消食药、驱虫药、温理药、理气药、理血药、止咳平喘药、安神药、平肝息风药、补养药、收涩药、涌吐药、解毒杀虫药、拔毒化腐生肌药等；按药物管理角度可分为中药材、中药饮片、中成药三类。[②]

（二）中药与西药的区别

首先，在组成上，中药是由多味药组成，有效成分大部分不清晰；西药一般是单一成分或是几种明确的组方化学成分。

其次，在副作用上：中药取自天然，副作用相对较小，但是由于成分复杂，且存在很多至今不明的成分；而西药由于成分单一，相对容易研究，所以副作用的表现较明显。

再次，在疗效上，至于疗效快慢与好坏，完全取决于用药的合理性与不同疾病的用药选择；用得好，感冒用中药治疗，疗效一样快，也一样能快速

① 朱秋琦：《从中医药的发展谈中药方知识产权的保护》，载《中医药管理杂志》2008 年第 7 期，第 492 ~ 493 页。

② 王维平、张番红：《自主知识产权与创新型发展战略》，载《青海社会科学》2008 年第 12 期，第 234 ~ 236 页。

治标和治本（即标本兼治）。

最后，在特点和优势上，中药不易产生耐药性，反复使用依然有疗效，且不易产生过敏现象；缺点是，经常有异味，服用不是很方便，如大蜜丸。西药的特点和优势在于成分单一，研究透彻，故应用研究比较全面，可以很方便地做成注射剂等，使疗效较快发生，并能采用一定技术掩盖药物本身的气味，服用方便；缺点是，耐药性问题突出，经常用同一种药易产生耐药性，所以同样的疾病，往往要加大用量或使用不同种类的药品才能起效。①

（三）中药的发展史

中药在我国经历了上千年的发展历程，春秋战国时期中药发展处于孕育阶段，到秦汉时期中药理论得以奠基和构建，而后在晋唐时期中药理论经历从分化到融合并进入临床发展阶段。中药理论在宋、金、元时代进入理论突破阶段，清朝中后期，西医药对中药形成冲击，中西医的论争思潮也是中医药学术的一大热点。中医药的发展在民国时期处于坎坷之中，西方现代医药在中国的迅速传播，以及民国政府已有的立法方式共同构成阻碍中药发展的原因。1949 年新中国成立以后，随着中国经济、文化、教育事业的迅速发展，中药学也取得了很大的进步。在现代社会，随着社会的进步，人类疾病谱的改变以及化学药物开发成本的提高，中药的研发和生产日益受到世界许多国家的重视，但是我国在发展中药产业过程中正面临极大的挑战，由于我国中药法律保护不健全，越来越多的国外企业正通过借助其雄厚的资金实力、先进的技术条件和娴熟的知识产权保护技巧，利用我国古代的医药资源来赚取巨大的商业利润。

（四）中药的法律保护现状

我国对于中药的保护在 2011 年 6 月之前主要是采取以知识产权为主的保护制度。知识产权（Intellectual Property）其原意为“知识所有权”或者“智慧所有权”，也称智力成果权。根据我国《民法通则》的规定，知识产权属于民事权利，它是基于创造性智力成果和工商业标记依法产生的权利的统称。②知识产权主要包括专利权、商标权以及著作权。本文将主要以中药的专利权、商标权以及著作权的保护现状进行研究讨论。

我国关于中药知识产权保护的法规主要有：1982 年《中华人民共和国商标法》、1984 年《中华人民共和国专利法》、1986 年《民法通则》、1990 年

① http://know.zyy123.com/zx/62964.html

② 刘子志：《中医药知识产权保护难点及对策》，载《上海中医药杂志》2007 年第 41 期，第 103～105 页。

《中华人民共和国著作权法》、1993 年《反不正当竞争法》、1992 年《中药品种保护条例》、1997 年《植物新品种保护条例》、《药品注册管理办法》等，但在实际运行中，这些法律法规尽管起到了应有的作用，但其各有侧重，与中药形势的发展并不同步，有时反而阻滞中药发展，制约中药现代化进程。例如，从中药的专利保护制度来看，《中华人民共和国专利法》（以下简称《专利法》）中所规定的授予专利的实质性要件中有关专利创造性、新颖性的标准与中药自身特点不相适应，因而中药通常不易达到相应保护标准，所以得不到相应的保护。以《专利法》所规定的新颖性为例，新颖性是指在申请日以前没有同样的发明或者实用新型在国内外出版物上公开发表过、在国内公开使用过或者以其他方式为公众所知，也没有同样的发明或实用新型由他人向国家专利机构提出过申请并记载在申请日以后公布的专利申请文件中。然而，我国中医药资源如中药复方，特别是经古方中的中药复方，它们有不少已书面公开，有的已经开发为药品上市或已在临床使用，甚至已有多家企业在生产、销售这种复方中药制品。① 按照《专利法》上对新颖性的要求，这些中药知识和技术方案已不具有新颖性，因而无法得到《专利法》的保护。

从中药的商标保护制度来看，目前，我国现行的《中华人民共和国商标法》（以下简称《商标法》）并没有具体对我国的中医药商标权进行相关的规定，它仅仅是对所有的商品作出统一的实体和程序规定。同时，中药的商标保护与地理标识保护之间存在保护对象重合以及易于发生权利冲突的状况，如对某一中医药药材品种，由申请人向商标局注册证明商标（集体商标）寻求商标权保护，而另一申请人却借由向质检总局请求认定地理标识产品获得保护，其结果往往造成同一商品的地理标志权存在两个不同的权利主体之间，人为的造成产权归属不清的情况。②

从中药的著作权保护制度来看，我国的著作权法对保护对象实行自动保护原则，它只保护作品的思想表达形式，而不保护作品表达的思想内容本身。我国的中医药知识成果主要由中医药技术和中医药科学理论两部分组成。其中中医药科学理论知识可以成为我国著作权法保护的客体，即通过阐述中医药科学理论所形成的作品可以获得著作权法的保护，但是对于此理论中所涉

① 严永和：《论传统知识的知识产权保护》，法律出版社 2006 年版，第 254 页。

② 李昶、黄璐琦、肖培根、王永炎：《道地药材的知识产权保护研究》，上海科学技术出版社 2011 年版，第 99 页。

及的内容本身却不能得到著作权法的保护。①

由上述分析可知，现有的知识产权制度存在明显缺陷，这种情形的出现，对于中药资源的长远发展不能提供有效保护。

二、《中华人民共和国非物质文化遗产保护法》的施行与中药保护

（一）《中华人民共和国非物质文化遗产保护法》概述

《中华人民共和国非物质文化遗产保护法》（以下简称《非物质文化遗产保护法》或新法）是我国制定的第一部针对非物质文化遗产保护的法律，该法于2011年6月1日开始施行。该法由六章，45个条文组成。该法第2条明确将传统医药划为非物质文化遗产的定义范畴。《非物质文化遗产保护法》的条文概括起来具体体现为非物质文化遗产的保存、传承和利用三个方面，《非物质文化遗产保护法》通过这三项基本内容对包括中药在内的传统医药等非物质文化遗产提供保护。

1. 通过三大制度保存非物质文化遗产

（1）调查制度。非物质文化遗产区别于有形的物质文化遗产，它是一种动态的、鲜活的表现形式而非固化的、不变的物质形态。这使得它与物质文化遗产在“保存方式上”有所区别。对此，我国主要规定了调查制度及建档制度来查明我国非物质文化遗产的种类、数量、分布情况等信息。如该法第11条规定，县级以上人民政府根据非物质文化遗产保护、保存工作需要，组织非物质文化遗产调查。非物质文化遗产调查由文化主管部门负责进行。县级以上人民政府其他有关部门可以对其工作领域内的非物质文化遗产进行调查。该法第14条规定，我国公民、法人和其他组织可以依法进行调查非物质文化遗产。同时新法对境外组织或个人进行非物质文化遗产调查时给予了一定的限制。

（2）名录制度。该法第18条确立了非物质文化遗产的名录制度，国务院建立国家级非物质文化遗产代表性项目名录，省、自治区、直辖市人民政府建立地方非物质文化遗产代表性项目名录，同时，省、自治区、直辖市人民政府可以从本省、自治区、直辖市非物质文化遗产代表性项目名录中选择符合相应条件的项目向国务院文化主管部门推荐列入国家级非物质文化遗产代表性项目名录的项目。

---

① 高艳丽：《中药知识产权保护现状及对策研究》，吉林大学公共卫生学院2010年硕士学位论文。

（3）保障制度。非物质文化遗产的保护需要配备相应的机构人员和设施、设备，需要开展普查、整理、教学、传播。这就决定了它必须要拥有充足的经费来源作为经济后盾。《非物质文化遗产保护法》明确规定在人、财、物等各个方面切实保护非物质文化遗产的各项行政措施得到落实，包括规定县级以上人民政府应当将非物质文化遗产保护、保存纳入本级国民经济和社会发展规划，并将保护、保存经费列入本级财政预算。

2. 非物质文化遗产的传承

中华民族所创造的非物质文化遗产是人类智慧与文明的结晶，它所蕴涵的中华民族特有的精神价值、思维方式、想象力和文化意识，不仅是维护我国文化身份的依据，也是捍卫我国文化主权的基础。在经济全球化的背景下非物质文化遗产正面临着是否能够存续的危机，因此，传承制度对保护非物质文化遗产极为重要。《非物质文化遗产保护法》对认定传承人的主体、适格传承人的条件、传承人的义务以及开展的传承活动方式等都作出了详细的规定。

3. 非物质文化遗产的利用

从法律责任上看，由于非物质文化遗产是特定民族和区域群体通过世代相传而共同创造、培育的知识的集合与表现。与系统的科技知识相比，非物质文化遗产源于人们的日常生活并代代相传，因而此类知识或表现多处于共有领域，共享性很高，而且没有刻意的保密制度或措施，这使它们极易受到非法的损害，我国《非物质文化遗产保护法》针对这一情况运用了五项条文详细地规定了应当承担责任的主体、承担责任的情形以及承担责任的方式。

从非物质文化遗产的今后发展上看，非物质文化遗产存在于人们生产生活之中，其中的传统医药等受保护的客体具有很强的科学性和实用性，能够产生可观的经济效益。在市场经济的调整下，对非物质文化遗产进行适当的开发和利用，发挥其已有的或者潜在的价值，是增强传承非物质文化遗产存续发展的重要方式。为此，《非物质文化遗产保护法》中规定国家鼓励和支持发挥非物质文化遗产资源的特殊优势，在有效保护的基础上，合理利用非物质文化遗产代表性项目，开发具有地方、民族特色和市场潜力的文化产品和文化服务。

（二）《非物质文化遗产保护法》对中药保护的优劣分析

非物质文化遗产保护法的施行为包括中药在内的传统医药的保护开辟了一条崭新的道路。

首先，《非物质文化遗产保护法》的颁布将包括中药在内的传统医药划归在非物质文化遗产范围内，并且上升到法律的位阶予以保护，充分肯定了我国法律对中药保护的重视以及中药保护对我国的影响。新法规定了一系列制度，如调查、记录、传承、利用及法律责任承担等制度来保证包括中药在内的传统医药的生存、存续和发展。这些制度对于现行中药的保护来说无疑是增加了应对非法侵权的防护力度，如新法中调查、记录制度所提及的建立一个权威的、公开化的数据库制度，这项规定对于打击现实中非法滥用中药资源的侵权行为能够起到直接的推动作用。权威、透明化的数据库的出现将会使得庞大的中药信息资源得到整体性的整合与规划，同时新法明确了使用这些信息时应当遵循的法定程序。另外，在法律责任的构建上考虑所涉主体的范围十分得当，从具有法定职责的主体到普通的公民、法人以及其他组织再到境外的组织和个人都考虑得十分全面。

其次，解决了一些在利用知识产权制度保护中药时无法处理的问题。如体现在专利权保护制度的缺陷上，通常中药由于其资源已在一定区域或群体内公开，特别是进入信息社会的今天，有些中药处方甚至已经在世界范围内公开而失去专利权要求的新颖性保护标准而无法得到有效保护，然而新法利用它归属非物质文化遗产的属性提供了一条崭新的保护手段，它使得中药已公开的资源也能得到有效的保护。另外，新法弥补了在利用著作权保护中只对作品形式进行保护而忽略作品内容保护的缺陷，如韩国将“汉方”改为“韩方”以及将“中药”改为“韩药”，现行著作权制度无法认定该行为的违法性，更不可能对该行为予以纠正，而新法第5条规定可以完美地认定该行为的违法属性，同时亦可以还原其合法面貌。

最后，新法对于中药保护的法律责任承担上实现了与其他法律如《中华人民共和国民法通则》、《中华人民共和国治安管理处罚法》以及《中华人民共和国刑法》等法律的衔接，改变了以往只能通过寻求知识产权一条路径来认定中药侵权的责任状态。同时，新法也明确了与中药其他保护制度的关系，它不是一部替代性的法律，它的实行并不意味着其他有关中药法律制度的失效，它的实行是对中药保护的肯定，它弥补了现存知识产权制度保护的缺陷，为系统化的中药保护法律制度的构建添砖加瓦。

新法的内容虽然对于中药法律保护的健全具有积极影响，但由于我国对于中药资源的保护起步晚，加之我国的中药保护仍处于摸索阶段，因而新法的内容也不免存在一定的缺陷。

（1）新法采取的是单一化的法律保护模式，这种模式对中医药的全面保护作用不大。《非物质文化遗产保护法》的法律框架设计上采取的是单一的保护制度，虽然综合考量了非物质文化遗产的整体性特点，能够有效防止法律之间原则冲突和规则冲突的产生，但是对于客体种类繁多的非物质文化遗产来说，即便构建了这样一个适用于不同客体的规则体系，对于其中的某种或某一种客体而言保护力度也是有限的。如《非物质文化遗产保护法》对中医药的保护而言，传承人制度所发挥的效用相较于保护传统工艺发挥的作用并不明显，而且其对于传承人的权利没有具体规定，即使遭遇中药受到侵权的情形，作为某一中医药的传承人也无法基于其由于作为中医药传承人这一事实而享有的权利或义务而提出诉讼。

（2）《非物质文化遗产保护法》所规定的法律责任无法抑制境外人员非法利用中药资源的侵权行为。从上述分析可知，境外人员若非法利用中药资源虽然可以根据《非物质文化遗产保护法》的规定而承担民事责任、刑事责任或行政责任，但责任的具体落实以及所寻求的最终效果即抑制中药侵权行为的效果却并不明显。首先，以承担民事责任为例进行分析，承担民事责任的前提是实施破坏属于非物质文化遗产组成部分的实物和场所的行为，而现实中存在的现象往往是境外机构或个人非法利用我国中药知识或已进入公共领域的中医药资源等手段来申请知识产权进行获利，显然这种堂而皇之的侵权行为不属于《非物质文化遗产保护法》规定的承担民事责任的前提。其次，是关于刑事责任的承担分析，在实际情况中即使境外组织或个人意识到非法利用中药资源会承担刑事责任，其亦不会因畏惧法律的规定而不进行侵权行为。产生这种结果的原因是由于大多境外组织和个人利用取得的中药资源可在国外申请知识产权，寻求“合法保护”，而一国刑法是具有地域性的法律，对于不在我国领域内的外国人或组织即使判决生效也没有执行的可能，所以这种刑事责任的设计也是形同虚设的。最后，是对于行政责任的承担分析，《非物质文化遗产保护法》规定，对于违反行政责任情节严重的将处以罚款，境外个人最高额为5万元、组织为50万元，这种做法十分不恰当。一是由于上述的收缴款项执行问题难以实现。二是罚款后的结果并未影响滥用侵权行为的非法认定，如已获得知识产权而没有将其撤销的非法认定，被滥用的中药资源仍将作为知识产权继续予以保护。三是对于罚款数额的认定没有标准，这种硬性的数额规定与因中医药资源外流所造成的损失不相对应。

（3）新法中未对包括中医药在内的非物质文化遗产因利用而涉及的利益分享制度作出明确规定。近年来，已进入公共领域的中医药资源因国外的滥用行为而造成的利益流失十分严重。虽然中医药资源作为我国的文化瑰宝受到保护是无可厚非的，但作为具有实用性价值的资源，采取完全封闭的保护策略即完全不允许商业使用也是不现实的。随着中药优势的显现，以及世界各国中药热潮的兴起，应该完善立法，使中药保护与中医药资源的利用达到平衡状态。

三、国外可供借鉴的类似保护制度

（一）泰国对于其传统医药知识保护的单独立法

1997年，泰国根据《生物多样性公约》的有关规定，将“传统社区成员有权保存和恢复其习俗、本土知识及本社区或民族的艺术和优良文化，并有权按照法律规定，依平衡模式持续地参与管理、维持、保存和利用自然资源和环境”写入了其《宪法》第6条中，并依据此规定，制定了《传统泰医药知识产权保护法》。该法为传统泰医药处方提供了保护，具体措施如下：《传统泰医药知识产权保护法》将传统医学处方分为国家处方、私人处方和普通处方三类进行管理。[①]

（1）国家处方为国家所有。国家处方是指对人类健康至关重要、有重要利益和特殊医药价值的处方。泰国公共健康部有权宣布某一传统泰药处方为国家处方，宣布后该处方即为国家所有。凡将国家处方用于商业目的生产或研发，都必须得到政府批准，对严重侵权行为政府可给予刑事制裁。

（2）私人处方由所有人使用。第三方要使用这种药方，必须得到处方所有人许可。私人处方的注册请求可由发明人或研发人提出，或由该发明人或研发人的继承人提出。该法案授予注册私人处方所有人有为研究目的使用该处方，并有销售、分配由该处方开发和生产产品的排他权，但对该排他权有一定限制。该注册私人处方权在权利人终生和死后50年内有效。

（3）广为人知的普通处方，国内任何人均可自由使用。在泰国国内，传统医生可自由使用这种处方。为保证法律政策的有效实施，泰国还建立了处方注册机构。现在，全泰国有75个省办公室依法开展处方注册和其他活动，具体注册只收取较低的登记费，不交维持费用，大大降低了处方注册成本。[②]

（二）哥斯达黎加和印度通过限制境外人员权利的方式来制止资源被不当使用的立法

哥斯达黎加虽然是拉美最小的国家，但其生物多样性资源及其有关传统知识却非常丰富。1998年4月，哥斯达黎加在原住居民及其社区的广泛参与下制定通过了《生物多样性法》，其总体目标是保护生物多样性和可持续生物资源，以及以公正的方式分配惠益和成本。有关人员在申请知识产权时，必

① 车明凤：《传统知识保护课题的国际进程》，载《中国中医药信息杂志》2006年版3期，第6~8页。

② 李先元：《我国中药知识产权保护制度的研究》，沈阳药科大学2008年硕士学位论文。

须提交生物多样性管理委员会技术办公室颁发的来源证书和原住居民事先知情统一证明。该法规定，原住居民及其社区有权基于任何理由拒绝外部人员接触和获取其遗传资源及有关传统知识。①

印度通过《专利法》和《生物多样性法》对于本国的传统医药知识实行双轨制保护。印度在1970年以前模仿英国的专利制度，然而高昂的制药成本使1970年颁布的印度专利法发生了改变。该法只承认药品的工艺专利，而排除了产品专利，且规定对天然状态的物质进行专利申请是不允许的，这就使传统医药很难得到专利保护。加入WTO后，为履行TRIPS的义务，印度在2005年对专利法进行了修订，35年来第一次为药品提供产品专利保护，但却利用TRIPS的灵活性，大做“发现”的文章，大量的医药知识被纳入“发现”的范畴，传统医药知识的专利保护仍然面临困境。为了应对大量存在的针对传统知识的侵权行为，2000年，印度政府立法部门向议会下院提交了最终形成的《生物多样性法》，并于2002年12月正式获得议会通过。该法要求任何利用印度生物资源信息或研究成果获得的发明在未得到印度生物多样性国家管理局（NBA）许可之前不得在印度国内或国外申请包括专利在内的任何形式的知识产权保护。NBA将公布其批准的每一份生物资源利用申请，以使这些申请得到公众的考察，并作为安全阀使其他权利人有机会站出来捍卫自己的权利。②

（三）澳大利亚有关利益分享制度的立法

澳大利亚是世界公认的生物多样性最丰富的国家之一。从1992年12月正式加入CBD后，澳大利亚开始着手建立遗传资源的获取和会议分享的法律制度。其中标志性的进展是2000年7月16日生效的《环境与生物多样性保护法》，该法的目的在于通过保存和可持续利用自然资源促进生态环境的可持续发展。为保障对遗传资源进行合理规范的惠益分享，澳大利亚要求遗传资源获取者和提供者之间签署合同协议。该协议要经专家组审议，联邦环境部长签发，取得许可证后生效。签署合同是缔结遗传资源获取协议的主要机制，惠益分享和共同意愿是缔结合同的核心内容。共同意愿的商定条件不仅要确保双方或各方利益分配的公平和公正，还必须符合遗传资源供应国的法律规定。2005年12月，澳大利亚将环境影响评估引入遗传资源的获取和惠益分享制度中。相比其他国家，澳大利亚对遗传资源的获取、合理使用持相对开放

① 李昶、黄璐琦、肖培根、王永炎：《道地药材的知识产权保护研究》，上海科学技术出版社2011年版，第82页。

② 林玲：《中药的知识产权保护》，湘潭大学法学院2008年硕士学位论文。

的态度。澳大利亚并没有将对生物多样性的管制作为立法设计的首选目标，而是侧重对生物多样性的可持续利用和惠益分享，并且更为关注如何持续获取其他国家的遗传资源。①

四、完善我国现行中药保护制度的建议

正如“上海杏灵药业中药发明专利纠纷案”所反映出的现实问题一样，我国中药保护现状不容乐观，加之，新颁布的《非物质文化遗产保护法》虽然使保护中药“有法可依”，但在法律的具体操作上却存在诸多漏洞或空白。因而现行的中药保护制度，无论是知识产权提供的保护还是新法给予的保护都未能达到令人满意的效果，所以完善的中药法律保护体系的建立势在必行。以下将从短期规划与长远规划两个角度对中药法律保护制度的健全提供一些参考建议。

由于我国没有专门的中药法律保护制度，中药保护法律制度仅由一些零散的法律规定建构而成，但这些法律规定在实际应用中虽然存在缺陷但却发挥着不可替代的作用。现阶段在短期内不可能建构专门性的中药法律制度，而在实践应用中通过制定司法解释来补充现行制度的漏洞以及纠正和完善现行法规的内容才是使中药保护获利最大化的必然选择。一方面，通过司法解释规定类似于哥斯达黎加的制度即明确规定境外人员在申请涉及中药的知识产权时必须提交相关机构颁发的中药资源来源证书和原住居民事先知情的统一证明；或是借鉴印度所坚持的世界范围内的保护制度，即“任何利用印度生物资源信息或研究成果获得的发明在未得到印度生物多样性国家管理局（NBA）许可之前不得在印度国内或国外申请包括专利在内的任何形式的知识产权保护。”我国在司法解释中可以规定未得到许可使用中药资源时，不得在国内或国外申请包括专利在内的任何形式的知识产权以寻求保护。虽然以上两个国家的立法中所保护的客体并非中药资源，但他们设立该制度的出发点是相同的，即都是设法有效抑制境外人员对于受保护客体的非法滥用行为，他们是从现实生活中问题的源头出发，因此我国通过司法解释设立这种制度可以有效解决境外人员非法滥用中药资源的行为，从而在短期内使中药资源滥用行为得到有效制止。另一方面，中药的地位受到世界的认可来之不易，因而采取完全限制中药资源利用的做法是不可取的，所以完善的利益分享机

① 李昶、黄璐琦、肖培根、王永炎：《道地药材的知识产权保护研究》，上海科学技术出版社2011年版，第80页。

制的建立是亟待解决的关键问题。通过对上述澳大利亚的惠益分享制度的分析，我国也可以在司法解释中规定，中药资源的利用者在使用中药资源时应当与相关中药资源所有者订立协议，并且协议内容必须经过专家组审议，包括应有主要行政主管单位负责人签发的程序，只有在取得相关许可证后才能因协议生效而利用中药资源。

中药是在我国产生的，同时中药产业也是我国的特色产业，但我国并非中药大国，中药产业也不是我国的主要支柱型产业，因而仅仅依靠对现行法律进行小修小补的方式来为我国中药产业的复兴进行保驾护航并非长远之计，对于中药的今后发展来说，只有制定专门化的中药保护法律才是中药复兴的百年大计。通过对本文上述内容的分析和总结，建议我国在设立单独的、专门化的中药保护法律时对以下关键问题进行详细规定：

第一，立法应该明确中药的权利主体，是国家或是某一家族抑或是社会组织，如果是某一家族抑或是社会组织在什么条件具备后才能得到认定。

第二，由于中药保护涉及的保护对象复杂，因此对于保护客体的界定应该十分谨慎，建议立法时采用部分列举加最后总括的条款在全面保护现存已知相关客体的同时，对于后续发现的客体也能提供灵活的保护空间。这样，随着被保护客体范围的扩大，保护标准的灵活，将会有效解决中药由于达不到有缺陷的知识产权保护客体标准而得不到有效的保护的困境，使众多企业不再像“上海杏灵药业”一样消极被动。

第三，明确规定主体享有的权利，如设立利益分享权以及组织滥用权[①]等，只有权利明确、合理才能使主体发挥积极效用，客体得到有效保护。

第四，在利益分享机制的构建上应充分保证协议的公平、公正的特性，同时设立权威专家组根据相关中药资源的重要性采用严格的程序来确定协议的有效性。

第五，在法律责任的处罚上，立法时应着重于限制知识产权的申请而非仅仅处以货币处罚，相较于货币处罚限制申请知识产权才是遏制中药资源滥用行为的关键。

第六，立法应明确与现行相关其他与中药保护相关的法律制度（如环境影响评价制度、知识产权制度）的衔接关系。

① 袁红梅：《中药知识产权法律制度的反思与构建》，北京师范大学出版社 2011 年版，第 374 页。

参考文献：

[1] http://www.mysipo.com/thread-2670-1-1.html 思博知识产权论坛.

[2] 朱秋琦：《从中医药的发展谈中药方知识产权的保护》，载《中医药管理杂志》2008年第7期。

[3] 王维平、张番红：《自主知识产权与创新型发展战略》，载《青海社会科学》2008年第12期。

[4] http://know.zyy123.com/zx/62964.html.

[5] 刘子志：《中医药知识产权保护难点及对策》，载《上海中医药杂志》2007年第41期。

[6] 严永和：《论传统知识的知识产权保护》，法律出版社2006年版。

[7] 李昶、黄璐琦、肖培根、王永炎：《道地药材的知识产权保护研究》，上海科学技术出版社2011年版。

[8] 高艳丽：《中药知识产权保护现状及对策研究》，吉林大学公共卫生学院2010年硕士学位论文。

[9] 车明凤：《传统知识保护课题的国际进程》，载《中国中医药信息杂志》2006年第3期。

[10] 李先元：《我国中药知识产权保护制度的研究》，沈阳药科大学2008年硕士学位论文。

[11] 林玲：《中药的知识产权保护》，湘潭大学法学院2008年硕士学位论文。

[12] 袁红梅：《中药知识产权法律制度的反思与构建》，北京师范大学出版社2011年版。

[13] 李秀娜：《非物质文化遗产的知识产权保护》，法律出版社2010年版。

[14] 王鹤云、高绍安：《中国非物质文化遗产保护法律机制研究》，知识产权出版社2009年版。

[15] 薛达元、崔国斌、蔡蕾、张丽荣：《遗产资源、传统知识与知识产权》，中国环境科学出版社2009年版。

企业知识产权保护管理战略思考

吕苓西*

案例：

深圳市飞亚达（集团）股份有限公司是目前国内钟表行业第一家上市公司，中国著名钟表企业。该公司成立于1987年，多年来依托航空工业的技术，坚持实施商标战略，获得了长足发展。公司现有控股企业9家，员工近2000人在全国设有18个经销分公司（分部）、400多个零售网点、100多家维修网点、14家“亨吉利世界名表中心”连锁店，累计实现销售收入28.76亿元，实现利税5.55亿元。截至2007年年底，公司总资产已达17.48亿元，净资产6.08亿元。公司作为国内表业的龙头，飞亚达表自1995年起连续7年获得“国内同类商品销量第一”。“飞亚达”商标作为中国钟表行业唯一中国“驰名商标”，“飞亚达”品牌经过十多年的培育，品牌的影响力、知名度和美誉度与日俱增，走出了一条中国企业的商标战略之路。飞亚达公司早在1987年就十分重视商标拓展，从“飞亚达”不对称的商标设计、品牌战略以及商标与公司名称的一致性，都充分体现了“飞亚达”对商标战略的前瞻性。飞亚达公司十分重视商标管理工作，从1994年起，公司就对“飞亚达”进行了防御性全类注册，先后核准注册的商标33类（第1—33类）共114件，另外还有9个类的36件商标正在申请注册中。在境外，“飞亚达”商标在马德里条约缔约国的注册已获核准，在印度尼西亚的注册也已核准；在日本、菲律宾、新加坡、越南、泰国和中国香港特别行政区的注册申请正在办理之中。“飞亚达”拥有一支高素质的专业研发队伍，历年来共获手表外观专利9项，已授权的专利5项，还有3项外观专利、2项实用新型专利和1项发明专利正在申请中。2001年3月，“飞亚达”第一次以参展商的身份参加世界最高级、最权威的钟表展——瑞士巴塞尔国际钟表展。此展览素以严格的知识产权审查而著名。飞亚达公司的全部展品不仅通过了组委会知识产权审查小组的严格审查，而且独具特色的波浪形908白钢表受到普遍青睐，并获得了订单。

* 北方工业大学民商法2009级硕士研究生

这是“飞亚达”在知识产权领域长期努力得到的丰厚回报。2001 年在深圳举行的第 87 届中国钟表珠宝礼品展览会上，中国表业知识产权问题第一次受到重视。组委会郑重公布了《保护知识产权规则》，设立了知识产权投诉柜。会上，钟表行业公平竞争委员会围绕国内某厂商是否侵犯了飞亚达公司 G/Lgl7 手表的外观专利问题展开了激烈辩论。经评审认定，该厂商侵犯了“飞亚达”的外观专利。这次交锋，飞亚达公司坚定地维护了自身的知识产权，打响了中国表业维护知识产权的第一枪。此举不仅为国内钟表业树立了典范，而且也为“飞亚达”品牌跻身世界打下了良好基础。

1．我国企业知识产权保护管理存在哪些问题？

2．如何完善我国企业知识产权保护战略体系？

一、企业知识产权保护与管理概述

（一）企业知识产权保护与管理的概念

目前学术界经常把企业知识产权保护与企业知识产权的管理联系在一起，作为一个整体进行讨论和论述，企业知识产权保护与管理的定义虽然没有知识产权的定义那么千差万别，也是各有说法。有的学者认为，企业知识产权保护与管理是指企业为合理开发、应用、保护知识产权使其发挥最大经济效益和社会效益的经营管理活动；有的学者认为，知识产权保护与管理就是企业对知识产权的开发、经营使用、收益、处分活动的总称；有的著作认为，企业知识产权保护与管理是企业在国际与国内法律制度的平台上，对企业有关专利、商标、著作权和其他知识产权的形成、利用、收益、处分的过程进行协调和资源优化配置而进行的决策、规划、指挥、监督、协调、控制、保护、鼓励、服务等组织活动。① 简单地说，企业知识产权保护与管理实质上是企业对知识产权实行财产所有权的管理，上述不同学者对企业知识产权保护与管理概念的定义基本上都能概括其一般的特征。笔者认为，第三种概念的论述比较全面地说明了企业知识产权保护与管理的背景条件、作用对象、行为目的和实施手段，是一种比较完整和科学的概念。

① 中国石油天然气集团公司编：《知识产权保护与管理》，石油工业出版社 2005 年版，第 147 页。

（二）企业知识产权保护与管理的特征

1. 法律性

法律性是指企业知识产权具有法律属性，必须依法管理。企业知识产权保护与管理的首要任务就是通过各种有效的管理手段，施行知识产权制度。因此，必须依据知识产权法律和知识产权制度的要求，履行其法律义务，各项管理活动都具有法律的性质。企业的领导者和知识产权工作人员应自觉增强法律意识，要学习知识产权法律知识，做到知法、懂法、会用法。[①] 企业的知识产权保护与管理部门也要依法申请、使用、授权他人使用知识产权及处理知识产权纠纷。

2. 综合性

企业知识产权保护与管理具有多领域、跨行业、涉及面广、互相交叉、互相渗透的特点。现代科学技术的飞速发展，科学管理的高度发展，以及经济全球化进程的加快，促进了社会经济、科技等领域的更广泛、更密切的结合，决定了企业知识产权保护与管理必然带有明显的综合性特点：[②]

（1）法律与经济、科技的结合。知识产权法律本身就是科技、经济和法律的有机结合体，共同对科技进步和经济发展发挥着积极作用。在这个结合中，科技和经济是结合的主体。法律则是保护这个主体的手段，同时这种结合又明确地体现在法律上，并受到法律的保护。

（2）科技管理与经济管理相互结合。知识产权保护与管理的实质是科技管理，其主要任务是促进和保障科技进步，科学技术的进步提高了企业的生产效率和经济效益。企业知识产权保护与管理既科学技术的进步提高了企业的生产效率和经济效益。企业知识产权保护与管理既是科技管理，也是经济管理。

（3）涉内管理与涉外管理的结合。我国加入 WTO 以后，中国市场的大幅度开发，以及对国外企业的逐渐开放，我国企业加快了进入国际市场的步伐，国内国际市场开始融为一体。国内外企业之间的竞争日益加剧，科技经济交流与合作不断扩大，企业要生存发展，要想在更大程度上参与国际间的竞争，需要吸收国际先进技术，也必须更多地依靠和运用知识产权来激励和保护自己。因此，不仅需要涉内的知识产权保护与管理，而且更需要涉外的知识产

---

① 中国石油天然气集团公司编：《知识产权保护与管理》，石油工业出版社 2005 年版，第 147 页。

② 中国石油天然气集团公司编：《知识产权保护管理》，石油工业出版社 2005 年版，第 147 页。

权吸取和利用，以其二者的结合，增强企业的竞争力、提高经济效益。

（4）多种管理形式和方法的结合。企业知识产权保护与管理是复杂的企业管理中的一部分，企业的领导和知识产权工作人员要增强知识产权保护与管理的系统观念，采用多种形式、多种方法、多种渠道组织、多个相关职能部门，积极有效地发展整体优势，上下一致地管好企业的知识产权。①

3. 长期性

企业知识产权保护与管理是一项长期的工作，企业知识产权保护与管理是伴随着知识产权法律制度产生和发展而不断建立和完善起来的，知识产权法律制度的建立有一个长期的过程，并随着现代科技的发展而不断地完善，所以企业知识产权的管理也是一个长期的不断发展的过程。从我国的现状来看，向有关知识产权管理部门申请商标、专利等知识产权也需要一个长期的过程。一个发明专利的取得时间大概需要 2 年的时间，而一个商标从申请到取得商标权需要 2 ~ 3 年的时间。加上知识产权的使用、转让、授权、续展，所以企业知识产权保护与管理是一项漫长而复杂的工作。

（三）企业知识产权保护与管理的主要内容

企业知识产权保护与管理主要体现在以下几个部分：

1. 以创新机制为核心的企业专利、著作权

企业知识产权保护与管理应围绕着企业新技术活动开展的开发、利用、引进政策与策略以及规范科技人员和员工行为的约束与激励政策，具体工作有权利的取得、维持、保护，主要涉及专利权和一些与企业技术有关的其他知识产权，如计算机软件、集成电路保护等。

2. 以企业形象、市场品牌为核心的商标、商誉

企业知识产权保护与管理应围绕着企业营销活动开展的创企业名牌，树企业形象，主要涉及企业的商标注册、企业名称的规范与使用、企业整体形象涉及等。

3. 以保护企业商业秘密为核心的内部管理制度

保护企业商业秘密涉及企业对不公开的商业和技术资产的各项管理办法，如秘密的认定，涉密人员的约束制度，公开的时间、范围和条件。

4. 以避免、有效追究侵犯自身知识产权行为为核心的保护制度

为了避免自身的知识产权被他人侵犯，企业应采取的各种有效、及时的

① 中国石油天然气集团公司编：《知识产权保护管理》，石油工业出版社 2005 年版，第 147 页。

监控措施；一旦企业的知识产权遭到他人的侵犯，应根据其保护制度提出正确的对策和办法，以维护自身的合法权益。

5. 其他综合管理

其他综合管理，如信息管理、合同管理、寻求法律援助、危机管理等，主要涉及与知识产权有关的应变制度。

二、我国企业中知识产权保护与管理的现状

目前，我国企业知识产权保护与管理的水平还十分低下，究其原因主要是体制障碍，导致企业知识产权战略和企业整体发展战略脱节。现行企业管理体制下，从知识产权的产生到转化或转让，都是在技术部门的独立管理之下，随着目前知识产权的大量产生，企业知识产权管理已不能适应形势发展的需求，广大科技人员用心血和劳动创造了知识产权，而企业并没有对这些成果进行有效保护并使之转化为生产力。

企业大都设置了有形资产管理机构，而没有设置专门的知识产权管理机构。专利被发明人私自转让、企业的厂名被盗用等事件时有发生；知识产权管理中没有法律意识，不及时申请专利、商标注册；缺少保密意识，忽略了一个项目研制过程中数据、资料是享受合法权益的实物证据；在转让知识产权时不按规定程序和方法评估，等等，这一切都同样是造成巨大经济损失的原因。许多企业还忽略了知识产权的经济寿命、使用价值具有较强的时效性，许多科技成果一经鉴定便束之高阁，既无自我转化能力，又不积极推向社会实现其价值。长期闲置，不仅降低了科研资金的利用率，也使自身的使用价值在无形地损耗，当然其投资也难以收回。目前，企业科技成果能转化为生产力的不足30%。为了满足社会的需求，在国家资金严重紧缺的情况下，国家又不得不增加科技投资的额度。项目立项前没有进行全面周密的调研论证，加之科研资金短缺，造成了重复开发或不能及时完成，降低了科研资金的使用效益。

以下是笔者总结的目前我国企业知识产权保护与管理中存在的几个主要不足和缺陷：

（一）知识产权权利归属不明确

根据我国有关法律的规定，执行本单位的任务或者主要利用本单位的物质技术条件所完成的技术成果，是职务技术成果。职务技术成果的使用权、转让权属于单位。但事实上，对于职务技术成果的认定，一方面，由于认定者本身的认识水平，对于职务化技术条件的法定含义认定不清，往往作出错误的职务成果与非职务成果的判定；另一方面，由于技术开发者在进行职务

技术成果开发的过程中，倾向于将该技术成果非职务化，往往采取一些技术上、法律上的手段，试图改变职务成果的性质。这两类情况都有可能造成企业知识产权归属不清从而导致企业无形资产流失的严重后果。

（二）知识产权保护与管理制度和激励机制不够健全和完善

知识产权作为一种无形资产资源也应当进行科学合理的开发、利用和运营，只有这样才能发挥知识产权的资源效益。许多企业缺乏知识产权方面的基本制度或虽然有制度却不符合国家政策和法律法规的规范，无法有效地推进企业的科技进步；也没有制定和实施知识产权奖酬制度，未形成知识产权产出与转化的激励机制，极大地影响科研人员的积极性、主动性和创造性的发挥。

（三）缺乏知识产权保护与管理的专门人才、制度和工作经费保障

知识产权保护与管理工作是一项专业性很强的经常性工作，而我国绝大多数中小企业乃至一些大型企业没有专门的知识产权保护与管理机构，也没有配备专业的知识产权专业人员，更没有专门的专利权取得、保护等事务的制度和经费开支计划，从而导致专利申请量与其取得的科技成果数极不相称，导致大量权利流失。

（四）未公开技术秘密的保密措施不严

大多数的企业没有建立专门的保密制度和保密机制，专有技术被科技人员“跳槽”带走，在广告媒体以及业务谈判中无意泄露企业技术秘密、电子文件、数据或通信系统被他人非法进入窃取技术秘密信息、撰写科学论文未经许可泄露关键机密的事情时有发生，不是造成商业秘密实质内容的流失，就是经常导致技术秘密外泄，给企业造成巨大的损失。

（五）专利信息资源的占有量低，信息运用能力较为薄弱

现阶段，我国许多企业缺乏对现代信息系统加以利用的能力。许多企业不重视无形资产信息资源的利用，不重视专利文献和注册商标信息的检索，而造成产品过时、技术落后、工艺陈旧、设备老化，并有可能动辄侵犯他人的知识产权；更多的企业未建立与自己科研开发和关键技术领域相关的专利文献数据库和基于本单位局域网的知识产权信息平台，专利信息二次开发利用在技术创新和专利管理中的重要作用难以得到有效发挥，往往给企业进行科学决策、计划制订、方案实施造成极大困难。

三、完善企业知识产权保护与管理的思考和建议

根据以上的论述，企业知识产权保护与管理已经成为企业刻不容缓的任务。

本文拟从知识产权法律制度层面，针对企业知识产权保护与管理不足和缺陷，提出以下具体建议和措施：

企业知识产权保护与管理工作具有很强的专业性、系统性、规范性、经常性。

国内外成功企业的经验表明，企业设立专门的知识产权保护与管理部门，能有效地改变知识产权工作无主管部门、无专职管理人员、无相应的管理制度，即对知识产权事务无人过问、无章可循的局面。

1. 知识产权保护与管理人员的要求

尽管知识产权保护与管理人员的主要职权是在知识产权的取得、维护、许可使用以及转让等方面积极地做好或者是协助商标、专利代理机构做好相关的工作，但是从企业的发展角度来看，知识产权保护与管理人员也需要具备以下条件：

（1）知识产权保护与管理人员必须熟悉知识产权法律，以及与知识产权相关的其他法律知识，包括知识产权基本法，知识产权专门法，知识产权市场管理法，科学技术激励法，地方、行业部门对知识产权保护与管理法规，刑法中关于知识产权犯罪的条款，我国加入或签署的重要的知识产权国际条约。

（2）知识产权保护与管理人员必须掌握取得专利、商标和其他知识产权的程序。并需要熟悉各知识产权行政管理部门，包括国家保护知识产权工作组、国家知识产权局及地方知识产权保护与管理机构、国家版权局及地方著作权管理机关、国家工商行政管理总局及地方商标管理机关、国家工商行政管理总局公平交易局及地方行政管理机关、海关等的工作职责和工作流程。

（3）知识产权保护与管理人员必须具备企业所开发的各种科研技术、智力成果的背景知识。企业知识产权技术管理工作主要在于科技创新与研究开发中知识产权创造、申请、管理、应用、许可、保护等方面的日常协调，其带有很强的专业性与技术性。所以，企业最大量需要的是理工科本科背景知识产权技术管理人才。

（4）知识产权保护与管理人员要加强知识产权保护与管理与研发部门、产业化部门和产品或技术的销售部门的配合协调。我国目前知识产权保护与管理的瓶颈问题就在于企业的知识产权经营与管理素质亟待提高。无论是现在还是将来，企业最终关注的是知识产权的经营因素及其商业运作。需要从经营的层面来分析知识产权纠纷与诉讼，更需要以经营的理念和方法来管理企业的知识产权，需要知识产权保护与管理人员与科技研发部门、产业化部门和产品或技术的销售部门的配合协调。所以，企业应重视员工教育和知识产权人才队伍的培养。据有的大型国际企业介绍，每一名员工进入企业时，都必须接受知识产权方面的培训，包括知识产权法律制度，文件管理及保密规定，知识产权发明、申请、应用、维权程序和途径等。员工经过教育培训，逐步形成自觉遵守法律制度和保护企业知识产权的强烈意识。不少德国企业还注意培养专业化的知识产权人才队伍，对技术、法律人员定期进行跨学科轮训或派员去专利事务所、律师事务所、高校学习，积极创造条件，鼓励员工参加专利代理、律师资格考试，以此培养企业自己的具有理工科背景、技术与法律相结合的复合型人才。

2. 知识产权保护与管理部门的具体工作职责

（1）辅助企业负责人领导企业各部门的知识产权工作。知识产权保护与管理人员的一个重要作用就是在企业生产经营部门的各种活动中起参谋作用，主要包括以下几个方面的工作：

①起草知识产权政策和知识产权保护与管理方针，对制定政策或方针提出建议并负责实行。

②承担生产、科研、经营战略中知识产权方面的专门参谋业务。

③向企业负责人报告企业内外的知识产权的问题，提出处理建议。

④代理企业负责人处理与其他外部单位知识产权的关系。

企业进行研究、开发时需要有指导研究的知识产权战略，这些战略是由研究、开发部门的负责人或企业负责人提出或组织制定的，但是在实施此战略的过程中，知识产权部门要在制定知识产权战略方面起专家和参谋的作用。制定产品知识产权战略以及对其他企业侵犯本企业知识产权的行为采取措施是企业生产、销售部门的工作，而知识产权部门在这些工作中也起着不可缺少的作用。①

（2）积极申请获得知识产权。有专家指出，在21世纪，公司所拥有的财富将不再通过车间、工厂或者有形资产的数量来衡量，而是被知识产权的力量所取代。微软公司已经成为这种想法的新的追随者。1990年这位软件巨人所拥有的专利仅5项，而在2002年已经猛增到了2000项之多。企业应及时保护知识产权。知识产权的重要性在于只有依法取得知识产权保护，才能取得市场竞争优势，才能获得丰厚的利润。一个新产品问世，很容易被他人仿制，如不及时申请知识产权保护，往往会造成不必要的损失。根据《专利法》规

① 中国石油天然气集团公司编：《知识产权保护与管理》，石油工业出版社2005年版，第161页。

定，我国实行申请在先的原则，同样的发明创造，专利权授予先申请人。从历史上看，同一发明由不同的发明人分别完成的事情屡见不鲜。如著名的电话机的发明人亚·贝尔1876年2月14日向美国专利局申请了电话机的发明专利，可就在2个小时后，一个叫格雷的人也向美国专利局提出了电话机的发明专利申请，但获得专利权的是贝尔。所以，在专利申请上可以说是“一寸光阴一寸金”。在IT领域，技术发展得非常快，产品更新得也很快，信息、传递就更快，希望每个IT企业赶快行动起来，不要做终生后悔的“格雷”。有些知识产权可以通过自然或企业内部管理而获得，如文学作品的著作权，文学作品的创作一完成，就自然地具有著作权。有些知识产权权利是要通过严格的申请程序获得的，确认这类智力成果的财产权及其法律保护需要有关管理部门依法审查确认。例如，并非所有的使用于商品上的区别性标志都享有商标权，只有向国家商标局提出注册申请，经审查、核准、公告、注册后，才能获得商标权。

（3）杜绝和制止科研人员将职务发明创造以个人的名义申请专利现象。根据我国《专利法》及有关法律法规的规定，执行本单位的任务所完成的发明创造或主要是利用本单位的物质技术条件完成的发明创造为职务发明创造。职务发明创造申请专利的权利属于该单位；申请被批准后，该单位为专利权人。职务发明创造包括以下几种情况：

①在本职工作中作出的发明创造；

②履行本单位交付的本职工作之外的任务所作出的发明创造；

③退职、退休或者调动工作后一年内作出的，与其在原单位承担的本职工作或者原单位分配的任务有关的发明创造为职务发明创造；

④主要是利用本单位的资金、设备、零部件、原材料或者不对外公开的技术资料等所作出的发明创造；

⑤利用本单位的物质技术条件所完成的发明创造，单位与发明人或者设计人订有合同，对申请专利的权利和专利权的归属作出归属于本单位约定的发明创造。

四、企业知识产权管理制度运作

企业知识产权管理制度不仅包括知识产权管理战略的提升，知识产权管理组织机构的构建，还有更重要的管理规章制度的运作。知识产权管理战略的提升表明企业重视知识产权管理，从整体上规划知识产权管理的方向；知识产权管理组织机构的构建，是搭建起知识产权管理的平台，提供知识产权管理的部门和机构；有了战略认识、组织机构，还必须有一套科学的管理制度，知识产权管理制度才能真正的发挥作用，否则只是空喊口号，空搭架子，而没有可以实际执行的内容。特别是在企业向高科技技术企业转型的时期，为了和世界各地的跨国企业竞争，知识产权制度构建之后的运作更是关系到企业发展成败的重要因素。

（一）知识产权保密制度

知识产权是企业重要的无形资产，由于知识产权的无形性、高投入性等特殊性质，对知识产权管理的保密制度也就有特殊的要求。现代企业知识产权保密制度包括知识产权相关员工的保密制度、知识产权相关信息的保密制度、知识产权管理资料的保密制度三方面的内容。企业必须全方位地完善知识产权的保密制度，在企业管理中建立起一张密不透风的知识产权保密制度网，才可以保证企业在投入大量人力物力开发知识产权时可以没有后顾之患。①

（二）知识产权检索与检验制度

知识产权检索与检验制度是企业对知识产权信息管理的重要制度。知识产权的检索和检验是贯穿企业整个知识产权管理过程的制度，产品研发、生产、销售的各个阶段都需要进行全面的检索和检验，不但可以防止盲目开发，避免侵犯他人的知识产权，还可以避免重复开发的发生，利用已有或过期技术，节省企业的产品开发经费。

知识产权检索制度主要是在建立知识产权检索网收集信息的基础上，分析利用其他企业的专利信息，进行战略制定和开发应用的制度。知识产权的检验制度主要是指产品在生产过程中，或者是生产之后上市之前，由知识产权部门对其中的知识产权相关问题进行全面检验，防止在产品中隐含侵权瑕疵。②

知识产权检索与检验制度一般包括建立知识产权信息网络平台、专利文献检索和专利信息分析制度、检验包括技术检验、零部件检验、广告宣传书、产品包装装潢检验、合同检验等内容，涉及知识产权专利权、商标权、著作权各个方面。

（三）知识产权激励与奖励制度

员工是高新技术企业技术创新的动力和源泉。提高员工的知识产权意识，调动员工的积极性，是企业知识产权管理的重要内容。因此，高新技术企业

① 刘月娥：《简析人员流动中的知识产权流失及保护对策》，载《研究与发展管理》2002 年第 3 期。

② 柯涛、林葵编著：《知识产权管理》，高等教育出版社 2004 年版，第 181 ~ 186 页。

中建立知识产权激励和奖励制度是必不可少的。知识产权激励与奖励制度往往只是两种不同的表达方式，很多内容都是重合的。奖励是激励的主要方式，激励是奖励的主要目的。

（四）知识产权教育与培训制度

知识产权教育与培训制度，既是企业为了发展适合企业知识产权战略培训员工的知识层次的要求，也是员工加入公司期望获得自身知识提升的要求。所以知识产权教育与培训制度对于企业的宏观目标和员工的微观目标都有很重要的作用，既可以向员工传授企业的知识产权目标，使员工明确企业的知识产权要求，又可以通过培训提升员工的知识层次，满足员工的精神教育需要。

（五）知识产权评估制度

由于知识产权的独占性、法律保护性，使得知识产权成为高新技术企业的重要无形资产企业，而且知识产权不仅是企业保护自己权利的方式，通过有效的运营，把知识产权商品化、资本化、资产化，更是企业的重要增值手段，所以企业必须对其拥有的无形资产定期进行评估。

一方面，因为无形资产是高新技术企业总资产的重要组成部分，企业必须协调好流动资金和固定资产（包括有形资产和无形资产）的关系，投入资产和产品产出的关系，对无形资产进行评估有利于企业及时掌握资产的变化、调整企业发展战略，既保证对固定资产的投入，特别是无形资产的开发，有足够的资金进行市场运作，又保证投入的资产机构的合理性，保证产品转化后的高产出性。

另外，依照我国《担保法》及其他相关法律法规的规定，专利权、商标权、著作权等知识产权是可以进行权利质押的。所以，在企业拥有的知识产权之上设定权利质权，对其进行正确评估，有利于企业进行融资，增加企业无形资产的转化方式，提高企业无形资产的利用率和价值性。同时，正确及时地进行知识产权评估对知识产权的转让、许可、使用等都有不可替代的作用。通过知识产权的评估，清楚企业知识产权的结构层次，明确企业知识产权的优势和不足，使企业在进行知识产权的转让、许可、使用，甚至企业破产清算时，可以更能把握主动权，发挥自己的长处，避免知识产权贬值。在进行知识产权评估时，要考虑多种因素，如专利评估就应当考虑到该专利属于发明、实用新型、外观设计中的哪一种；该专利距离保护期满还有多久；市场上是否出现了更先进的替代产品或技术，等等。而在对商标进行评估时就要注意该商标是否已注册、是否临近续展日期、是否是驰名商标等因素。对知识产权进行评估，决定知识产权利用方式，是企业资产运作的一大要求。

知识产权评估一般是由专门机构进行的，我国法律有规定必须由专业注册的会计事务所进行。这样可以保证评估的真实性和科学性，一定程度上避免市场上不同的标准导致评估结果的不公正或恶性竞争。虽然评估的过程主要由会计事务所进行，但企业也需要有一定的制度保证评估的顺利和高效。①

参考文献：

[1] 石文涛：《知识产权管理是现代企业管理必不可少的内容》，载《当代经济》2004 年第 9 期。

[2] 许海峰主编：《企业商标权保护法律实务》，机械工业出版社 2004 年版。

[3] 柯涛、林葵编著：《知识产权管理》，高等教育出版社 2004 年版。

[4] 寿步、张惠、李健主编：《信息时代知识产权教程》，高等教育出版社 2003 年版。

[5] 齐建国等著：《知识经济与管理》，社会科学文献出版社 2003 年版。

[6] 何敏：《企业知识产权保护与管理实务》，法律出版社 2002 年版。

[7] 连燕华：《我国企业知识产权的现状、问题及建议》，载《中国经贸导刊》2006 年第 4 期。

[8] 朱婀丹：《我国中小企业知识产权战略模式选择》，载《山西科技》2006 年第 2 期。

[9] 罗中民、罗利华：《浅析科技文献资源网络共享与知识产权保护》，载《科技与经济》2006 年第 2 期。

[10] 王岩云：《企业知识产权战略系统论》，载《经济与管理》2005 年第 10 期。

[11] 张玉明、张娜、邓志钦：《企业知识产权管理体系的构建》，载《理论学刊》2005 年第 9 期。

[12] 刘向荣：《试论企业知识产权战略的建立》，载《中山大学学报论丛》2005 年第 6 期。

[13] 冯晓青：《我国企业知识产权管理存在的问题与对策》，载《科技管理研究》2005 年第 5 期。

[14] 魏纪林、龙丹、魏芳、李序南：《提升我国企业核心竞争力的专利

① 何敏、程浩、袁明：《企事业单位（内部）知识产权管理制度的基本内容》，载《科技进步与对策》2000 年第 1 期。

战略初探》，载《法学杂志》2005 年第 4 期。

[15] 金芳：《企业知识产权管理：战略规划和组织制度建设》，大连理工大学 2004 年学位论文。

[16] 许见光：《企业核心竞争力与知识产权经营战略研究》，武汉理工大学 2004 年学位论文。

[17] 荣晓辉：《国外企业的知识产权管理模式》，载《中国创业投资与高科技》2004 年第 12 期。

[18] 张健：《高新技术企业知识产权管理制度的建立》，载《环渤海经济瞭望》2004 年。